시장을 이길 수 없다는 상식을 뒤집은 투자서

백만불짜리 개미경제학

Million Dollar
Antnomics

박성민 지음

| 서문 |

제대로 투자하면
목표를 이룰 수 있다

투자는 정직하다. 좋은 학교를 나올 필요도 없고, 경제학·경영학 전공자일 필요도 없다. 남녀노소 누구나 할 수 있다. 골프나 테니스를 잘 친다고 투자를 잘하는 것도 아니고, 자격증도 필요 없다. 투자자가 되기 위한 수학 실력은 더하기, 빼기, 나누기, 곱하기 등의 기본적인 사칙연산과 간단한 확률계산 정도다.

그러나 개미투자자가 진정한 투자자로 거듭나는 것은 쉽지 않다. 다른 직업은 실수를 반복하더라도 높은 지위에 있는 사람에게 아부하거나 자신의 실수를 인정하고 사과하는 것으로 다시 기회가 주어지지만, 주식 투자자는 오류를 범하면 그걸로 끝장이다. 하이데거는 "모든 해석은 하나의 왜곡이다"라고 했지만, 투자에서 왜곡은 자주 일어나면 안 된다. 왜곡은 바로 투자 손실로 귀결되기 때문이다. 투자에서는 조PD의 노래 '카사노바'에 나오는 가사처럼 "오늘도 승리, 내일도 승리"하지 않으면 안 된다. 대박까지도 필요 없다. 소박이라도 꾸준하게 달성하는 것이 수익률에 도움이 된다.

개미투자자도 때로는 수익을 낸다. 몇 주 혹은 몇 달, 운이 좋으면 2~3년간 수익을 내는 경우도 있다. 하지만 기간이 길어지면 꾸준하게 수익을 내는 개미투자자를 찾기는 매우 힘들다. 주식이건, 펀드건, 부동산이건 마찬가지다. 개미들은 투자에서는 실패하고 노동으로 하루하루 벌어먹기 바쁘다. 제도권에 있는 베짱이들은 노동도 안 하면서 불뚝 나온 배에 골프채 들고 푸껫, 발리, 몰디브, 타히티로 가족여행을 떠난다.

당신은 이러한 상황을 극복하고 싶지 않은가? 개미들은 언제까지 제도권에 털리기만 할 것인가? 경제전문가가 되고 투자에서 수익을 내는 것은 쉬운 일은 아니다. 하지만 안 될 것도 없다. 진리는 늘 우리 가까이 있다. 문제는 개미들이 답을 너무 복잡하고 멀리 있다고 생각하는 데 있다.

이 책은 개미들의 실패 원인을 탐구하고 성공적인 투자방법을 알려주기 위한 책이다. 설명을 위해 불가피하게 어려운 그래프와 수식을 사용한 경우가 있다. 어렵다면 이해 안 되는 부분은 건너뛰어도 좋다. 이 책의 전반적인 투자 철학을 받아들이는 것만으로 충분하다. 또 내용에서 의문점이나 동의하기 어려운 주장을 발견했다면, 잠시 책을 덮고 눈을 감은 채 자신의 생각을 정리하기 바란다. 투자자들은 생각할 시간이 많이 필요하다

이 책에는 내가 연구하고 투자하면서 확립한 내용을 다 담았다.

책에서 제안하는 마인드와 방향성을 숙지하고 투자를 하면 충분히 성공할 수 있을 것이라 생각한다. 다만 문제집처럼 몇 회독 하면 귀신처럼 돈을 벌 수 있다는 연금술 같은 내용과는 차원이 다르다. 나는 투자에 왕도는 없다고 생각한다. 어느 분야나 마찬가지로 개인들은 모두 한계를 지닌다. 이 한계를 넘어서기 위해서는 많은 시간을 투자하고 연습해야 한다. 축구, 농구, 학문, 프로그래밍, 골프뿐만 아니라 투자도 마찬가지다. 노력해야 한다. 이 책을 통해 투자자들이 이런 사실을 확실하게 인지하는 것만으로도 이미 성공하는 투자에 한 걸음 다가선 것이다.

주식, 채권, 부동산, 기타 금융상품 등의 투자의 원리는 다르지 않다. 한 가지 언어를 마스터하면 다른 언어를 습득하는 게 쉬워지는 이치와 같다. 복잡한 곳에 하나의 원리가 있고, 하나의 원리밖에 보이지 않는 곳에 다양한 답이 존재한다. 모든 사람이 군중심리에 휘말려 절벽으로 내달릴 때 온전하게 정신을 유지하는 법은 의외로 간단하다. 소문과 권위를 믿기에 앞서, 현장을 살피고 장기적인 전략에 기대며 가장 중요한 것은 자신의 판단에 따르는 것이다. 그러므로 투자자는 사고가 유연해야 하고 넓은 분야에 대한 통찰이 필요하다.

개미투자자도 시장을 이길 수 있다. 야자수를 따먹으려면 적어도 야자수에 기어 올라가는 시늉이라도 해야 한다. "저 야자수는 너무 높고 열매가 단단히 붙어 있어 내가 먹기는 무리야"라고 생각해 아무것도 하지 않으면, 야자수의 달콤한 과즙을 맛볼 기회는 영영 없다. 시작이 반이다. 지금 바로 한 발자국이라도 앞으로 내딛어보자. 투자는 시간 제한이 없는 마라톤과 같다. 다른 누구보다 튼튼한 폐와 영화 '말아톤'의 주인공과 같은 "백만불짜리 다리" 그리고 뛰겠다는 의지만 있으면 누구나 투자 마라톤 코스를 주파할 수 있다. 다른 조건은 필요 없다. 그걸로 족하다.

| 차례 |

서문 투자에 들어가기에 앞서

1장 개미투자자의 정체

개미투자자 과연 그들은 누구인가?
- 당신은 합리적이지 않다 15
- 개미들의 심리가 투자에 미치는 영향 25
- 정보는 곧 파멸이다 32
- 거래비용도 무시 못 한다 39
- 여러 번 사고팔아도 수익은 높아지지 않는다 44
- 펀드도 손실 난다 53
- 아마추어는 결코 프로를 이길 수 없다 57

개미투자자들의 최후 : 뜨거운지 모르고 달겨드는 부나방들
- 코스닥의 거품 붕괴 70
- 기획부동산 78
- 선물·옵션 투자 84

개미를 울리는 시장 교란자들
- 작전주라는 한 편의 영화 86
- 실체 없는 테마주 95
- 폰지 사기 107
- 재벌 후예들의 투자 행태 116

기관은 개미의 적
- 증권사 종목 추천을 믿는가? 120
- 애널리스트를 아는가? 128
- 실전 투자대회의 함정 135

2장 시장의 본질

시장의 개념과 기원
- 시장의 개념 141
- 주식 시장의 기원 151
- 황소와 곰의 유래 155
- 투기의 역사 158

주가 예측이 도대체 가능한 것인가?
- 효율적 시장가설은 맞지 않다 166
- 기업 실적 정보는 독점된다 176
- 기술적 분석은 구시대의 유물이다 179
- 경제예측을 어떻게 받아들여야 하는가? 186

3장 어떻게 개미투자자가 시장을 이길 수 있는가

시장 그 위의 투자 법칙
- 복리수익률을 노려라 199
- 탐욕을 버려라 204
- 원칙을 인내하라 214
- 통섭 투자를 하라 223
- 듣고 또 경청하라 236

개미투자자의 포트폴리오
- 어떤 자산에 투자해야 하는가? 241
- 부자들의 자산배분 253
- 자녀교육도 투자다 256

어디에 투자할 것인가?
- 40~50대가 늘면 자산 가격도 오른다 263
- 주식 투자의 핵심 프로세스 270
- 주식 투자 전략과 유망 종목 281
- 펀드는 어떨까? 294
- 부동산 투자 전략과 유망 종목 302
- 중국 투자 포인트 312

시장을 이긴 투자자들
- 박영옥, 사업으로서의 주식 투자 327
- 박성득과 청산가치 332
- 또 다른 슈퍼개미들 336
- 제시 리버모어, 피라미드 전략가의 말로 342
- 지독한 가치투자 · 소버린자산운용 348
- 칼 아이칸과 '수익'이라는 주주 가치 352
- 스틸파트너스와 시장 개방 359
- 카를로스 슬림과 독점시장 369
- 종목에만 집중하는 린 위안 377

어떤 책을 어떻게 읽을 것인가?
- 투자에서 독서가 필요한 이유 382
- 개미경제학 추천도서 목록 388

不出戶, 知天下
문밖을 나가지 않아도 천하를 알고

不窺牖, 見天道
창밖을 내다보지 않아도 천도를 본다

'노자' 제47장

백만불짜리개미경제학

| 1장 |
개미투자자의 정체

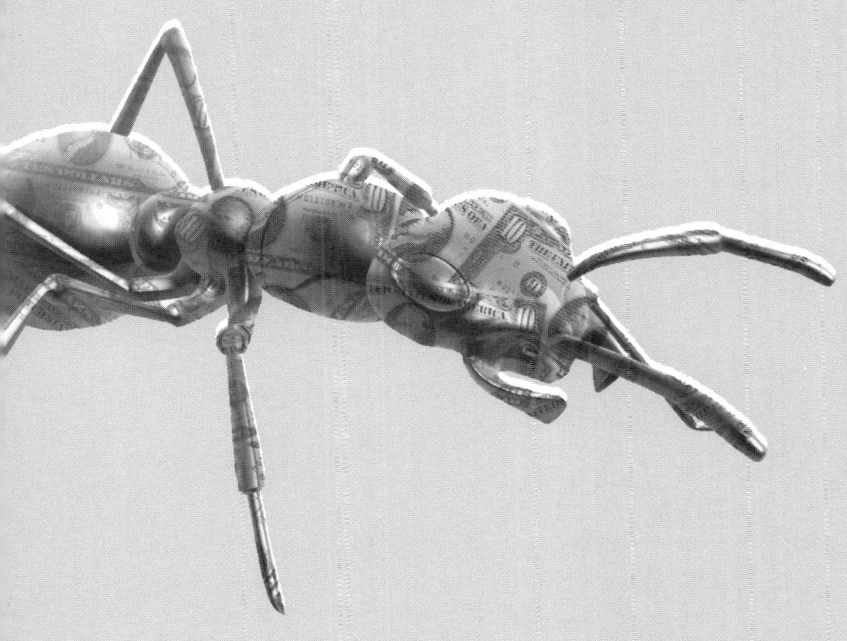

개미투자자 과연 그들은 누구인가?

▌당신은 합리적이지 않다

> 말하고 있는 것에 대해 측정할 수 있고 수치로 표현할 수 있다면 그것에 대해 알고 있다고 할 수 있을 것이다. 그러나 측정할 수 없고 수치로 표현할 수 없다면 그 지식은 불완전하고 불만족스러운 것이다.
> — 윌리엄 톰슨

개미들은 대중적인 속설에 자주 빠져든다. '대마불사(大馬不死)'라는 말을 신봉하며, '우량주는 간다', '펀드는 손실이 없다', '강남 아파트는 불패다' 등의 믿음을 갖고 삼성, 대우, 현대 관련 주식을 집중적으로 사 모으거나, 인도·중국 펀드에 투우 경기장의 성난 황소처럼 몰빵을 하거나, 모든 재산과 담보대출, 모기지론까지 얻어 강남 아파트를 덜컥 고점에 잡는다. 하지만 IMF 경제 위기 이후에 현대와 대우가 기업개선작업(워크아웃)에 들어가자 원금의 90% 이상을 날리고, 부동산의 대출 이자를 감당하지 못하고 빚이 눈덩이처럼 커지고, 인도·중국 펀드의 상투를 잡고 큰 손실을 낸다.

신용으로 투자를 하는 것이 무조건 잘못은 아니다. 자신이 대출을 받는 액수보다 더 많은 재산을 가지고 있다면 신용으로 투자를 해도 된다. 3억의 재산을 확정금리 상품으로 보유하고 있고 이를 담보로 2억 원어치의 주식을 사는 것은 문제가 되지 않는다. 10억짜리 부동산을 갖고 있으면서 3억 원어치의 주식을 사는 것도 문제가 없다. 하지만 순자산이 3천만 원도 안 되는 사람이 3억의 빚을 지고 있는 것은 말이 안 된다. 투자행위는 고도의 지적 모험이다. 유치원생들이나 하는 1+1=2의 산수가 아니다.

다음과 같은 문제를 풀어보자. 한 곳에 200만 원을 투자했다. 연간 수익률은 10%다. 그 투자처에 그대로 놔두면 2년 뒤엔 원금이 얼마로 늘까? 240만 원이라고 대답하는 사람이 많다. 2004년에 미국 성인들을 대상으로 실시한 조사에서 34%가 그렇게 대답했다. 복리 개념을 모르면 이와 같이 답변할 수밖에 없다. 200만 원은 첫해에 20만 원이 늘고 둘째 해엔 불어난 원금인 220만 원의 10%인 22만 원이 는다. 원리금을 합치면 242만 원이 된다. 정답을 말한 성인은 18% 뿐이었다. 나머지 사람들은 틀린 답변을 했거나 그냥 포기했다. 연구결과에 따르면 이런 문제를 제대로 푸는 사람은 은퇴계획, 저축, 부채관리 등에서 더 뛰어나다.

일반적인 상식이 진실이 아닌 경우가 많다. 스티븐 레빗의 《괴짜

경제학》[1]에서는 사람들이 생각하는 상식과 실제가 얼마나 다른지 보여주고 있다. 미국의 경우 아이가 수영장에서 익사할 확률과 총에 맞아 죽을 확률 중 어느 것이 더 높을까? 일반적으로 후자라고 생각하는 경우가 더 많다. 실제 데이터를 보자. 미국에는 600만 개의 개인 수영장이 있고, 매년 열 살 미만의 아이 약 550명이 익사한다. 수영장에서 아이가 익사할 확률이 11,000분의 1인 셈이다. 또 미국에는 대략 2억 정의 총기가 있는 것으로 추정되며 매년 열 살 미만의 아이 175명 정도가 총기사고로 사망한다. 확률로 계산하면 1,000,000분의 1이다. 10살 미만의 아이가 수영장에 빠져죽을 확률이 총기에 사망할 확률보다 100배쯤 높은 것이다. 그렇다면 미국에서 차 사고로 죽을 확률과 비행기 사고로 죽을 확률은 어떨까? 미국에서 자동차 사고로 죽는 사람은 연간 4만 명이 넘고 비행기 사고로 죽는 사람의 숫자는 1,000명 미만이다. 하지만 자동차 운전과 비행기 탑승의 시간당 사망률은 거의 같다.

우리들의 건강 상식 중에 하나가 뚱뚱한 사람은 오래 살지 못하고 뇌질환이나 심근경색, 당뇨병에 걸릴 확률이 높다는 것이다. 아마 이에 대한 믿음은 "대한민국은 3면이 바다"라는 말처럼 확고할 것이다. 하지만 마르코 준더(Marco Sunder)의 연구[2]에 따르면 약간 뚱뚱한 사람들은 건강에 특별한 이상이 없을뿐더러 더 오래 사는 것으로 나타났다. 그의 연구는 25~74세의 14,000명이 넘는 미국인에게 생활습관을 물어보고 몸무게와 키를 조사해 생사를 1992년까지 기록했다. 현재 일반 의학상식이 비만으로 간주하는 체질량지수가 25에서 29인 이들의 기대수명이 가장 높았다. 잘못된 상식 때문에 수많은 사람들이 다이어트로 먹는 즐거움을 포기할 뿐 아니라 수명도 단축시키고 있다. 2001년 독일의 의학전문지인 〈주간의사〉에 발표된 글에 의하면 살을 뺀 비만환자들의 사망률이 증가했다는 연구보고서도 있다. 비만인 사람이 다이어트에 성공한다면 그의 기대수명도 줄어들게 된다. 여성의 경우는 체질량지수가 29이상이어도 남성들보다 기대 수명이 훨씬 느리게 줄어든다. 여성들은 과체중을 남성들보다 훨씬 더 잘 견딜 수 있다. 자신이 심하게 뚱뚱한 정도가 아니라면 장수하는 데 큰 문제가 없다는 사실을 인식하기 바란다.

사람들이 비합리적이라는 것을 증명하기 위해 몇 개의 퀴즈를 내보겠다. 한국에서 신생아는 남아의 숫자가 여아의 숫자보다 많다. 왜냐하면 한국 사람들은 남아를 선호하므로 아들을 갖기 위해 남아를 낳을 때까지 출산을 하고, 남아를 낳으면 더 이상의 출산을 하지 않기 때문이다. 여기서 태아의 성별은 출산하기 전까지 알 수가 없다고 가정해보자. 그렇다면 이 명제는 참일까? 그렇지 않다. 이 명제는 잘못되었다. 이 명제가 오류인 이유는 첫 번째 출산에서 남아가 태어날 확률과 여아가 태어날 확률은 반반이고, 남아를 낳은 집에서 더 이상의 출산을 하지 않고 여아를 낳은 집만 추가 출산을 한다고 가정해도 그 다음에 나올 아이가 남아일 확률은 또다시 반반이다. 결국 첫 아이의 남녀의 비율은 반반이 되고, 두 번째 여아를 낳은 다음 세대의 출산 확률도 역시 반반이다.

그렇다면 왜 남자아이들이 많은가? 자연은 원래 남아가 태어날 확률을 여아가 태어날 확률보다 약간 더 높게 만들었다. 남성은 남성 호르몬인 테스토스테론(testosterone)의 영향으로 성인이 되기 전까지 각종 사고로 죽을 확률이 여성보다 높다. 자살시도에서 실제로 죽을 확률도 남자들이 여성보다 훨씬 높다. 여성의 자살 시도는 남자보다 더 많으나, 여자들은 손목을 칼로 가볍게 긋는다든가 몇 알의 수면제를 먹는 식으로 자신의 처지를 남들이 알아주기를 바라는 과시 자살이 대부분이다. 하지만 남성은 20층 아파트에서 아래로 뛰어내리거나 권총으로 머리를 쏘는 자살을 선택한다. 또한 전쟁터에서 총알받이는 전부 다 남자들이다. 3D 업종도 남자들 몫이다. 건설 현장에서 산업재해로 죽는 사람은 거의 다 남자다. 또한 교통사고로 죽을 확률도 남자가 높다. 결국 남아가 많이 태어나도록 설계된 것은 자연의 섭리다. 거기에 우리나라의 경우 불법 태아 성감별로 태아가 여아이면 인위적으로 중절하기도 해 성비 불균형이 더 심화되었다.

또 다른 퀴즈다. "위대한 예술가들은 대부분 장남이 많다"라는 말은 맞을까? 이 말은 사실로 보인다. 고흐도 장남이고, 모네도 장남이며, 피카소도 장남이다. 유명 미술가들의 상당수는 장남이다. 통계적인 수치도 사실임을 보여준다. 하지만 여기서도 간과한 사실이 있다. 원래 남자들은 장남이 더 많다. 남자 아이가 한 명인 집안에도 장남은 있고, 둘인 집에도 장남이 있으며, 셋인 집에서도 장남은 있다. 즉 차남과 삼남, 사남은 점점 그 비율이 줄어들지만, 장남은 그렇지 않다. 이 때문에 위대한 예술가 중에서도 장남이 많을 수밖에 없다. "살인자 중에는 장남이 많다", "위대한 현인은 장남이 많다", "위대한 학자는 장남이 많다", "위대한 정치가는 장남이 많다"라는 명제도 이와 같은 이유로 모두 참이다. 위대한 예술가들이 장남일 확률이 높은지를 정확하게 따져보려면 전체 장남의 숫자 중 위대한 예술가의 비율과 차남, 삼남 등의 숫자에서 위대한 예술가가 차지하는 비율을 비교해야 한다. 우리는 알게 모르게 이런 역설의 포로가 되어 있다. 그만큼 인간은 속기 쉽다.

투자의 세계에서는 98%가 손실을 입고 단 2%만 수익을 내므로 2%만 합리적이고 98%는 합리적이지 못한 사람들이라고 봐도 큰 무리는 아닐 것이다. 세상에는 합리적인 사람들이 2%밖에 안 되는데 대부분의 사람들이 합리적일 것이라고 가정하고 이론을 끌고갈 이유가 없다. 소수인 2%의 사고방식을 대부분의 사람들이 갖추고 있는 것으로 여긴다거나, 인간은 경제적 동물(Homo Economicus)이며 합리적이므로 효용함수[3]에서 객관적으로 또는 실질적으로 최상의 결정에 늘 도달한다는 신고전파 경제학의 기본 가정은 폐기처분해야 할지도 모른다.

경제학 이외에도 인간의 합리성과 이성을 이해하기 위한 질문은 철학, 생물학, 심리학, 사회학 등에서 꾸준하게 대두되었다.

칸트는 '이성'이 동물적 생존전략, 추상적 사유능력과 관계되며 전자는 실천이성, 후자는 이론이성이며 순수이성이라고 주장했다. 칸트에게 있어 실천이성은 이론이성의 '안티노미(二律背反, antinomy)[4]'를 극복하는 윤리적인 맥락과 연관되어 있다. 칸트는 자기가 출생한

쾨니히스베르크(현재 칼리닌그라드, Kaliningrad)에서 60마일 밖을 나간 적이 없다. 젊은 시절을 가정교사와 쾨니히스베르크 대학의 자율 시간강사를 하며 보냈고, 그렇게 지낸 15년 동안 독일의 철학계에서 확고한 명성을 확보했다. 1770년에는 쾨니히스베르크 대학의 형이상학 논리학 교수로 부임하게 된다. 1770년 이후의 칸트의 사상활동을 비판철학시대라고 부르고 그 이전의 시대는 비판전시대라고 부른다. 그는 '감성계와 지성계의 형식과 원리에 관하여(On The Form and Principles of the Sensible and Intelligible World)'라는 취임논문에서 시간과 공간 내의 지식은 현상에 국한되며 비시공적인 지성적 실제는 형이상학적 논의의 가능성에 귀속된다고 주장했다. 그는 비록 출생지에서 96킬로미터 밖을 나가본 적이 없었지만, 세상구경을 한 사람들에게 정보를 수집했고 인문지리학에 밝았다. 그는 세상을 모두 직접 본 듯이 생동감 있게 저술하고 가르쳤다. 칸트의 이성(합리성)에 대한 주장은 이후에 많은 철학자들과 심리학자들이 심도 있게 논의했고 이론을 발전시켰다.

생물학과 심리학적 관점에서의 합리성이란 무엇일까? 인간의 사유와 감정은 뇌 속의 물리적 실체들 사이에서 발생하는 복잡한 상호작용을 통해 실현된다. 뇌는 자기 자신을 이해하기 위한 것이 아니라 생존하기 위해 조립된 하나의 기계일 뿐이다. 인간의 두뇌는 단지 빠르기만한 계산기는 아니다. 현실의 인간이 이기적이고 합리적으로만 행동하지 않는다는 사실은 생물학적 합리성으로 설명이 가능하다. 예를 들어 입양을 하는 행위는 감동적으로 보이기는 하지만 실은 자신의 유전자를 보존하려는 인간 본능과는 배치된다. 양자를 키우는 행위는 자신의 유전자를 지닌 자손에게 쓸 수 있는 시간과 에너지를 허비하는 것이다. 그러므로 입양은 대단한 실수이긴 하지만 인류 전체에서 양자를 들이는 사람들은 극히 드물기 때문에 인류의 유전자 보존 본능이 무너진다고 보기는 어렵다.

그렇다면 입양을 가장 많이 하는 유럽인들은 오류투성이의 비합리적인 사람들일까? 이타적이고 평화주의적이며 바람직한 삶을 살고 있는 것일까? 유럽 국가들은 대부분 자녀의 숫자가 많을수록 정부로부터 더 많은 보조금을 받을 수 있다. 사람들은 자신의 유전자와 상관없는 아이들을 키우는 정서적·육체적 고통을 정부에서 나오는 보조금과 저울질을 해 보고, 후자가 좀 더 유리하다는 뇌의 판단에 따라 입양 행위를 선택할 뿐이다.[5] 한국은 입양에 대한 정부의 보조금이 없기 때문에 안하는 것이다. 입양 시 5년간 매달 100만 원의 육아 보조금이 나온다면 한국도 세계에서 가장 입양률이 높은 국가가 될 것이다.

리처드 도킨스는 《이기적 유전자》에서 이타적으로 보이는 행위는 실제로는 모양을 바꾼 이기주의로 본다. 다시 말해 개인적인 이득을 추구하는 동기가 숨어 있는 이타주의라는 것이다. 실제로, 집단유전학의 수학적 모형들은 이타성의 진화과정에서 다음과 같은 규칙을 찾았다. 이타성 유전자로 인해 개체가 감소할 가능성보다 증가할 가능성이 더 크다면 집단에서는 이타성 유전자가 흔하게 생겨난다. 왜냐하면 집단 차원에서 이타성 유전자를 보유한 개체가 존경과 자원

배분에서 유리하도록 사회적인 제도를 만들기 때문이다. 개체가 대가를 치르고 집단에서 그에 보상을 하면(주로 짝짓기 등에서의 이득) 이타주의가 보편화될 수 있다. 집단에서 이타주의로 보이는 행위가 실제로는 이기적인 행위라는 뜻이다.

나는 이타주의를 근본적으로 부정하는 입장은 아니다. 베이징 올림픽에서 우리 선수가 금메달을 획득하고 시상대에서 애국가가 울려 퍼지면 많은 사람들의 눈시울이 뜨거워진다. 어려운 상황에 처한 사람을 자발적으로 도와주려는 행동은 주변에서 흔히 볼 수 있다. 재벌이 재단법인을 만들어 기부를 하는 행위도, 생색내기라거나 비자금 전용 창구를 만들어둔다는 의혹도 있지만, 어쨌든 이타주의적이다.

최근 학계에서 관심을 갖고 있는 것은 강한 상호주의에 바탕을 둔 인간의 형태다. 인간이 합리적이고 이기적이라면 협동 작업에 호의적이기 힘들다. 자신의 목적만을 추구하고 협업을 할 필요가 별로 없다. 하지만 현대 산업 사회뿐 아니라 과거 채집·수렵·농경·사냥을 하던 사람들에게 상호주의는 보편적이다. 상호주의가 문화적인지 유전적인지에 대한 논란이 있기는 하나, 여러 문화에서 보편적으로 상호주의를 볼 수 있고, 보노보·침팬지·오랑우탄과 같은 영장류에서도 비슷한 행태를 관찰할 수 있다.[6] 강한 상호주의는 보편적이지만 이러한 본성을 촉발하고 표현하는 방식은 사회에 따라 다르다. 제로섬 게임이 아닌 세계에서는 상대가 협조를 하는 조건 하에서만 이쪽에서도 협조를 하는 '조건부 협력자'가 순전히 이타적 혹은 이기적 전략을 따르는 사람보다 좋은 성과를 낸다는 연구결과도 있다. 게임이론의 '죄수의 딜레마' 모형에서 절대적 우위를 가지는 전략은 없지만, 최선의 전략이 조건부 협력자 전략의 변형에서 나온 것을 보면 상호주의가 최선의 결과를 가져오는 예도 간간히 찾아볼 수 있다.

　이렇듯 모든 인간은 합리적이고 이윤극대화를 추구한다는 경제학 가정보다는, 좀 더 현실적이면서 설득력이 있는 인간행위에 관한 다양한 가설이 존재한다.

▌ 개미들의 심리가 투자에 미치는 영향

> 대학교수의 94%는 자신이 동료 보다 업무 능력이 우수하다고 생각한다.
> 대학생의 25%는 자신의 능력이 상위 1%에 든다고 믿고 있다.
> 대학생의 70%는 자신의 리더십이 평균 이상이라고 믿고 있다.
> 평균 이하라고 생각하는 학생은 2%에 지나지 않았다. ― 토머스 길로비치

주류 경제학에서는 투자와 인간의 심리를 연관시켜 이해하기 시작한 것이 오래되지도 않았고, 이에 관심 있는 학자도 많지 않다. 하지만 유능한 저술가나 투자자 중에는 이러한 작업을 중요하게 생각한 경우를 드물지 않게 찾아볼 수 있다. 벤저민 그레이엄은 주가 산정에서 정량적인 방법을 권고한 사람으로 알려져 있지만, 주식 시장의 행위를 심리학적으로 파악하려는 시도도 했다. 그는 《현명한 투자자》에서 주식의 가치를 파악하는 능력과, 심리적인 힘에 의해 주식 시장에 혼란이 발생했을 때 일어날 수 있는 과실을 인식하는 능력 두 가지가 투자의 핵심이라고 말한 바 있다.

1841년 찰스 맥케이는 《특별한 유행의 미혹과 대중의 열기》에서 튤립 열풍을 예를 들면서 대중적 히스테리의 분출을 경계하라고 한 바 있다. 프랑스의 사회학자인 귀스타브 르 봉은 "모든 면에서 전혀 다른 개개인이 모인 집단은 집단 심리를 연출하고, 집단 심리에 이끌린 개인은 또 다른 양태를 보인다."고 했다. 평소에 개미와 바퀴벌레 한 마리도 죽이지 못하던 사람이 의경 진압요원으로 착탁이 되면 경찰봉으로 두개골이 부서질 정도로 사람을 구타하는가 하면 힘

없는 여대생의 머리에 발길질을 하기도 한다. 이들은 집에서는 착한 아들과 가장이고 든든한 삼촌이다.

로버트 쉴러는 《비이성주의의 충만》에서 주식 시장에서 대중의 행위에 대한 현대적인 해석을 내린다. 그는 책에서 인터넷 버블로 인한 집단적 히스테리로 막대한 손실을 입은 대중들에 대한 이야기를 다루고 있다.

심리학과 투자의 상관관계에 관한 학술연구는 1985년 〈저널 오브 파이낸스(Journal of Finance)〉에 실린 두 편의 글로 시작되었다. 베르너 드봉과 리처드 탈러는 "주식 시장은 과잉반응하는가?"에서 투자자들이 새로운 정보를 습득하면 진위를 가리지 않고 극단적으로 흥분증세를 보이는 성향을 관찰했다. 투자자들은 기업의 펀더멘털 지표에는 관심도 없고 이해할 능력도 없다. 출처가 어디인지도 확실하지 않은 정보를 습득하고 주가를 뒤흔들기 바쁘다. 허시 셰프린과 마이어 스태트먼은 "우량주의 성급한 매도와 비우량주의 장기 보유 성향 : 이론과 실제"에서 과민반응이 투자자들로 하여금 우량주는 성급하게 매도하고 비우량주는 오래 보유하게 만든다는 사실을 언급했다.

합리적인 경제인을 부정하는 다양한 가설 중 가장 유력한 분야는 행동경제학이다. 행동경제학이 대두되기 전까지 사회과학도들은 경제적 합리성을 당연한 전제로 삼거나 마치 앵무새처럼 다른 사람의 논문 내용을 베꼈다. 누구도 이에 대한 반동을 저지를 생각조차 못했다. 이러한 비상식적인 가정에 대한 지적 없이 수많은 박사학위 취득자가 양산되었다는 점은 학자라는 직업이 얼마나 비현실적이고 허망한지를 보여준다. 위대한 학자이건 고전적 이론이건, 이에 반대되는 의견이 나타날 수 있고 결국엔 뒤집힐 수 있다.

　인간의 낙관주의는 투자를 그르치는 결정적인 요소 중 하나다. 시드니대학 경영대학원의 댄 로발로와 노벨상 수상자인 프린스턴대학의 대니얼 카너먼은 인간의 낙관주의를 '망상적 낙관주의'라고 명명했다.[7] 이에 대한 증거로 그들은 경영 예측과 계획에 나타나 있는 낙관주의적 지표를 들었다. 44개 화학 처리 공장 건설 사업계획에 대한 런드연구소(RAND Corporation)의 분석결과는 실제와는 너무 큰 차이가 났다. 실제 건설비는 당초 예상치의 두 배를 넘었고 생산능력은 4분의 3 수준에 불과했다. 낙관주의적 경향은 스스로의 능력을 믿고자 하는 인간의 욕구로부터 비롯된다. 나쁜 뉴스를 갖고 오는 사람은 괴롭힘을 당하거나 다른 구성원에게 무시당하기 십상이다. 비관적인 의견은 조직에서도 받아들여지거나 선호되지 않는다. 이와 같은 이유로 낙관주의적 편견은 조직 전체에 퍼지고 객관적인 미래 예견은 불가능해진다. 특히 조직의 상층부에는 낙관주의가 팽배해 있으며 변화에 대한 욕구 및 인식이 별로 없다. 이를 극복하기 위해서는 유능한 사람들로부터의 견해를 중립적인 입장에서 받아들이고 관련 데이터를 꾸준하게 점검하며 타 사례를 벤치마킹해야 한다. 잭 웰치는 "현실을 직시하라. 자기가 원하는대로 보지 말라"고 했다. 연구나 증권투자, 사업에서 실패하는 사람의 대부분은 자신의 능력 수준을 파악하지 못하거나 자신의 능력을 과대평가하는 사람들이다.

　'최후통첩게임'이라는 저명한 실험이 있다. 갑돌이와 갑순이 두 사람이 100원을 어떻게 나누어가질지를 합의하는 실험이다. 규칙은 간단하다. 먼저 갑돌이에게 한 번의 제안 기회가 주어진다. 그리고 갑순이는 그 제안을 수락할지 거절할지 양자택일해야 한다. 갑순이가 갑돌이의 제안을 거절하면 두 사람은 한 푼도 얻을 수 없다. 두 사람이 경제적으로 행동한다면 갑돌이는 가능한 많은 돈을 가지려 할 것이다. 그는 자신이 99.9원을 갖겠다고 제안할 것이다. 갑순이가 합리적 경제인이라면 이런 부당한 제안도 받아들이는 것이 더 낫다. 갑돌이가 99.9%를 가져간다고 해도 0.1%라도 받는 것이 경제적으로는 더 낫기 때문이다. 하지만 실험결과 대부분의 사람들은 비슷한 액수를 나누어 가졌으며 총액의 20% 이하를 제안 받은 사람들은 제안을 거절할 확률이 더 높았다.

최근의 실험경제학은 사람이 합리적 동물이라기보다는 사회적 동물에 더 가깝다는 사실을 밝혀냈다. 공정함에 대한 욕구나 협력에 대한 의존은 합리성의 매우 예외적인 것이 아니라, 오히려 인간의 본질에 가까운 행동이라는 것이다. 문화적 측면에 따라 실험의 결과는 약간의 차이가 날 수 있다. 경쟁에서 이긴 사람이 더 많은 것을 갖는 것이 타당하다고 생각하는 미국의 문화와, 형평성을 중요하게 생각하는 EU 국가들과, '콩' 한쪽이라도 나누어 먹어야 한다고 생각하는 우리나라 사람들이 생각하는 공정함은 정도의 차이가 있을 것이다. 본대학의 실험경제연구소 소장인 아르민 팔크는 "대부분의 사람은 상호주의에 입각해서 행동한다. 공정한 행동에는 상을 주고, 불공정한 행위에는 자신이 비용을 치르더라도 징계를 준다"고 결론 내렸다. 타인을 신뢰하는 마음이 생물학적인 요인에 좌우되는 측면도 있다. 이 현상에는 옥시토신이라는 호르몬이 중요한 역할을 한다. 이 호르몬 약을 섭취한 실험 참여자들은 가짜 약을 섭취한 그룹들보다 타인에게 더 많은 신뢰감을 나타냈다.

$$8 \times 7 \times 6 \times 5 \times 4 \times 3 \times 2 \times 1 = ?$$
$$1 \times 2 \times 3 \times 4 \times 5 \times 6 \times 7 \times 8 = ?$$

위의 곱셈 연산을 5초 이내로 해보자. 대부분의 사람은 윗줄의 결과가 더 크다고 생각한다. 그러나 실제로는 두 연산의 결과는 동일하다. 일반적으로 사람은 왼쪽에서 오른쪽으로 읽어가면서 첫 번째 등장하는 수에 집착한다. 또한 두 경우 모두 정답보다 작은 수를 답으로 적었다. 트버스키와 카너먼의 연구에 따르면 고등학생들을 대상으로 위와 같은 질문을 하였을 때 학생들이 대답한 평균은 윗줄이 2,250이었고, 아랫줄은 512이었다. 질문의 정답은 40,320이다.

인간은 이와 같이 편견을 가지고 있고 잦은 실수를 범한다. 바인하커는 인간의 편견을 다섯 가지로 구분한다. 첫째, 구조화 편견이다. 이것은 동일한 내용을 표현방식에 따라 사람들이 다르게 받아들이는 것을 말한다. 예를 들어, "당신은 10문제 중에 3개나 틀렸군요"와 "당신은 10문제 중에 7개나 맞추었군요"의 두 가지는 내용은 동일하지만 후자를 더 긍정적으로 받아들일 수 있다. "아 다르고 어 다르다"라는 속담도 비슷한 의미다.

둘째, 대표성의 편견이다. 사람들은 자신의 사고를 정리할 때 객관적인 데이터를 활용하지 못한다. "점심 때 갔던 스타벅스의 점원이 내게 불친절하게 대했으니 모든 스타벅스 점원이 그러하리라"고 단정하는 것이다. 또 몇 명의 중국사람을 보고 중국사람은 "모두 다 예의가 없다"거나, 한국 사람들은 "모두 음주가무를 좋아한다"고 결론 내린다.

셋째, 가용성 편견이다. 문제를 해결하기 위한 유의미한 자료보다는 손쉬운 자료만을 사용한다. 자신의 질병에 대해 전문의의 조언을 듣는 것이 아니라 가족의 견해를 듣거나 의학 서적을 보고 믿어버리는 것을 예로 들 수 있다.

넷째, 위험 판단의 어려움이다. 사람들은 통계나 확률로 추론하

표1.1 인간의 편견 및 실수의 종류

인간의 편견 및 실수	내용
구조화	같은 내용도 다른 틀로 표현하면 응답에 영향을 줄 수 있음
대표성	매우 작고 치우친 표본에서 결론을 도출함
가용성	문제를 해결하기 위한 유의미한 자료를 발견하기 보다는 손쉬운 자료를 토대로 의사결정을 함
위험 판단의 어려움	대부분의 사람들은 확률로 추론하고 위험을 평가하느라 어려운 시간을 보냄
정신적 회계	경제학에서는 같은 단위의 돈은 같게 취급함 하지만 사람들은 돈을 서로 다른 칸막이에 넣어둠

출처.《부의 기원》(에릭 바인하커, 2007)

려고 노력하지만 결국에는 정확한 확률계산에 실패한다. MB정권 취임 직후 한미 FTA에 따른 소고기 수입으로 수만 명이 상당 기간 촛불시위를 했다. 하지만 미국산 소고기에 대한 위험은 거의 없으며 한미 FTA에 따른 기타 경제적 편익과 비교하면 소고기 수입에 따른 위험은 너무나 미미한 수준임을 정확하게 판단하지 못한 결과다.

다섯째, 정신적 회계다. 돈 100원은 어디서나 100원의 가치를 지닐 뿐이지만, 사람들은 돈을 서로 다른 칸막이에 넣어둔다. 예를 들어, 신용카드 현금서비스를 사용하면서도 정기적금을 들고 있는 사람이 있다. 정기적금의 이자율이 신용카드의 이자보다 훨씬 더 낮기 때문에 일단 신용카드 현금서비스부터 갚는 것이 합리적이다.

나의 친구 중 한 명은 사업에 실패하고 부모, 형제, 친구에게 돈을 빌리고 주변 사람으로부터 고금리의 부채를 끌어 쓰며 겨우 가정 생활을 유지하면서도, 새로 태어날 아이를 위해서 집 평수를 늘려가고 수입 RV 차량을 굴리고 신용카드를 사용한다. 나는 친구가 빚더미에 올라앉기 전부터, 돈을 모으려면 사는 집을 줄여 월세로 하다가 돈이 생기면 전세 혹은 작은 집이라도 사야 되며, 수입차의 리스금액과 유지비는 벌이에 맞지 않으니 중고차를 사라고 조언했었다. 그러나 그는 전혀 말을 듣지 않았다. 그 친구는 매달 1,000만 원을 벌 때는 1,200만 원을 지출했고, 500만 원을 벌 때는 600만 원을 지출했으며 200만 원을 버는 현재는 300만 원을 지출하고 있다. 사치는 절대지출액의 문제가 아니라 자신이 벌어들이는 액수보다 더 많이 쓰는 것을 의미한다.

정보는 곧 파멸이다

> 지독한 소문은 바퀴가 달린 듯 퍼지고
> 사람들의 손을 타면서 점점 가속도가 붙는다.   _ 우이다(Ouida)

내게는 투자정보를 알려주겠다는 사람이 많다. 내가 주식 책을 내기도 했고, 20년에 가까운 투자 경력을 갖고 있다는 것을 알면서도 투자에 대해 교육을 시키려는 분들도 있다. 고교 동창 중 하나는 7~8년 전에 설거지 종목을 동창들에게 권유했다가 큰 손해를 입히고 본인도 수 억 원을 주식 투자와 부동산 재개발 딱지 투자로 날렸었다. 그 친구는 평소에 연락도 거의 하지 않다가 가끔 전화를 해 종목을 추천한다. 궁금해서 어떤 기업인지 검토해보면 재무가 형편없고 '세력들이 먹다버린 능금'뿐이다. 종목 추천은 그만 듣고 싶다고 해봐야 "이번만은 진짜야, 믿어줘"라며 그치지 않는다. 초보 투자자에게 소문은 종교가 되고, 본인도 모르는 사이에 빠져 죽게 만드는 물귀신이 되고 만다.

100년 전 미국에서 윌리엄 밀러는 예수의 재림을 주장했고 그의 추종자들은 세속에서 재산을 처분하고 산으로 올라가 조용히 휴거를 기다렸다. 하지만 아무것도 나타나지 않았다. 결국 그들은 빈털털이가 되었다. 1962년에는 노스캐롤라이나 주의 한 직물공장 직원이 독벌레에 물렸다고 소문을 냈고, 일주일 사이에 독벌레가 문 자국과 각종 독에 중독된 증상을 주장하는 사람이 62명이나 나타났다. 하지만 나중에 밝혀진 바에 따르면 그런 독벌레는 상상 속에만 존재했다.

개미투자자는 투자 초기에 의례적으로 정보를 통해 투자한다. 그러나 대부분 실패다. 만약 주변인들이 알려준 정보로 투자했다가 손해를 봤다고 "내가 너 때문에 돈을 잃었으니 네가 갚아 달라"고 할 수도 없는 노릇이다. 그들의 조언으로 돈을 벌었어도 수익금의 일부를 나눠줄 생각은 애초부터 없었으니, 손실에 대해서도 '징징거릴' 권리 또한 없다. 투자 정보로 돈을 잃었다면, 그것은 무조건 정보를 따라간 사람 잘못이다. 자신의 실수임을 알았다면 '앞으로 그러지 않으면' 된다. 여러분들에게 정보를 제공한 그들도 동일한 피해자일 뿐이다. 언제나 구 동냥한 투자정보의 결과는 '쪽박'이라고 생각하면 된다.

나도 투자 초기에 귀동냥 정보로 돈을 날린 적이 여러 차례 있다. 귀동냥 투자가 재미있는 이유는 늘 내가 사고 나서부터 떨어진다는 점이다. 하지만 이런 현상은 우연이 아닌 필연이다. 세력들이 팔아치우기 위해 소문을 내고 개미투자자는 늘 끝물에 투자를 시작하기 때문이다. 정보가 시세를 만드는 것이 아니라 시세가 정보를 만든다. 이는 상하이, 홍콩, 뉴욕, 도쿄, 런던, 파리, 뭄바이, 부다페스트, 산티아고에서도 모두 마찬가지다. 증권거래소가 문을 닫기 시작하면 사람들은 모두 불과 몇 시간 전까지만 해도 생각도 못했던 이야기 거리를 만들어낸다. 그리고 시장에 대해 수만 가지의 해석을 쏟아낸다. 누구나 자신이 좋아하는 것을 믿는다. 자신이 갖고 있는 종목이 가장 좋아 보이며, 자신이 살고 있는 동네가 앞으로 가장 전망이 좋은 곳이라고 생각하는 것이 보통 사람의 심리다. 눈에 콩깍지가 씌인 남녀에게 "저 사람은 당신을 이용할 뿐이고 사치벽에 바람기가 있다"고 이야기해봐야, 단물 쪽쪽 빨리고 버림받을 때까지 사랑의 구덩이에서 헤어나지 못한다. 집요하게 주가상승을 원하는 투자자는 주가가 오른다는 수만 가지 이유를 주변 사람들한테 떠들고 다니고, 동일한 주식의 주가하락을 노리는 투자자는 주가가 더욱 하락할 이유를 수만 가지 발명하는 재주를 갖고 있다. 사람들은 누구나 자기합리화의 천재다.

개미들이 서로 주고받는 정보가 투자수익에 전혀 도움이 되지 않는 이유를 수학적으로 판단해보자. 인구가 5만 명 정도 되는 작은 지방 도시에 A기업의 대규모 수익 증대에 관한 정보를 아는 한 사람이 8시에 도착했다. 역 앞 모텔에 투숙한 이 사람은 자신의 정보를 모텔에서 일하는 3명의 직원에게 누설했다. 도착한 지 15분 후의 일이다. 이 정보를 알게 된 직원은 15분 후에 도시 내의 절친한 사람들 각각 3명에게 이 정보를 전했다. 정보가 도시에 도착한 후 30분이 지난 뒤에 이 소식을 알고 있는 사람은 $4+(3\times3)=13$명이다. 새롭게 투자 정보를 알게 된 9명은 15분 동안 자신이 알고 있는 또 다른 3명에게 이 소식을 전해 주었다. 8시 45분이 되자 이 소식을 알고 있는 사람은 $13+(3\times9)=40$명이 되었다. 이와 같이 소식이 계속해서 전달된다고 가정하면 소식을 전해들은 사람의 수는,

9시 00분 : 40+(3×27) = 121명

9시 15분 : 121+(3×81) = 364명

9시 30분 : 364+(3×243) = 1,093명

9시 45분 : 1093+(3×729) = 3,280명

10시 00분 : 3280+(3×2187) = 9,841명

10시 15분 : 9841+(3×6561) = 29,524명

즉, 10시 15분이 되면 인구의 절반 이상이 이 소식을 알게 된다. 그리고 10시 30분이 되면 8시에 도착한 한 사람이 전한 재미있는 소식을 도시 전체 주민들이 다 알게 된다. 투자 정보가 빛의 속도보다 더 빠르게 전달된다는 속설은 이렇게 증명가능하다.[8] 수십 명 혹은 수백 명의 직원이 있는 회사에서 비밀이라며 한두 명한테만 이야기해도 반나절이면 늘 혼자 다니는 왕따 사원을 제외한 모든 직원이 알게 되는 게 보통이다. 출근하자마자 무심결에 집에서 키우는 시츄가 새끼를 낳았다고 동료 한 명한테 이야기한 것을, 점심 식사 후 나와 전혀 상관없는 팀에서 근무하는 동료에게서 듣고 당황한 적이 한 번쯤은 있을 것이다. 위의 계산에 따른 풀이를 보면 왜 그렇게 빨리 소문이 퍼지는지 알게 될 것이다. 이렇듯 개미투자자들이 주고 받는 정보는 기관, 외인을 비롯한 대부분의 투자자들은 이미 알고 있는 정보이거나 물량을 털기 위한 의도적 유포일 가능성이 99%이다. 정보는 빛의 속도로 퍼진다.

게다가 개인들은 자신이 보유한 종목과 관련된 정보 중 좋은 것만 받아들인다. 심리학자들은 인간의 합리성을 믿지 않는다. 경제학자들이 인간을 합리적인 경제인이라고 단순하게 가정하는 것과는 다르다. 심리학자들은 '선택적 지각(Selective Perception)'을 그 증거로 제시한다. 사람은 외부 정보를 객관적으로 받아들이는 대신 기존 인지체계와 일치하거나 자기에게 유리한 것만 선택적으로 받아들인다는 개념이다. 비슷한 개념으로 '칵테일 파티 효과(Cocktail Party Effect)'가 있다. 소리가 식별 안 되는 시끄러운 파티장에서도 자기 이름을 부르는 소리는 잘 들린다. 자신이 관심 있는 사람의 표정과 말, 감정은 쉽게 파악한다. 사람은 소음과 혼란한 분위기 속에서도 자기에게 의미 있는 정보는 선택적으로 받아들인다. 열등감에 빠진 사람이나 피해망상증 환자들은 타인의 무심한 행동이 자신을 무시하거나 음해한다고 곡해한다. 이들은 지극히 주관적인 선택적 지각을 자신만의 정교한 논리를 동원해 새로운 사실로 만든다. 주변에서 아무리 객관적인 진실을 이야기해도 듣지 않는다. 이런 사람들은 주변에 흔하지 않아도 타인에게 심한 불편함을 전가하기 때문에 금세 이상행동으로 인식된다. 하지만 개미투자자들 대부분도 극단적인 선택적 지각을 하고 있다는 점을 알고 있는 사람은 드물다. 보통의 세상사는 색안경을 끼고 보지 않는 사람들이, 자신이 갖고 있는 주식은 무조건 장밋빛 희망으로 바라본다. 자식에 대한 무한대의 사랑과 보유주식에 대한 사랑이 별 차이가 없을 정도다.

이러한 긍정적인 선택적 지각은 자신이 보유한 주식이 폭락하면 부정적인 선택적 지각으로 돌변한다. 보유종목에 대한 애정은 '동방신기'와 '빅뱅'를 바라보는 10대 소녀들의 마음만큼 뜨겁다가, 키 크고 부유한 왕자를 만나 평범한 애인을 버리는 여자처럼 순식간에 차가워진다. 위기(危機)라는 단어에는 '위험(危)'과 '기회(機)'라는 뜻이 둘 다 들어 있다. 위기는 투매하라는 위험의 신호가 아닌 매수를 위한 기회를 찾으라는 뜻으로 해석해야 한다. 개미들은 저점매수-고점매도를 해야 수익을 낼 수 있는데, 선택적 지각이라는 함정에 갇혀 고점매수-저점매도의 패턴을 반복한다

선택적 지각은 개미투자자를 상승장 모멘텀 트레이더가 되게 한다. '모멘텀 투자'라는 용어는 물리학에서 나왔다. 모멘텀은 동력이라는 의미를 갖고 있고, 추진력, 여세, 타성의 뜻으로도 쓰인다. 주식 시장에서 주가가 상승추세를 형성했을 경우 얼마나 가속을 붙여 움직일 수 있는지를 나타내는 지표다. 다시 말해 '주가를 움직일 수 있는 자극'이라는 단어로 환원될 수 있는데, 예를 들면 증자발표나 신사업 진출, 액면분할, 합병, 테마, 정부의 정책 변동 등을 말한다. 주가가 상승하더라도 모멘텀 지표가 낮으면 향후 상승추세가 꺾여 하락할 가능성이 크고 반대로 주가가 하락하더라도 이 수치가 높으면 주가는 상승할 가능성이 크다. 결국 이 지표는 주가의 변동을 알아내는 기준이 되며 단기투자에서 유용하게 사용된다. 주가가 떨어져 장기간 횡보하는 가치주들은 칵테일 파티의 볼품없는 평범한 여인들처럼 개미투자자들에게 인지되지 않다가, 일부 종목의 주가가 오르면 그 때부터 주목 받기 시작한다. 주가가 강하게 오르다 보면 PER[9] 수준이

높아 고평가 되기 쉬운데도 개미투자자는 빚을 내 무리하게 투자하기 시작한다. 부동산도 마찬가지다. 시장이 좋지 않아 가격이 낮을 때가 매수해야 할 타이밍이나, 개미투자자들은 부동산 경기가 좋을 때만 부동산 투자를 인식한다. 부동산은 대체로 가격이 하방경직적(쉽게 하락하지 않음)이긴 하지만 몇 년간 호황이 지속되면 반드시 불황이 찾아오며 가격이 약간 하락하거나 비슷한 수준으로 횡보하는 기간이 10년 이상 지속될 수도 있다. 부동산은 무조건 오르기 때문에 손해를 보지 않는다는 속설도 반드시 맞는 이야기는 아니다.

기소와 자펠리의 연구[10]에 따르면 금융정보를 얻는 데 일주일에 2~4시간을 할애한 투자자들은 정보 수집에 시간을 전혀 할애하지 않은 투자자보다 샤프지수가 4분의 1이 낮았다. '샤프지수'란 한 단위의 위험자산에 투자해서 얻는 초과수익의 정도를 나타낸다. 결국 추가적인 투자정보 수집이 더 불리하게 작용한다는 결론이 도출되었다. 또한 기소와 자펠리는 정보를 많이 입수한 투자자일수록 주식을 더 빈번히 사고판다는 사실도 추가로 밝혀냈다. 정보를 많이 입수한 투자자는 높은 수익을 내지 못할 뿐 아니라 거래비용까지 더 많이 부담한다.

거래비용도 무시 못 한다

> 증시호황은 오직 운용사와 펀드매니저에게만 대박을 안겨준다.
> 흔히 비용문제를 대수롭지 않게 여기는데 그래선 안 된다.
> 늘 세후 수익을 염두에 둬라. 수수료·비용·세금 등을 민감하게 챙기며
> 비용 최소화를 추구하는 게 현명하다.
> — 존 보글

개미들의 손실을 낼름낼름 받아먹는 사람들은 누구인가? 주식 시장은 중장기의 관점에서 본다면 누구나 수익을 내는 윈윈(win-win) 게임이지만, 단기적으로는 제로섬 게임(zero-sum game)에 가깝다. 주가지수가 올라도 주식에서 돈 벌었다는 개미들을 만나기 쉽지 않은 이유는, 개미들이 소형주 중심의 투기적인 매매 패턴과 지나치게 거래가 잦은 단기매매에 치중하기 때문이다. 개인투자자는 한 해 동안 주식 거래비용으로 주식보유금액 전체의 5%에 해당하는 금액을 지불한다. 투자이익은커녕 다른 호주머니로 돈이 줄줄 새고 있는 셈이다. 매년 원금의 5%씩 수수료로 지불한다면 20년 후에는 원금이 거의 남아 있지 않게 된다.

거래비용은 위탁수수료(매매)와 세금으로 압축된다. 세금(주식거래세)은 주식처분 때 발생한다. 증권거래세, 농어촌특별세, 양도소득세, 주민세 등으로 나눠진다. 다만 양도세와 주민세는 주식 종류에 따라 과세여부와 세율이 다르다. 양도세는 대주주(발행주식의 3% 이상 등)가 처분하거나 장외주식을 팔 때만 붙는다. 거래소와 코스닥 종목을 일반적으로 거래하는 경우 양도세와 주민세는 없다고 보면 된다. 개

인투자자들이 내는 세금은 증권거래세와 농어촌특별세다. 거래소 종목의 경우 증권거래세 0.15%와 농어촌특별세 0.15%를 합해 총 거래세가 0.3%다. 코스닥은 농어촌특별세는 없지만 증권거래세가 0.3%인 탓에 결과적으로 거래소와 세율이 같다.

위탁수수료는 해당 증권사 몫으로 그 비율은 증권사마다 다르다. 온라인 매매일 경우 0.024~0.15% 수준인 반면 오프라인 매매는 0.45~0.5%의 수수료가 발생한다. 매수 및 매도 때 각각 지불되어야 한다. 결국 위탁수수료에 세금까지 합하면 적잖은 금액이 거래비용이란 이야기다. 비공식 추산에 따르면 복리로 매년 15% 이상의 수익을 내는 초고수 개인 투자자들이 전국에 1,500명 정도 된다고 한다. 개인 투자자들의 숫자를 300만 명으로 잡는다면 전체의 0.05%밖에 안 된다. 사법고시, 행정고시, 외무고시가 50대 1정도의 경쟁률이므로 2% 안에 들면 합격할 수 있고, 전국 50만 수능 수험생 중 1%인 5,000등 정도면 서울대에 합격할 수 있으므로 개인투자자들이 주식시장에서 많은 돈을 버는 것은 고시에 합격하거나 서울대에 들어가는 것보다 훨씬 더 어렵다.

거래비용을 낮추려면 수수료를 챙기려는 쪽의 말을 들어선 곤란하다. 증권사는 주된 수입원인 수수료를 얻기 위해 잦은 매매를 권유할 수밖에 없다. 이들의 정보는 투기를 부추기는 경우가 태반이다. 단기이익을 원할수록 이들의 정보에 솔깃할 수밖에 없는데 현명한 투자자라면 조언·추천과 별개로 독립적인 판단을 해야 한다. 정보를 말하는 건 털어버릴 주식이 있거나 또는 수수료를 챙기려는 브로커의 일이다. 투자상담사는 투자자를 수수료 기계로 본다. 이들은 거래량을 늘리고 수수료를 더 챙기는 것만 생각한다. 충분한 지식이 없는 투자자일수록 중개인을 친구로 여긴다. 중개인은 지나치게 자주 매매를 부추김으로써 높은 수수료를 챙기는 직업일 뿐이다.

증시호황은 오직 운용사와 펀드매니저에게만 대박을 안겨준다. 개평꾼들의 몫을 줄이는 게 고수익 지름길이다. 수수료를 비롯한 유·무형의 비용과 세금을 적게 냄으로써 세후수익을 극대화하지 않으면 수익을 내기 어렵다. 절반의 승률은 결국 손실을 의미한다. 수수료 때문이다 수수료는 거래 때마다 원금을 조금씩 갉아먹어 마침내 전부를 없애버린다. 그걸 방지하려면 이익이 손해보다 늘 크거나 아니면 매매빈도를 줄이는 수밖에 없다. 즈식에 투자하거나 부동산·채권·파생상품 등에 투자하여 돈을 벌 수 있는 시기는 있다. 하지만 매일 혹은 매주 거래한다면 지속적으로 돈을 벌어들이기 어렵다. 투자는 포커와 매우 흡사하다. 인간은 모든 판에 계속 참여하고 싶은 공통적인 약점을 갖고 있다. 이것이 투자자에게 가장 큰 적이다.

내가 운영하는 주식동호회 회원 중 한 분은 다니던 금융기관을 나와 은퇴생활을 즐기기 위해 서울에서 강릉으로 이사를 갔다. 1년간은 거의 매일 낚시와 등산을 다니며 재미있는 나날을 보냈다. 그러나 두위고(無爲苦) 만큼 사람을 무기력하게 하는 것도 없지 않은가? 낚시와 등산도 시들해지고 새로운 삶의 낙을 찾기 위해 그는 가까운 증권사에 가서 계좌를 만들고 인터넷 트레이딩을 컴퓨터에 설치해 500만 원으로 단타를 시작했다. 이분이 주로 사용했던 전략은 미국 증시를 새벽에 확인한 후에 주가가 출렁이는 오전장과 장 종료 1시간 전에, 2번 정도 상한가 따라잡기였다. 1년간 원금이 두 배로 불어났다가 절반으로 줄어들기를 반복했다. 하루에 여러 차례 사고 팔기를 반복해서 1년간 1,000번이 넘는 거래를 했다. 원금은 다행히도 500만 원이 그대로 남아 있었다. 수익이 난 것 같은데 원금만 남아 있는 것이 억울해 1년간의 거래수수료를 계산해본 결과 원금보다 더 많은 액수였다. 이를 확인하고 이 분은 단타를 접었다.

잦은 매매는 상승장에서조차 장기보유에 따른 수익률을 따라가지 못한다. 매매는 가급적 적게 할수록 유리하다. 거래비용에 둔감한 투자자치고 성공한 이는 없다. 매매회전율을 낮게 유지하는 것이야말로 최종수익을 늘리는 첩경이다. 실증연구도 있다. 수만 명의 실제 거래를 검증해 본 결과 거래를 가장 많이 하는 사람들의 투자 수익률이 평균투자자에 비해 7.1% 낮은 결과를 나타냈다.[11] 투자에서 작은 소득에 만족하는 사람은 큰 것을 얻지 못한다. 돼지고기 먹는 것이 금기로 되어 있는 유대인들의 속담에는 "이왕에 돼지고기를 먹으려면 진탕 먹어라"는 말이 있다. 5%의 수익률을 여러 번 얻으려 하지 말고 한번에 500%의 수익률을 추구하라. 거래비용을 최소화하면서 복리효과를 누리기 위해서는 배당금을 재투자해야 한다. 인플레이션, 수수료, 세금, 투자위험 등을 고려했을 때 연간 투자수익은 최소 15%를 목표로 하면 된다.

펀드를 고를 때도 마찬가지다. 거래회전이 적고 수수료가 싼 것을 골라라. 뛰어난 스킬과 정보로 무장한 펀드조차 수수료 등 비용

요소를 감안하면 평균 이상의 성과를 내기 어렵다. 매매회전율이 낮은 펀드가 매매회전율이 높은 펀드에 비해 더 높은 수익을 올리게 된다.[12]

▌여러 번 사고팔아도 수익은 높아지지 않는다

> 진리는 하나지만 오류는 증식한다.　　　　　　　　　— 르네 도말

증권선물거래소에 따르면 국내 주식의 평균 회전율은 300%를 웃돌고 있다. 이는 100%대인 선진국과 비교해 아주 높은 수준이다. 회전율은 주식의 매매 빈도를 나타내는 지표로 100%라면 1년 동안 모든 주식이 한 번씩 매매됐다는 뜻이다. 그러므로 회전율이 높다는 것은 단기 투자가 많다는 의미다. 매매가 잦은 시장은 시장 변동성도 커질 수밖에 없다. 또한 거래비용을 기하급수적으로 늘려 결국에는 수익률을 제자리로 돌아오게 만든다.

　국내 개미투자자들의 매매 형태는 전형적인 단타매매다. 개미투자자의 매매 빈도는 2003년 기준으로 연간 18회(회전율 1,800%)에 달한다. 나침반도 없이 사막에서 길을 잃으면 같은 지점만 뱅뱅 돌게 된다. 단타매매도 무언가 많이 한 것 같지만 결국 녹초가 되서 제자리에 서 있는 본인을 발견하게 만든다. 단타매매는 수익을 낼 수 없을 뿐 아니라 하루 종일 모니터를 바라보면서 시세를 쫓아다니게 되므로 본업에 집중하는 것을 불가능하게 만든다. 정신과 의사들은 주식 매매 중독을 도박, 니코틴, 알코올, 쇼핑, 필로폰, 엑스터시, 섹스보다 더 위험한 중독증의 형태로 간주한다. 도박에 중독되어 타짜가 된 어떤 사람이 TV에 나와 도박을 끊기 위해서 아이 머리만한 돌로 손

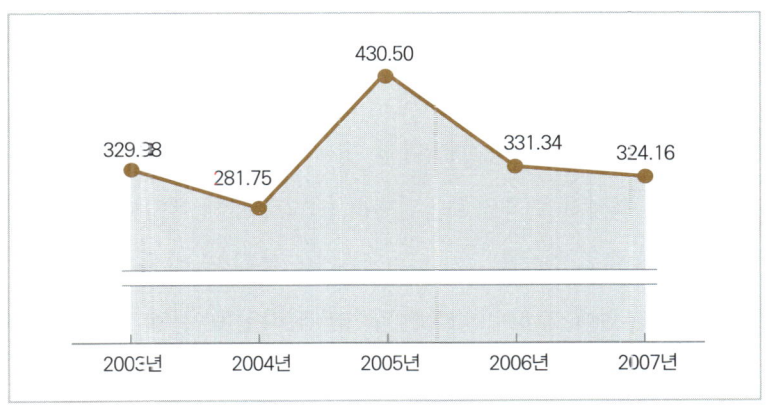

그림1.2 국내 상장 주식의 평균 회전율 (단위: %)

자료. 증권선물거래소

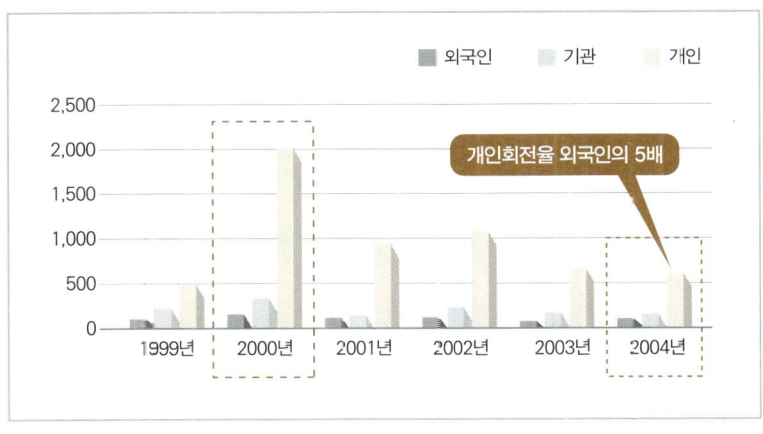

그림1.3 투자자별 회전율 (단위: %)

가락 뼈를 부서트리고 나서도 도박장을 다시 찾았다고 고백한 것을 본 적이 있다. 정신적인 중독도 헤어 나오기 힘들다.

단타매매를 위해 개미투자자들은 대부분 싼 종목을 보유한다. 개인 투자자가 보유한 종목의 단가 평균은 5,303원밖에 안 된다. 통화단위가 높은 달러화가 원화보다 더 가치가 높은 게 아니듯, 주가가 싸다고 해서 오를 가능성이 더 높은 게 아니다. 주식 시장에서 주가가 싸 보이도록 조작하는 방법은 여러 가지가 있다. 액면분할과 무상증자다. 10만 원짜리 주식을 1만 원짜리 10개로 쪼개 액면분할할 수도 있고, 2만 원짜리 주식을 100% 무상증자를 통해 만 원짜리 주식 2개로 나누기도 한다. 그러나 주식의 갯수만 달라질 뿐 본질가치가 변화되는 것은 전혀 없다. 외국인들은 개인투자자들 회전율의 10분의 1밖에 안 되지만, 보유단가는 증시의 3대 주체 중에서 가장 높다. 기관의 회전율은 개인보다는 낮지만 외국인들과 비교하면 높은 수준이다. 회전률이 500%나 되며 보유단가가 13,713원이다. 두세 달에 한 번씩 종목을 교체하며 상대적으로 싼 주식을 선호하는 단타족으로 분류될 수 있을 정도다. 증권업협회의 2004년 조사에 따르면 개인투자자들의 회전율은 497%였다. 2003년에 비해서 많이 떨어졌지만 여전히 높은 수준이다. 같은 시기에 기관은 121%, 외국인은 95%이었다.

표1.4 2003년 말 소유 주체별 연간 회전율

구분	연간회전율	주식 수	시가총액	보유단가
외국인	180%	14.0%	40.1%	29,550원
기관 투자자	500%	12.5%	15.6%	13,713원
개인투자자	1,800%	48.5%	23.4%	5,303원

출처. 증권거래소

회전률이 낮을수록 높은 수익을 낼 수 있다는 것은 미국의 유수한 학술지에서도 검증되었다. 연구결과에 따르면 개인투자자들이 매도한 특정 종목은 그 후 4개월 동안의 수익률이 2.6%였던 데 반해, 새로 매수한 종목의 수익률은 0.11%에 불과했다. 전반적으로 개미투자자들의 매도 종목은 팔고 난 뒤 상당히 오른 반면, 새로 산 종목은 기대만큼 오르지 않았다. 증시의 조정이 지속되면 개미투자자들은 장기투자에 회의감을 갖게 된다. 단타매매로 짭짤한 수익을 올렸다는 소문을 들으면 '본전생각'이 간절해지고 냉정함을 잃게 된다.

회전율과 경마의 관계는 어떨까? 경마라는 단어는 競(다툴 경), 馬(말 마)로 이루어져 있다. 말이라는 동물은 자연상태가 아니면 항상 누군가를 등에 태우거나 물건을 싣거나, 무엇인가를 끌거나 한다. 경마에서는 기수가 말안장에 탄 상태로 다른 마필과 다투게 된다.

경마의 본질을 이해하려면 패리뮤추얼시스템(Pari-Mutuel System)을 알아야 한다. 패리뮤추얼(Pari-Mutuel)은 승마 투표 운영기관이나 경가시행체가 매출에서 일정액의 수수료를 공제하고 그 잔액 전부를 적중자에게 비례 배분하는 방식이다. 1865년 프랑스의 피에르 올레(Pierre Oller)가 창안했다.

한국의 경마는 연-단식의 환급률이 80%이고, 복연-복-쌍식이 72%이다. 전자는 20%를 수수료로 떼어가고 후자는 28%를 수수료로 떼어간다는 이야기다. 고스톱을 칠 때, 판에는 끼지 않고 고정적으로 패를 돌리는 딜러가 있어 매판마다 딜러에게 전체 베팅액의 20%

에서 28%를 떼어주어야 한다면 웬만한 사람은 이런 불공정한 고스톱 판에는 끼지 않을 것이다. 이런 사행적인 도박과 주식 시장이 어떤 면에서 유사할까? 경마장에서의 배당률은 내기의 내용에 따라 바뀐다. 주식 시장에서 일어나는 일과 동일하다. 날씬하고 근육질의 몸에 좋은 혈통을 갖고 있는 경주마는, 형편없는 역대성적에다 다이어트에도 실패한 경주마보다 이길 확률이 높다. 하지만 우승할 확률이 높은 배당마의 배당률은 4대 3임에 반해 우승할 확률이 낮은 말의 배당률은 200대 1이 될 수도 있다. 어떤 선택이 최선인지는 통계학과 수학을 사용해도 정확하게 알 수가 없다. 이러한 시스템이더라도 승자가 존재할 가능성이 없는 것은 아니다. 승자들의 공통점은 돈을 거는 횟수가 아주 드물다는 것이다. 반복적으로 돈을 걸게 되면 수익률은 평균에 수렴하게 되므로 돈을 따는 것은 거의 불가능해진다. 인간은 모든 것을 알 수 있는 재능은 없지만, 세상을 이 잡듯이 돌아다니면 잘못된 내기를 찾을 수 있는 행운을 가질 수 있다. 투자의 현자들은 세상이 이런 기회를 부여할 때 돈을 크게 건다. 그렇지 않으면 내기를 하지 않는다. 평생 몇 번의 기회만 잘 잡으면 된다. 살면서 수 천 번의 기회를 잡는 투자자는 없다. 강태공이 세월을 낚는 방식은 투자자들에도 통한다.

　거래비용과 회전률이 모두 낮아야 수익을 낼 수 있다면, 답은 간명하다. 오직 장기투자다. 내 투자의 경험에서 얻은 결론은, 장기간에 걸쳐 투자자본 대비 높은 수익을 돌려주는 우량 사업들을 사들이는 것뿐이다. 값싼 정체불명의 테마주보다는 가치가 절하되어 있는 우량한 기업들을 찾아야 한다. 그런 기업들을 헐값에 구입해야만 수익이 나는 것은 아니다. 헐값이 아니어도 성장성과 높은 이윤을 보장해줄 수 있다면 매수할 수 있다. 훌륭한 사업을 사들이는 것이 투자 성공의 관건이다. 동업의 경험이 있는 사람이라면 "동업은 절대 하지 마라"는 속담에 동의할 것이다. 동업은 돈도 잃고 우정도 잃게 한다. 하지만 세상에 동업이 아닌 것은 별로 없다. 여러분들이 '삼성전자'의 주식을 갖고 있으면 이건희 회장과 동업자가 된다. 주식 시장은 한국 최고의 기업가들과 마음만 먹으면 언제라도 동업관계를 맺어준다. 그리고 동업관계가 장기적으로 지속될 수 있다면 수익까지 나눠준다.

장기투자는 변동성 축소를 통한 리스크 관리를 하게 해준다. 국내 증시 환경도 장기투자에 우호적으로 변해가고 있다. 기업의 질적 개선과 정보의 투명성이 증대되면서 안심하고 투자할 수 있게 되었다. 주식 투자는 주식을 샀을 때부터 예상과 다르게 전개되는 것이 보통이지만, 시간이 지나면 애초에 기대했던 방향으로 나아가고 있는 것을 알게 된다. 세상에는 개인적인 체험을 통해 직접 깨닫기까지 의미를 충분히 이해할 수 없는 진리들이 많다. 투자가 특히 그렇다. 하지만 진리를 직접경험만을 통해 얻을 필요는 없다. 책을 통한 간접경험으로, 남들보다 덜 고통스럽게 진리에 다가갈 수도 있다.

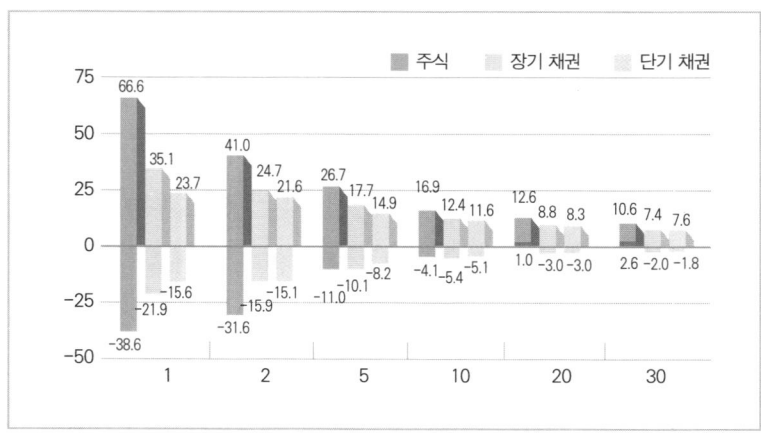

그림1.5 보유 기간에 따른 최대·최소 실질 수익률(1802~2006년) (단위: %)

자료. 《장기투자 바이블》, 제레미 시겔 (2008)

위의 표는 1802년부터 보유기간을 1년, 2년, 5년, 10년, 20년, 30년으로 나누어 미국의 주식, 장기채권, 단기채권의 인플레이션을 감안한 실질 수익을 정리한 것이다. 주식수익률은 미국의 시가총액 가중 방식의 주식 수를 기본으로 하고, 배당액에서 자본이득을 더하고 손실을 뺀 것이다. 최상의 수익률과 최악의 수익률 간 차이를 보여주는 막대의 높이는 보유기간이 길어질수록 훨씬 빠르게 줄어들고 있다. 보유기간이 1년 혹은 2년인 경우에 주식이 장기채권이나 단기채권보다 훨씬 더 위험한 것으로 나타났다. 이것은 상식에 입각해서 생각해봐도 당연한 결론이다. 하지만 5년이 넘어가면 우리들의 상식은 여지없이 무너진다. 보유기간을 5년으로 했을 때 주식이 내는 최악의 수익률(연간 -11%)은 장기채권과 단기채권의 최악의 수익률보다 약간 나쁘다. 보유기간을 10년으로 가져가보자. 그러면 이제부터 상황은 역전된다. 주식이 내는 최악의 수익률은 -4.1%로 장기채권과 단기채권보다 높아진다. 보유기간을 20년으로 하면 주식 수익률은 결코 물가상승률보다 낮아진 적이 없다. 하지만 장단기 채권은 최악의 경우 물가상승률보다 연 3%까지 떨어진 적이 있다. 보유기간이 30년인 경우 주식 수익률은 최악의 경우에도 물가상승률보다 매년 2.6%가 높다. 이것은 채권자산의 평균 수익률보다 약간 낮다. 보유기간이 17년을 넘어서면 장단기 채권과 달리 주식은 결코 손실을 보지 않는다. 장단기 채권이 부를 축적하는 데 더 유리한 것처럼 보이나 사실은 그 반대다. 구매력을 유지하면서 장기투자를 하는 방법은 주식 포트폴리오를 다변화해서 가져가는 것이다. 보통 사람들은 보유기간을 과소평가한다. 포트폴리오를 한두 개로 한정하기 때문이다.

다음 표는 보유 기간별로 장단기 채권 대비 주식이 초과 수익을 낼 확률을 나타낸다. 자료에서 알 수 있듯이 보유기간이 길어질수록 확률이 높아진다. 보유기간이 5년인 경우에 가능성은 70% 안팎이고, 20년인 경우는 90%가 넘는다. 30년의 경우는 1871년에서 2006년까지의 기간으로 볼 때 100%다. 보유기간 30년을 기준으로 채권이 주식보다 초과 수익을 거두었던 때는 남북전쟁이 발발했던 1861년이 마지막이다. 지난 175년간 새롭게 발행된 30년 만기 국채 투자자들은 동기간 보통주로 구성된 포트폴리오를 지닌 투자자들보다 더 높은 수익을 전혀 낼 수 없었다. 장기적으로 주식의 투자 수익률이 우월한 것을 부인하기는 어렵다. 하지만 1년이나 2년 정도의 단기에

표1.6 보유 기간에 따라 주식이 장단기 채권에 비해 초과 수익을 내는 확률

보유기간	시기	주식이 장기채권보다 초과수익을 내는 확률	주식이 단기채권보다 초과수익을 내는 확률
1년	1802~2006	61.0	62.0
	1871~2006	60.3	64.7
2년	1802~2006	65.2	65.7
	1871~2006	65.4	69.9
3년	1802~2006	67.2	70.2
	1871~2006	68.7	73.3
5년	1802~2006	69.2	72.6
	1871~2006	71.3	75.0
10년	1802~2006	80.1	80.6
	1871~2006	82.4	85.3
20년	1802~2006	91.9	94.6
	1871~2006	95.6	99.3
30년	1802~2006	99.4	97.2
	1871~2006	100.0	100.0

자료.《장기투자 바이블》, 제레미 시겔 (2008)

서는 주식이 채권보다 초과수익을 낼 확률이 60%대에서 형성되므로 30~40% 정도는 채권 수익률이 더 높다는 결론을 내릴 수 있다. 그러나 단기에서도 주식의 수익률이 월등하고 중장기에서는 채권(국공채) 수익률이 주식 수익률보다 높지 않을 것을 볼 때 주식은 위험자산이고 채권은 안정자산이라는 말은 맞지가 않는다.

펀드도 손실 난다

> 성공은 초콜릿 덩어리를 네 조각으로 만들고 나서
> 딱 한 조각만을 먹는 의지력에서 나온다.
> — J. 바스트북

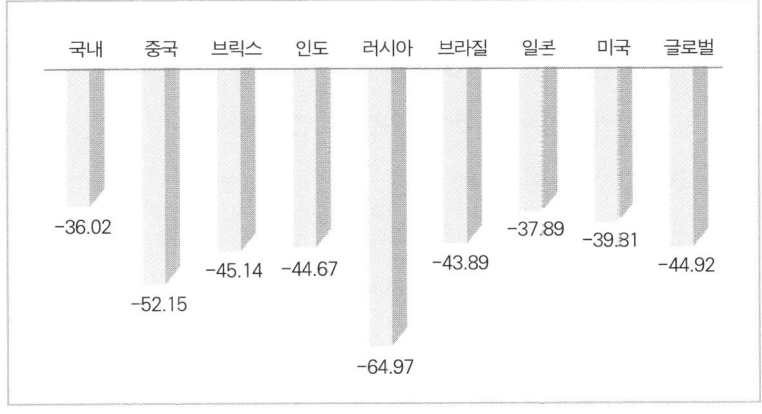

그림1.7 2008년 말 투자처별 국내 주식형 펀드 수익률   (단위: %)

직접투자가 어렵다면, 펀드에 투자해 수익을 낼 수 있지 않을까? 위의 그림에서 보듯이 2008년 국내 펀드는 국내 주식에 투자하건 해외에 투자하건 적게는 36%에서 많게는 64%가 넘는 손실을 보았다. 일반적으로 리스크를 줄일 수 있다는 펀드 투자에서도 'OO펀드가 좋더라'라는 말에 솔깃해 뒤늦게 가입한 펀드 투자자들은 글로벌 증시 하락으로 대거 손실을 봤다.

펀드 투자에도 '머피의 법칙'이 통한다. 펀드 수익률이 높은 시점에서 개미투자자들의 자금이 몰리고, 이후 수익률이 곤두박질칠 때 실망하고 파는 '거꾸로 투자'가 반복된다. 펀드 투자도 직접투자와 별로 다를 것이 없다. 2006년 이후 특정 시기마다 자금을 모았던 베트남펀드, 일본펀드, 리츠(부동산)펀드, 물펀드, 중국펀드, 인사이트펀드 등이 대표적이다. 과거 수익률에 눈멀고 운용사나 판매사의 장밋빛 마케팅에 현혹돼 앞뒤 안 가리고 펀드에 가입한 투자자들만 대거 손실을 입었다. 직접투자나 간접투자나 개미들은 상투를 잡는다.

 2006년 말과 2007년 초에는 운용사마다 펀드 이름에 '베트남' 끼워 넣기 마케팅이 대유행이었다. 베트남 글자만 들어가도 불티나게 팔렸다. 2006년 한 해 베트남증시의 주가가 두 배 이상 폭등하자, 증권사들은 거품 논란에도 불구하고 앞다투어 펀드를 찍어냈고 월 2,000억 원씩 팔렸다. 하지만 2007년 한 해 베트남증시는 제자리를 맴돌며 1년 수익률이 -6.9%를 기록했다. 2007년 2월에는 일본펀드가 열풍을 이어받았다. 두 달 만에 2조 원의 자금이 몰렸다. 일본 경제가 불황을 극복하고 성장 단계에 접어들었다는 장밋빛 전망과 과거 3개월간 6%에 이르는 펀드 수익률이 투자자를 유혹했다. 하지만 당초 전망과 달리 소비 부진과 수출 감소가 지속되면서 일본 펀드는 마이너스 수익률을 달렸다. 3월 들어서는 3개월 만에 11%로 펀드 유형 중 가장 높은 수익을 낸 리츠펀드로 자금이 몰렸고, 5~6월에는 앞으로 십 년 후 물 부족 시대가 도래해 물 산업이 뜬다며 물펀드에 1조 원가량이 몰렸다. 10월에는 은행·증권사 판매 창구마다 중국 펀드 추천 일색이었다. 판매사들은 3개월 39%, 6개월 69%라는 과거 수익률을 앞세워 한 달 동안 5조 7,000억 원어치 중국펀드를 팔았다. 당시 가입했던 투자자들의 성과는 어땠을까. 2008년 말 기준으로 리츠펀드는 -28%, 물펀드는 -14% 안팎, 중국펀드는 -28%로 모두 원금 손실을 봤다.

펀드회사가 운영되기 위해서는 펀드매니저, 회사오너, 관리직원에 대한 억대 연봉과 4대 보험료, 건물임대료, 기타 잡비, 마케팅·홍보비 등이 필요하다. 그래서 펀드 투자금을 모으고 나면 관리비부터 떼고 본다. 펀드회사는 장사꾼일 뿐이다. 일반기업은 적자를 기록하고 도산하면 그에 대한 책임을 진다. 그러나 펀드회사는 고객들의 돈을 잘못된 투자로 다 까먹어도 책임지지 않는다. 잘되면 대박이고 안 되어도 회사가 손해 보는 일은 없다. 펀드회사의 목표는 오너와 펀드매니저의 배를 불리는 것뿐이다.

개미투자자중 한 명은 2004년 8월 은행에 들렀다가 직원으로부터 '주가지수연계 3년 만기 펀드'에 가입하라는 권유를 받고 1억 원을 입금했다. 이후 지속적으로 펀드는 손실을 입었고 투자자는 만기에 80여만 원만 남았다. 펀드가 99.2% 손실을 낸 것이다. 보통 이런 경우에 펀드 회사에 소송을 걸어 '계란으로 바위를 칠' 용감한 개미들 별로 없다. 하지만 이 개미투자자는 은행을 상대로 손해배상 청구 소송을 냈고 결국 은행이 4,900여만 원을 배상하라는 판결을 받아 승소했다.

해외 펀드도 별 볼일 없다. 1963년부터 피델리티 펀드를 운용한 중국인 제럴드 차이는 높은 수익률로 몇 년 사이에 월가에서 가장 유명한 주식천재로 급부상했다. 그는 더 큰 돈을 벌기 위해 피델리티에서 독립해 맨해튼 펀드를 설립했고 그의 명성에 눈먼 부나방들은 그에게 며칠 만에 4억 2천만 달러를 맡겼다. 이 풍운아 제럴드 차이는 몇 년 사이에 위탁자금의 70%를 날렸다. 그는 자금을 모금해준 중개 회사에 주식을 사고팔아 수수료로 일정 수익을 올려 주어야 하는 약정을 했었다. 그는 '사고 팔고, 또 사고 팔아서' 많은 수수료 이익을 중개 회사에 돌려줬다. 그 결과 원금의 70%를 날린 것이다.

아마추어는 결코 프로를 이길 수 없다

> 어떤 인간이든 돈으로 매수되지 않는 인간은 없다.
> 문제는 그 금액이다.
> — 막심 고리키

개미들의 투자 성적표는 늘 초라하다. 그것은 장이 오르건 내리건 늘 그렇다. 장이 좋아서 종합주가지수가 수백 포인트가 올라봐야 수익을 낸 개미들은 찾아보기 힘들다. 하락장에서는 손절매를 반복하다 투자자금의 대부분을 날리고 시장 밖으로 쫓겨난다. 개미들은 왜 늘 기관과 외국인에게 당하기만 하는가?

    2007년 말에 종합주가지수가 우리나라 증권시장 역사상 최초로 2000을 돌파하자 직장인, 전문직, 아주머니, 자영업자, 바텐더, 심지어 구두 닦는 젊은이까지 모두 주식 이야기를 하기 시작했다. 내가 투자 경험이 많은 것을 아는 사람들은 다짜고짜 종목을 묻는다. 평소에 연락 한 번 없던 친구들에게 전화가 오고, 몇 년간 메신저에 연결만 되어 있는 예전 직장동료가 나의 안부를 묻기 시작했다. 이들의 목적은 나에게 종목을 캐내기 위한 것이었다. 종목 추천은 안하는 것이 원칙이라고 해도 "뭘 들고 있느냐" "나한테만 알려다오"라며 캐내기 바빴다. 이런 일은 내가 투자에 관심을 둔 20년 동안 반복적으로 일어났다. 나는 종합주가지수에는 관심이 없다. 개별 종목 분석만 한다. 이런 사실은 종합주가지수가 폭락할 때가 되었음을 알려준다. 개미투자자들은 왜 장이 좋을 때만 주식 이야기를 하고 그때만 주식을 사는가? 왜 부동산이 활황일 때만 이사 갈 궁리를 하는가? 왜 장이 나쁠 때는 주식 시장이 한국에 존재하는 사실조차 잊어버리는가?

동양, 서양, 고대, 현대를 막론하고 개미투자자들은 늘 이런 식이다. 시장의 역사를 기원 후라고 단순 가정하더라도, 2천 년간 어리석은 행위가 반복되어왔다. 모든 산업 분야는 발전하는데 금융 분야만 제자리걸음이다. 투자의 성패는 투자대상을 선별하는 것보다 언제 사서 언제 파느냐에 달려 있다. 수익과 손실은 매매에서 결정되기 때문이다. 투자에서 수익을 내기 위해서는 아무도 관심을 갖지 않을 때 투자 대상을 싸게 매수해서 인내심 있게 기다려야 한다. 애초에 매수했던 근본적인 이유가 변하고 있지 않다면 본인이 가지고 있는 주식이나 부동산의 가격 변동은 잊어버리는 것이 최선이다. 천국으로 가는 열차는 완행이고, 축축하고 숨 막히는 역에서 지체한다. 오직 지옥행 열차만이 급행이다. 나는 절대 보유종목을 알려주거나 종목 추천을 할 생각이 없다. 혹시 개미투자자들이 나를 만나게 되면 투자철학은 어때야 하는지나 개별 종목분석은 어떻게 해야 하는 지에 관해 물어봤으면 좋겠다. 쥐를 잡아 요리를 해주는 것보다는 쥐를 잡는 방법을 알려드려야, 쥐가 먹고 싶을 때 언제든지 스스로 잡아먹을 수 있지 않겠는가?

개미들은 주가조작에도 쉽게 걸려든다. 2007년 제이유그룹 전 부회장 김모 씨 형제는 주가 조작 기술자들을 동원해 '월수익 100% 보장' 등을 미끼로 코스닥 등록사 세신에 1,500억 원의 투자금을 끌어 모았다. 2006년 10월 1천 원대였던 세신의 주가는 4만 원대까지

40배 이상 올랐으나, 2009년 4월 등록이 취소되었다. 최대 시가총액 기준 8,000억 원이 공중으로 사라졌다.

파생상품에서 개미들은 더욱 힘을 쓰지 못한다. 2007년 경기도 파주시의 한 야산에서는 주식 시장에서 '시골국수'라는 별명으로 알려진 주식 투자자가 나무에 목을 매 숨졌다. 21년째 주식과 선물·옵션을 하고 있었다는 그는 투자 실패로 약 14억 원의 빚을 졌다. 그는 유서를 통해 "파생상품 시장은 결국 더러운 도박판"이라며 "만기 동시호가 1분을 남기고 세력이 자신에게 유리한 구간에 맞춰 결제시키는 사기판"이라고 비판했다. 그의 말이 맞건 틀리건 간에 선물·옵션 등 파생상품의 거래에서 개인이 재미를 보는 것은 거의 불가능하다는 점을 잊으면 안 된다.

정보력과 자금, 조직력, 인내심, 교육이 부족한 개인투자자들이 주식, 금융 파생상품 시장에서 꾸준한 수익을 얻기란 거의 불가능에 가깝다. 유일한 방법은 독점성이 있고 수익성이 높고 성장하는 우량주를 싼 가격에 매수하고 장기간 보유하는 것이다. 혹자는 아무리 저평가 우량 주식이라도 시장이 침체되면 3년에서 5년 이상 낮은 가격을 형성해 금융비용만큼의 수익을 내지 못 한다고 말한다. 하지만 우량주는 주머니 속의 송곳과 같다. 오래 보유하면 언젠가 빛을 보게 된다. 증시가 활황이라도 수익을 내지 못한다는 변명은 포트폴리오를 구성하지 않았기 때문이다. 예를 들어 다섯 종목을 갖고 있는데 세 개 종목이 5년간 오르지 않았다고 하더라도 나머지 두 개 종목이 본질가치보다 더 높은 수준의 가격이 형성되면 평균적으로 상당한 수준의 수익을 올릴 수가 있게 된다. 대박을 노린다고 단 한 종목에 몰빵하고 기다리는 것은 그 종목이 5년 이상 소외되면 빼도박도 못 하게 된다. 포트폴리오 구성은 수익성 측면에서뿐 아니라 이와 같은 이유에서도 반드시 필요하다.

진나라의 공격을 받은 조(趙)나라 혜문왕은 동생이자 재상인 평원군을 초나라에 보내 원군을 청하기로 했다. 20명의 수행원이 필요한 평원군은 3,000여 식객 중에서 19명은 쉽게 뽑았으나 나머지 한 사람을 뽑지 못해 고심하고 있었다. 이때 모수라는 식객이 자천하고 나섰다. "대감, 저를 데려가 주십시오." 평원군은 물었다. "그대는 내 집에 온 지 얼마나 되었소?" "이제 3년이 됩니다." 다시 평원군이 말했다. "재능이 뛰어난 사람은 숨어 있어도 마치 주머니 속의 송곳(囊中之錐) 끝이 밖으로 튀어 나오듯이 남의 눈에 드러나는 법이오. 그런데 내 집에 온 지 3년이나 되었다는 그대는 이제까지 단 한 번도 이름이 드러난 적이 없지 않소?" "그것은 나리께서 이제까지 저를 단 한 번도 주머니 속에 넣어 주시지 않았기 때문입니다. 하지만 이번에 주머니 속에 넣어 주시기만 한다면 끝뿐 아니라 자루까지 드러내 보이겠습니다." 재치 있는 답변에 만족한 평원군은 모수를 20번째 수행원으로 뽑았다. 초나라에 도착한 평원군은 모수가 활약한 덕분에 국빈으로 환대 받으면서 구원군도 쉽게 얻을 수 있었다. 우량주는 시장에서 낮은 가격에 거래된다고 하더라도 여러분의 주머니(포트폴리오)에 넣어두면 언젠가는 송곳처럼 가치가 세상에 드러나게 되어 제 값을 받게 된다.

그림1.8 개인과 기관의 차이

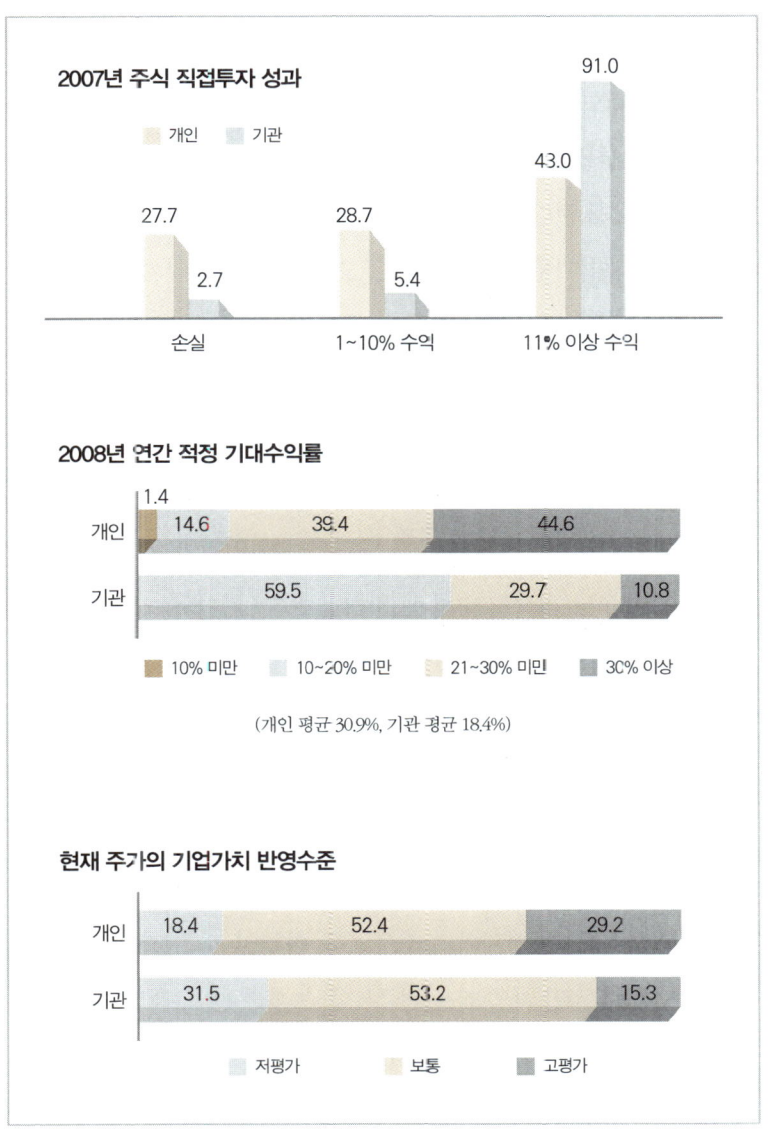

자료. 증권업협회, 2008.10

나는 개미투자자와 기관을 프로골퍼와 아마추어골퍼에 비유한다. 아마추어 골퍼는 핸디캡 없이는 프로골퍼를 절대 이길 수 없다. 개미투자자들도 그냥은 기관을 이길 수 없다. 그렇다면 개미투자자들에게 핸디캡을 주고 게임을 하면 어떨까? 안타깝게도 주식 시장에는 이런 제도가 없다. 태권도에 입문하면 흰 띠를 매준다. 그리고 검은 띠 유단자와 겨루기를 시키지 않고, 주먹지르기 앞차기부터 가르친다. 품세는 태극 1장부터 익힌다. 바둑을 둘 때도 처음 배우는 사람은 고수들에게 미리 몇 점을 깔고 둔다. 당구, 골프는 실력에 따라 핸디캡을 정한다. 유도나 권투 등의 격투기 시합도 체급별로 싸움을 한다. 하지만 주식 시장은 10년을 넘게 수련한 태권도 5단하고 방금 전에 도장문을 열고 들어온, 누구를 때려본 경험이라곤 꿈속에서 밖에 없는 섬섬옥수의 회사원이 즉시 맞장을 뜨는 곳이다. 개미투자자들은 상대방의 돌려차기 한 방이면 바로 KO될 수밖에 없음을 알지도 못하고 사각의 링에 오른다. 실력이 천양지차인 곳에서 게임의 법칙만 존재하는 것이 투자시장이다. 초심자에 대한 배려가 없어 불공정하다고 생각한다면 투자를 하지 않으면 된다. 정글에서 얼룩말이, 왜 나에게는 사자와 같은 날카로운 이빨과 강한 턱 그리고 육중한 몸매를 주지 않았냐고 불평해봐야 소용없다. 다행인 것은 얼룩말은 자신이 타고난 신체적인 제약조건을 극복할 수 없지만, 그래도 인간은 정도의 차이는 있지만 극복가능한 부분이 존재한다.

한국증권업협회는 2007년, 펀드를 포함한 증권계좌를 보유한 만 25세 이상 개인투자자 1,511명과 기관 투자자 111명에게 투자

실태를 물었다. 개인이 가진 2008년의 연간 적정 기대수익률은 무려 30.9%에 달했다. 이 가운데 30% 이상 수익을 바라는 사람이 44.6%, 50% 이상도 12.8%나 됐다. 반면 기관은 신중하다. 현실적으로 달성 가능한 수익률에 대해서 잘 알고 있는 만큼 11~20% 수익 기대층이 과반(59.5%)이었고 평균 기대수익률도 18.4%였다. 물론 이 수치도 기관의 평소 실력에 비하면 터무니없이 높다. 세계 최고의 복리수익률을 올린 버핏도 연간 복리수익률이 21%인데 개미들의 기대수익률은 30.9%라면, 버핏보다도 10%나 높다. 연간 복리로 30%의 수익률을 올릴 수 있다면 나도 투자를 접고 그 사람에게 내 전 재산을 맡기겠다. 개미투자자가 30%의 복리수익률을 꾸준히 기록할 수 있다고 말하는 것은 반바지와 반팔티만 입고 에베레스트에 등정할 수 있다고 호언장담하는 것과 별반 차이가 없다. 구라도 알면서 치면 사기가 되지만 모르고 치면 순진하다고 말할 수밖에 없다.

    개미들은 '소박'을 낼 능력도 전혀 없으면서 '대박'만 노린다. 개인 10명중 6명 이상(64.5%)은 상대적으로 오르내림의 정도가 덜한 대형주 대신 중·소형주를 선호한다고 답했다. "먹어도 크게 먹겠다"는 심리다. 중·소형주 선호율은 직접·간접 투자를 병행하는 투자자보다 직접 투자를 하며 투자 규모가 작은 경우에 더 높게 나타났다. 또 개인 10명 가운데 3명 이상(36.1%)이 1주일에 1회 이상 거래하는 '단타 투자자'로 나타났는데 이 비율 역시 여자보다는 남자, 30세 이하의 젊은층, 1년 미만의 초보 투자자에게서 높았다. 유리 겔러[13]처럼 투시력이 없어도 연륜이 쌓이면 점쟁이가 되듯이, 개미투자자와

30분만 대화를 해봐도 그 사람의 과거, 현재와 미래의 궤적이 그려진다. "저 정도 내공과 투자액이면 1년 후면 얼마를 잃겠고 몇 년 후면 주식 시장을 떠나겠구나" 혹은 "집 몇 채 날렸겠구나"하는 견적이 나온다.

나는 직접적인 투자 조언은 되도록 삼가는 편이다. 왜냐하면 조언을 해봐야 자신의 방식을 고치려하는 사람이 드물었다. 게다가 고치려고 노력해도 잘 되지 않는 사람이 더 많았다. 투자에 대해서 공부하려는 진지함과 겸손함이 없다면 진성 투자자가 되는 것은 불가능하다. 공자 왈 맹자 왈 하는 도덕을 가르치고 싶지는 않다. 하지만 투자자라면 가져야 될 최소한의 품성이 있다. 물론 그 품성이 도덕적인 것만은 아니다. 극단적인 기회주의와 탐욕스러움을 갖춘 '칼 아이칸'과 같은 투자자도 수조 원의 재산을 일구었기 때문이다.

개미투자자들은 시장을 바라보는 시각도 협소하다. 위의 조사에 따르면 개미투자자들은 국내 증시에 영향을 미치는 요인 중 정치 상황과 대북관계가 60~70%가 심각하다고 평가했으나 기관은 절반(31~32%)에 그쳤다. 개별 종목의 펀더멘털보다는 주식에 미치는 정치적인 영향을 과대평가한다. 주요 변수는 간과하고 큰 영향을 미치지 않는 작은 변수가 더 중요하다고 착각한다. 투자자라면 늘 현재 상황에 대해서 질문해야 한다. 사람들은 어떤 사실을 충분히 이해했다고 판단하면 더 이상 생각하려고 하지 않는다. 현대의 한 저술가는 이미 결정을 본 의견은 깊은 잠에 빠진다고 말했다. 그러나 투자자는 이미 결론이 난 의견도 상황에 따라 달라질 수 있다는 점을 명심해야 한다. 일반 사람들에게 승인되는 의견에 반대 의견을 제시할 수 있어야 하고, 반대 의견을 제시하는 사람의 말을 귀담아 들어야 한다. 자신이 가진 신념이나 확신 그리고 생명력을 존중한다면 타인의 의견도 존중할 필요가 있다.

클라리넷을 불기 위해서는 적어도 1년 정도의 레슨이 필요하다. 골프에 입문하여 필드에 나가려면 적어도 6개월 이상의 레슨이 요구된다. 태권드를 배워 시합에 나가려면 1년 이상의 수련은 기본이다. 어떤 배움이건 스승으로부터 익혀서 정기적으로 기초를 닦고 실전에 사용해야 한다. 클라리넷을 한번도 불어보지 않고 리사이틀을 열거나, 골프채 구경도 못해본 사람이 내기골프를 한다거나, 태어나서 살아 있는 생명체와 육체적인 다툼이라곤 해본 적이 없는 사람이 내일 국기원에서 열리는 전국 태권도대회에 나간다고 생각해보라. 웃기는 일이다.

그러나 회계, 재무, 경제, 경영학의 '가나다'도 모르는 사람이 오늘 당장 온라인 증권계좌를 만들고 거액을 투자하는 것은 웃기지 않겠는가? 다른 분야는 십 수 년간의 노력과 스승, 재능이 어우러진 종합예술로 승화되어도 국내 일인자가 될지 말지인데, 왜 주식은 그렇게 쉽게 생각하는가? 나의 소견으로는 테니스, 골프, 탁구, 배드민턴과 같이 눈에 보이는 육체적인 기예만큼 정신적인 기예도 어렵다. 눈에 보이지 않기 때문에 실체가 보이지 않고, 그래서 더 어려울 수도 있다. '공부가 가장 쉬웠다'고 주장하는 구두닦이 출신 서울대 수석합격자나, 경기고와 서울대 법대를 수석졸업하고 고시 3과를 패스한 변호사가 자신은 아이큐를 공개할 수 없을 정도로 머리가 나빠 노력으로 극복했다는 말은 그야말로 범인(凡人)들에게 꿈과 희망을 주는 이야기일 뿐이다. 자신이 가지고 있는 사진 찍는 기억력과 대법관인 친척어른, 서울 의대 출신의 부친이 부여한 좋은 유전자 이야기는 쏙 빼놓고 노력만으로 된 것처럼 이야기하는 것이 자신에 대한 올바른 설명인가? 그의 자칭 '돌머리'론은 겸손을 가장한 자만 이상도 이하도 아니다. 내 경험으로는 살면서 가장 어려운 일은 공부 잘하는 것과 돈을 많이 버는 일이었다. 타고난 재능, 노력, 좋은 스승 그리고 적당한 기질 없이 투자에서 누구나 성공한다는 것은 그야말로 마틴 루터 킹의 "I have a dream" 연설과 같이 꿈과 희망만을 불어넣는, 비현실적이고 단기적인 카타르시스를 위한 감언이설일 뿐이다.

내 주변에서 적게는 5천만 원 많게는 10억 원 이상의 투자 손실로 어려운 생활을 하는 분들이 꽤 있다. 투자 대상도 다양하다. 증권, 부동산, 채권, 펀드, 피라미드 사기까지 건드리는 족족 손실이다. 인터넷 사이트를 차려놓고 반값에 물건을 판다고 하고 돈을 떼어먹는 행위나, 판검사, 변호사로 사칭하고 결혼을 조건으로 돈을 갈취하는 행위나, 박카스 성분이 들어있는 자양강장제를 만병통치약으로 속여 천만 원짜리 음료라고 파는 행위나, 인삼을 산삼으로 속여 파는 행위나 주식 시장에서 작전주에 걸려들어 수천만 원에서 수억 원을 잃는 행위나 논리적으로 다른 점은 별로 없어 보인다. 본인의 어리석은 의사결정으로 이루어진 투자 실패는 하소연할 곳도 없다. 주식, 부동산, 펀드 등으로 돈을 날리면 법에도 호소하기 어렵다. 투자는 대체로 합법의 범주에 속하기 때문이다. 다시 말하면 고도의 지능적인 사기다.

혹자는 개미투자자들은 절대 투자에서 수익을 낼 수 없다는 단정을 하기도 한다. "개미투자자가 주식 시장에서 돈을 벌 수 있는 방법은 자기가 산 종목에 우연히 작전세력이 들어와 주가가 폭등할 때 뿐이다"라는 조롱 섞인 단언을 하는 제도권 투자자도 있다. 이 말은 인정하지 않을 수 없다. 철저한 데이터와 막강한 자본론으로 무장한 기관 투자가와 외국인들을 상대로 개미투자자가 수익을 거두는 경우는 매우 드물다. 개미투자자 중에 2% 이내에 들어야 투자로 부를 축적할 수 있다고 생각해야 한다. 대부분의 개미들이 '대박'을 꿈꾼다. 대박을 냈다고 자처하는 개미도 태반이다. 인간의 본성은 수익은 떠들고 손실에는 입을 닫게 한다. 투자경험이 있는 분들은 이 의미를 이해할 것이다. 대박을 냈다는 개미들의 주장을 나는 잘 믿지 않는다. 그런 주장을 하는 모든 개미들의 계좌를 몰래 가서 확인해보고 싶은 충동을 느낀다. 나는 회원 수 30,000명에 가까운 투자 동호회를 운영하고 있고, 주식 투자를 하는 수백 명의 사람들과 주식에 관한 토론을 했고, 수많은 투자 세미나를 이끌었다. 누구보다도 개미들의 장단점과 심리에 대해서 잘 알고 있다. 국내 상장사의 개인 주주는 모두 300만 명이 넘는다. 이들중 2%인 6만 명이 수익을 내고 있다.[14]

필 카레(Phil Carret)는 투자의 할아버지로 불리는 인물이다. 그는 30번 이상의 강세장과 약세장, 20번의 경기침체와 대공황을 경험했다. 필 카레는 메사추세츠 주 린에서 태어나 1998년 5월 28일 101세의 일기로 눈을 감았다. 카레는 주식을 너무나 오래 보유했기 때문에 주위 사람들은 그에게 주식을 묵혀두지만 말고 좀 신경을 쓰라고 충고했다. 그는 그때마다 "충분히 싸게 사두면 주식은 스스로를 돌본다"고 대답했다. 그는 25세에 1,400달러어치의 주식을 사 60년간 이 종목을 보유했고, 결국 가치는 200만 달러를 넘어섰다. 복리수익률로 계산해보면 12.87%에 불과하다.[15] 하지만 오랜 기간은 주식의 가치를 극대화시켜준다. 그는 몇 달이 아니라 수 년을 내다보고 주식을 선택하라고 했고, 적어도 5년 이후에 가치를 가질 것으로 생각하는 주식에만 투자하라고 했다. 그리고 투자한 주식이 앞으로 몇 주 혹은 몇 달간 어떻게 되든 상관하지 말라고 조언한다. 그의 조언 중 최고는, 세상을 떠나기 1년 전인 1995년 4월 28일 CNBC 경제 프로그램 '루이스 루카이저와 함께하는 월스트리트'에서 루카이저에게 한 대답이다. 루카이저는 카레에게 물었다. "지난 75년간 투자를 하면서 배운 가장 소중한 교훈은 무엇입니까?" 카레는 간결하게 대답했다. "인내심."

경제전문가가 되고 투자에서 수익을 내는 것은 쉬운 일은 아니다. 하지만 안 될 것도 없다. 투자에서 성공하기 위한 왕도는 없다. 문제는 개미들은 답을 너무 복잡하고 멀리 있다고 생각하는 데 있다. 투자에 필요한 경제학의 기본적인 이론들을 이해하고 적용한다면 개미투자자들은 큰 손실을 피할 수 있을 것이다. 개미들은 평소엔 이성적이다가도 막상 자기 돈으로 주식 투자를 하게 되면 판단력을 상실한다. 그게 인간의 본성이다. 하지만 자제력과 인내심, 계획과 이론에 따른 투자를 하지 않으면 결코 개미의 한계를 넘을 수가 없다. 투자를 자주 할 필요도 없다. 일생일대의 호기가 찾아왔을 때 그것을 포착하면 된다. 그것으로 평생을 호의호식할 수 있는 포획물을 얻을 수 있다. 절호의 찬스는 다양한 변수를 즐겨 따져보고 호기심을 늘 잃지 않고 기다리는 사람이 잡을 수 있다. 승리에 대한 확신이 들면 이제까지 신중함과 인내심으로 쌓아둔 자원을 송두리째 내어 놓을 수 있는 의지가 필요하다. 물론 그 방법을 제대로 알고 있어야 한다. 남들과 반대로 가고, 한발 앞서가지 않으면 이길 수가 없다. 어차피 사람은 생존을 위해 에너지를 소모하는 유기체이므로 살아나가는 방식은 비슷하다. 사람들은 밥 먹고 똥 싸고 잠자고 돈 없으면 불안하고 아름다운 이성을 보면 사랑에 빠지고 섹스하고 싶고 욕구가 충족되면 행복하다. 유기체적인 한계를 뛰어넘으려면 더 많이 읽고 본능과 어긋나는 투자행위를 할 수 있는 강인함이 필요하다. 남들과 동일하게 살면 투자에서도 동일하게 손실을 본다. 남과 달라지고 싶으면 공부해라. 투자의 세계에서 장기적인 성공을 거두기 위해서는 성공적인 투자자와 시장에 대한 역사를 이해해야 한다.

개미투자자들의 최후: 뜨거운지 모르고 달려드는 부나방들

▍코스닥의 거품 붕괴

> 황소(호황)는 계단으로 올라오고
> 곰(불황)은 창문으로 나간다
> — 미국 속담

증시가 활황에 접어들면 개미들은 주식 시장에 불나방처럼 뛰어든다. 한 푼 두 푼 모은 적금을 깨거나 은행에서 빚까지 얻어 주식 투자에 나서는 투자자도 쉽게 찾아볼 수 있다. 거치식보다 적립식펀드가 안전하다며, 월급의 상당 부분을 매달 펀드에 불입하는 사람도 있다. 나는 거치식보다 적립식이 더 안전하다는 말은 일부만 긍정한다. 포트폴리오는 종목으로도 이루어질 수 있고 상품으로도 가능하고 시간으로도 가능하다. 시장은 등락을 거듭하므로 다양한 기간에 돈을 불입하게 되면 시간에 대해서 분산 투자하는 것이므로 시장의 평균수익률에 수렴할 가능성이 높은 것은 사실이다. 하지만 시장의 대세하락기에 적립식펀드에 가입했다면 수익률이 거치식보다 더 나쁠 수도 있다. 또한, 펀드매니저들의 투자역량에 따라 수익률의 차이가 커지므로 적립식이라도 매 기간마다 고평가 주식만 매입했다면 거치식보다 훨씬 낮은 수익률을 기록할 수도 있다.

나는 코스닥주식은 근래에 사본 적이 없다. 초보 투자자였을 때 PER가 100에 육박하는 코스닥 주식에 투자하여 두 번이나 깡통을 찬 적은 있다. 하지만 그 경험 때문에 코스닥 주식에 투자를 안 하는 것이 아니다. 나는 코스닥이건 유가증권시장이건 중국이건 일본이건 미국이건 우량하고 저평가된 주식은 매수한다. 코스닥 시장에 등록되어 있는 대부분의 종목들은 PER가 극단적으로 높은 고평가 종목이거나, 실적의 등락폭이 너무 커 재무적인 안정성이 확보되지 못하였거나, 기업규모가 작고 역사가 미천해 매수하기에는 부족한 종목들이 대부분이다. 코스닥에서 과거 잘나가던 시가총액 상위 종목은 큰 폭으로 하락했다. 고점에 매수했던 개미투자자들은 이 종목들이 본질가치를 찾아가면서 산화했다. 이런 주식에 투자한 초보 개미투자자들은 투자 원금의 5%도 못 건진다. 1억을 투자했다면 500만 원 남기기도 바쁘다.

외환위기로 제조업 위주의 전통산업이 초토화되었던 1990년대 말, 인터넷 전화업체 새롬기술은 최초의 인터넷 국제전화인 '다이얼 패드'로 대박을 터뜨렸다. 새롬기술의 주가는 한때 액면가(500원)의 640배인 32만 원, 시가총액은 3조 7,000억 원까지 치솟았다. 당시 새롬기술은 적자를 겨우 면하고 있는 수준이었고 매출은 수백 억에 불과했다. 그러나 이후 새롬기술은 다이얼패드의 수익모델이 흔들리고 분식회계 혐의가 드러나면서 나락의 길로 빠졌고, 현재는 솔본으로 사명이 바뀐채 3,000원 대의 주가를 유지하고 있다. 쉽게 말하면, 새롬기술의 주식을 최고점에서 1억 원어치 매수해 가지고 있었다면, 지금 가치가 93만 원이라는 뜻이다. 안타깝게도 나도 새롬기술을 들고 절벽 위로 행군하는 레밍스 쥐 무리의 일부였다. 나는 다이얼패드의 무료 국제전화가 나왔다는 소식을 듣자마자, 헤드셋을 구입해 노트북에 연결한 후 미국에 있는 친구에게 전화를 걸었다. 무료이므로 무려 두 시간 넘게 수다를 떨었다. 다음날 30만 원에 새롬기술 주식을 매수하였고 몇 달 후 1만 원에 팔았다. 나는 새롬기술의 시가총액이 3조 7,000억 원이었음에도, 추후 30조 수준은 갈 것으로 예상했다. 인터넷 전화 사용자가 폭발적으로 늘어날 것이고, 새롬기술의 순이익은 3조 정도 될 것이며, 그렇다면 시가총액이 30조가 되어도 비싼 게 아니라고 생각했다.

 나도 투자 초기 5~6년간은 개미투자자가 걸려들 수 있는 전형적인 손실을 대부분 경험했다. 페넌트 형, 상한가·하한가 따라잡기, 골든크로스, 데드크로스, 외국인 추종, 머리어깨 형(3번의 상승 추세 이후 하락 추세로 전환되는 패턴으로 두 번째 고점이 머리처럼 가장 높다), 스토캐스틱(stochastics), MACD(Moving-Average Convergence-Divergence, 이동 평균 수렴-확산 지수), 깃발 형 등 다양한 기술적 분석을 익히고 적용해봤다. 초기 2년간 기술적 분석에만 매달렸고 이후에 기술적 분석을 포기하고도 각종 루머, 설거지 테마주 등에 모두 걸려들어 상당한 손실을 냈다. 다른 경험 있는 투자자들과 마찬가지로 나도 수업료를 제대로 치루면서 배웠다.

코스닥지수가 최고점(2,834.40포인트)에 달했던 2000년 3월 10일 시가총액 상위 20위 내에 들었던 기업의 현재 주가(2009년 3월 25일 기준)를 조사한 결과, 5개 기업은 이미 퇴출되었고 아직 코스닥에 남아 있는 15개 기업 중 8개 기업의 주가가 90% 이상 폭락했다. 당시 시가총액 1위였던 평화은행은 외환위기 이후 은행들이 대거 부실화했을 때 구제금융을 지원받아 다시 살아나는 듯 하였으나 2001년 정부의 전액 감자 명령을 받아 퇴출되었다. 또 시총 7위와 19위였던 드림라인과 오피콤은 주가 폭락 등으로 거래가 정지됐고, 시총 3위와 9위였던 한솔엠닷컴과 로커스는 각각 KTF, 벅스에 인수·합병됐다. 특히 벤처업계의 선두주자였던 로커스는 2005년 10월 분식회계와 이에 따른 자본 전액감식으로 거래정지를 당한 이후 인수당했다. 코스닥의 시가총액 상위 종목은 실적이 없는 상태에서 주가만 폭등하였기 때문에 주가를 유지하기 위해 분식회계의 유혹에 빠졌다.

경영진들은 일반회계를 충족시켜야 할 기준이 아니라 극복해야 할 장애물로 여긴다. 회계사들은 기꺼이 그들을 도와준다. 왜냐하면 경영진에게 돈을 받고 일하기 때문이다. "하나 더하기 하나는 얼마입니까?" 협조적인 회계사는 다음과 같이 대답한다. "당신이 원하는 숫자는 무엇입니까?" 정직한 경영진이라도 실적을 좀 더 적절하게 나타낼 수치를 제시하기 위해 일반회계를 과장한다. 월스트리트의 투자은행은 기업을 공개(IPO)하거나 M&A를 추진할 때 기업의 가치평가를 끝내고 숫자를 맞추는 것이 아니라, 미리 정해 놓은 숫자에

표1.9 코스닥 지수가 최고점일 때 시가총액 상위 20개 벤처기업의 현재 주가

	종목	2000년 3월 10일		2009년 11월 4일	
		주가 (액면가,원)	시가총액 (억 원)	주가 (액면가,원)	시가총액 (억 원)
1	평화은행	714,000(5,000)	314,160	폐지	
2	한국통신프리텔	105,500(5,000)	150,500	피흡수 합병	
3	한솔엠닷컴	40,000(5,000)	62,693	피흡수 합병	
4	하나로텔레콤	18,500(5,000)	44,400	4,810	14,236
5	케이티하이텔	77,800(1,000)	26,841	5,320	1,835
6	새롬기술	124,000(500)	22,457	3,250	889
7	드림라인	126,500(5,000)	21,347	폐지	
8	다음	177,000(500)	21,240	54,000	7,021
9	로커스	208,000(500)	19,153	피흡수 합병	
10	한글과컴퓨터	39,300(500)	19,129	3,750	886
11	주성엔지니어링	94,800(500)	15,282	14,200	4,627
12	SBS	59,500(5,000)	15,232	41,500	7,575
13	핸디소프트	114,400(500)	15,101	700	300
14	한국정보통신	127,500(500)	14,216	1,400	543
15	대양이엔씨	59,500(500)	12,338	520	194
16	중소기업은행	3,860(5,000)	10,551	14,050	76,378
17	LG홈쇼핑	147,500(5,000)	9,219	81,200	5,329
18	버추얼텍	184,500(500)	8,487	1,495	196
19	오피콤	49,950(500)	7,218	폐지	
20	심텍	25,900(500)	7,045	5,000	1,360

평가를 맞춘다. 즉, 투자자들을 끌어들이기 위한 매력적인 결과를 정하고 그에 맞추는 역산으로 가치평가를 하는 것이 보통이다.[16] 수익은 당기고 비용은 미루고, 비용은 축소하고 수익은 부풀린다. 분식회계와 약간의 회계 상 기교와의 차이는 구별하기 어렵다. 회계 제도는 어느 정도의 유연성을 부여하여 경영자의 의사와 판단을 반영할 여지를 남겨둘 필요가 있다. 하지만 코스닥에 등록되어 있는 상당수의 회사들은 일반회계 자료를 속임수와 횡령, 배임에 적극적으로 이용한다. 많은 투자자와 기관이 영업보고서를 복음처럼 받아들이기 때문에 이들을 속이는 것은 식은 죽 먹기다. 이러한 협잡꾼들은 회계 규칙을 상상력이 풍부한 소설가처럼 해석하고 기업의 거래를 기술적으로 회계원칙에 맞추어 사람들에게 손에 잡히지 않는 경제적인 환상단을 심어준다. 분식회계가 일반화되는 이유는 이들이 처벌되는 경우가 극히 드물기 때문이다. 심지어 이들은 비난도 받지 않는다. 총을 들고 은행을 터는 것과는 달리, 펜으로 돈을 훔치는 길에는 관대하다.

코스닥 거품 주식은 수익성이 계속 떨어지자 본업보다 굴뚝기업 인수나 부동산 투자로 사업을 영위하기도 한다. 소프트웨어 회사가 재활용신문지 수입업을 시작하거나 기계 제조업체가 뜬금없이 바이오산업에 뛰어든다. 골판지 제조업체가 보물선을 발굴하고 신발 제조업체가 태양광 산업 계획을 발표하는 곳이 코스닥이다. 코스닥 업체들이 바퀴벌레에서 메뚜기로 메뚜기에서 지렁이로 4차원 변태를 하는 것은 코스닥의 등록기준이 너무 낮아서다. 자생력이 없는 기업은 등록 이후 본업보다는 돈잔치에만 탐닉한다.

개미들이 부나방처럼 달려드는 초대박주 투자는 이렇듯 참담하다. 개미들이 투자한 종목은 대부분 코스닥 주식이며, 첨단 기술주였다. 주가상승률로 보면 이들 종목에서 수익 낸 사람 절반, 손실 난 사람 절반이 되어야 논리적일 것 같다. 하지만 이런 대박주에 투자해 돈을 버는 사람은 회사 오너, 작전세력, 주식 시장 물 꽤나 먹은 극소수의 재야고수 뿐이다. 개미투자자들의 99%는 역사적 대박 종목으로부터 역사적 쪽박을 차게 된다.

초고평가주를 가려내는 가장 손쉬운 방법은 PER 점검이다. 인테리어가 이국적이라 자주 찾는 프랑스 식당이 매년 1억 2천만 원의 수익(당기순이익)을 내는데, 이 가게 주인이 가게를 12억 원(시가총액)에 팔기 위해 내놓았다면, 12억을 1억 2천으로 나누어 얻게 되는 10이 바로 주가수익비율(PER)이 된다. 만약 이 레스토랑을 PER 100 수준인 120억 원에 판다면 일 년에 고작 1억 2천만 원의 수익을 내는 회사를 수익의 100배인 120억 원에 팔겠다는 것이다. 이런 거래는 미친 사람들이나 하는 것이라고 생각할 것이다. 그러나 인터넷거품 시기의 코스닥 시가총액 상위 종목들은 바로 그런 회사들이었다. 매년 100억의 수익도 못내는 회사의 시가총액이 3조 이상 올라가기도 했다. PER만 검토했어도 사지 않았을 것이다. 위의 식당 주인이 반론을 편다. "비록 작년에는 수익을 1억 2천만 원밖에 못 냈지만 올해는 12억의 수익이 날 것이니 당신이 120억에 가게를 매수한다고 해도 손해 보는 게 아니다."

여러분에게 골칫거리 동생이 있다고 가정해보자. 그는 학창시절 싸움질과 연애질은 1등이었지만 뭐 하나 끈기 있게 해내는 것이 없었다. 그런 그가 갑자기 좋은 사업 아이템을 찾았다고 지분의 50%를 줄 테니 1억만 투자하라고 한다. 앞으로 매년 1억의 수익을 올린다는 장밋빛 전망을 제시한다. 동생은 그 분야에 대해서 전혀 모를 뿐 아니라 사업을 해본 적도 없다. 여러분들은 그가 동생이라고 하더라도 투자하지는 않을 것이다. 차라리 불쌍한 동생에게 얼마간의 돈을 쥐어주고 앞으로 사업 제안은 사절하겠다고 할 것이다.

평소에 건전한 상식을 갖고 있는 개미투자자들이 주식 시장에 발만 들여놓으면 광인이 된다. 물론, 주식 시장에 정신 나간 상장사 오너 탓이기도 하지만 간단한 PER 계산도 없이 아니 PER 개념도 모른 채 주가를 PER 50~200 수준으로 올려놓는 개미들이 더 잘못이다. 검증되지 않은 비전으로는 투자하지 말아야 한다. 우리들이 어릴 적 꿈으로 적어낸 것은 대통령, 장군, 외교관, 대기업 사장, 교수, 판검사 등이었다. 이런 지위가 노력하면 혹은 운만 좋으면 도달할 수 있다고 생각했다. 하지만 자라면서 본인들은 이런 계층으로 진입할 수 없다는 현실을 깨닫는다. 이런 꿈들의 99%는 비누거품처럼 하늘로 올라가다 터져버린다. 기업들이 제시하는 꿈에 부푼 수치들은 달성 불가능한 꿈일 뿐이다. 이런 비누거품을 매수하면 여러분의 돈도 비누거품처럼 하늘로 사라져 버릴 것이다. 기업에 투자하려면 적어도 과거 10년 이상의 실적 자료를 보고 이를 토대로 미래의 실적을 추정하는 것이 상식적이다.

기획부동산

> 세상에서 가장 좋은 투자처는 땅이다. ― 루이스 그럭만

대한민국 국민이라면 한두 번쯤, 개발호재가 있는 토지인데 지금 사지 않으면 후회할 것이라는 전화를 받아본 적이 있을 것이다. 이것이 텔레마케팅을 이용한 기획부동산이다. 기획부동산은 대규모의 부동산, 특히 토지를 계약금 10% 정도에 지주와 토지 위탁매매 계약을 체결하고 이를 적당한 크기로 단독 또는 공유분할한 뒤 텔레마케터와 같은 조직적인 판매망을 통해 영업을 하는 일종의 피라미드 조직이다.

기획부동산은 특별한 테마가 없는 상황에서도 테마를 발굴한다. 현 정부 들어 4대강 정비 사업이 화두로 떠오르면서 수혜지역으로 손꼽히는 경기도 여주군, 충북 충주시 인근의 토지 매입을 권유하는 기획부동산들이 기승을 부리고 있다. 그러나 4대강 정비 사업은 진행이 된다고 하더라도 어디에 어떻게 공사가 진행될지, 그 파급 효과는 어떨지, 실제로 지어질지 등 아직까지 확실한 것이 별로 없다. 정부는 이외에도 다양한 국토 개발 사업을 추진하고 있으므로 기획부동산은 향후 몇 년간 기승을 부릴 것이다.

기획부동산은 개미투자자가 가장 손쉽게 돈을 날리는 투자 수단의 하나다. 전화를 통한 판매과정에서 정보가 취약한 일반인이 감언

이설과 확정되지도 않는 개발계획을 믿고 몇 십 배나 높은 가격으로 매수하고 나면, 기획부동산은 이 지구상에 존재한 적이 없었던 것처럼 전화번호, 조직, 사무실, 영업사원들까지 모두 수증기처럼 사라진다. 기획부동산의 전략은 갈수록 진화되고 있다. 주변 분위기를 띄우는 거간꾼을 동원하는 것은 기본이고 철저한 투자분석까지 기획부동산의 수법은 정교하고 철저하다. 그러나 이런 호객 행위를 하는 사람이나 전화를 받는 사람이나 동일한 개미투자자다. 속이는 사람 탓을 하지 말자. 아무런 의심 없이 반복해서 속아 넘어가는 것은 개미투자자들의 잘못이다.

기획부동산의 전형적인 모습은 대체적으로 동일하다. 첫째, 강남에 대규모 호화 사무실을 가지고 있다. 그러나 실체는 없다. 대형사무실 집기도 대부분 리스다. 상호간에도 서로 누가 조직원인지를 모른다. 자기 상사 라인만 알 뿐이다. 부동산이 성공할지 테마의 진실성이 있는지는 논외다. 오직 조직원들은 수수료에만 관심 있다. 기획부동산에서 일하는 사람들은 신용도가 매우 낮은 사람들이다. 이들은 사업실패와 실업으로 더 이상 잃을 것이 없는 사람들이 많다. 싸울 때 가장 무서운 놈들이 너 죽고 나 죽자고 덤비는 놈들 아닌가? 이들이 파는 부동산을 사고 나서 추후에 법적 구제를 신청해봐야 손해배상을 받을 가능성은 거의 없다.

둘째, 단기투자를 권유한다. 우리나라 부동산 고객들은 빠른 순환투자를 원한다. 외국인 투자자들은 평생 보유를 기본으로 대부분

5년 이상 보유하고, 3년 미만이면 단기투자로 생각하는데, 한국의 투자자들은 6개월 이상이면 장기투자고, 3개월은 보통에, 심지어 한 달 내로 승부를 보려는 사람도 있다. 한반도는 지독한 전쟁과 혼란의 역사로 점철된 곳이라서 무엇이든지 빠르게 변화해야 되고 진득하게 기다리면 목에 칼이 들어오는 긴박한 과정을 거쳤다. 그래서 생겨난 듯한 '빨리빨리' 기질은 투자에도 고스란히 드러난다. 성격이 급해 속전속결 대박을 꿈꾸기 때문에 장기 투자는 외면한다. 오매불망 대박만을 기대하는 개미투자자들을 유인하려는 기획부동산들은 실현가능성은 낮은 단기 투자수익을 약속한다.

    셋째, 공유분할 또는 공동지분으로 계약한다. 기획부동산들은 해당 토지를 매입하고 난 후, 또는 토지주로부터 위탁 매매 계약을 맺은 후에 적게는 100평부터 많게는 1만 평까지 토지를 다양하게 분할해놓는다. 어느 누가 와도 계약이 가능한 금액과 평수를 가지고 있다. 토지 소유는 공유로 하되 설령 분할 등기가 된다고 할지라도 도로와 접하지 않은 맹지(盲地)[17]인 경우가 많다.

    넷째, 원금에 대한 보장을 약속한다. 다른 사람들의 돈이 다급하게 필요할수록 이런 형태의 계약이 생겨난다. 이런 약속치고 실제로 원금을 보장받는 경우는 거의 없다.

    다섯째, 현장답사는 가계약금 송금 후에나 시킨다. 부담 없는 가계약금을 보내게 한 후, 현장을 오가는 동안 기획부동산의 개발계획이나 각종 보장으로 투자자들을 현혹시켜 결국 계약하게 만든다. 신뢰를 주기 위해 현장에 데려가지만 실제 지적도상의 번지와 다른 곳을 답사시키는 경우도 많다. 진짜 땅이는 연고를 알 수 없는 분묘가 존재하거나 개발제한에 묶여 숫제 개발을 할 수 없는 지역인 경우도 있다.

여섯째, 대형 개발사업 상세도를 제시한다. 개발호재를 부풀리고 이에 따른 상세도면을 건축설계회사를 통해 정밀하게 그린다. 원래 설계도나 조감도 등에는 큰돈이 들어가지 않는다.

일곱째, 목표한 물량을 떨면 단기간 내에 사업장 문을 닫는다. 약 60% 정도 판매를 하고 나면 귀찮은 고객을 피하기 위해 반드시 사업장을 폐쇄한다. 그러나 회사는 사라져도 영업사원은 투자자와 계속 관계를 유지한다. 기획부동산은 영업사원들을 이용해 졸저한 시나리오와 연출력으로 한 편의 영화를 만들어낸다. 영업사원과 부동산을 매수하는 사람들은 각본 없는 드라마에 출연하는 단역에 불과하다. 기획부동산이라는 영화에서는 기획자간 결말을 알 수 있고 여기에서 배역을 따내려면 출연료를 오히려 지불해야 한다. 때문에 기획부동산의 영업사원들은 자신들의 가족이나 친인척, 그리고 친구들을 우선적으로 포섭한다. 이들이 가장 손쉬운 먹잇감이기 때문이다. 투자의 적은 내부에 있다. 물타기 종목을 주거나, 대신 불려주겠다고 해서 자신의 돈과 타인의 돈을 모두 날리는 사람, 돈을 빌려가고 안 갚는 사람, 테마주에 투자하자고 유인하는 사람, 이미 세력들이 올려놓고 물량을 받아줄 개미들을 찾는 설거지에 끌어들이는 사람, 되지도 않는 사업을 동업하자는 사람, 피라미드 사기를 치는 사람 중 70~80%는 가족, 친지, 친구다. 서로 믿는 만큼 속이기는 더 쉽다.

주식 투자도 적어도 3년 이상 보유해야 수익을 낼 수 있지만, 토지투자는 주식보다 더 장기적인 투자다. 적어도 10년은 내다보아야 한다. 확실한 개발 호재나 확정된 개발 사업의 진척도를 봐가며 투자해도 늦지 않다. 땅값이 오르는 이유는 가치 있는 땅이 될 것으로 기대하기 때문이다. 그래서 기획부동산 업체는 "주변 도로가 뚫린다", "대규모 테마파크가 들어선다"거나, "주변 지하철역이 생긴다"는 등의 호재가 생겨 갑자기 지가가 상승할 것이라는 기대감을 심어준다.

국토의 난개발을 막기 위해 제정되어 2003년 1월부터 시행 중인 '국토의 계획 및 이용에 관한 법률'에서는 비도시지역도 '선 계획 후 개발'하는 것을 최대의 목적으로 하고 있다. 따라서 과거에 개발이 가능했던 준농림지와 준도시지는 관리지역으로 명칭이 바뀌었다. 관리지역은 다시 보전·생산·계획 관리지역으로 세분화된다. 이 중에서 계획 관리지역만 개발이 가능하므로, 소유주는 지가 상승을 기대할 수 있다. 보전이나 생산 관리지역은 향후 주변에 호재가 생긴다 해도 개발이 거의 불가능하다. 같은 법률에서 '연접개발 제한 규정'도 눈여겨 보아야 한다. '연접개발 제한 규정'이란 비도시 지역에서 개발 행위 허가를 받은 곳의 면적이 일정 규모를 넘어서면 인접한 땅의 추가 개발을 규제하는 장치다. 난개발을 막기 위해 2003년 10월 도입되었다. 이 연접제한 규정으로 가장 타격을 받는 곳이 물류창고 등의 신축이 늘고 있는 화성, 평택, 김포, 용인, 광주 등 수도권 지역이다.

이처럼 기획부동산이 팔 수 있는 땅은 점점 줄어들고 있다. 하지만 새로운 기획부동산은 또 나타날 것이다. 좀 더 진화하고 세련된 시나리오를 들고 말이다. 토지는 리스크가 크지만, 높은 이익을 얻을 수 있는 매력 있는 투자 상품이다. 투자를 위해서는 법에 대한 이해와 토지를 분간할 수 있는 눈을 길러야 한다. 전문가의 조언에 귀 기울이는 것도 좋은 방법이다. 부동산 세미나 등에 다리품을 들여 자주 찾아가는 것도 좋은 정보를 얻는 데 도움이 된다.

선물·옵션 투자

> 충분한 자료도 없이 머리를 회전시키는 것은
> 엔진을 공회전 시키는 것과 똑같은 거야. 그러면 고장이 나기 마련이지.
> ― 셜록 홈즈, '악마의 발'에서

주식 시장은 2008년 이전 4년간 상승장이었다. 웬만한 종목을 사서 보유해도 누구나 돈을 벌 수 있었다. 그런데 4년간 코스피 200 선물·옵션시장에서 개미들이 입은 손실액이 2조가 넘는다고 한다. 이유는 간단하다. 탐욕 때문이다.

코스피 200 선물·옵션시장에서 투자주체별 손익 현황을 보면, 2002년부터 2006년까지 4년 동안 개인투자자의 누적 손해금액은 2조 845억 원에 달했다. 개인투자자는 선물시장에서 3,714억 원, 옵션시장에서 1조 7,131억 원 손해를 봤다. 하지만 증권사는 같은 기간 7,556억 원의 이익을 챙겼으며, 외국인 투자자도 1조 3,286억 원의 이익을 얻었다. 2001년 미국의 9·11 사건 이후 선물옵션 시장에서 '대박'을 터뜨린 개미들이 있었다는 소문에, 오직 대박만 노리고 선물·옵션시장에 뛰어들었던 개미투자자들이 막대한 손해를 본 것이다. 선물·옵션시장은 금융공학적 지식과 기술을 필요로 하고, 현물과 연계되지 않은 투기적인 투자이므로 전문지식이 부족한 개미들은 손실을 볼 수밖에 없다.

미국의 OIC(Options Industry Council)는 아메리카증권거래소

(AMEX)와 시카고옵션거래소(CBOE) 등이 후원하고 있는 비영리 교육기관이다. 이곳에서는 일반투자자를 대상으로 옵션 투자법을 교육하고 있다. 그러나 한국에서는 선물·옵션 교육을 받을만한 곳이 거의 없다. 총검술, 기초사격훈련, 유격, 각개전투훈련도 없이 총알받이로 전장에 투입되는 셈이다.

외국인은 선물·옵션을 주로 현물에 대한 위험회피 수단으로 사용한다. 한국의 개미들처럼 선물·옵션을 단순히 사고 팔면서 수익을 나는 것이 아니다. 그럼에도 국내 옵션시장은 개인투자자들이 몰려들면서 전세계 옵션시장 중 최대 거래량과 거래대금 규모를 자랑하고 있다. 한국 개미들의 투기 성향을 보여주는 증거다. 현재 국내 코스피 200 옵션 시장은 일평균 1,000만 계약[18]이 거래되고 있다. 세계 2위인 S&P 500 지수[19] 옵션의 일평균 40만~50만 계약보다 월등히 앞서고 있다.

개미투자자는 선물·옵션은 아예 쳐다보지도 않는 것이 좋다. 선물·옵션은 카지노에서 룰렛이나 블랙잭을 하는 것과 큰 차이가 없다. 한두 번은 딸 수도 있지만 반복적으로 하면 반드시 잃게 되어 있다. 주식은 제로섬 게임이 아니다. 회사가 성장하면 배당을 받고, 투자자도 함께 성장할 수 있다. 부동산은 공급이 제한되어 있으므로 경제가 성장하고 시간이 지나면 가치가 올라갈 수밖에 없다. 선물·옵션은 이들과 근본적으로 다르다.

개미를 울리는 시장 교란자들

▍작전주라는 한 편의 영화

> 혼란에서 단순함을 찾자. 불일치에서 조화를 찾자. 기회는 어려움 속에 있다.
> — 알버트 아인슈타인

작전은 웰메이드 영화 같다. 작전세력은 제목(작전 종목)이 결정되면 합숙훈련을 하는 경우도 있다. 여기서 영화의 전체적인 틀이 완성된다. 그리고 각본에 따라 영화를 진행시킨다. 돈을 대는 사채업자와 증권사 직원, 애널리스트와 펀드매니저 등 4~5명의 스태프도 구성된다.

　세력들은 우선적으로 대주주 혹은 CEO를 포섭한다. 그들은 장밋빛 기대만 무성한 보도자료를 통해 작전세력의 구미를 맞춰준다. 물론, 작전은 한두 계좌로 이루어지지 않는다. 수수료 두둑하게 챙겨주겠다는데 6촌 형제에게 증권계좌 하나 못 빌려 줄 사람은 별로 없다. 치밀한 작전세력의 경우에는 전국 각지에 소액 차명계좌를 수백 개 만들어 체계적으로 매매에 나서기도 한다. 작전의 전 기간 동안 기자, 오너와 짜고 호재가 될 수 있는 재료를 언론에 시의적절하게 유포하며 사람들을 들었다 놨다 하면서 주가를 올린다.

대주주 입장에서도 주식 투자나 M&A 등으로 돈놀이를 하는 유혹을 떨쳐버리기는 쉽지 않다. 매출과 영업이익률에 신경 쓰고, 시장 점유율을 유지하고, 노조와 협상하고, 차기년도의 사업계획을 수립하고, 충성스런 이사진 중 사직서를 받을 후보를 고르는 등 복잡한 사업으로 골머리를 썩느니, 주가 조작으로 한탕하고 지분 다 팔아버리면서 골치 아픈 사업에서 손을 떼는 것도 방법이다. 경영권을 걱정한다면, 고가에 팔고 기다렸다가 개미들이 좌충우돌 돈 날리고 울고불고 주식을 팔아치워 주가가 폭락하면 그때 유유히 지분을 다시 매입할 수도 있다. 국가와 민족을 생각하고 개발독재시대에 박정희 대통령의 총애를 받으며 정경유착의 꼬리표도 떼지 못한 채 불철주야 재산을 모은 재벌들이, 2세, 3세에 가면 본업보다는 재테크에 왜 더 관심이 많은지는, 그들의 속내를 들여다보면 간단하게 이해할 수 있다. 이들에게는 경예도, 입신양명의 정치적 꿈도, 사회봉사의 사명감도 존재하지 않는다. 목표는 오로지 돈이다.

작전세력이 노리는 종목은 대부분 기관과 외국인의 관심이 덜하고 일반 투자자들이 선호하는 중소형주다. 비교적 조용하게 작전을 할 수가 있기 때문이다. 개미들이 선호하는 종목은 작전세력이 늘 주시한다. 수십 억 원대의 자금으로 주식의 가격을 움직이기 쉽고 적은 돈으로 유통되는 물량의 상당 비율을 매수할 수 있는 시가총액 1,000억 이하의 작은 종목들이 주로 먹잇감이 된다. 이들 종목은 테마를 타기 쉬운 벤처 종목이다. 대부분의 코스닥 종목이 왜 PER이 높고 왜 작전세력이 붙어 있는지에 대한 이유가 바로 여기에 있다.

작전세력은 2~3개월에 걸쳐 주식을 꾸준히 사들인다. 어설프게 2~3주내로 주가를 몇 배로 올려 금융감독원이나 검찰의 수사망에 걸리는 것은 쌍팔년도에나 사용하던 방식이다. 작전세력은 유통주식의 20% 정도를 매집하면 본격적인 주가 올리기에 돌입한다. 이미 이들이 장기간에 걸쳐 주식을 사 모았기 때문에 주가는 이미 많이 오른 상황이다.

영화는 이제부터다. 작전세력이 시세를 조종하려면 무엇보다 개미들의 도움이 필요하다. 자신들의 자금만으로는 주가 부양에 한계가 있으므로, 말 그대로 '작전'을 통해 일반 투자자의 참여를 유도한다. 점진적으로 주가를 상승시키며 캔버스에 그림 그리듯 멋진 골든크로스를 몇 개월간 공들여 그려온 작전세력은, 목표 주가에 도달하면 물량을 받아 줄 개미들을 물색한다. 그래서 작전을 흔히 '매도의 기술'이라고 표현한다. 주가를 떨어뜨리지 않으면서 개미투자자로의 매도를 성공적으로 이끌어내야 하기 때문이다. 세력은 한꺼번에 대량의 사자 주문을 내는 이른바 허수주문 수법을 사용하기도 한다. 자신들이 매집한 주식은 내놓지 않은 채 몇 십만 주를 한꺼번에 사자고 주문하면 주가는 크게 오르게 되고 주식창만 들여다보고 있던 개미들은 강한 매수세가 몰리는 것으로 착각하고 달려든다. 이런 식으로 한 달여 동안 5~6배 이상 가격을 올린다. 그러면서도 동일한 패턴이 아니라 몇 차례 주가를 들었다 놓으면서 개인들을 계속 흔든다. 개인들은 단순하다. 올라가면 사고 내려가면 판다. 쌀 때 사고 비쌀 때 팔라는 투자격언과 반대이다. 작전세력은 주가를 올렸다 내렸다 하면서 개미들을 지치게 한다. 개미들이 버린 물량을 꾸준히 사 모으면서 특허발표, 사업발표, 신규계약, 신상품 개발, 인스합병, 해외진출 등 기업들에게 밥 먹고 똥 싸는 일에 불과한 일상사를 호들갑을 떨면서 언론에 발표한다. 기자들은 이럴 때 골프와 식사, 술대접을 거나하게 받게 된다.

영화가 클라이맥스에 가까워지면 작전세력은 애널리스트로 하여금 투자 유망 종목이니 적정가격이 얼마니 하는 리포트를 내놓게 한다. 세력들의 흔들기에도 굴하지 않고 가지에 붙어 있음을 자랑스럽게 생각하던 개미들은 기관의 리포트를 보면서 안도의 한숨을 쉰다. "내 인내와 노력 그리고 통찰력이 나를 성공의 길로 이끄는구나!" 개미들에게 교만한 마음이 쏠릴 무렵 작전세력은 주식처분의 시동을 건다. 영화도 무한정 릴을 돌릴 수는 없다. 아무리 재미가 있는 영화도 아쉽지만 결말은 있게 마련이다. 이때 해당기업의 대주주는 호재 발표를 기관총처럼 쏟아낸다. 증권 담당 기자들의 골프장과 비즈니스클럽 출입빈도는 매달 한두 번에서 2~3일 간격으로 급격히 늘어난다. 대주주는 매수세가 약화되지 않도록, 스타크래프트에서 보병 마린에게 스팀팩을 대거 주입하듯 신기술 개발이나 외자 유치계획과 같은 재료를 끊임없이 발표하면서 개미들을 돈 잔치의 꿈에서 깨지 못하게 한다. 그러는 동안 물량은 점진적으로 처분된다.

이 영화는 잔잔한 결론을 맺는 프랑스 영화와는 다르다. 개미투자자들은 "의자왕과 3천 궁녀"의 궁녀들이나 "적벽대전"의 조조군 병졸처럼 물속으로 떨어지는 엑스트라 역을 맡을 수밖에 없다. 작전세력이 만드는 영화의 제목은 "물로 무한정 달리는 자동차로 우주여행을", "드라이클리닝보다 더 깨끗하게 빠는 세제 없는 세탁기", "동해에서 발견한 유전"이 아닐까?

작전세력의 백미는 펀드매니저들을 끌어들이는 것이다. 이들은 감독과 친분이 있어 노개런티로 영화에 잠깐 출연하는 카메오 역할이다. 작전의 마지막 단계에서 세력들은 펀드매니저들에게 물량을 떨군다. 펀드매니저들은 수만 주의 물량을 받아주고 사례비로 수억 원을 받는다. 물량이 크고 작전이 대규모라면 더 큰 액수가 오고간다. 한국의 펀드 운용사는 펀드매니저의 성과급에 매우 인색하다. 미국의 투자은행은 한 부서에서 수익을 내면 보통 수익의 10~15%를 운영팀이나 개인에게 인센티브로 지급한다. 하지만 한국은 수익을 100억 원을 내주건 1,000억 원을 내주건 억대 연봉이 고작이다. 펀드매니저들은 증권사나 자금운용사의 월급쟁이에 불과할 뿐 아니라, 회사의 운용방침을 따라야 하고, 손절매를 지켜야하고, 종목 편입에 대한 제한도 있으며, 단기에 수익이 잘 나지 않으면 회사에서는 해고 위협을, 투자자들로서는 항의를 받게 된다. 차라리 작전세력 몇 번 도와주고 노후자금 마련해서 빠른 은퇴를 하고 싶은 생각이 들 수밖에 없다.

작전세력이 물량을 다 떨구었다고 반드시 주가가 폭락하는 것은 아니다. 가는 날이 장날이라고 강세장이 오거나, 테마에 편승되었거나, 실제로 실적이 좋아진다거나 하여, 세력이 주식을 털어버린 후에도 주가가 유지되기도 한다. 이런 시기는 더욱 위험하다. 세력들의 물량을 받아 새로 유입된 개미들과 그 전에 매수한 개미들이 서로 물량을 주고받으면서 향후 있을 주가 폭락을 예상하지도 못한 채 폭탄을 돌리게 되는 셈이다. 시간이 문제지만, 폭탄은 결국 터지고 만다.

최근에는 작전세력의 수법도 점점 지능화·고도화되고 있다. 2007년 발생한 제다 사태는 테마나 실적 발표로 차트를 만들면서 작전을 치는 고전적인 수법과 매우 달랐다. 제다의 작전꾼들은 주식에도 다단계를 도입한 신종 수법을 사용했다. 우선 다수의 일반 투자자들을 직접 끌어들여 주가조작에 나선 후, 재차 모집한 개미들의 자금으로 주식을 매입하여 차익을 남기는 방식이었다. 이른바 '체증식 다단계 자금 모집'이다. 수익률에 따라 배당금을 지급하며, 투자자들을 끝없이 몰려들게 하는 유인 전술도 썼다. 세상에서 가장 어려운 게 주식이고, 가장 사기성이 농후한 것은 다단계다. 다단계만큼 빈번하게 개미들이 당하는 사기 수법도 없다. 단언컨대 다단계로 돈을 벌었다는 것은 전부 다 거짓이다. 다단계가 성공할 수 없는 이유는 회원이 무한대로 늘 수가 없기 때문이다. 다단계로 돈을 버는 사람은 다단계 사업을 소유한 주주뿐이다. 가장 사기성이 농후한 다단계를 작전에 이식했으니, 차트에서 보듯이 올라가는 길은 완만한 능선이었

그림1.10 제다의 주가 그래프

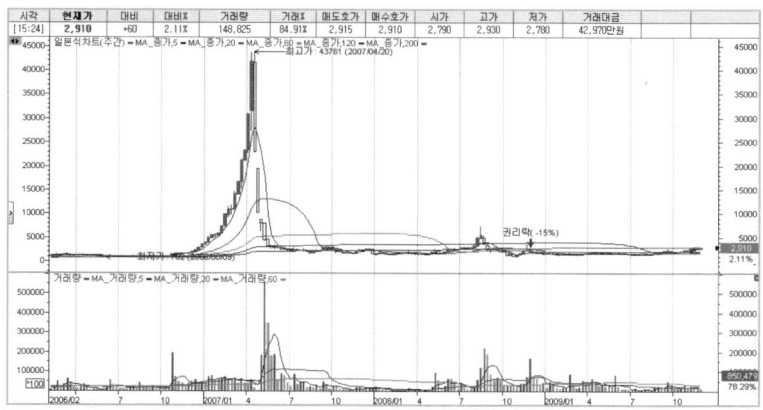

으나 내려가는 길은 낭떠러지인 산맥이 만들어졌다. 2006년 12월부터 2007년 4월까지 장장 5개월간의 시나리오는 4월 중순 클라이맥스를 이루고 보름간 산화했다.

한국에서 주가 조작이 흔한 이유는 사법적인 처벌이 매우 약하기 때문이다. 현행 증권거래법은 불공정행위자의 벌금의 상한선을 '부당이익금의 최대 세 배'라고만 그어놓고 최소 벌금 규정은 없다. 그러다 보니 지금까지는 유죄 판결이 내려지더라도 벌금은 대부분 이익금의 50% 정도만을 환수하는 것으로 끝난다. 작전으로 100억 정도 벌고, 50억 뱉어내고, 10억 정도 변호사 비용으로 써도 40억이나 남는다. 유죄 받아 봐야 집행유예로 풀려나거나 1~2년 감방에서 썩다 나오면 벤츠와 부인 명의로 된 저택이 기다린다.

증권업협회의 감리부에서는 코스닥 시장의 종목별 거래 내역을 감시하면서 불공정거래행위를 가려낸다. 그러나 이 부서의 직원은 다섯 명뿐이다. 코스닥 종목이 대략 500개 정도 되니, 한 사람당 100종목씩 감독하는 셈이다. 수박 겉핥기가 될 수밖에 없다. 자동 검색시스템도 없다. 100개 종목의 공시를 일일이 확인하고, 주가 그래프를 쳐다보기만 하는 것이다. 요새는 작전도 대부분 직접적으로는 위법이 아닌 범위내에서 교묘하게 이루어지는데, 이렇게 석기시대에 있을 법한 방식으로 작전을 가려내는 게 가능할지는 의문이다.

작전세력은 기관 감시인보다는 작전에 동참하는 동료나 내부의 관련자에 의한 소문을 더 무서워한다. 감시시스템이 작전세력을 잡아낸다고 해도 작전을 증명하는 것은 매우 어렵다. 또한 소송으로 진행된다고 해도 작전세력이 패소하는 일은 거의 없고, 손해배상을 받는다는 보장은 더욱 없다. 개미투자자들이라면 엄청난 변호사 비용을 감당하면서 소송을 진행하기는 더더욱 어렵다.

작전은, 거는 세력에게는 생존을 위한 필사적인 사기행각이고, 걸리는 순진한 개미들에게는 기분 좋게 동창들과 대포 한 잔 걸치고 집에 오다 당하는 퍽치기와 같다. 입문한지 얼마 되지 않는 초보 개미들은 당한 사실도 모르면서 '내 탓이오'를 연발한다. 인생을 살면서 '내 탓이오'의 자세로 살면 인생이 편하다. '남 탓이오'하면서 살면 증오심만 생기고 친구도 잃고 처세에서도 도움이 안 된다. 하지만 투자의 세계에서는 '내 탓'인지 '남 탓'인지를 확실하게 알고 넘어갈 필요가 있다. 작전주에 당한 개미도 분명 어리석지만, 작전을 친 세력들도 근본적으로 사악하다. 작전세력은 3억 4,500만 년 전 고생대 석탄기에 나타나 지금도 전 세계적으로 4,000종 이상 존재하는 '살아 있는 화석' 바퀴벌레처럼 없어질 수도 없고 없앨 수도 없다. 작전은 피하는 수밖에 없다. 작전주를 쳐다보지도 관심을 갖지도 않는 것이 답이다.

개미들이 작전에 당하지 않기 위해서는 루머를 믿지 말고, 차트를 보지 말고, 기업의 펀더멘털을 분석해 투자하면 된다. 이럴 자신이 없으면 주식 투자 말고, 부동산이나 펀드, 채권에 투자하면 된다.

실체 없는 테마주

> 한문제의 해결책이 여럿일 때에는 가장 단순한 해결책을 선택하라.
> ─ 오컴의 면도날

재무제표를 조금이라도 참고하는 투자자들은 '테마'라는 말에 염증을 느낄 수밖에 없다. 말도 안 되는 주가를 이해하기도 어려운 테마로 포장해 현실가치의 50배, 100배로 팔아먹기 때문이다. 하지만 평범한 투자자들은 테마에 비이성적으로 열광한다. 마치 연예인을 사모해 새벽 4시에 택시 타고 연예인 집 앞으로 꽃을 들고 찾아오거나, 아이돌 콘서트 장에 나타나 고래고래 소리를 지르다가 저산소증으로 쓰러지는 10대 소녀들과 비슷하다. 문제는 주식 시장에서 이렇게 혼이 나가는 사람들은 남녀노소를 불문한다는 점이다.

'테마'의 사전적 정의는 "창작, 논의의 중심 과제 혹은 주된 내용"이다. 그러므로 테마주는 "어디 가나 투자자들이 관심을 갖고 주로 이야기하는 종목군"을 말한다. 테마주는 시장에 활기를 불어넣어 거래를 활성화하기도 하지만 대부분 지나쳐 화를 일으킨다.

새로운 사건이나 현상이 발생하면 세간의 관심이 집중되는 경향은 주식 시장에도 동일하다. 주가를 결정짓는 요인은 보통 기업이 앞으로 창출할 현금이지만, 테마주는 그야말로 사람들의 관심과 이목을 끌어 주가를 올린다. 과거 황우석 박사가 줄기세포 기술을 이용하면 척추가 부서져 하반신 마비가 된 사람이나 치매 환자, 뇌가 손상된 뇌

출혈 환자들까지 고칠 수 있다는 꿈을 심어주자 바이오주가 테마주였다. 유럽의 이탈리아에서 광우병이 발생했다는 소식이 전해지면서 한성기업, 대림수산 등 수산주와 하림, 마니커 등 닭고기주가 일제히 급등했다. 광우병이 발발하면 아무래도 쇠고기 소비가 줄어드는 대신 생선과 닭고기를 많이 소비할 것이란 기대심리 때문이다. 조류 인플루엔자(AI)가 발생했을 때는 쇠고기와 수산주가 날아올랐다. 고, 이후에는 연예인, 자원개발, 재벌, 대선 등의 테마가 떠올랐다. 이렇게 서로 무질서하고 관련이 없는 것들이 개인들의 이목을 끌면 '테마'가 된다.

테마주는 다양한 부분에서 초신성(超新星)처럼 번뜩이지만, 여러 가지 테마가 동시에 떠오르지는 않는다. 장동건과 배용준이 같은 프로그램에 동시에 출연하지 않는 것과 같다. 선진 주식 시장에도 테마주는 있지만 우리나라만큼 테마주가 강세를 보이는 곳도 없다. 이는 우리나라 투자자들의 대박심리와 과다한 감정 진폭에 기인하는 것 같다. 하지만 최근 서브프라임 모기지 사태 이후에 러시아, 브라질, 중국, 인도, 홍콩 증시의 등락폭은 한국보다 더 심했다. 냄비근성과 투기 본능은 모든 사람들의 마음속에 존재하고 있는 것이다.

테마에 편승한 기업의 주가가 급등락을 반복할 때 개미는 '꼭지'를 잡고 돈을 잃는다. 이름만 교묘하게 달라지지만 그 방식은 수백 년간 거의 달라지지 않았다. 주가가 급등한 절묘한 시점에 기업의 대주주나 임원은 주식을 처분한다. 개미는 테마주로 망하고 제도권은 테마주로 흥한다. 작전이 인위적인 주가 부양으로 주가를 올린다면 테마주는 개미들의 심리를 이용한다.

그림1.11 신천개발의 주가 그래프

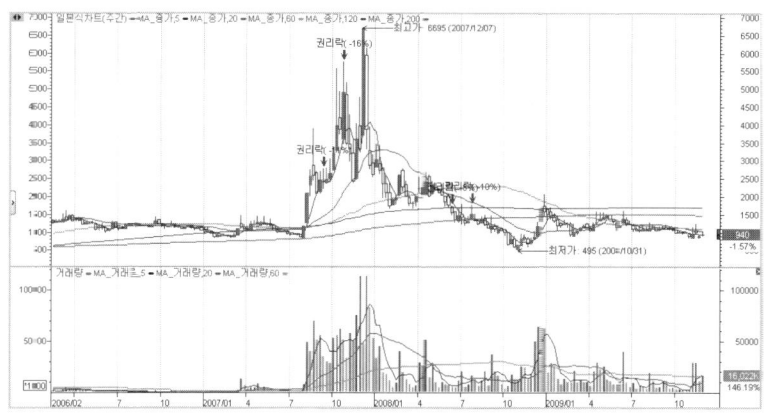

　　신천개발은 2007년 대선테마에 편승해 각광을 받았다. 2007년 11월 26일, 임원진은 장내에서 5만 7,387주를 매각했다고 밝혔다. 금액은 2억 9000만 원 정도다. 신천개발의 2007년 초 주가는 1,500원대였는데, 매도시점의 종가는 4,930원이었으니 세 배가 넘는 금액이다. 2009년 11월 주가는 1,000원대에 거래되고 있으므로 매도 타이밍이 매우 좋았다.

　　이화공영은 2006년 매출 484억 원을 기록한 평범한 중견 건설사지만 이명박 전 서울시장의 대운하 관련 수혜주로 떠오르면서 2007년 연초 대비 18배나 급등했다. 주가가 최고점일 때 대표이사와 특별관계자는 30만 주를 장내매각해 50억 원이 넘는 시세차익을 봤다. 2009년 11월 현재 12,000원 수준에서 거래되고 있다.

　　이화공영의 손익계산서에서, 매출액을 보면 2004년 721억 원에서 2008년 688억으로 오히려 매출액이 떨어졌다. 영업이익은

그림1.12 이화공영 주가 그래프

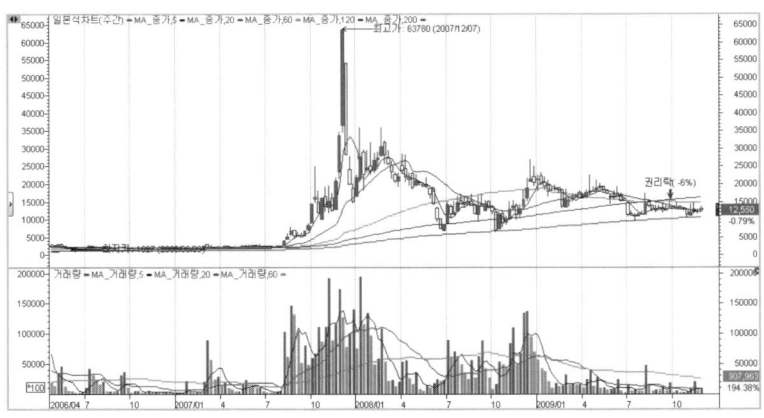

2007년 6억, 2008년에는 7.6억이었고, 당기순이익은 각각 4.2억, 8.1억 원이었다. 2007년 말 주가가 최고가를 갱신했을 때 시가총액은 4,000억 원을 넘었다. 8억 원의 수익이 나는 회사가 4,000억 원에 거래되었으니, PER이 500 정도 된다. 현재 이화공영의 시가총액은 761억 원으로 여전히 싸다고 보기는 무리다. 아무리 테마와 관계가 있다고 하더라도 터무니없는 주가다.

테마에 편승해 주가가 급등한 기업의 관계자가 고점에서 주식을 내다판 것은 이뿐만이 아니다. 역시 대선테마주였던 EG도 최대주주인 박지만 대표이사와 이광형 대표이사가 110억 원대의 지분을 매각해 현금화했다. 이러한 공시가 발표된 후 EG의 주가는 연일 급락했다. 대통령의 사위인 조현범 한국타이어 부사장도 한국타이어 계열사인 아트라스BX가 대선테마주로 편입되자 자신이 보유한 아트라스

BX의 지분을 전량 매도했다. 삼목정공은 주가가 2008년 연초 대비 335%나 오르며 상한가 행진을 벌이자 최대주주의 처형인 이 모 이사가 지분 85만 6,000주를 처분해 48억 원 규모의 평가이익을 거뒀다. 8월까지 이명박 테마로 300% 이상 급등했던 특수건설도 당시 주식이 오르자 부사장·전무 등 경영진이 45만 주를 처분해 90억 원 이상을 챙긴 바 있다. 회사의 관계자들은 테마가 사회적 이슈가 될 때 팔고 나오며 개미들은 테마가 사회적 이슈가 될 때 주식을 매수한다.

비록 최대주주나 경영진이 지분을 매각하지는 않더라도, 뚜렷한 경영 성과 없이 테마에 편승해 주가가 급등한 기업의 주가는 급락을 거듭한다. 특히 연예인이나 재벌가가 참여한 유명인 테마에 두드러지게 나타난다.

홍석현 중앙일보 명예회장이 참여한 에스비엠(구 라이브코드)은 2007년 9월 8,796원에서 2009년 11월 2,200원까지 떨어졌다. 에스비엠은 매출 규모가 200억대에 불과하고 최근 해외자원 개발업, 대체에너지 및 신재생에너지 사업 등을 신규사업에 추가했으며, 금융자동화 기기도 취급한다. 그러나 주력사업은 영상·음악 제작이다. 이렇게 주력업종 없이 중구난방으로 사업을 벌이는 기업에 홍석현 회장이 지분을 8% 이상 보유한 이유를 알기도 어렵다. 서로 관련이 없는 사업들을 병행하는 기업이 성공하는 경우는 거의 없다.

LG가의 구본호가 인수한 동일철강도 인수 후 2007년 11월 85,000원까지 올랐다가 2009년 11월 현재 15,000원을 기록 중이다.

그림1.13 에스비엠의 주가 그래프

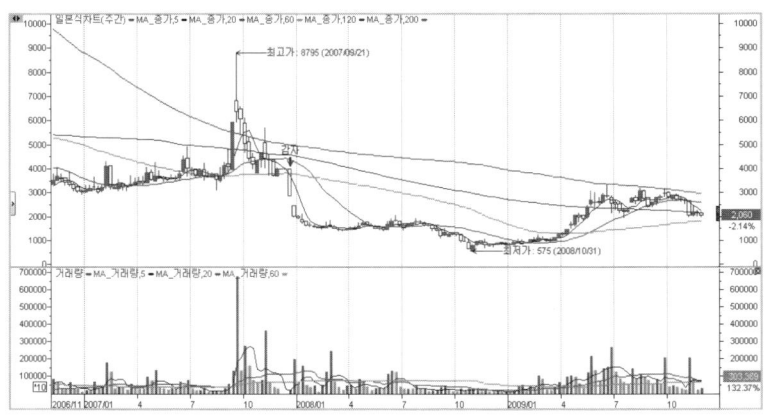

그림1.14 동일철강의 주가 그래프

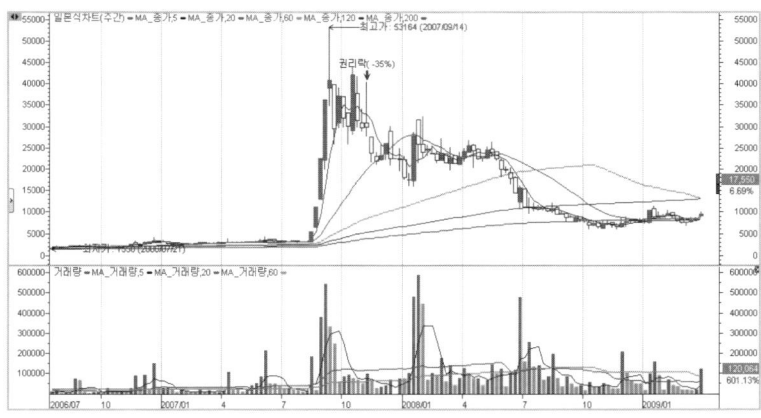

키이스트의 주가는 2009년 11월 기준으로 3,000원을 오가고 있다. 이 회사는 2006년 초만 해도 기업 실적은 별볼일 없었지만, 주가는 최고 4만 1,000원까지 갔다. 갑자기 그렇게 주가가 오른 이유는 2006년 3월 한류스타 배용준에게 인수되었기 때문이다. "욘사마

그림1.15 키이스트의 주가 그래프

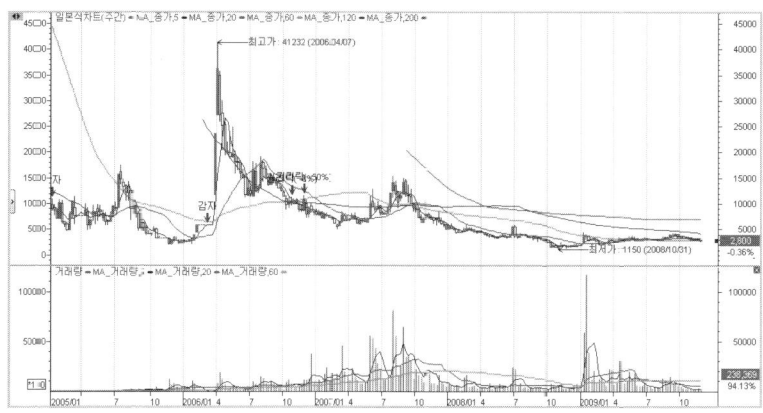

열풍"은 증시에서도 힘을 발휘했다. 당시 키이스트 주가는 12일 연속 상한가를 기록했다. 2009년 11월 현재는 최고가의 10%도 되지 않는다. 여러분들이 1억을 투자했다면 수중에 720만 원만 남아 있는 것이다. 주식 시장에서는 이런 일이 가능하다. 그렇다면 4만 원 가던 주가가 정상적일까? 현재의 주가가 이 회사의 가치를 잘 설명한다. 키이스트의 2008년 매출액은 97억이고, 시가총액은 390억 원이다. 과거 5년간 단 한 번도 흑자를 내지 못한 데 비해서도 과분한 가격이다. 과거 4,000억 원대의 시가총액은 배용준의 잘생긴 외모에 이성을 잃은 개미투자자들이 만든 것이다. 배용준은 지분 34%의 대주주다. 주가가 최고가를 칠때 그가 보유한 주식의 가치는 1,000억 원을 넘어섰다가 지금은 100억 정도로 줄어들었다. 여러분들은 배용준의 모습을 태왕사신기나 겨울연가에서만 좋아해야 한다. 돈벌이는 스타를 쫓아 다니는 것과는 질적으로 다르다.

101

가수 비(정지훈)가 주요 주주로 있는 제이튠엔터테인먼트 역시 2005년 11월 주식 공모 직후 44,000원대까지 올라갔다가 2009년 11월 현재는 1,100원대를 오가고 있다. 주식 가치는 최고가의 단 2% 수준만 남아 있다. 장동건과 신동엽이 주주로 참여했던 스타엠은 2006년 13,000원이던 주가가 2009년 11월 기준으로 430원이다. 연예인이 주주로 참여한 엔터테인먼트 기업의 재무분석을 해보면 이들이 최고가에 비해서 10%도 가치가 남아 있지 않지만, 여전히 작금의 주가는 비싸다. 몇 만 원씩 하는 주가는 신기루였을 뿐이다. 주식 투자에서 오아시스와 캘리포니아 드림은 꿈꾸지 말기를 바란다.

에이치앤티는 2007년 4월, 태양전지로 쓰이는 규소 개발을 위해 석영광산을 개발한다면서 우즈베키스탄과의 MOU를 체결하여, '태양광 테마주'로 급부상했다. 태양광 에너지 사업은 선진국에서도 아직 사업성이 검증된 바가 없다. 그러나 개미들은 회사의 사업 전망만 보고 모닥불에 몸이 타는 것도 모르는 부나방처럼 몰려들었다. 에이치앤티는 "태양광 에너지는 사업성이 전혀 없는 게 아니다. 자원 투자 가치가 충분히 있으며, 차세대 대체 에너지로 각광받고 있다. 독일과 일본에서는 이미 실용화 단계에 이르렀지만 국내는 아직 초보 단계일 뿐이다. 사업을 성공시키기 위해 노력하겠다"고 언급했다. 그러나 주가가 폭등해 8만 9,000원을 기록했을 때 대표이사는 자신의 보유주 40만 주를 두 차례에 걸쳐 팔아 343억 5,900만 원을 현금화하며 막대한 차익을 남겼다. 그리고 규소 개발이 무효화되었다고 발

그림 I.16 에이치엔티 주가 그래프

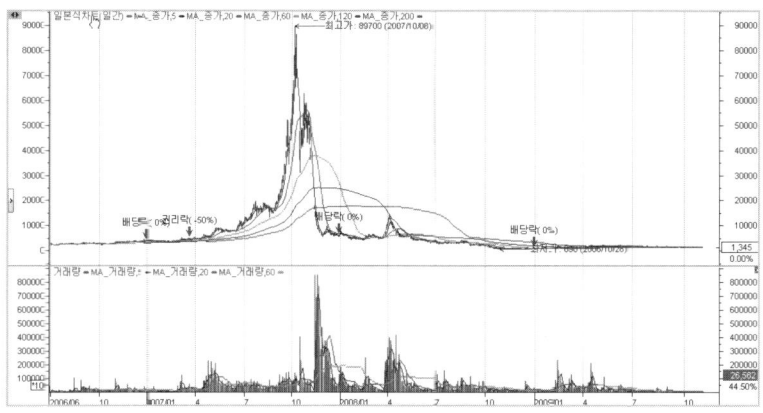

표했다. 이후 주가는 폭락했다. 현재(2009년 11월) 주가는 1,345원에 불과하다. 최고가에서 단 1%대의 가치만 남아 있다. 에이치앤티의 2007년 매출액은 84억이었고 지속적인 적자를 기록하고 있다. 원래 주가의 1%가 된 지금도 주가는 비싸다.

에이치엔티 측은 대주주의 매각으로 주가가 폭락해 일반 개미 투자자들이 막대한 손해를 입은 것에 대해 모르쇠 작전을 쓰고 있다. 답변이 궁할 때는 그냥 모른 척 하거나 때려 죽여도 입을 열지 않는 것이 방법이다. 향후 신에너지개발 여부에 대한 둘음에 대해서도, 과거 노다지가 될 것처럼 태양광 사업에 대해서 떠들고 다닌 회사가 아무 대답도 계획도 없다. 원래부터 치고 빠질 작정을 했는지 아니면 진짜로 태양광이 사업성이 있다고 생각했는지는 모르겠다. 다만 에이치엔티의 공수표는 예식장의 주례사처럼 별 내용 없는 관례적인 발언이었을 뿐이었다.

2005년 11월 10일 서울 삼성동 코엑스 인터컨티넨탈 호텔. 코스닥 상장기업 플래닛82가 '나노 이미지센서 칩' 기술 시연회를 열었다. 이 업체는 2003년 전자부품연구원(KETI)에서 50억 원을 주고 기술을 이전받았다. 업체는 이 기술을 "빛이 거의 없는 곳에서 촬영해도 영상을 또렷하게 잡을 수 있는 획기적 기술"이라 설명했다. 나노 이미지센서 칩을 부착한 카메라가 촬영한 화면은 빛이 거의 없는데도 다른 카메라에 비해 눈에 띄게 선명했다. 개발을 주도한 박사는 언론과의 인터뷰에서 "3개월 내 양산이 가능하다"며 "세계 최초로 상용화에 성공하면 엄청난 부가가치를 가져올 것"이라고 자신했다.

시연회 직후 1,650원에 불과했던 플래닛82의 주가는 4만 6,950원까지 치솟았다. 코스닥 상장기업 가운데 200위였던 시가총액도 1조 원을 넘어, 한때 아시아나항공을 제치고 코스닥 4위로 뛰었다. 주가가 급등하자 대표이사는 2006년 4월까지 조금씩 차명으로 보유한 주식 427만 주를 팔아 358억 원을 챙겼다. 결국 이 회사 대표는 허위 공시를 한 혐의로 구속됐고, 차명계좌로 부당하게 벌어들인 110억 원을 숨긴 혐의도 발각되었다. 제품 시연회에서 조명이 거의 없이도 촬영이 환하게 된 것은 신기술 때문이 아니라, 비교 대상인 다른 카메라들에 적외선 차단 필터를 장착해 상대적으로 자사 제품이 우수한 것처럼 보이도록 꾸몄기 때문이었다.

플래닛82는 나노 이미지센서 칩으로 주목받기 전엔 코일을 생산하는 업체였다. 2004년 8월 유상증자를 하면서 사채업자에게서 빌린 20억 원을 갚지 못해 어려움을 겪기도 했다. 그는 2004년 12월

그림 1.17 플래닛82 주가 그래프

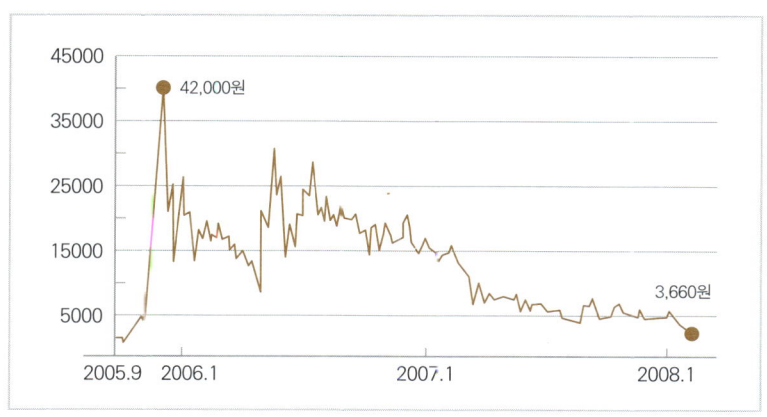

주가를 끌어올리기로 마음먹고 금융감독원 전자공시 시스템에 "초고감도 나노 이미지센서 개발, 2005년 분기별 매출 전망 총 218억 원"이라는 허위 사실을 공시했다. 또한, 검찰 수사를 받는 와중에서도 '플래닛82 의혹 수사 완료'라는 등의 보도자료를 내 시장을 교란시켰다. 코스닥의 대표적인 '나노 테마주'였던 플래닛82는 2년 연속 적자로 2008년 관리종목에 편입됐고, 2008년 4월 22일자로 등록취소되었다. 주식은 담배연기처럼 공중으로 사려졌다. 테마주의 끝은 언제나 이런 식이다. 불법이건 합법이건 개미들은 물먹은 스폰지를 손으로 꽉 쥐었을 때처럼 엑기스를 세력에게 빨리고 시장 밖으로 차갑게 버려진다.

테마주는 에이치엔티, 플래닛82, 키이스트, 마스터테크론, 스타엠 등 하나같이 영어로 된 이름이다. 그럴듯하고 화려하다. 속담 중에

"못난 놈이 치장한다"는 말이 있다. 내실이 단단한 사람은 명품을 두르거나 외모로 승부를 보려고 하지 않는다. 실력이 뛰어난 사람이 얼굴에 분칠이나 하고 휴고보스, 에르메네질도 제냐 정장을 입은 채 파텍필립, 피아제 시계를 차고 다니면서 과시할 필요가 있겠는가? 지적으로 뛰어나고 가능성 있는 사람보다, 오히려 실력도 변변치 못하고 스스로 자신감이 부족한 사람들이 벤츠, BMW를 타고 명품을 선호한다. 회사도 마찬가지다. 좋은 회사는 굳이 사명을 비까번쩍하게 짓지 않는다. 장사가 잘되는데 굳이 IT, 바이오 냄새가 물씬 풍기는 사명을 지을 필요가 있는가? 나의 경험으로는 이름부터가 첨단이나 IT 냄새가 나는 회사는 회사 내용이 견실한 경우를 본적이 별로 없다. 차라리 벽돌, 과자, 보석, 진공청소기, 면도기, 칫솔, 음료, 보험 등을 생산하는, 촌스러운 이름을 가진 회사들이 수익성과 성장성이 높다.

MOU 체결도 합법이고, 새로운 대체에너지 개발도 합법이고, 사업계획을 공시하는 것도 합법이고, 기자들이 MOU 체결을 보도하는 것도 합법이고, 주가가 올랐을 때 대주주가 주식을 파는 것도 문제될 것이 없다. 도덕적인 문제는 남겠지만 당한 개미들만 억울하다. 주식 매집 세력을 분포시키고 주가를 올리다가 주가가 조정국면에 들어서 개미투자자가 몰리면 언론에게 정보를 흘려 주가를 올린 후 주식을 매도하는 작전주는, 2~3년 동안 잠잠하게 저가를 유지하다가 법인명을 바꿔서 이번에는 테마주로 둔갑한다. 홍길동보다 더 신출귀몰이다. 아니, 항생제도 말을 듣지 않는 수퍼 박테리아처럼 생존력이 강하다.

폰지 사기

> 시장의 오르막 끝에 이르면 탐욕은 비이성적 과열 상태에 빠지고, 가치평가의 오래된 잣대가 현실적인 분별력과 함께 휴지통에 처박히면 거품은 끝없이 부풀어 오르고, 마지막 바보까지 모두 올라타면 지푸라기 하나가 낙타를 주저앉히듯이 거품은 터지고 심판은 도래한다.
>
> — 익명

찰스 폰지는 1919년 잡지 사업을 하기 위해 스페인의 회사에 편지를 보냈다. 답장에 동봉된 국제우편 회신 쿠폰을 바꾸러 우체국에 갔다가 놀라운 사실을 발견했다. 스페인에서 미국 돈 1센트에 사보낸 쿠폰이 미국에서는 6센트나 했던 것이다. 이미 위조 여권을 만들어 캐나다에서 미국으로의 밀입국을 도와준 죄로 두 번이나 옥살이를 한 그는 기발한 생각이 스쳤다. "값이 싼 나라에서 쿠폰을 대량으로 사다가, 값이 비싼 나라에서 현금으로 바꾸면 큰돈을 벌 수 있겠다!"

폰지의 생각은 그럴 듯했다. 국제우편 회신 쿠폰은 1906년 미국을 비롯한 60여 개국이 맺은 협약에 따라 만들어진 것으로, 쿠폰을 보낸 사람이 회신 요금을 미리 치르고, 쿠폰을 받은 사람은 그것을 우체국에 가지고 가서 회신에 필요한 우표로 바꿀 수 있었다. 협약 초기에는 어느 나라에서나 쿠폰값이 비슷했다. 그런데 1차 세계대전을 거친 뒤 각국 통화의 가치가 크게 변했음에도 쿠폰요금 체계는 바뀌지 않은 게 폰지의 눈에 띈 것이다. 이것은 투자은행에서 과거 고수익을 내던 '재정거래'[20]와 유사하다.

"45일간 투자하면 50% 수익을 보장한다." 폰지는 그해 12월 쿠폰사업을 통해 돈을 벌 수 있다며, 회사를 차리고 투자자들을 모으기 시작했다. 처음에는 그의 계획을 의심하던 사람들은 그가 실제로 투자자들에게 높은 수익을 안겨주자 태도를 바꿔, 그의 사무실로 구름처럼 모여들었다. 1920년 7월에는 일주일 사이에 100만 달러가 모였다. 나중에 집계된 수치에 따르면 그에게 투자한 사람은 1만여 명, 투자금은 980만 달러나 됐다.

폰지는 사실 아무런 수익사업도 벌이지 않았다. 그저 나중에 투자한 사람의 돈에서 먼저 투자한 사람에게 수익을 떼 주고, 나머지는 자신이 챙길 뿐이었다. 투자자들이 그에게 맡긴 돈으로 쿠폰 거래를 해 돈을 벌었다면, 쿠폰 1억 장 이상을 현금화해야 했으니 애초 불가능한 일이었다. 한동안은 모두가 행복했다. 그러나 그해 여름 주정부와 연방정부가 폰지의 사업을 조사하면서 사람들은 그를 의심하기 시작했다. 〈보스턴포스트〉가 그 사업계획의 합법성에 의문을 제기하는 기사를 1면에 싣자 불안해진 투자자들이 돈을 찾아가기 시작했다. 폰지는 여러모로 투자자들을 안심시켜봤지만 조사가 계속되자 자금 이탈은 더욱 거세졌다. 8월이 되자 폰지는 결국 파산했고, 체포됐다.

폰지의 사기극은 주변의 여러 사람들에게 큰돈을 빌린 뒤 떼먹고 달아나는 사람들의 수법과 크게 다르지 않다. 단지 그럴듯해 보이는 수익모델을 내세웠다는 게 다르다. 사기극이 비교적 일찍 탄로났기 때문에 투자자들은 그나마 199만 달러를 제외한 782만 달러는 찾을 수 있었다. 하지만 폰지의 이름은 이때부터 '사기'의 동의어가 됐고, 오늘날 '폰지 게임'이란 경제용어로 남았다. '폰지 게임'은 빚의 이자를 갚기 위해 점점 더 많은 빚을 얻어야 하는, 지속 불가능한 경제행위를 뜻한다.

찰스 폰지의 피라미드 사기 수법은 이후에도 몇몇 이들이 이용했다. 1960년대 버니 콘펠드가 규제의 손이 미치지 않는 스위스에다 '인베스터즈 오버시즈 서비스(Investors' Oversea's Service)'라는 미국 최초의 대규모 뮤추얼펀드 회사를 설립해놓고 "누구나 백만장자가 될 수 있다"는 말로 25억 달러가 넘는 기금을 모았지만 1970년 파산한 사례와, 1990년대 사이언톨로지의 목사인 리드 슬래킨이 캘리프니아 투자자문회사를 세우고 탐 크루즈 등 할리우드 유명 인사를 비롯한 800여 명의 부자들로부터 6억 달러를 끌어 모았던 사례로 이어진다. 리드 슬래킨은 2000년 체포되어 사기죄로 14년 형을 선고받았다.

죽마고우 중 한 명이 나에게 폰지 사기를 치려한 적이 있다. 초반에는 "30만 원짜리 계좌 하나 터라", "하나만 더 터라" 하더니, 어느 날 갑자기 전화를 해서는 "당장, 너 천만 원 보내. 널 백만장자로 만들어 줄 거야. 난 이미 매달 2억 벌어"라고 했다. 친구가 파는 품목은 기적의 젊음을 되찾는 주스였다. 아마존 오지에서 채집한 베리(berry)의 일종으로, 먹으면 검은 머리가 희게 될 뿐 아니라 성생활을 기존보다 두 배 이상 원활하게 해준다고 했다. 콜라병 크기의 주스두 병이 30만 원이었다. 구매하고 먹어보니 딸기, 머루, 일반 포도 주스와 다를 바가 없었다. 안타깝게도 폰지보다 사기성이 농후한 주식시장에서 10년을 넘게 버틴 내가 당하기에는 내용이 너무 어수룩했다. 몇 십만 원짜리 계좌 서너 개를 친구에게 선물하듯 터주었고, 천만 원은 보내지 않았다. 그로부터 2년 정도 지나 만났을 때도 친구는 여전히 매달 2억 이상을 벌며, 폰지주스 회사에서 포르셰와 벤츠를 선물로 받았다고 거짓말을 하고 있었다. 본인 때문에 포도주스 몇 병 사는데 몇 십만 원을 지불한 수십 명의 지인들에 대한 미안한 감정은 조금도 없어 보였다. 얼마 지나 친구는 나에게 집세가 밀렸다며 돈을 빌려 달라고 했다. 매달 2억을 버는 것이 아니라 2억도 넘는 부채를 지고 있다고 실토했다. 하지만 다단계 사업이 큰돈을 벌 수 있다는 믿음은 여전했다.

그 친구는 멘사 클럽 회원이며 미국의 명문 주립대 출신이다. 가끔은 똑똑하고 바늘로 찔러도 피 한 방울 안날 것 같은 사람이 말도 안 되는 수작을 곧이곧대로 믿는 경우가 있다. 그들을 속이는 사기의 수법은 새로워 보이지만 유구한 역사를 지녔거나 이름만 바꾼 채 예전 방법을 반복하는 경우가 태반이다. 대중의 광기에 넘어가는 것과 지적순발력이 뛰어난 것과는 별개이다. 그 친구는 후에 비데 방문판매로 가족을 먹여 살리고 있다. '다단계'는 누구나 사기성을 인정하지만 한국사람 세 명중 한 명은 평생 한 번쯤 빠져든다. 누가 알겠는가? 더 교묘한 피라미드 수법으로 진화하여 선량한 개미투자자들을 울리게 될 줄을.

인류가 역사를 기록한 이래 최대의 폰지 사기가 2008년 말에 발생했다. 전 나스닥 증권거래소 위원장 버나드 메이도프는 '버나드 메이도프 LLC' 증권사의 펀드 조성 및 운용 과정에서 폰지 사기 수법을 사용하였다. 피해액은 보도된 액수만 500억 달러(한화로 65조 원)에 이르렀고 직간접적으로 피해를 본 사람들은 300만 명으로 추산되었다. 손실이 너무나 거대하여 손실을 파악하고 남은 자산을 확인하는 데만 수 년이 걸릴 것으로 추정된다.

메이도프가 500억 달러나 되는 돈을 끌어 모은 방법은 갑부나 실세가 모인다는 뉴욕, 플로리다, 시카고, 보스턴 등에 위치한 회원제 골프 클럽이었다. 미국 내 여섯 개 골프 클럽의 회원인 것으로 알려진 그는 특히 플로리다에 위치한 '팜비치 컨트리클럽'을 주 무대로 삼았다. 이곳의 회원 세 명 중 한 명이 메이도프에 투자했을 만큼 이곳은 다른 어떤 곳보다 가장 피해자들이 많이 집중돼 있다. 어떤 회원들은 오로지 메이도프를 소개받기 위해 클럽에 가입했다. 메이도프의 고객만 되면 매년 15% 이상의 복리수익률을 올릴 수 있기 때문에 수백만 달러짜리 골프회원권을 구입하는 것은 이보다 훨씬 싼 투자였다. 그는 전 나스닥 증권거래소위원장을 지냈기 때문에 평판을 매우 쉽게 쌓으며, 투자자들에게 매달 1% 내외, 매년 15~22%의 안정적인 고수익을 보장해줬다. 초기에 그는 투자자들로부터 거액을 맡지 않았다. 처음에는 소액을 투자받아 1~2년 동안 고수익으로 만족시키고, 그 다음에 훨씬 더 많은 투자금을 받았다.

메이도프는 고단수였다. 우선 그는 직접 나서서 투자자를 모집하지 않았다. 일종의 신비주의 전략을 사용하여 아내와 단 둘이 골프를 치거나 몇몇 사람들과 담소를 나누는 등 조용히 뒤로 물러나 있었다.

메이도프에게 희생자들을 소개해준 사람들은 메이도프의 절친한 동료거나 친구, 혹은 이미 메이도프 펀드에 투자를 한 투자자들이었다. 그는 때로는 거절을 하면서 몸값을 올렸다. 팜비치 골프클럽 회원이자 플로리다에서 '폭스 부동산 그룹'을 운영하는 바버라 폭스 회장은 메이도프에게 거절당했다. 메이도프는 사람들이 투자를 하기 전이면 으레 갖는 "돈을 잃을지도 모른다는 두려움"을 "돈을 벌 수 있는 기회를 놓치게 될지도 모른다는 두려움"으로 자연스럽게 바꾸었다.

메이도프는 유대인으로, 유대인 자선단체도 그의 사기 수단으로 활용했다. 그는 수많은 문화 예술 자선단체의 재무담당, 총무 등을 지내면서 유대인 부자들을 알게 되었고 이들을 끌어들였다. 메이도프는 투자자들에게 자신의 돈 관리로 돈을 벌면 자선기관에 기부금을 내놓을지를 물어보고, 그러겠다는 답을 듣는 경우에만 돈을 받았다. 그는 그는 유대인 부유층으로부터 돈을 끌어 모아 뉴욕의 음악, 미술 단체, 미국의 유명대학, 유대인 문화 보존단체, 그리고 이스라엘에 어마어마한 자선기금을 희사했다.

또한 그는 펀드를 회원제로 운영하여 "아무나 투자할 수 있는 게 아니다"라는 특권의식으로 거부들을 유혹했다. 피해자들은 메이도프에게 돈을 맡기면 어떤 특별한 모임에 가입된 듯한 자부심을 느꼈다.

그에게 내려진 처벌도 경제사범에 대한 것으로는 기록적이다. 그는 뉴욕 맨해튼법원에서 열린 심리에서 돈세탁과 위증, 통신수단을 이용한 사기 등 11개 혐의에 대해 유죄를 인정함으로써 최대 징역 150년 형을 판결 받았다.

한국에도 거액의 폰지 사기가 존재했다. J사는 2005년 5월부터 2007년 6월까지 자신이 발행한 상품권에 투자하면 높은 수익을 올릴 수 있다고 속여 투자자로부터 1조 원대의 거액을 받았다. 이들은 방문판매업 경험자를 다단계 판매원으로 활용하거나 교회 신도들을 이용해 투자자를 모집했다. 수석본부장, 본부장, 부장, 상근 딜러, 딜러 등으로 구성된 다단계 조직으로 영업 활동을 벌였다. 이들은 투자 액수의 125~140%에 해당하는 상품권을 투자자들에게 지급하고 4개월 뒤 이 상품권을 5% 할인해 현금으로 환전해주는 방식으로 고비율, 고수익을 약속했다. 하지만 별도의 수익 기반이 없어 새로운 투자자가 계속 나타나지 않으면 기존 투자자들이 막대한 피해를 입는 고전적인 다단계 사기 수법과 다를 것이 전혀 없었다. 이들이 기존의 다단계 업체들과 다른 것은 투자 미끼가 현금처럼 널리 사용되는 상품권이었던 것뿐이다. 상품권을 활용하는 다단계 사기는 외국에서는 이미 몇 번 사용된 고전적인 수법이다. 국내에서는 생소한 방법이라 사람들이 속아 넘어간 것이다. J사 대표는 단속을 피하기 위해 상품권 발행업체인 J사와 상품권 판매업체, 매입 및 환전 업체, 전산 관리업체 등 4개 독립 법인으로 분리해 사업을 진행했다. 주유소 일부 지점 등을 가맹점으로 미리 포섭한 뒤 마치 모든 지점에서 자사의 상품권을 사용할 수 있는 것처럼 투자자를 속였다.

2008년 11월에는 건강용품 렌털사업을 미끼로 인천, 충남, 영남에서 투자자들로부터 3조 9천억 원대의 투자금을 가로챈 경우도 있었다. 전국에서 사상 최대 규모였다. 이 회사는 수차례에 걸쳐 법인

명을 변경하는 등 변신을 거듭한 끝에 전국에 15개 법인 및 50여 개의 센터를 설립해 다단계 사기를 해왔다. 이 업체는 투자자가 업소용 안마기 또는 공기청정기 등 건강용품을 1대당 440만 원에 구입할 경우 업체 측이 이 건강용품을 목욕탕 등지에 빌려주고 8개월여 만에 580여 만 원을 배당금 형식으로 지급한다고 속였다. 초기에는 투자자들에게 배당금을 꼬박꼬박 지급했다. 그러다 일정 기간이 지나면 지급된 수당을 재투자하도록 유혹해 실제로 투자자들이 벌어들인 돈은 거의 없었다.

소개한 몇 개의 사례들은 다음의 예와 동일한 논리적 구조를 갖는다. 어느 날 지나가다가 "50만 원짜리 자전거를 10만 원에 팝니다"라고 쓴 광고 문구를 보았다. 안내 문구를 자세히 들여다보니 "10만 원을 내면 자전거를 주는 것이 아니라 티켓 4장을 주는데, 이 티켓을 한 장당 10만 원씩 4명에게 팔아서 40만 원을 가져오면 자전거를 준다. 그리고 10만 원에 티켓 한 장을 산 사람들은 10만 원을 투자한 셈이므로 회사로 찾아가면 다시 5장의 티켓을 받을 수 있고, 그 5장의 티켓을 다른 사람들에게 장당 10만 원에 팔 수 있다"고 쓰여 있다. 이 경우 구매자가 친구나 가족들에게 4장(혹은 5장)의 티켓을 파는 번거로움만 감수한다면 10만 원에 자전거를 살 수 있으므로, 광고주는 약속을 지킨 셈이 된다. 티켓을 구입한 사람들도 자신이 투자한 비용 이상으로 티켓을 판매할 수 있으므로 손해 보는 사람이 없는 것처럼 보인다.

처음 1명이 참여해서 4장의 티켓을 판매하면, 다음 4명이 각각 5장의 티켓을 판매하게 되고, 다음 20명이 각각 5장의 티켓을 판매하게 된다. 이렇게 진행되면 125명이 10만 원을 투자해서 티켓 판매에 참여했지만 실제 자전거를 살 수 있는 사람은 그 중 25명에 불과하다. 즉 회사는 20%의 사람들이 자전거를 구매할 수 있도록 80%의 사람들이 돈을 허비하게 만든 셈이고, 돈 한 푼 들이지 않고 125명의 영업사원을 고용해서 자사 제품을 열심히 홍보하여 팔게 한 것이다. 티켓을 파는 사람들의 숫자는 기하급수적으로 늘어나므로 어느 순간 티켓을 가지지 않은 사람은 존재하지 않는다. 거품은 한순간에 터지게 된다. 러시아 소설가 야신스키는 이런 사업을 "서로가 서로를 속이는 눈덩이"라고 불렀다.[21]

재벌 후예들의 투자 행태

> 인간의 감정은 아는 것에 반비례한다.
> 잘 알지 못할수록 더 쉽게 뜨거워진다.
> ㅡ 버트런드 러셀

재벌가 3~4세들이 코스닥 기업에 투자하는 경우가 부쩍 늘었다. 최근 2년간 10여 건을 넘어섰다. LG, SK, GS, 롯데, 현대·기아차, 동국제강, 한국도자기, 효성 그룹의 후손들이 대표적이다. 그러나 대부분 직계가 아니고, 재벌 방계들의 돈놀이다. 재벌의 삶의 방식은 보통사람들과는 다를 것이고, 이들의 자식들은 아이비리그에서 기부금으로 교육을 받거나 해외 거주자 특례입학으로 국내의 명문대를 졸업했으니 교육수준 또한 특별할 것이므로 개미투자자들이 이들의 투자방식을 궁금해 하는 것은 당연하다.

그렇다면 이들의 정체부터 재정의해보자. 재벌 3~4세는 개미인가? 기관, 외국인, 대기업 오너는 개미투자자로 분류되지 않는다. 이들은 프로다. 재벌들은 수십 년간 경기의 부침을 이겨내고 대주주의 지위를 유지하고 있는 주식의 고수다. IMF와 서브프라임 모기지 위기와 같은 큰 파도와 잔파도를 셀 수 없이 많이 이겨내면서 살아남았다. 재벌의 유전자를 물려받은 3~4세 또한 부모만큼 노련하다. 준프로인 이들의 투자행위를 타산지석으로 삼아보자. 이들이 투자한 주식은 미래 성장성도 없이 이름만 번듯한 코스닥의 고평가 주식들이다. 예외 또한 없다. 워런 버핏의 가치투자까지는 아니더라도 어떻게 한결같이 언론용 테마 주식만 사고 있는지 궁금하다. 그러나 이들의 행보를 그대로 답습하는 개미들이 더 가관이다. 재벌 3~4세의 사전 노림수인지는 모르겠지만, 이들이 샀다고 하면 '묻지마 따라가기'가 성행해 관련 기업 주가가 터무니없이 고공행진을 한다. 프로바둑 기사인 서능욱 9단은 이창호 9단의 바둑을 해설하면서 "이 수는 잘못된 수입니다"라고 한 적이 있다. 같이 해설하던 아마추어 고수가 감히 세계 1인자인 이창호가 둔 수를 비판하냐는 듯한 발언을 하자, 서능욱 9단은 정색을 하며 "아무리 이창호 9단이라도 잘못 둔 것은 잘못 둔 겁니다!"라고 했다. 재벌이라도 잘못 산 것은 잘못 한 것이다.

　　프란시스 베이컨은 런던 출생으로 르네상스 후의 근대철학, 특히 영국 고전경험론을 탐구했다. 그는 엘리자베스 여왕 치하에서 국회의원이 되었고, 제임스 1세 치하에서는 법무장관, 검찰총장, 대법관을 지내는 등 날로 권세가 높아갔으나, 수뢰 사건으로 의회의 탄핵을 받아 관직과 지위를 박탈당했다. 그 후 만년을 실의 속에 보내면서 연구와 저술에 전념했다. 베이컨은 사람의 '편견(Prejudice)'을 네 가지 우상으로 비유했다. 그 중 "극장의 우상"은 무대를 보고 환호하는 관객들처럼, 전통이나 권위에 의지하여 나타나는 지식이나 학문을 아무런 비판 없이 받아들이는 것이다. 그는 과거에 나온 이론을 권위가 있다그 해서 무조건 추종해서는 안 된다고 했다. 아무리 유명세를 떨치고 학문적인 권위를 갖고 있는 사람이라고 하더라도 개미들이 절대적으로 받아들이면 안 된다. 극장의 우상에 빠지지 않기 위해서는 유명인의 권위를 받아들이는 것이 아니라, 그들을 이해하고 비판해야 한다. 어릴 때 읽은 위인전은 인생의 목표를 설정하고 롤 모델을 만드는 장점도 있으나 인간 인생의 다양성을 말살하고 권위에 복종하는 인생관을 심어줄 수 있다. 누구나 자신의 분야에서 최선을 다하면 그 자체가 위대한 것이다. 위인전은 특정인의 모든 면을 미화시켜 수퍼맨을 만든다. 어린이들이 읽는 '위인전'의 명칭은 모두 '전기'로 바뀌어야 한다.

심리학에서 말하는 후광효과(halo effect)란 서로 관련이 없음에도 불구하고 하나의 특성으로 인해 다른 특성들도 동일한 성질을 갖는다고 착각하는 것을 말한다. 예를 들어 학벌이 좋으면 기본적으로 지능지수가 높을 것이고 외모도 괜찮다고 평가한다. 학벌을 속인 유명인들이 노린 것이 바로 후광효과다. 고학력을 내세우는 연예인들도 이런 효과에 노림수가 있다.

재벌 3~4세들은 수십억 원 이상의 가용자금을 부모로부터 부여받았을 것이다. 앞으로 기업체의 경영권이라도 물려받을라치면 집안과 사회에서 인정 받아야 한다. 이들은 부모들처럼 별 보고 출근하고 별 보고 퇴근하면서 어렵게 돈 버는 것을 선호하지도 않고, 감당할 생각도 없다. 재테크로 쉽게 돈 벌 일념으로 주식 시장에 뛰어든다. 코스닥 테마주만 섭렵하는 투자 행태를 볼 때는 투자의 기본이나 경제, 경영학에 관한 진지한 고민 따위도 없다. 결국 이들의 투자행각은 도덕성에 타격을 받고 있고 일부는 이미 검찰조사를 받고 있다. 주가 조작에 연루되어 현재 구속됐거나 조사가 진행 중인 경우도 있다. 주식 투자는 쉽지 않다. 단기적으로는 언론의 바람몰이와 운으로 인해서 수익을 낼 수 있을지는 모르지만, 결과가 좋아 보이지 않는다. 사회에서 명망 있고 돈 있고 파워 있는 사람들의 투자방식이라고 무작정 따라 해서는 안 된다.

기관은 개미들의 적

▌증권사 종목 추천을 믿는가?

> 돈이 변하고, 투자자가 변하고, 주식도 변하지만
> 월스트리트는 결코 변하지 않는다.
> 왜냐하면 인간의 본성이 변하지 않기 때문이다.
> ― 제시 리버모어

기상청 일기예보가 정확할 수 있을까? 기상청 직원들은 지구의 공전과 자전, 태양의 에너지 양, 조류, 현재의 대기 상태, 태풍·사이클론·허리케인 등의 상황, 온도 등 수십 개의 변수를 조작해 향후 날씨를 예측한다. 대기의 변화라는 것이 원래 카오스적인 현상이다. 마치 팝콘 기계 속의 팝콘이 어디로 튈지 모르듯, 청혼을 받은 여성의 승낙 여부를 알 수 없듯, 날씨 또한 어떤 방향으로 나갈지 예측하기 어렵다. 일기예보는 혼돈스럽게 변하는 상황 속에서도 규칙성을 보이는 자료를 토대로 한다.

　기상청은 예보를 위해 슈퍼컴퓨터를 사용한다. 슈퍼컴퓨터는 주로 과학기술 연산에 사용되는 초고속 컴퓨터를 말한다. 슈퍼컴퓨터는 기상 예측과 모의 핵실험 등 여러 분야에서 발전을 거듭했다. 2004년 말에 도입된 기상청의 슈퍼컴퓨터는 18.5 테라플롭스(Tera Flops)의 계산 속도를 보인다. 이는 초당 18조 5,000억 번의 부동소수점연산이 가능하다는 뜻이다. 국내에서 가장 빠르다.

　문제는 슈퍼컴퓨터 역시 사람들이 설정해 놓은 방정식을 풀 따름이라는 것이다. 이 규칙에서 벗어나게 되면 어쩔 수 없다. 슈퍼컴퓨터는 빠르고 정확하게 과학적인 계산을 하는 도구일 뿐, 모든 자연현상을 정확히 예언할 수는 없다. 애시당초 정확하게 맞출 수 없다는 것을 알고 근사치에 도전하는 것이다. 대충이라도 맞는 것이 아무것도 하지 않는 것보다 낫다는 말처럼, 일기예보도 비슷한 논리다. 일기예보가 빗나갈 때마다 기상청을 '덤앤더머'로 폄하하는 사람들은 예측 불가능성을 이해하지 못했기 때문이다.

　'인간이 합리적이고 충분한 정보를 갖추면 경제는 예측가능하다"는 것이 전통 경제학의 메시지다. 심지어 전통 경제학에서는 불확실성조차 잘 정의된 개념으로 다루어졌다. 하지만 초기 조건에 대한 민감성, 동태적 복잡성, 경로의존성 등이 결합되면 경제는 기후처럼 극히 단기간을 제외하고는 도저히 예측할 수가 없다. 종합주가지수, 환율, 유가, 개별종목 주가를 맞출 수 있다고 생각하는 것도 일견 유사하다. 증권사에서 나오는 리포트도 본인들의 책임회피를 하기 위해 목표주가만 제시할 뿐이다. 목표라면 맞추건 못 맞추건 책임질 일이 없다.

증권사 리포트는 70% 이상이 매수추천이다. 이들 말만 믿고 이것도 사고 저것도 샀으나, 또 사라고 한다. 매번 사기만 하면 언제 팔라는 말인가? 애널리스트는 편한 직업이다. 대충 삼성전자, 현대자동차, 포스코와 같은 블루칩을 정하고, 해독조차 어려운 최신 지표들과 수식을 동원해, 근거도 없고 정확하지도 않은 데이터를 그럴 듯하게 짜맞추어 리포트만 써내면 되기 때문이다. 남들이 볼 때 잘 쓴 것 같이 보이면 그만이다. 개미들은 이들의 리포트를 읽지 않아도 된다. 그래도 굳이 읽어보고 싶다면 사실관계만 확인하라. 재활용 종이 쓰레기는 신문지, 전단지, 여기저기서 짜깁기해 제출한 대학 리포트만이 아니다. 한국의 증권사와 펀드회사에서 나온 시황 자료의 90% 이상은 거짓말로 가득하다.

"증권사들이 올해 유망종목으로 추천한 종목이 올랐을까?"라는 순진한 질문에 답하는 것은 시간 죽이는 일이다. 하지만 증권사 추천 종목의 귀결을 짚어보는 것도 투자공부에 나쁘지 않다.

먼저, 2006년 말 10개 증권사가 '2007년 투자유망 종목'으로 추천한 종목은 68개 기업이다. 그중 우량주 위주로 18개 종목의 수익률을 조사해보니(2008년 12월 1일 기준), 수익률 평균이 -53%였다. 더 큰 문제는 18개의 종목 중 단 하나도 수익을 내지 못했다는 점이다. '코아로직'은 -87%를 기록했다. 1억을 투자했다면 300만 원이 남아 있다는 수치다. 기타 수수료를 제한다면 100만 원이 겨우 넘을 것이다. 2006년 말 한 증권회사의 보고서에는 "코아로직은 그객 다변화 등을 통해 안정적 성장성과 수익성이 전망되고 저평가 매력 부각에 따라 적극적인 투자전략을 권고"라고 쓰여 있다. 그러나 결과적으로 안정적인 성장도 하지 못했고 수익성도 나빠졌다. 도대체 뭘 전망한 것인지 알 수가 없다. 미아리에 좌판 깔고 점쟁이로는 못 나설지언정, 원금의 87%가 날아갈 만큼 펀더멘털이 취약한 회사를, 성장성과 수익성이 좋다고 예측한 것은 이해하기 어렵다. 휴맥스는 디지털방송 확대에 따른 셋톱박스 수요 증가와 케이블방송 비중 확대 등의 사유로 지난해 말 목표주가를 2만 9,000원으로 제시했다. 2008년 12월 현재 휴맥스의 주가는 6,870원으로 추천 후 원금의 74%가 날아갔다. 농심은 추천 후 19.7%가 빠졌고, 온미디어는 80%, GS홈쇼핑은 44%가 빠졌다.

대부분의 증권사 추천이라는 것은 이런 레퍼토리를 벗어나지 못한다. 이런 자료를 하나로 정리해 보는 사람은 "아하, 그렇구나" 하겠지만, 늘상 증권사에서는 이런 일을 하고 월급을 받는다. 코차르트의 '피가로의 결혼'도 너무 많이 들으면 짜증이 나는데, 이런 3류 만화는 끝이 없다. 증권사 매수 추천은 매도 추천으로 받아들이는 것이 더 현명하다는 말은 이제는 누구나 아는 통설이 되어버렸다.

그렇다면 증권사 직원은 증권사 추천종목을 믿는가? 2001년 경제주간지 〈닷(DOT) 21〉에서 수도권 증권사 지점에서 근무하는 영업직원 174명을 대상으로 설문조사를 실시했는데, 결과가 재미있

표1.18 증권사 추천 유망종목의 수익률 (단위: 원, %)

종목	2006년 말	2008년 12월 1일 현재	수익률 (%)	추천증권사
코아로직	31,000	4,150	-87	우리투자증권
휴맥스	26,000	6,870	-73.6	동양종금증권, 대신증권
IDH	5,600	250	-95.6	대우증권
농심	285,000	229,000	-19.7	대우증권
하이닉스	36,450	7,600	-79.2	우리투자증권, 대우증권, 미래에셋증권, 한화증권
SBSi	15,000	3,455	-77	대신증권
온미디어	7,970	1,595	-80	대신증권
국민은행	74,900	29,000	-61.3	한화증권
엔씨소프트	53,300	44,300	-16.9	우리투자증권
한국전력	42,400	26,750	-37	우리투자증권
LG상사	22,950	12,550	-45.4	미래에셋증권
GS홈쇼핑	83,000	46,500	-44	우리투자증권
삼성전자	613,000	476,500	-22.3	삼성증권, 우리투자증권, 동양종금증권, 대신증권, 국모닝신한증권, 한화증권
롯데쇼핑	386,000	179,000	-53.7	NH투자증권, 현대증권, 한화증권
대우인터내셔널	39,050	17,650	-54.8	대신증권
현대모비스	85,900	59,800	-30.4	현대증권, 미래에셋증권, 한화증권
한국타이어	15,800	12,650	-20	삼성증권
대상	12,050	5,320	-55.9	미래에셋증권
평균			-52.99	

자료: 증권선물거래소, 각 증권사

다. "증권사 추천종목을 얼마나 믿습니까?"라는 질문에 170명 응답자 가운데 20.0%만이 '조금 신뢰(18.8%)'하거나 '매우 신뢰(1.2%)'한다고 말했다. 나머지 40.0%는 '별로 신뢰하지 않거나(35.3%)' '매우 신뢰하지 않는다(4.7%)'고 말했다. 나더지 40.0%는 보통이라고 말했다. 자신의 발등을 찍는 이런 종류의 설문조사는 드물다. 국회의원에게 "돈을 받은 적이 있는가"라는 질문이나, 노인들에게 "빨리 죽고 싶습니까"라는 질문이나, 공사판에서 힘들게 일하는 건설 노무자들에게 "이 일에 만족하고 사십니까"하고 묻는 것과 별 다를 바가 없다. 증권사 직원조차도 같은 직장에 있는 동료들을 전혀 신뢰하지 못하고 있다.

증권사 영업직원들은 오히려 친지 등을 통한 기업 내부 정보를 더욱 신뢰하며, 시장에 떠돌아다니는 루머를 중시했다. 특히 '루머를 투자결정에 적극 반영하거나 반영하는 편'이라는 응답 비율은 27.7%로, '증권사 추천종목을 신뢰한다'는 응답률보다 높았다. 주가 분석기법으로는 기업 내용이나 거시경제 상황을 고려하는 기본적 분석보다 주가와 거래량 등 시장에서 형성되는 수치들을 중점적으로 검토하는 기술적 분석을 선호한다고 응답한 영업직원이 171명 가운데 71.3%를 차지했다. 80% 이상은 자신의 근무하는 업종의 추천종목을 신뢰하지 않는다고 답했다. 추천종목을 신뢰하지 않는 것은 그렇다 치고라도 첨단 금융 분야의 전문가로 볼 수 있는 증권사 직원들이 점성술과 같은 기술적 분석을 선호하는 것을 볼 때 한국은 투자 후진국으로서 갈 길이 먼 것 같다.

미국인의 18%는 아직도 태양이 지구 주변을 돈다고 생각한다. 이들에게 아무리 코페르니쿠스와 과학혁명에 대해서 이야기해도 납득하려 들지 않는다. 사람들은 잘못된 정보라도 그것이 반복해서 뇌에 주입될 경우 사실로 믿는 경향이 있다. 뇌가 정보를 저장하는 과정의 특수성 때문이다. 처음 접하는 정보는 일단 해마에 저장된다. 이때만 해도 우리는 정보를 오래 기억하지 못한다. 하지만 같은 정보가 계속 주입되면, 해마 속 정보는 대뇌피질로 옮겨지게 된다. 이 과정에서 정보는 각각 분리돼 저장된다. 잘못된 정보라도 고착되는 것이다. 이후에는 기존 정보를 뒤엎을 새로운 사실을 접해도 사람들은 이를 받아들이지 않게 된다. 사람들은 또 '사실'을 통해 자신의 견해를 정하는 것이 아니라 견해에 맞게 정보를 이용한다. 나는 얼마 전에 개성관광을 간 적이 있다. 북한 주민들이 가장 듣기 싫어하는 말은 '위대한 수령'님의 험담이라고 했다. 아무리 많은 사람이 굶어죽고, 북한을 전 세계에서 가장 빈곤한 국가로 만들고 있어도, 사람들은 그를 여전히 '위대한 수령'으로 존경하고 있었다.

기술적 분석을 신봉하는 증권사 직원에게 그것이 과학이 아닌 미신이라고 아무리 말해도, 기술적 분석을 활용해서 수익을 내려는 이들의 행위는 그칠 줄을 모른다. 기술적 분석을 반대하는 다양하고 과학적인 견해를 제공한다고 해도 이들은 기술적 분석을 활용만 잘하면 큰 수익을 낼 수 있는 좋은 도구라는 견해를 뒷받침하는 논거로 활용한다. 반면 가치투자자들은 이 논거들을 기술적 분석이 무용지물이라는 논거로 사용한다.

인간은 생물학적이고 심리학적인 한계를 가진 유기체가 명백하므로, 이 한계를 극복하기 위해서는 고도의 자기 수련과 반성이 뒤따라야 한다. 자신이 믿지 않는 다른 정보를 받아들일 수 있는 이성과 냉철함이 필요하다. 쉬운 일은 아니다. 개미들은 이 경지에 올라야 '개미성'을 벗어던질 수가 있지 된다. 개미라는 정체성은 이제 좀 벗어버리자. 유지하고 늘 잊지 말아야 할 정체성이 있는 반면에, 그것이 썩 좋은 게 아니라면 굳이 덮어쓰고 다닐 필요가 없다.

영화 '본 아이덴티티'에서 주인공 맷 데이먼은 자신이 누구인지를 모른다. 그리고 3편인 '본 얼티메이텀'에서야 드디어 자신의 정체성을 발견하고 스스로 암살자의 역할을 자원했던 사실을 알게 된다. 이 책을 읽는 독자는 자신의 정체성이 무능하고 비합리적이고 돈을 잃으면 두려워하고 돈을 따면 아드레날린이 솟아 현금화되지 않아도 무한정 지출을 늘리는 굴레에 속박되어 있음을 깨달아야 한다. 고수가 되기 전에 정체성을 깨달아야 한다. 고수가 되기 위한 트레이닝은 그 이후다. "증권사 영업직원은 고객의 돈이 없어질 때까지 자기 멋대로 투자하는 사람"이라는 정체성까지 깨달아야 본인들의 정체성을 제대로 안 것이 된다. 여러분들이 순한 양이라면, 증권사 직원들은 무능하면서도 수수료 수입만을 노리는 하이에나에 불과하다.

애널리스트를 아는가?

> 능력 있는 자는 행하고, 능력 없는 자는 가르치라.　　　— 버나드 쇼

나는 기업의 가치를 평가하는 어려운 작업을 하고 미래의 주가를 예측하는 애널리스트가 되고 싶었다. "객관적인 분석 보고서를 내고, 자신의 소신을 담은 주식의 본질가치와 현재 주가의 괴리를 정확하게 밝히는 보고서를 만들어내는 것이 애널리스트들의 역할이자 의무"라는 생각 때문이었다. 그러나 주식 시장에서 투자를 계속 하면서, 이런 생각이 순진했다는 것을 깨달았다.

홍콩대학의 질 힐러리와 베가자산관리(Vega Asset Management)의 리어 맨즐리의 공동 연구[22]에 따르면 과거 거래량과 수익률을 정확히 예상했던 애널리스트들의 실적은 시간이 흐를수록 하락하였다. 그들은 평균 이상의 실적을 거둔 이후 다음 예측에 과감함을 보였고 이후에 실적이 평균 이하로 떨어졌다. 이런 현상은 노련한 애널리스트나 신참에게도 동일하게 나타났다. 근무하는 증권회사의 규모와도 상관없었다. 다수의 기업을 분석하는 애널리스트의 경우에는 다른 애널리스트들보다 더 형편없는 예측을 기록했다.

애널리스트들의 실적과 태도를 조사한 연구에 따르면[23] 애널리스트는 기상예보관에 비해 실력에 대한 자부심은 훨씬 높았지만, 실제 예측 능력은 오히려 뒤떨어졌다. 예측이 실패로 돌아간 뒤에도 애널리스트 자신에 대한 평가는 떨어지지 않았다. 이들의 무능함에는

일정한 논리가 내재해 있다. 대부분 신념이라는 형식을 취하거나 자부심이라는 방어기제로 나타났다. 애널리스트는 자신의 예측이 옳게 나타났을 때는 자신들의 식견과 전문적 능력 덕이라고 자부하지만 예측이 틀렸을 때에는 워낙 특이한 상황이라 자신들이 비난 받을 일은 없다고 생각한다. 심지어 자신들이 틀렸다는 것조차 받아들이지 않기도 한다. 바둑 게임에서 지면 상대방보다 실력이 없는 것이다. 특히 한두 번이 아닌 여러 번을 겨뤄보았을 때도 같은 결과가 나온다면 변명의 여지가 없다. 하지만 애널리스트들은 반복적인 예측 실패에도 역시 사후 합리화를 반복적으로 하고 있었다. 물론, 이런 습성은 인간 활동의 모든 분야에서 보편적으로 나타나는 것으로 자존감을 보호하기 위한 기제다. 우리 인간은 성공은 자기 덕분이고 실패는 통제 범위 바깥에 있는 외부적 사건, 즉 무작위성 탓으로 돌린다. 모든 일이 자신의 무능과 실수 때문이라고 생각한다면 우울증과 자살률은 현저하게 올라갈 것이다. 무수한 사업실패와 입시, 입사 등 시험에서의 실패에도 불구하고 다들 잘 살아가고 있지 않은가?[24]

　　의사는 병원에 찾아온 감기환자의 매너가 나쁘다고 잘못된 약을 처방해 죽이지는 않는다. 그렇기 하면 발각되어 형을 살 염려도 있을 뿐 아니라 인터넷에 소문이 퍼져 병원 운영을 할 수 없을 수도 있다. 하지만 증권사의 애널리스트들은 윗선에서 긍정적인 보고서를 쓰라고 하면 그대로 써주기만 하면 된다. 기존에 이미 발표된 분식처리 재무제표를 사용하였든 아니면 개인적인 희망이 가득 담긴 보고서를 냈던 간에, 애널리스트는 예상대로 주가가 움직이지 않거나 예측한 실적치가 나오지 않으면 분석이 잘못되었다면 그만이다. 실제로는 의사가 환자에게 독약을 먹이는 것만큼 나쁜 짓이지만 처벌은 전혀 없다. 애널리스트의 보고서 때문에 돈을 잃는 사람은 있어도 단기간에 죽을 사람은 없기 때문에 의사보다는 비난에서 피해가기 쉽다. 오히려 회사 방침에 맞는 보고서를 써주었다고 보너스를 받을 것이다.

증권사 애널리스트들이 '장밋빛' 전망을 내놓은 회사가 1년 내로 부도를 내는 경우도 다반사다. 곧 부도날 회사의 매수 추천과 목표주가도 버젓이 제시하는 파렴치한 애널리스트도 있다. 증권사 추천 종목은 주로 물량 떨구기 용이 더 많다. 다른 증권사의 물량을 떨어주기 위해 투자의견 상향을 내주고 다음번에는 돌려받는 뒷거래도 횡행한다.

증권사에 소속된 사람은 직함이 무엇이든 간에 소속된 회사의 피고용인일 뿐이다. 시키는 대로 할 수밖에 없다. 월급 받아먹는 주제에 회사입장에 반하는 보고서를 무슨 재주로 쓰겠는가? 대한민국의 남자 중 월급쟁이 아닌 사람은 별로 없다. 현재는 아니더라도 살면서 한두 번쯤은 월급을 받아 생활한 경험이 대부분 있을 것이다. 그놈의 쥐꼬리 같은, 입에 풀칠하기에도 모자라는 월급이라도 얼마나 아쉬운가? 월급을 주는 사람에게 왜 그렇게 눈치가 보이는가? 인격모독의 폭언에 못 먹는 술을 강제로 권할 땐 상사 얼굴에 라이트훅 한번 휘두르고 회사를 때려치고 싶을 때가 있다가도, 월급으로 부양해야 하는 늙으신 부모님과 얼마 전 돌잔치를 끝낸 딸아이의 얼굴이 생각나면 굽신거리는 생활을 이어가야 한다. 한국과 같이 위계질서가 중요한 문화권에서는 도무지 자신의 견해와 창조성을 발휘하는 것은 있을 수 없는 일이다. 그냥 시키는 대로 하면 수명은 연장시킬 수 있다. 과거 나는 상사의 주문에 따라 두 페이지 공문을 만들어 결재를 맡으러 간 적이 있다. 그러나 상사는 갈 때마다 빨간펜으로 찍찍 그어 수정을 했다. 그대로 고쳐가면 다시 빨간펜으로 고치는 짓을 10번 이상 반복했다. 그 상사는 나중에는 아예 파일을 보내달라고 하더니, 밤 열 시까지의 시간을 단 두 장짜리 공문을 고치는 데 할애했다. 이런 사람들과 함께 일하는 사람들이 월급쟁이다. 애널리스트들이 워런 버핏의 투자철학을 암송하건 경영학이나 경제학 학위 세 개를 갖고 있건 그건 애널리스트 개인 사정이다. 매수를 권유하는 보고서를 쓰라고 하면 PER이 50이 넘든, 올해 내로 부도처리될 것이 뻔한 회사든, 소설이라도 써서 장점을 부각시켜야 한다. 그래야 증권사에서는 고객을 모집하고 펀드를 팔아먹는다. 매수 의견을 내면서 그 증권사에서 운용하는 펀드를 팔아먹는 일은 제도권에서는 불문율에 가깝다.

2002년 〈뉴욕타임즈〉에 몇몇 애널리스트들이 "우리는 애널리스트가 아니라 마케팅 기계였다"는 양심고백을 한 적이 있다. 〈월스트리트 저널〉은 매 거래마다 순이익의 1%에서 3%를 애널리스트에게 주고, 명백히 수입을 올리는데 도움이 된 경우에는 수입의 8.5%를 보장한다고 폭로했다. 은행 업무 담당자와 고객들은 애널리스트들에게 압력을 가해 그들이 주가에 부정적이거나 논란이 될 만한 논평을 하지 못하게 했다. 1995년 5월 '퍼스트콜(First Call)'의 조사 결과 아널리스트들의 의견의 3분의 2는 매수, 3분의 1이 계속 보유고,

매도는 단 1%에 불과했다. 긍정적인 의견은 보상을 받고, 부정적인 의견은 처벌을 받는 유인체계에 따른 당연한 귀결이었다. 또한, 재무제표가 갈수록 복잡해지면서 애널리스트들은 그것을 제대로 읽어볼 시간도 능력도 없다. 보통 사업보고서를 제대로 보기 위해서는 반나절 혹은 한나절 정도가 필요한데 보통 애널리스트들은 10~15개 기업을 다루고 대부분의 시간을 투자자나 고객과 통화하고 온갖 잡다한 회의에 참석해야 한다. 그러니 결론은 '매수'로 정해놓고, 매수할 이유와 이에 실적 예측을 끼워 맞추는 작업에 시간을 보내게 된다.

정상급 애널리스트가 되려면 기업과의 관계도 우호적이어야 한다. 기업 임원들은 자신이 편애하는 애널리스트에게만 선택적으로 특정 정보를 알린다. 물론 이런 정보는 기타 애널리스트와 일반 대중은 알 수가 없다. 이들 기업 임원들은 새로운 정보를 발표하기 전에 선호하는 애널리스트들을 한자리에 불러 모아 이들에게 기업 실적 예상치를 수정할 기회를 줌으로서 마치 실적을 마술사처럼 맞히는 사람이 될 수 있게 배려하기도 한다. 애널리스트들은 자신의 예측이 빗나가면 "나는 그렇게 믿었고 실적이 나의 예측보다 매우 낮은(혹은 매우 높은) 데 놀랐다"는 무책임한 발언을 한다. 금융감독원이나 금융감독위원회 등에서 애널리스트들을 조사하거나 처벌하는 것을 본적이 있는가? 이들은 애널리스트들이 금융 시장의 윤활유 역할을 한다고 생각한다.

애널리스트들의 투자의견 및 보고서는 각종 신문의 증권란에 인용된다. 우리나라 증권시장이 생긴 이래 60년간, 선매집 후 물량 떨구기 기사 배포는 관행이었다. 뒤로 대주주에게서 몇 억을 먹었건, 텐프로 비즈니스클럽에서 신인 탤런트 급의 성상납을 받았건 그걸 누가 알겠는가? 물론 수표가 오가지는 않았을 것이다. 빳빳한 만 원짜리로 1억을 받았으면 와이프 가방 사주고 자식들 학원비로 지출하면 된다. 연봉 5천만 원짜리 월급쟁이가 한 달에 세금 제하고 들고 가는 돈은 350만 원에 불과하다. 이들에게 007가방에 들은 만 원짜리 뭉치는 유혹이 아닐 수가 없다. 개미투자자들은 증권사 추천종목은 물량 털기 수법의 동원임을 잊지 말아야 한다.

결국 개미들은 묻는다. "어떤 종목이 전망 있는가?" 이 말에 대한 정답은 "기본으로 돌아가라"이다. 투자는 미적분과 선형대수, 미분방정식을 푸는 것처럼 어렵지는 않다. 건전한 상식과 양식이 있는 사람이라면 누구나 성공적인 투자자가 될 수 있다. 복잡한 지표에 얽매일 필요도 없다. 시장에서 공인된 지표들만을 갖고 단순하게 접근하는 것으로 충분하다. 대표적인 예가 주가수익비율(PER)과 주가자산비율(PBR)[25]이 낮은 종목을 골라서 투자하는 방법이다. PER은 말 그대로 주가에 기업 수익성이 얼마나 잘 반영돼 있는지를 확인할 수 있는 지표로 보통 상승장에서 중요하게 다뤄진다. 금융업을 제외한 대부분 업종에서 PER이 낮다는 것은 기업이 내는 수익에 비해 주가가 낮게 평가되고 있음을 뜻한다. PBR은 기업의 자산가치가 주가에 비해 어느 정도로 평가되는지 알아볼 수 있는 지표다. 특히 자산규모가 중요한 금융업체를 분석할 때 유용하며 하락장에서 알짜 종목을 골라낼 때 유용하다.

　　전업 투자자가 아니라면 원래 직업을 가지고 있을 테니, 회사일, 자격증 준비, 각종 경조사, 육아 등으로 인해 투자 종목을 조사하기 위한 별도의 시간을 많이 할애하기 어렵다. 그렇다고 신문의 매수·매도 추천 기사를 따라가다가는 설거지를 당하게 된다. 개미들에게 필요한 기사는 기업의 펀더멘털에 관한 기사다. 각종 재무제표를 정리해 준 기사라든지 아니면 기업의 매출, 영업이익, 신상품, 순이익 등에 관한 내용을 제시되어 있으면 좋다. 그것을 바탕으로 어떤 기업을 분석할지, 어떤 시각으로 접근할지를 결정할 수 있기 때문이다. 저PER 종목을 소개한 기사라도 단지 전망 순이익을 바탕으로 작성된 것이기 쉽고, 데이터가 정확하지도 않은 경우도 많다. 모든 기자들이 엉터리는 아니겠지만 다른 사람의 기사를 재탕, 삼탕 해서 쓰는 무성의한 기자들이 대부분이다. "미국의 모든 신문은 월스트리트 저널과 뉴욕타임즈의 재탕"이라는 말이 있다. 기자를 너무 신뢰하면 안된다. 신문기사에서는 매력적인 종목들을 찾아내고, 그때부터 스스로 기업분석을 실시하여 직접 투자 여부를 결정하기 위한 조사를 시작해야 한다.

▌실전 투자대회의 함정

> 사랑에 빠진 여인은 절대 충고를 따르지 않는다. ─ 로즈먼드 마셜

누구나 일확천금을 꿈꾼다. 그래서 그 먼 강원랜드까지 비싼 휘발유 태우면서 가, 개인들에게 불리한 확률을 자랑하는 바카라, 블랙잭, 룰렛, 파칭코 등에 돈을 연소한다. 강원랜드는 이 대가로 매년 3,000억 원에 가까운 순이익을 챙긴다. 도박장에서는 아무리 열심히 노력하고 똑똑해도 이길 확률을 전혀 높일 수가 없다. 그 확률을 바꿀 수 있다면 그것은 이미 도박의 정의를 벗어난 것이므로 도박이 아니다.

어차피 강원랜드는 공공적 성격이 강하므로 수익을 많이 내봐야 공공부문 전입금으로 빼앗긴다. 퇴폐 향락 산업이므로 세금을 더 부과해 수익 규모를 대폭 축소하는 정책을 발표해도 반발하기 어려운 측면이 있다. 그래서 수익 창출보다는 직원의 월급, 시설투자, 인테리어 공사, 기계매입 등에 과다한 지출을 할 유인이 크다. 나도 강원랜드 과장급의 연봉을 알고 나서 강원랜드에 취업하고 싶었다. 이렇게 비용절감 노력 없이도 3,000억 원의 순이익을 내는 것을 볼 때 기가 찰 노릇이다. 세상에서 가장 비공익적인 사업의 허가권을 내주고 그 수익금으로 공익을 위해 사용하는 것이 바로 정부가 결정한 일이다. 앞으로 정부는 강원랜드 개장으로 수 억, 수십 억을 날리고 서울역 노숙자로 전락한 사람들이나, '도박중독'이라는 심각한 정신질환에 걸린 사람들의 복지를 책임져야 할 것이다.

실전 투자대회만큼이나 개미투자자를 잘못된 길로 인도하는 행사는 많지 않다. 실전 투자대회는 3개월 정도의 짧은 기간에 이루어진다. 여기서 1~2등을 하는 사람들은 수백 퍼센트에서 수천 퍼센트의 수익률을 올린다. 장기간 세계 최고의 수익률은 워런 버핏이 기록한 연평균 복리 24% 안팎이다. 최근 투자 규모가 커지면서 그마저도 20% 이하로 떨어졌다고 한다. 그러니 실전 투자대회에서 3개월간 수천 퍼센트의 수익을 달성하는 것은 지극히 운이 좋은 것일 뿐 아니라, 리스크가 매우 클 수밖에 없다. 미수를 활용해야 할 뿐 아니라 주로 가격 변동폭이 큰 급등주나 작전주를 매매해야 한다. 또한, 실전 투자대회에서 우승하기 위해서는 하루에도 수없이 샀다 팔았다를 반복해야 한다. 그냥 이런 수익률은 조너선 스위프트가 쓴 걸리버 여행기에 나오는 '말나라'나 '소인국', '거인국' 이야기처럼 비현실적인 상상속의 이야기 정도로 생각하는 것이 마음이 편하다.

그렇다면 증권사에서는 공돈을 들여가면서 왜 실전 투자대회를 열까? 여기에는 세 가지의 목적이 개입되어 있다. 계좌확보, 수수료

표1.19 강원랜드의 연간 손익 정보 (단위: 억 원)

항목	2005.12	2006.12	2007.12	2008.12	전년동기(%)
매출액	8,469	8,694	10,665	11,492	7.76
영업이익	4,167	3,261	4,181	4,707	12.58
영업외수익	249	283	441	418	-5.27
영업외비용	251	148	560	664	18.50
당기순이익	2,990	2,479	2,927	3,092	5.63

취득, 간접홍보 효과 등이다. 실전 투자대회에 상금을 걸면 그 증권사로의 회원 유입이 증가되는 효과가 생긴다. 더 중요한 이유는 투자대회 참가자들은 미친 듯이 회전률을 높이기 마련이므로, 증권사에 떨어지는 수수료가 늘어난다. 세상에 공짜란 없다! 해악은 여기서 그치지 않는다. 실전투자대회가 끝나면 미수 단타, 손절매를 일삼으며 정사가 아닌 야사에만 빠져 있는 실전 투자대회 우승자들은 자신들의 방법이 진리인 양 언론에 인터뷰를 하게 된다. 투자대회를 개최한 증권사는 자사의 광고 효과까지 거둬들인다. "꿩 먹고 알 먹고"도 이런 게 없다.

증권사들은 단타쟁이를 양산하는 3개월짜리 투자 대회의 해악을 너무도 잘 알고 있지만 지속적으로 이런 대회를 열어 수없이 많은 사람들을 보이지 않는 강원랜드로 밀어넣고 있다. 실전투자 대회의 광고를 본다면, 멀리 금성에서 열리는 행사로 치부해라. 이들은 우리와 생김새가 같고 같은 말을 쓰고 같은 문화를 누리며 한탕주의에 빠져있는 속물들이다. 건전한 상식과 합리적인 지구인들이 이와 터무니없는 투자방식을 따른다면 향후 비극을 잉태할 뿐이다.

백만불짜리개미경제학

| 2장 |

시장의 본질

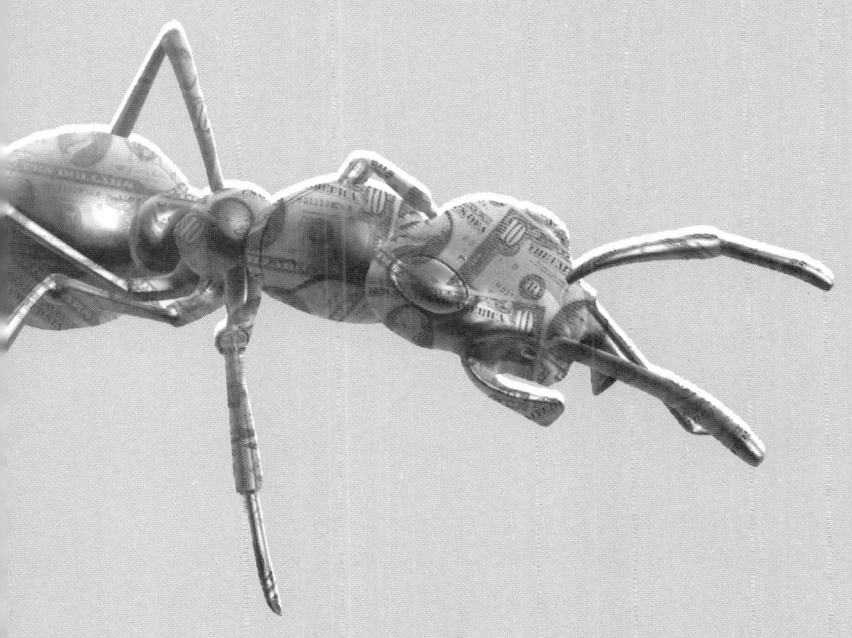

시장의 개념과 기원

시장의 개념

> 시장은 평형상태로 나아가지 않으려는 경향이 있다.
> 따라서 자금 공급을 통제하는 것만으로는 부족하다.
> 규제당국은 시장이 거품을 형성하기 쉽다는 점을 인식하고
> 거품이 너무 커지지 않도록 막아야 한다.
> ― 조지 소로스

자본주의의 본질은 시장이다. 시장은 상품을 구입하려는 사람과 판매하려는 사람이 있을 때 존재하게 된다. 그 의사 결정은 자유롭다. 총부리를 겨누고 "이걸 사라", "저걸 사라"고 하거나, 원하지도 않는데 자기 마음대로 정한 상품과 그 물량을 강제로 떠넘긴다면 이미 그런 곳은 시장이 아니다. 시장참여자는 자기의 자원을 스스로 통제한다. 시장의 가장 큰 특성은 자율성이고, 경쟁이란 자율의 부속물이다.

나는 시장을 "각자의 지적 능력을 바탕으로 경쟁하여 상호 효용을 높여가는 곳"이라고 정의하겠다. 혹자는 "처절한 돈 빼앗기 전쟁터"로 언급할 수도 있을 것이다. 또한 시장을 "매혹적인 머니게임이 이루어지는 곳"이라거나, "좋은 부모 밑에서 태어나 교육 기회를 부여받은 놈들에게나 유리한 곳이며 대체로 불공정한 사기 행각이 벌어지는 곳"이라고 할 수도 있다. 누구나 자신만의 정의를 만들어낼 수 있다. 그러나 투자에서 성공하려면 객관적이며 긍정적인 시각으로 '시장'을 바라보아야 그 거대한 체스판에서 승리할 수 있다.

애덤 스미스는 성서 이래 가장 중요한 문헌이라고까지 불리는 저서 《국부론》에서 "시장에서는 사리사욕만 생각하는 생산자나 구매자가 '보이지 않는 손'에 이끌려 자신의 의도와 상관없는 궁극적 목적을 달성하게 된다"고 설파했다. 스미스가 1776년 공식화한 '보이지 않는 손'이라는 은유는 시장경제를 추동하는 요인에 대한 고전적인 설명이다. 하지만 후대의 경제학자들은 아담 스미스의 '보이지 않는 손'을 맹신하여, 시장에 대한 연구에 소홀했다. 고전경제학 이론에서 시장은 전제 조건일 뿐이고, 시장의 다양한 제도나 작동 메커니즘에 관해서는 연구하지는 않는다. '수요와 공급의 법칙'은 가격이 어떤 역할을 하는지에 대해서는 설명해주지만 어떻게 결정되는지에 대해서는 침묵한다. 매입자와 매도자가 어떻게 한데 모이는지, 어떤 협상 과정을 거치는지, 매입자가 상품 가치를 어떻게 평가하는지, 합의점이 어떻게 도출되는지, 계약은 어떻게 체결되고 계약을 성실하게 이행하지 않으면 어떻게 구제 받을지에 대해서 경제학 이론은 눈감고

그림2.1 **수요공급 곡선**

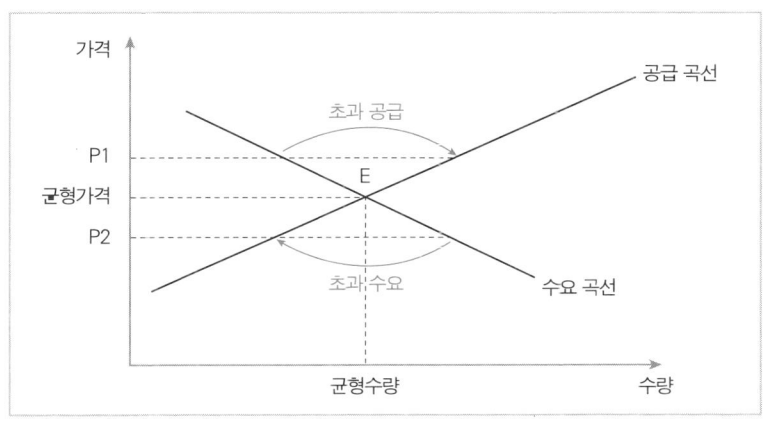

있다. 경제학은 스스로가 다루는 가장 중요한 테마인 시장에 대해서 잘 알지도 못하며 알고 싶어 하지도 않는 것 같다.

현대의 경제학자들은 가격과 물량이라는 두 가지 변수만 가지고 수요·공급곡선을 만들어냈고 여기서 모든 가격의 결정방식을 두 가지 변수만으로 단순화시켜버렸다. 고전경제학에 신앙심 깊은 경제학자들은 심지어 "하나님은 눈을 둘 주셨으니, 하나는 공급을 보고 다른 하나는 수요를 보라는 것이니라"고 말한다. 이와 같은 단순화는 1890년에 초판이 간행된 이래 미시경제학 교과서의 원조격으로 여겨지는 알프레드 마셜의《경제학원론》에서부터다. 마셜은 한계이론을 세웠고, 존 메이너드 케인스, 아서 피구 등 현대의 경제석학을 가르쳤으며, "뜨거운 가슴, 차가운 머리"란 명언을 남겼다. 마셜은 한 가지 요인을 검토하는 동안 다른 요인을 모두 '울타리'에 가둬버리는 분석체계를 고안해냈다. 즉, "세테리스 파리부스(ceteris paribus, 다른 조건이 같다면)"라는 라틴어를 모든 경제학 교과서에서 채용하게 만들어버린 셈이다. 이를 통해 경제학적 시간(장기와 단기), 수요·공급법칙, 한계효용, 탄력성, 대체재 등 미시경제학의 기본개념과 명목·실질이자율의 개념까지 정립했다.

시장은 지능을 가지고 있고, 교환이 서로의 후생수준을 높인다는 점을 본능적으로 깨닫고 있다. 그래서 시장은 자연발생적이다. 한국의 남대문 시장, 베트남 하노이 거리의 노점상, 콩고의 난민촌 시장, 가나의 아크라 중심지에 있는 마콜라 시장, 베이징 왕푸징 거리에 있는 꼬치구이 노점장은 시장의 DNA에 새겨져 있는 신호에 의해 탄생했고 효율성을 찾아 움직이고 있다.

이러한 자연발생적인 시장은 보기에는 원시적 수준이지만, 실제로는 복잡한 시스템을 가지고 있다. 물건을 파는 사람, 사는 사람, 시장이 열리는 시간과 닫히는 시간, 5일장, 7일장 등 나름의 제도가 생겨난다. 상인들의 주문을 일괄적으로 수령해 재화를 운송하는 운송업이 생겨난다. 점포와 자리의 임대나 매매도 이루어진다. 개개인들이 상호 효용수준을 높이게 된다.

그러나 시장은 완전하지 않다. 그냥 두면 시스템은 망가진다. 프리미어 리그에서 심판 없이 축구 시합을 한다고 해보자. 공을 손에 들고 뛰는 놈, 발가벗고 남의 이목을 끌어 상대팀의 집중력을 떨어뜨리는 놈, 완력을 행사하여 겁을 주고 득점을 하려는 놈, 칼부림을 하는 놀 등 난장판이 될 것이다. 시장은 어느 것이 지속 가능한 균형인지에 대한 감각이 없다. 시장에게는 시스템 전체의 방향을 알려주는 조정자가 필요하다.

이러한 균형과 조정은 사람이 담당해야 한다. 권한과 의무가 주어진 중앙은행이나 금융 감독기관이 책임을 지고 수행해야 한다. 이를 결정하는 것은 주로 정책 결정자인 행정부와 국회의원의 몫이다. 환경이 변하고, 인식이 변하고, 각종 제도들이 변하기 때문에 정부는 현재 상황에 맞추어 가장 효율적인 시장을 설계해야 한다.

알프레드 마셜은 시장기능의 메커니즘을 명쾌하고 정확한 모델로 정립했지만, 시장이 원활하게 돌아가기 위해 제도가 어떻게 빚어져야 하는지에 대해서 깊은 고민은 놓쳤다. 좋은 시장 제도는 거래비용을 줄이는 정보의 투명성이 확보되어야 하고, 재산권을 정의하고 계약을 뒷받침해주는 사법제도, 비공식적이지만 중요한 문화, 자율규제와 규약, 행동을 지배하는 관례 등이 필요하다.

'거래비용'이란 비즈니스 과정에 들어가는 정보비용, 협상비용, 정당한 거래가 이루어지는지를 감시하는 비용, 거래를 성실히 이행하지 않을 때 그 구제에 필요한 법률비용 등이 포함된다. 사람들이 인식하지는 못하지만 물건을 살 때마다 물건의 품질은 어떤지, 파는 장소마다 가격이 어떻게 다른지, 어느 브랜드가 믿을만한지, 가격을 깎을 여지는 있는지, 거래 상대방이 성실하고 사술을 부리지는 않는지, 어디서 그 물건을 파는지, 물건의 하자는 없는지, 애프터서비스는 가능한지 등 거래를 할 때마다 지불되는 직간접적인 정보 비용은 매우 크다. 그러나 이런 측면은 기존 주류경제학에서 거의 연구되지 않고 있다.

    2002년 국제경제연구소의 윌리엄 이스털리와 미네소타대학의 로스 레빈은 72개국을 연구하여[26] 한 나라를 부유하게 만드는 요인을 "국가의 사회적 기술 상태"라고 결론지었다. 그 요소들은 법률 규정, 재산권, 금융제도, 경제적 투명성, 부정부패, 그 외의 제도적 요인 등이었다. 이 요소들이 부재한 나라의 경우 자원이 풍부하다고 하더라도 부유한 경우는 없었다. '사회적 기술'이라는 용어는 이미 노벨상 수상자인 더글러스 노스를 비롯한 신제도주의론자들이 이미 결론내린 '제도'라는 용어와 정확히 동일하다. 더글러스 노스는 제도를 "사회 내에 존재하는 게임의 규칙"으로 정의한다.[27] 투명성 부족에 따른 부정부패와 대규모 지하경제의 규모를 고려하면 한국의 시장은 아직도 후진적이라는 생각이 든다. 후진성과 부패를 개선하는 것은 도덕성 차원에서 논의할 문제가 아니라 시장의 거래비용 절감의 차원에서 논의되어야 하며 거래비용이 절감되어야 국가의 경제가 발전하고 사회적인 제도도 동시에 선진화 될 것이다.

    2000년대가 되면서 전통적인 시장 개념에 혁명적인 변화가 생겨났다. 바로 인터넷의 발전이다. 인터넷은 다양한 용도로 사용되고 문화 전반에 영향을 미쳤지만, 가장 큰 의미는 새로운 개념의 시장 창출이다. 인터넷의 발전으로 거래비용이 대폭 낮아지면서 인터넷 상거래 규모는 엄청나게 늘어나고 있다. 인터넷으로 인하여 원하는 물건을 언제, 누가, 어디서, 얼마에, 어떻게 살 수 있는지를 알기 위한 비용이 절감되고 있다.

또한 인터넷은 시장경제의 윤활유 역할을 한다. 시장경제가 기업과 기업, 기업과 소비자를 서로 연결하듯, 인터넷은 각 컴퓨터를 촘촘한 네트워크에 포함시킨다. 시장경제와 인터넷은 중요한 특징을 공유한다. 분산 구조와 그에 따른 자유분방함이다. 인터넷에 중앙계획 강국은 존재하지 않는다. 인터넷은 처음부터 규격 구조로 설계되었다. 따라서 특정 부분이 파괴되어도 나머지 부분에는 전혀 영향이 없다. 인터넷은 유저들의 필요에 따라 발전해왔고 지금도 끊임없이 업그레이드되고 있다. 인터넷은 개방구조 덕에 진화할 수가 있다.

네트워크는 경제활동에 미치는 영향이 지대한데도 불구하고, 고전중제학은 균형이라는 패러다임과 깔끔하게 맞아 떨어지지 않다는 이유로 네트워크를 애서 외면했다. 전통적 모델의 전형적인 가정은 행위자들이 두 명만 등장하거나 경매에 참여하는 경우로 한정되어 왔다. 그 이유는 경제학의 균형시스템을 표현하기 쉽기 때문이다. 반면 보다 큰 그룹의 사람들이 복잡하게 상호작용하면 수학적으로 모델화하는 것이 매우 어렵다. 이때는 컴퓨터 시뮬레이션이 필요하다. 생물학에서도 네트워크 성장의 파워를 볼 수 있다. 뇌의 작동을 파악하는 것, 질병을 해결하는 방법, 인체의 기능을 파악하는데 네트워크 이론은 유용하다. 또한, 인간 게놈은 유전자를 켰다 껐다 하는 복잡한 화학적 네트워크다.

알카에다의 훈련 매뉴얼에는 다음과 같은 말이 쓰여 있다. "불법적 방법을 쓰지 않고도 공개된 정보를 이용하면 적을 알기 위해 필요한 정보의 80% 이상을 수집할 수 있다." 인터넷만 이용해도 테러에 성공하기 위한 대부분의 정보를 얻을 수 있다면 수익을 내기 위한 투자 정보는 인터넷에서 몇 퍼센트나 얻을 수 있을까? 나의 견해로는 100%다. 문제는 투자에서 성공하기 위해서는 정보의 양이 많은 것이 충분조건이 아니다. 많은 정보를 선별하고 해석하는 투자자의 능력이 핵심이다. 인간이 시시콜콜한 정보를 축적할수록 정보 해석력은 오히려 더 떨어진다는 연구도 있다.

두 부류의 사람들에게 소화전 사진을 보여주되 희미하게 처리해서 무엇인지 알아볼 수 없게 했다. 첫 번째 부류의 사람들에게는 해상도를 10단계로 나누어 조금씩 높이면서 연속적으로 보여주었고 두 번째 부류의 사람들에게는 해상도 단계를 5단계로 하여 연속적으로 제시했다. 이 때 제시된 사진이 동일한 해상도가 될 때마다 사진을 정지시키고 참여자들에게 사진이 무엇인지를 물었다. 실험결과 해상도 구분을 5단계로 처리한 사진을 본 참여자들이 소화전을 더 쉽게 인식했다.[28] 정보를 더 많이 접한 사람들은 더 많은 가설을 생성하기 때문에 정보의 효과로부터 벗어나는 것이 더 어렵다. 결국 많은 정보를 가지고 있다고 해서 판단력이 더 좋아진다는 보장이 없다는 것이다. 투자에서도 마찬가지다. 다섯 개의 정보를 갖고 있는 사람보다 열 개의 정보를 가지고 있는 사람이 투자에서 성공한다는 보장이 없다. 다시 말하면 투자자들은 보유하고 있는 정보의 양에 집착할 필요가 없다는 것이다.

　사람은 정보가 많을수록 불필요한 요소를 더 많이 볼 뿐 아니라, 그것 또한 필요한 정보로 착각한다. 인간의 사고는 이와 같이 매우 경직적이다. 이론을 한번 만들면 좀처럼 마음을 바꾸기 어렵다.

　기존의 물물교환 방식을 응용하지만 효율성 면에서 훨씬 더 우월한 경매도 인터넷 상에 생겼다. 한국에서는 옥션에서 원하는 상품을 경쟁 입찰을 통해 쉽게 구입할 수 있다. 대금지급도 에스크로 서비스(escrow service)[29]로 안정성을 확보했고, 환불도 할 수 있다. 거래비용이 낮은 경매 시스템은 구매자와 판매자 모두를 만족시켰다. 현대 경제의 모든 시장과 연관된 시스템은 거래비용을 낮추기 위해 존재한다. 인터넷 거래, 도소매업, 유통업, 회계업, 법률업, 광고, 보험, 금융 산업들은 거래비용을 낮추는 역할을 할 뿐이다. 시장은 인터넷 트레이딩부터, 가봉이나 콩고의 야생동물 모피와 훈제 고기를 파는 재래식 시장에서까지 거래비용이 높고 낮은 다양한 시장이 발생하고 없어지면서 발전하고 있다.

　인터넷은 탐색비용을 낮추는 데 결정적인 역할을 했다. '다나와'라는 사이트는 국내에 있는 모든 사이트를 검색하여 최저가를 찾아준다. 다나와에서 취급하는 제품들은 대부분 표준화된 물품들이라 물건의 구매 기준이 가격뿐이다. 재화의 구매, 증권거래, 인터넷뱅킹뿐 아니라, 여러분들이 보고 싶은 책이나 영화 그리고 듣고 싶은 음악의 다운로드는 실시간으로 가능하다. 걸리는 시간은 고작 몇 분 정도다. 학자들은 논문이나 보고서를 쓰기 위해 자료를 찾는 비용이 급격히 줄었다. 자료가 없어 논문 쓰는 일이 어렵다는 말은 이제 통하지 않는다. 외국 대학의 석박사 논문과 SCI(science citation index), SSCI(social science citation index) 논문도 적당한 비용만 지불하면 바로 여러분들의 하드디스크로 저장할 수 있다. 문제는 논문 작성이 더 편해진 만큼 경쟁은 더 치열해졌고, 표절이 어려워졌으며, 과거 소장하고 있는 책과 논문을 몰래 감추어 놓고 학생 및 동료 학자들에게 조금씩 풀어내면서 비공개 정보의 가치를 향유하던 시대는 갔다는 점이다. 학자들이 가지고 있는 모든 정보는 경쟁학자나 학생도 동일하게 보유하고 있다.

주식 시장의 기원

주식 시장어 가장 큰 영향을 주는 것은 모든 것이다. — 제임스 팰리스티드 우드

중세 시대, 유럽 대부분의 나라는 봉건주의를 토대로 구성되어 있었다. 봉건주의는 지역의 유지나 왕의 친인척이 '영주'로서 지역에서 군림하고, 왕은 그들을 다스리는 구조다. 이때 몇몇 부유한 영주들은 신대륙 발견에 뛰어들었다. 만약 새로운 땅을 발견해 많은 금은보화를 약탈하고 원주민을 노예로 데려오는 데 성공하면 더 큰 투자가 되었다. 그러면서 항해기술이 축적되고 전쟁무기가 발달했다. 이 과정에서 상업혁명이 일어났다. 상업혁명은 자급자족의 농업경제에 벗어나 '잉여자금'이 발생하기 시작하던 때를 말한다.

그러나 신대륙을 발견한 일부를 제외하면 대부분의 영주들은 많은 투자비용만 들인 채 낭패를 보았다. 그러자 영주들은 보수적으로 돌변하였고 신대륙 개척에 더 이상 투자하지 않았다. 이때 제일 다급해진 부류가 페르디난도 마젤란이나 크리스토프 콜럼버스 같은 전문 모험가들이었다. 그들은 큰 배와 몇 달치의 식량, 숙련된 선원, 그리고 신형 무기를 구하는 비용을 지원받기 위해 영주들을 설득하였으나, 영주들은 계속 소극적이었다. 이를 해결하기 위해서 모험가들은 주식을 고안했다. 해상강도단을 조직하여 아시아로 보낸 뒤, 몇 년이 지나 이 강도단이 약탈해온 것들을 나눠 갖는 조건으로, 경비를 '주식'이라

는 종이의 발행을 통해 여럿에게서 조금씩 조달하는 것이다. 이 주식은 강도단의 배가 네덜란드의 항구로 귀항하기 전이라면 얼마든지 자유롭게 매매가 가능했다. 당시 해상강도단에게 선투자하던 행위는 꽤 인기가 있었다. 남아도는 자본을 불려줄 변변한 투자수단이 없었기 때문에, 성공만 하면 높은 수익률을 기대할 수 있었던 '해상강도단'에 투자를 하는 것이 유행이었다. 1602년 설립된 네덜란드의 '동인도회사'는 이와 같은 구조를 공식화한 주식회사의 시초다.

증권거래소의 뿌리는 이보다 위로 거슬러 올라간다. 1531년 벨기에에 설립된 '안트베르펜 어음거래소'가 효시로 꼽힌다. 어음제도가 시작된 것은 이미 12세기였다. 거대 시장의 상인들이 어음을 발행해 환전업자들로부터 대부를 받았었다. 그리고 어음의 거래소는 3백~4백년이 지난 후 만들어진 것이다.

정식 증권거래소는 최초의 주식회사가 만들어진지 10년쯤 지난 1613년에 네덜란드의 암스테르담에 만들어졌다. 약탈을 위해 부두를 떠난 배의 성공가능성에 대한 기대심리와 각종 루머에 따른 투기심리로 인해, 투자 지분의 매매가 횡행했다. 유명한 "튤립열풍"으로 주가가 폭락하기 전까지 수십 년 동안 네덜란드 주식 시장은 성황을 이뤘다. 변변한 통신수단이 없던 당시였기에, 주식 값은 오직 풍문에 의해서 오르고 내렸다.

가끔은 황당한 소문에 주식 값이 대규모로 폭락하는 경우도 있었다. 1720년 10월 1일 영국의 약탈 기업인 사우스시(South Sea)가 발행한 주식은 한 달 만에 반토막이 났다. 100분의 1토막도 빈번한 현대의 증시에서는 큰일도 아니지만, 당시 사람들에게 한 달 사이에 자산의 반이 사라진 사건은 엄청난 충격이었던 것 같다. 이로 인해 서구유럽의 지배계층 중 일부가 큰 손해를 보았고, 그들은 주식매매가 일종의 사기행각이라는 결론을 내린 후 주식발행을 엄격히 규제하게 된다. 이 사건 이후 주식 시장은 산업혁명 초반까지 역사책에서 사라진다. 그러다가 산업혁명 이후 철도, 항만 등 돈이 많이 드는 기간산업의 자금조달 창구로 지금의 주식 시장이 다시 태동하였다. 19세기 말 주식회사는 일반화되었고 20세기에 주식 시장은 황금기를 맞았다.

그렇다면 한국의 주식 시장은 언제부터 시작되었을까? 한국에 주식이 처음으로 소개된 것은 일제시대다. 1899년 국내 최초의 주식회사인 천일은행이 설립됐다지만 1905년 을사보호조약이 체결되기 전까지 주식의 거래는 전혀 없었다. 1908년 국내 최초의 유가증권거래소가 생겨나기는 했어도 아직 한국인의 거래보다는 일본인들의 거래가 압도적으로 높았다. 1931년 최초의 증권거래법이 등장하였고, 1950년 1월에는 최초로 국채가 발행되었다. 1953년에는 소규모 증권매매 회사들이 주도했던 협회식 증권거래소가 출범했다.

명목상이 아닌 실제 주식 시장이 본격적으로 운영되기 시작한 것은 공업화가 진행되면서 산업자본들이 대형자금을 필요로 하던 1970년대 중반쯤으로 보는 것이 타당하다. 증권시장은 부족한 산업에 자금을 조달하기 위한 수단이었다. 당시에는 외국인들에게 금융

시장을 개방하지 않았으므로, 시중의 여유자금이 산업자본과 금융자본에게 직접적으로 제공될 수 있었다. 1997년에는 선물·옵션 시장이 만들어졌다. 하지만 IMF 위기를 겪으면서 외국인 자본투자의 필요성을 인식하게 되었고, 한국의 주식 시장은 개방되기에 이른다. 또한 선진국의 투자기법과 시스템이 정착되고 2007년에는 증권관련집단소송제도가 도입되면서 한국은 선진화된 증권시장으로 탈바꿈하게 된다.

한국 주식 시장의 역사는 겨우 40년 정도 되는 풋내기다. 한국의 증권시장은 유럽과는 달리 필요에 따라 자연발생적으로 수립된 것이 아닌, 정부의 선진제도 도입 차원으로 시작되었다. 또한 성장과정도 정치적이며 인위적이었다. 부작용도 많았으나 최근에는 제도적인 측면과 비제도적인 측면 모두 선진 시장 못지않은 경쟁력을 갖고 있다. 한국 증권시장의 절반은 외인들이 보유하고 있으며 중장기적인 관점으로 투자하여 꾸준한 수익을 내고 있다.

개미투자자들은 한국의 증권시장이 후진적이어서 투자 수익을 내지 못하는 것이 아니라 본인의 투자능력이 부재함을 탓해야 한다. 선진화된 시장에 맞는 선진화된 투자기법과 투자 마인드를 동시에 받아들여야 할 것이다.

황소와 곰의 유래

> 경제는 곰(비관론)과 황소(낙관론) 가운데 어느 편도 아니다. ― 폴 캐스리얼

월스트리트 남쪽 볼링그린 공원 증권거래소 앞 쪽에는 청동으로 만든 황소 조각상이 브로드웨이를 바라보며 역동적인 모습으로 세워져 있다. 3,200킬로그램에 달하는 이 조각상은 이탈리아 무명 조각가 아르투로 디 모디카가 자비 36만 달러를 들여 만든 것이다. 그는 1989년 12월 어느 밤, 이 조각상을 뉴욕증권거래소 앞에 가져다 놓았다. 1987년의 블랙먼데이 이후 미국 증시의 호황을 바라며 뉴욕 시민들에게 보낸 크리스마스 선물이었다. 처음에 경찰은 이 작품을 압수했다. 그러나 작품의 예술성이 뛰어나고 대중들이 조각물에 대한 호감을 가졌기 때문에, 차마 버리지는 못하고 볼링그린 공원에 옮겨 놓기에 이른다. 지금은 황소 조각상이 월스트리트의 상징이 되었다.

서울 여의도에도 황소가 세 마리 있다. 대신증권 본사와, 증권선물거래소, 증권업협회에 각각 한 마리씩이다. 대신증권 황소는 지난 1994년 조각가 김행신 씨가 만든 "황우"라는 제목의 작품이다. 대신증권은 당시 경북 청도 소싸움에서 우승한 토종 한우를 500만 원에 구입하여 동상의 모델로 활용했다. 증권선물거래소 1층 로비에는 황소가 곰을 들이 받는 모습을 하고 있는 "소와 곰 상"이 있다. 증권업협회 앞에 위치한 황소상은 서울대 신현중 교수가 "희망-내일을 향

하여"라는 제목으로 만들었다.

독일 프랑크푸르트의 증권거래소 앞에는 뿔을 쳐든 황소 동상과 공격 자세를 취한 곰이 서로를 노려보고 있다. 홍콩의 증권거래소 앞 분수대 중앙에도 황소상이 있다.

왜 각국의 증권거래소에는 황소 상이 있는 것일까? 그 이유는 증권가에서 사용하는 "불 마켓(bull market)"과 "베어 마켓(bear market)"이라는 용어와 관련이 있다. 황소는 적을 향해 공격할 때 뿔을 사용하여 들어 올린다. 불 마켓은 황소의 공격법처럼 위로 솟구치는 상승장을 의미한다. 이에 반해 곰은 공격 시 상대를 잡아 땅으로 내리꽂으므로, 베어 마켓은 끝없이 추락하는 약세장을 의미하게 되었다는 것이 흔히 이루어지는 설명이다.

곰이 주식 시장에서 하락을 의미하게 된 것은 18세기 초부터다. 보스턴에서 열리던 곰 가죽 시장에서는, 가끔 물건이 동나 가죽 값이 올랐다. 그러면 영악한 상인들은 가죽은 며칠 뒤에 주겠다는 조건을 달아 가죽 값의 상승을 걱정하는 고객에게 곰의 가죽을 미리 팔았다. 그러나 가죽 값이 비싸지면 곰 사냥꾼들은 더 열심히 사냥하기 마련이어서 가격은 곧 다시 떨어진다. 상인들은 비싼 값에 미리 판 곰 가죽을 싼 가격에 사 고객에게 전달해 이득을 볼 수 있었다. 오늘날로 치면 공매도(short selling)의 원리를 돈벌이에 이용한 셈이다. 이와 같이 "곰을 잡기도 전에 곰 가죽을 판다(To sell bear's skin before one has caught the bear)"는 뜻에서 유래하여, '곰 가죽'이라는 단어는 "약세장을 예상하고 공매도를 하는 투기꾼"이라는 뜻도 갖게 되었다. 문헌 상에는 1719년에 출판된 《증시의 해부》에서 디포가 "곰 가죽 매수자'라는 용어를 처음 사용했다.

반면 '황소'는 1850년께 월스트리트의 한 신문이 곰에 맞설 동물로 착안했다는 가설이 있다. 치솟은 뿔이 강한 상승장의 상징으로 안성맞춤이었다는 그럴싸한 해설도 따라왔다. 하지만 에드워드 챈슬러의 《금융투기의 역사》에 따르면 "강세"를 뜻하는 독일어 'bullen' 으로부터 "bull"을 강세장의 상징으로 쓰게 되었다고 주장한다. 실제 문헌 상으로도 1850년보다 훨씬 이전에 출판된 찰스 존슨의 《시골 소녀들(1715)》에 "강세와 약세장에서 거래하다(You deal in bears and bulls)"라는 표현이 등장한 바 있다.

'bear'와 더불어 'bull'이라는 단어에 "투기적 매수나 다른 방법으로 주가를 끌어올리려고 노력하는 사람들"이라는 뜻도 덧붙여졌다. 여기서 파생된 단어로 투자자의 심리를 나타내는 bullish와 bearish가 있다. "bullish on technology stocks(기술주를 선호하는)" 또는 "bearish on gold(금을 내다 파는)" 등으로 활용할 수 있다.

투자자들을 설명할 때 돼지와 양을 동원하기도 한다. 기본적으로 돼지와 양은 황소와 곰의 발밑에서 짓밟힘을 당한다. 돼지는 스스로 감당하기 힘들 정도로 매수·매도를 하다가 결국 작은 반전으로도 파산하는 투자자를 상징하고, 양은 추세에 수동적이고 두려움이 많아 시장이 불안해질 때면 애처로운 울음소리를 내는 투자자를 상징한다.

투기의 역사

> 대다수 경제학자들은 무능한 의사와 다를 바 없다.
> 폐는 두 개인데 언제나 한 쪽 폐만 보고 이야기한다.
> 그들이 미래를 전망하면 틀릴 수밖에 없다.
> — 앨빈 토플러

조지프 슘페터는 "새로운 산업이나 기술이 도입되고, 그에 따른 장래수익에 대한 낙관적 기대가 퍼지면서 과도한 자본이 집중될 때 투기가 발생한다"고 했다. 투기의 역사는 단순히 과거의 이야기가 아닌 현재도 계속되고 있는 진행형의 역사이자 미래형의 역사다.

존 F. 케네디의 아버지였던 조지프 케네디, 다니엘 디포, 벤저민 디즈레일리, 이반 부스키, 힐러리 클린턴까지 존경받는 정치가, 작가, 예술가 중에도 투기꾼들은 많다. 투기는 뛰어난 두뇌를 갖고 있지만 빈곤한 상황을 극복하기 위해 그리고 자신의 낮은 사회적 지위에서 벗어나려는 욕망 때문만은 아니다. 단순히 투기에서 발생하는 긴장과 희열을 느끼기 위함이거나 지독한 탐욕이 그 원인일 수도 있다. 투기는 산업과 시장에서는 필요악이다. 사람 몸에는 수많은 세균과 바이러스가 기생한다. 하지만 이들 모두 없애버릴 수도 없고 그럴 필요도 없다. 유산균, 장내세균 같은 몇몇 세균이나 바이러스는 적당히 존재하면 신체 건강에 도움이 되기도 한다. 투기도 몸(경제 시스템) 속 세균과 같은 존재다. 그러나 세균(투기)관리를 잘못하면 몸(경제시스템)이 죽을 수도 있다. 최근 서브프라임 모기지 사태로 촉발된 미국의 경제위기는 전 세계의 경제 시스템을 뒤흔들어 놓았다. 몸에 도움이 되는 세균이라도 몸을 해칠 정도로 키우면 안 된다.

투기의 연원은 로마시대까지 거슬러 올라간다. 로마 사람들은 투기꾼을 "그라키(Graeci)"라고 불렀다. 그라키는 그리스 사람이라는 뜻이다. 헬레니즘 문명의 도처에서 발견되는 경매장이나 상품창고에서는 종잇조각을 발행하고 유통시켰다. 아리스토텔레스는 그리스 당대의 투기열풍과 화폐가 이자를 낳는다는 사실을 못마땅했다. 그는 대표작《정치학》에서 "요즘의 금융은 정말 이해하기 어렵다. 돈으로 돈을 버는 복잡한 기술은 모리배가 할 짓"이라고 쓰고 있다. 그러나 그가 "이해할 수 없다"고 했던 투기는 이후 2천 년이 넘게 반복되고 있다.

군인과 법률가의 체제였던 로마가 고난도의 금융투기를 그리스 사람의 사기술이라고 불렀던 것은 그 때문이다. 그러나 로마 시대에도 투기꾼이 많았다. 원거리 무역 환어음 결제에서부터 무역 위험을 피하는 다양한 파생상품까지 존재했다. 드넓은 제국의 조세 징수권과 농업 선물(先物) 상품은 그 자체로 매력적인 투기 상품이었다. 금융 투기는 3세기에 이미 귀금속에서 독립한 신용화폐로까지 옮아갔고 통화위기는 일상적 현상이 되고 말았다. 금융투기의 도가 지나치면서 로마는 결국 파국을 맞았다.

투기는 르네상스와 함께 화려하게 부활했다. 급기야 1351년 베네치아는 루머 단속법까지 만들었다. 정부 채권의 가격을 떨어뜨리는 루머를 단속하고 채권·선물거래를 금지하는 법안이었다. 16세기 프랑스에서 터졌던 채권투기에는 하인들과 과부들까지 빠져 들었고, 1690년대 영국의 주식회사 붐 당시에는 "고아원 주식회사"까지 등장했다.

투기의 전형으로 불리는 '튤립 광풍'의 원조는 놀랍게도 중국의 당나라다. 이세민이 천하를 통일하고 평화와 번영의 시기가 열리자 장안의 귀족들은 정원을 장식할 아름다운 모란꽃 투기에 몰입했다. 늦은 봄이면 화려한 모란꽃 경연대회가 열렸고 1등을 받은 모란은 집 한 채 가격을 훌쩍 뛰어 넘었다. 농부들이 곡물 아닌 모란 재배에 미쳐갔던 것은 당연했다.

네덜란드 '튤립 투기'는 거품의 예로 빠지지 않는다. 17세기 초 네덜란드는 무역과 산업이 발전한 나라였고 전 세계에서 다양한 문들이 소개되었다. 특히 터키에서 소개된 튤립은 온 국민이 좋아했다. 튤립의 수요가 증가하자 가격이 오르기 시작했다. 그리고 갈수록 희소해졌다. 그러자 부자들은 튤립을 많이 보유하는 것이 자신의 부를 과시하는 것으로 생각해 더욱 많은 튤립을 사들였다. 이러한 풍조가 도를 넘어 토지나 주택을 팔아 튤립을 대량으로 사들이는 사람이 생겨나고 외국인들도 투기 열풍에 참여했다. 1636년에는 고급 튤립 한 송이 값이 당시 근로자의 5년치 임금과 호화주택 세 채에 해당할 정도인 11만 달러에 이르렀다. 투기꾼 가운데는 하루아침에 평생을 쓰고도 남을 돈을 벌었다는 사람도 있었고, 역시 한몫 단단히 챙긴 평민계급 출신들이 새 마차와 말을 사들여 자신의 부를 과시했다. 1637년 1월 2,600퍼센트 급등한 튤립 가격은 2월 첫째 주에 95퍼센트나 곤두박질쳤다. 튤립 가격이 더 이상 오를 수 없다는 인식이 순식간에 퍼지면서 폭락한 것이다. 뒤늦게 튤립 투자에 뛰어든 수많은 사람들은 일순간 모든 것을 잃었다.

    1720년 경 영국과 프랑스에도 비슷한 거품시장이 형성되었다. 영국 사람들은 해외 식민지의 노다지를 선전하는 사기꾼들의 약속에 속아 넘어가 너도나도 영국의 사우스시 컴퍼니와 프랑스의 미시시피 컴퍼니를 사들였고, 미시시피 컴퍼니의 주가는 2만 리브르, 사우스시의 주가는 1,000파운드까지 치솟았다. 그러나 그들의 사기행각이 드러나자 하루아침에 각각 68%, 99%씩 폭락했다. 이후 네이션 로스차일드는 이머징 마켓의 해외 채권투기 열풍을 일으켰고, 폴레스는 남미의 광산투기 붐을 일으켰다. 조지 허드슨은 강한 카리스마와 뛰어난 언변으로 철도야말로 무한대로 성장 가능한 사업임을 줄기차게 주장했고, 1840년대 영국 사회에 철도투기 붐을 조장하여 당시 수많은 투자자들을 파멸시켰다.

    미국 금권정치 시대에 등장하는 인물들로는 헨리 켑 다니엘 드루, 코넬리우스 반더빌트, 제이 쿡, 제임스 피스크, 제이 굴드 등이 있다. 이들은 톨법행위에 가까운 투자방법을 사용해 투기를 일삼았다. 제이 굴드는 자신의 목표를 달성하기 위해서 온갖 협잡과 수단을 동원했고 금매집을 일삼았지만, '검은 금요일'에 몰락의 길로 접어들었다. 1929년 대공황 시대에는 마이크 핸, 찰스 미첼 등이 투기의 주역이었다. 1980년대 미국 금융가에는 정크본드 전문가로 악명 높았던 마이클 밀켄, 차입매수 전문가였던 크라 비스, 금융계의 히틀러 로버트 캠푸, 드렉셀, 키팅, 이반 부스키 등이 있다. 이들은 대부분 적대적 M&A 전문가로 1980년대를 풍미했지만 1987년 주식 시장 대폭락과 함께 역사의 뒤안길로 사라졌다. 투기의 역사를 보면, 금융가 내지는 전문투기꾼이라고 할 수 있는 사람들의 부상과 몰락이 반복해서 나타난다. 그들의 부침이 매우 드라마틱해 보이지만, 특수한 방법을 사용한 것처럼 보이지는 않는다.

표2.2 투기과열과 거품 붕괴

	호황기의 상승(%)	호황기 (개월수)	정점에서 바닥까지의 하락(%)	불황기 (개월수)
튤립 네덜란드(1634-1637)	+5900%	36	-93%	10
미시시피 주식 프랑스(1719-1721)	+6200%	13	-99%	13
사우스 시 주식 영국(1719-1721)	+1000%	18	-84%	6
미국 증시 미국(1923-1932)	+345%	71	-87%	33
멕시코 증시 멕시코(1979-1981)	+785%	30	-73%	18
은 투기 미국(1979-1982)	+710%	12	-88%	24
걸프 증시 쿠웨이트(1978-1986)	+7000%	36	-98%	30
홍콩 증시 홍콩(1970-1974)	+1200%	28	-92%	20
대만 증시 대만(1986-1990)	+1168%	40	-80%	12

출처.《시장의 유혹, 광기의 덫》, 로버트 멘셜 지음, 2005.

1990년대 후반에는 미국 나스닥시장에서 인터넷 및 기술주를 중심으로 상승세가 이어지자 기업의 적정 주가와 시장의 버블에 대한 논란이 지속되었다. '신경제'의 도래에 따른 패러다임의 변화를 주장한 사람들은 전통적인 주가수익비율(PER) 대신에 주가매출액비율(PSR)[30] 등 새로운 평가기법을 사용하여 주가 및 시장의 상승을 정당화시키려고 노력하였다.

우리나라의 2000년도 인터넷 버블도 이런 역사적 사실과 크게 다르지 않다. 인터넷 버블 속에서 누구는 몇 십억을 벌었고, 누구는 외제차를 샀고, 누구는 거의 매일같이 룸살롱에 드나든다는 소문이 난무했다. 투기열풍은 식어가는 과정도 비슷하다. 거품이 한순간에 빠지자 순식간에 시장이 붕괴되는 과정에서 이른바 전문가들은 이미 시장은 떠난 뒤고, 나중에 참여한 신출내기들만 고스란히 손해를 떠안았다.

투기의 역사를 이해하면 투기의 발생, 진화, 쇠퇴가 금융시장의 자연스러운 현상임을 알게 된다. 투기는 "잘 하면 나도 한몫 잡을 수 있다"는 인간의 변치 않는 투기심리를 전제로 한 것으로, 참여자들이 이성을 잃으면 결국 파멸에 이르게 된다. 투자자들은 투자를 할 때 미래에 대한 낙관적인 기대보다는 투자 대상에 대한 비관론적 자세를 견지해야 한다. 회사에 투자한다면 과거 수익과 자본 상황, 경쟁사는 물론, 예상했던 계획대로 수익성이 확보될 수 있을지에 대한 긍정적·부정적 요소를 모두 검토해보아야 한다.

'스톡데일 패러독스'라는 말이 있다. 베트남전 당시 북베트남에

잡힌 미국 포로들 중에 낙관론자가 제풀에 지쳐 가장 먼저 죽었다는 데서 유래한 말이다. 낙관적인 병사들은 "추수감사절까지 이곳을 나갈 수 있다"는 희망을 가지고 있다가 나가지 못하면 좌절했고, 이내 다가올 크리스마스, 부활절 그리고 가족들의 생일을 기다리는 것을 반복하다 우울증과 화병으로 먼저 죽었다. 살아남은 사람들은 '냉정한 현실론자'였다. 석방될 날짜를 섣불리 당겨 잡지 않되 언젠가는 자유의 몸이 될 것이란 믿음을 잃지 않은 사람들이었다. 늘 모든 사안에 대해서 회의적이고 비관적이라면 손쉽게 투자하지 않는 신중함을 가질 수 있다.

한 마을에 큰 농장을 운영하는 하피드라는 부자가 살고 있었다. 어느 날 승려가 찾아와 그에게 다이아몬드에 대해 이야기해주었다. 그 이야기를 듣고 하피드는 몹시 흥분하여 즉각 다이아몬드를 찾아 나서기로 결심하고 자기 농장을 헐값에 팔아버렸다. 농장을 팔고 떠난 하피드는 끝내 다이아몬드를 찾지 못하고, 과거에 자신이 보유하고 있던 농장 가까운 해변에서 죽은 채로 발견되었다. 반면 하피드가 헐값에 처분한 농장을 사들인 농부가 어느 날 자기 땅의 연못에서 말에게 물을 먹이는데 물속에서 반짝이는 돌이 보였다. 빛이 나는 돌을 감정 의뢰하니 다이아몬드라고 하는 게 아닌가! 이곳은 기원전 800년에 다이아몬드를 최초로 발견했으며, 현재도 세계 최대의 다이아몬드 매장량을 자랑하는 인도의 '골콘다(Golconda) 광산'이다. 골콘다 지역에서 발견된 다이아몬드 원석은 투명하고 거의 무색이었기 때문에 높은 품질의 다이아몬드는 '골콘다'로 부른다.

개미경제학의 독자 여러분들은 어디에서 보석을 찾고 있는가? 복권? 부동산? 즉식? 아니면, 피라미드 판매에서? 그 어떤 방식이든 가장 이상적인 출발점은 당신이 멈추어 있는 발밑이다. 투기가 없었더라면 우리가 느리는 많은 진보 중 상당수는 아예 태어나지 않았을 수도 있다. 투기는 악마적이고 부도덕하지만 나름의 역할도 있다. 새로은 투기가 발생할 때마다 당황할 이유는 없다. 단시간 내에 부를 거머쥐려는 욕망이 부딪치는 전장에는 언제나 거친 과열음이 터지곤 했다. 자산가치의 수십 배의 레버리지로 거침없이 밀어붙여 세계적인 경제위기를 촉발한 현대 파생상품의 투기적 금융거래를 용서하자는 말은 아니다. 금융사기와 배임. 횡령에 대한 광범위한 사겁적 처벌이 월스트리트에서 시작될 것이다. 구제금융 법안도 당국의 조사와 처벌을 분명히 명시하고 있다. 거품은 걷어내고 과잉은 제자리로 돌려야 한다. 이번 사태를 자본주의 종말처럼 꺼드는 사람들 그리고 이러한 불황에서 결코 다시 설 수 없으리라고 확신하는 사람들은 투기의 역사를 공부할 필요가 있다. 현명한 개미투자자들은 투기가 발생한 과정을 분석할 때 투기가 발생할 수밖에 없는 사회경제적 배경을 살펴야 한다. 그리고 투기가 한판 휩쓸고 지나간 뒤에 사회경제적 환경이 어떻게 변하는지를 추적해야 한다. 투기는 불가피한 경제현상이고, 정부의 정책이나 환경을 변화시키는 주요한 요인이다. 투기의 쓰나미에 매몰당하지 말고 높은 산에서 관조하라. 항상 비극적인 막을 내리는 투기열풍은 시대와 지역을 초월해 반복되고 그대가 바로 기회다.

주가 예측이
도대체 가능한 것인가?

▮ 효율적 시장가설은 맞지 않다

> 예측하기보단 반응하세요.
> 증시는 늘 다음에 펼쳐질 현상에 대해 단서를 제공하죠.
> 투자자는 그 단서를 퍼즐 맞추듯 차근차근 끼우면 돼요.
> 본질적으로 좋은 주식이나 나쁜 주식은 없어요.
> 단지 돈 되는 매매 방법이 있을 뿐이죠.
> ― 제시 리버모어

주식 시세가 매일매일 분초로 변동하는 것은 경제에 대한 기대치나 기업에 대한 정보가 끊임없이 바뀌고 있음을 나타낸다. '효율적 시장가설'이란 새로운 정보는 발생과 동시에 주가에 반영된다는 것을 말한다. 그러므로 "아무리 열심히 투자해도 누구도 시장을 이길 수 없다." 예를 들어 내가 어느 날 친구로부터 해외 글로벌 업체가 A사를 인수할 것이라는 정보를 들었다면, 그 정보는 투자 수익을 올리는 데 전혀 도움이 되지 않는다. 이미 그 재료는 A사의 가격에 반영되어 있기 때문이다. 효율적 시장에서 투자자는 주가에 대해 가장 합리적인 기대를 형성하고 있으며 주가는 균형을 이루고 있다. '합리적 기대형성'이란 투자자가 정보를 즉각적으로 판단하여 합리적으로 주가를 계산해낼 수 있다는 것을 말하며, 때문에 모든 투자자는 동질의 기대형성을 한다.

　노벨경제학상 수상자인 윌리엄 샤프는 "효율적 시장에서는 모든 증권의 가격이 항상 시장가치와 같아진다"는 개념에 초점을 맞춘다. 시카고 대학의 경제학자 유진 파마는 "효율적 시장은 정보의 처리가 효율적으로 이루어지므로, 어떤 시점에서 관찰되는 증권의 가격은 그 시점에서 이용할 수 있는 모든 정보에 대한 정확한 평가에 기초하고 있다"고 한다. 다시 말해 "어떤 특정 정보에 기초해서 투자를 행해도 시장평균보다 높은 초과수익을 올릴 수 없을 때, 그 시장은 정보처리에 관해서 효율적"이라고 할 수 있다.

　유진 파마는 정보가 가격에 반영되는 유형에 따라 효율적 시장을 세 가지 유형으로 나누어 검증했다. 제1의 검증은 약형(weak form) 시장효율성이다. 이것은 가장 오래된 가설로서, 현재의 주가는 과거의 주가 변동과 관해 알려져 있는 '모든' 정보, 예를 들자면 주가변동의 양상, 거래량의 추세, 과거 이자율의 동향 등 과거의 역사적 정보를 반영하고 있다는 주장이다. 따라서 과거의 가격 변동은 장래의 가격 변동을 예상하기 위한 정보를 주지 못한다. 이때는 시장의 정보를 이용하더라도 시장평균 이상의 수익성과를 실현할 수 없다. 즉 차트 등의 기술적 분석은 의미가 없다.

다음 단계는 준강형(semi-strong form) 시장효율성이다. 현재의 주가에는 '공식적으로 공표된' 모든 정보가 충분히 그리고 즉시 반영되어 있다는 주장이다. 이 주장에 따르면 신문이나 잡지 등의 게재된 이익이나 배당 등의 정보를 이용해 투자를 하더라도 시장보다 더 나은 수익률을 획득할 수 없게 된다.

마지막으로 강형(strong form) 시장효율성에 대한 검증이다. 공식적으로 입수할 수 있는 정보는 물론 공개되지 않은 내부자 정보까지도 증권가격에 반영되어 있다는 주장이다. 이 경우 투자자들은 내부자 정보를 이용해도 초과수익을 얻을 수 없게 된다.

여기서 문제가 되는 것은 "일부 투자자가 가격형성에 영향을 미치는 중요한 정보를 독점적으로 보유하고 있음으로서 이익을 얻을 수 있는가"이다. 여기서의 독점적이란 내부자 정보에 국한되지 않는다. 지금까지의 효율성 검증 연구결과에 따르면 약형 효율성은 검증 가능하나 강형 효율성은 만족시키지 못한 것으로 나타났다. 약형 효율성이 검증되었다는 사실은 기술적 분석이 투자의사결정에 도움이 되지 못함을 의미한다. 준강형 효율성에 관해서는 연구결과가 엇갈리고 있다. 그렇다면 만일 가격 형성에 영향을 미치는 정보를 독점하고 있는 투자자가 실제로 있다면 어떻게 될 것인가? 현실에서는 정보를 누구나 동시에 습득하지는 않는다. 네트워크에서 우위를 점하고 있거나 회사의 내부자라면 일반적인 시장에서의 정보를 토대로 투자하는 사람들보다 유리한 고지에 있다고 볼 수 있다.

그렇다면 투자 전문가들의 투자성과를 통해 그들이 시장을 이길 수 있는지에 대한 몇 개의 실증분석을 검토해보자.

마이클 젠센은 1955년부터 64년까지 10년 동안 115종류의 뮤추얼펀드의 수익률을 조사하였다.[31] 이전까지의 연구는 단순히 수익률만을 분석한 데 비해, 젠센은 투자수익률의 결정에 중요한 역할을 미치는 위험을 적용하여 발표수익률에 그 펀드의 위험수준을 조정한 수정수익률을 사용하였다. 분석결과는 충격적이었다. 평균적으로 보더라도 뮤추얼펀드를 10년간 보유하고 있는 투자자는 광범위하게 분산투자한 동일한 위험수준의 주식 포트폴리오를 보유하고 있는 경우와 비교해 자산가치가 15%나 하회했다. 젠센의 척도에 따르면 115개의 뮤추얼펀드 중 시장평균을 상회한 것은 불과 26개였다. 이처럼 빈약한 투자성과의 원인은 판매수수료였다.

그러나 고객이 투자하는 자금 중 판매수수료는 펀드매니저가 실제 투자하는 자금에 포함되지 않기 때문에, 젠센은 처음부터 수수료를 제외한 금액으로 다시 수익률을 계산하였다. 결과는 약간 향상되는데 그쳤다. 이 때 시장전체의 투자성과에 비교한 자산가치의 미달 부분은 8.9%였고 115개의 펀드 중 시장평균을 상회한 것은 43개였다. 이 연구결과는 강형 효율적시장을 나타내는 결정적인 증거였다. 강형 시장효율성의 의미는 모든 정보가 증권가격에 반영되어 있기 때문에 펀드가 시장의 평균적인 성장률을 능가할 수 없다고 가정하기 때문이다.

젠센은 이 결과가 단순히 뮤추얼펀드에 대한 투자자뿐만 아니라 모든 투자자에게 의미하는 바가 크다고 말한다. 펀드매니저들은 남다른 재능을 갖췄으며 훈련된 사람들인데다 경제계, 금융계에 폭넓은 인맥을 구축하고 있다. 그들이 좋은 성적을 올리지 못하면 누가 그렇게 할 수 있을까? 기관 투자가들의 수익률에 관한 연구는 이후에도 반복되었지만 젠센의 연구를 재확인하는 정도에 그쳤다.

효율적 시장가설에 따르면 기술적 분석도, 가치투자도 모두 무용하다. 하지만 워런 버핏은 "효율적 시장가설이 맞다면 자신은 깡통이나 차고 다니는 거지가 되었을 것"이라고 말하면서 효율적 시장가설을 조롱한다. 경제적 분석 이론의 태두이자 미국 최초의 노벨 경제학상 수상자, 살아 있는 세계 최고의 경제학자이며 머리에 컴퓨터를 달고 다닌다는 폴 새뮤얼슨도 이론은 이론대로 전개하고 자신의 돈벌이는 자신이 주장하는 이론과 반대인 가치투자를 따라 워런 버핏의 버크셔 해서웨이에 투자하여 부자가 되었다. 소위 대가라는 사람들의 삶이 참으로 구차하다. 파스칼의 《팡세》에 나오는 유명한 내기가 있다. "만일 신이 존재하지 않는다면 신을 믿음으로써 아무것도 잃을 게 없다. 만약 신이 존재한다면 신을 믿지 않음으로 인해 모든 것을 잃게 될 것"이라는 내용이다. 논리적으로 틀린 말은 아니지만, 신앙인으로서 믿음에 대한 소신이 없는 구차한 논리다.

효율적 시장가설의 진위를 논하기 위해서는 현실에서 투자자들이 습득하는 정보의 양과 이를 해석하는 능력의 차이가 어느 정도인지를 확인해보는 것이 의미가 있을 것이다. 경제학에서의 완전경쟁 시장은 다음과 같은 네 가지 필요조건을 요구한다. ① 시장 내에 다수의 수요자와 공급자가 존재한다. ②공급되는 재화의 질은 동일하다. ③시장으로의 진입과 이탈이 자유롭다. 이 말은 자원의 이동에 제약이 없다는 것과 일맥상통한다. ④수요자와 공급자는 모두 시장에 대한 완전한 정보를 가지고 있다. 그러나 이와 같은 조건을 엄밀하게 충족하는 시장은 현실에서는 매우 드물다. 완전경쟁시장은 이상적 시장 모델일 뿐이다.

그렇다면 주식 시장은 어떨까? 주식 ①시장 내에는 다수의 수요자와 공급자가 존재한다. 또한 개별회사의 주식으로 한정하여 생각하면 각 주식은 모두 동일한 재화로 볼 수 있기 때문에 주식 시장에서 ②공급되는 재화의 질은 동일하다. 주식 시장에는 거래 수수료가 있지만 타 시장에 비해 거래비용이 매우 저렴하고, 온라인거래시스템은 투자자로 하여금 원하기만 한다면 하루에서 수십 번씩 주식을 사고파는 게 가능하므로 주식 ③시장으로의 진입과 이탈이 자유롭다.

그러나 주식 시장의 ④수요자와 공급자는 모두 시장에 대한 완전한 정보를 가지고 있지 않다. 주식을 매수하는 각 주체들은 다양한 수준의 정보를 가지고 있다. 전업투자자, 개미투자자, 기관 투자자, 외인들이 보유하는 정보의 수준과 해석 능력은 천차만별이다. 주식 시장은 그나마 완전경쟁시장에 가까운 편인데도 불구하고 결국 모든 조건을 충족하지는 못한다. 경제학의 가장 큰 문제는 '다른 조건이 일정하다면(ceteris paribus)'의 가정이 없이 연구를 전개하기 어렵다는데 있다. 물리학자들은 경제학자들이 가설이 현실과 부합하느냐를 검증하는 것이 아니라 가설이 이 분야의 공통적인 흐름인가 아닌가에 초점을 맞추고 있다는 사실에 충격 받는다. 경제학자들은 가정 없이 문제를 못 풀겠다고 하고 물리학자들은 그렇게 해서 경제학자들이 얻은 것이 무엇인가를 묻는다.

최근의 주류경제학은 자연과학적 방법론을 원용해 경제현상을 설명하고 있다. 몇 개의 변수로 모형을 만들고 실험하여 검증하는 것이 물리학 혹은 수학의 방법론과 유사하다. 자연과학은 많지 않은 변수로 자연 현상을 설명하고 실험하는 것이 수월하다. 하지만 사회현상은 수십, 수백 개 변수가 존재할 뿐 아니라, 이 변수들이 상호작용하고, 상호작용의 강도가 변하며, 때로는 변수가 영향을 미치는 방식이 시간에 따라 자유자재로 변한다. 따라서 이론이 현실과 맞기가 쉽지 않다. 경제학에는 자연과학적 방법론보다는 차라리 철학, 인류학, 생물학, 심리학 등의 방법론을 적용하는 게 나을 것 같다.

사회과학도들과 투자자들은 전문적인 수학교육을 받은 사람들이 아니다. 이들에게 경제 현상, 특히 금융을 수학이나 과학을 사용해 복잡한 수식으로 보여주면 굉장히 전문적이고 지적으로 보인다. 서양철학사의 위대한 시조인 플라톤은 "기하학적(수학적) 지식이야말로 절대불변의 보편 진리"라고 생각했고 이러한 생각은 최근까지 이어지고 있다. 수학은 진부한 생각을 세련되게 표현해 학자들을 먹여 살리는 겉치장인 경우가 더 많았다. 19세기의 위대한 수학자 요한 카를 프리드리히 가우스는 "수학은 학문의 여왕이고 물리학은 왕"이라고 했다.

하지만 나의 경험에 의하면 수학과 물리학에 능통한 것이 투자에 도움이 되는지는 잘 모르겠다. 논리적이고 정확한 판단력을 기르는 데 수학과 물리학이 도움이 되긴 할 것 같다. 그러나 인간은 태어나서 죽을 때까지 주어진 시간은 한정되어 있고 그 시간을 효율적으로 사용해야 한다. 투자에서 성공하고 싶다면 수학, 물리학에 매달리느니 차라리 그 시간에 경제학이나 경영학, 회계학을 공부하고 집중력을 키우고 사고하는 시간을 확보해 판단력을 날카롭게 유지하는 것이 낫다. 주식 투자를 할 때 가장 기초적인 작업은 손익계산서, 대차대조표와 현금흐름표를 대략 훑어보며 비즈니스 언어인 회계를 읽는 것이다. 부동산의 가치를 평가할 때도 수요공급의 관점으로 바라보아야 한다.

알프레드 마셜은 "당신의 연구 결과를 일상적인 용어로 바꾸라. 그리고 나서 수학을 태워 버려라"고 말했다. 수학은 세계의 표준화된 언어일 뿐이다. 버트런드 러셀과 화이트헤드는 1900년의 저서 《수학원리》에서 수학의 진리성에 대해 부인했다. 수학은 진리가 아니다. 진리를 위한 도구일 뿐이다. 수학이란 현상을 효과적으로 생각하고 표현하는 현실적인 목적이 있다. 이때 "생각하는 방법은 무엇이냐"는 물음이 나온다. 생각은 언어를 통해 이루어진다. 언어를 효과적으로 구사하기 위해 형식적인 논리가 구축된다. 수학이란 결국 논리의 형식이다.

나는 대체로 '효율적 시장가설'이 맞다고 본다. 투자자들을 개인별로 구분하여 관찰하지 않고 집단으로 묶어서 평균값을 사용한다면 효율적 시장가설이 타당하게 검증될 수 있을 것이다. 하지만 세밀하게 보면 틀렸다고 본다. 일주일 사이에도 주가가 20% 정도는 올랐다 내리는 것이 보통인데, 기업 가치의 20% 이상이 변하는 게 적당하다고 보는 것은 이해할 수가 없다. 개개인의 투자 수익률은 천차만별이다. 효율적 시장가설은 평범의 왕국에 소속된 개미투자자들과 평범한 수준의 펀드매니저들에게 해당된다.

그렇다면 평범한 개미투자자들이 효율적 시장가설이라는 유리벽을 넘을 수 없다면, 주식 시장을 떠나는 것이 현명한 태도일까? 효율적 시장가설의 옹호론자들은 성공한 투자자들은 지극히 운이 좋은 사람들이며 현실에서 발생하기 극히 어려운 확률일 뿐이라고 말한다. 이들이 말하는 확률에 따르면 워런 버핏의 수익률은 침팬지 한 마리가 타자기를 마음대로 두드리다가 이문열의 '우리들의 일그러진 영웅'이나 김훈의 '칼의 노래'를 써낼 확률과 비슷하다. 물리학 법칙에 따르면 호박벌은 날 수가 없다. 몸집은 너무 거대하고 날개는 몸집에 비해서 너무 작기 때문에 날기 위해서는 날개를 매우 빨리 움직여야 하는데 그러면 충분한 양력을 얻을 수 없다. 이론적으로 호박벌의 날갯짓은 파닥거리는 것에 불과하다. 하지만 호박벌이 난다는 사실은 틀림없다. 그렇다면 이 현상은 초자연적인 마술일까? 이 현상을 마술로 설명하는 것보다는 아직까지 과학이 설명하지 못하는 자연현상이 많다는 상식적인 결론을 내리는 것이 덜 오만하다.

고대 로마의 문인이자 철학자, 변론가, 보수파 정치가였던 키케로는 다음과 같은 이야기를 지어냈다. 신에게 예배를 드림으로써 난

파선에서 살아남았다는 이야기를 담은 그림을 무신론자 디아고라스의 한 추종자가 보게 되었다. 그림의 목적은 기도가 우리를 익사하지 않게 만들어준다는 교훈을 전해주기 위함이었다. 무신론자는 이렇게 물었다. "그런데 기도하고도 빠져죽은 사람의 그림은 어디 있소?"

우리는 우리가 보고 싶은 것만 보게 된다. 시장은 대체로 효율적으로 움직일 뿐인데도 이론가들은 시장이 항상 효율적이라고 결론 내린다. '대체로'와 '항상'은 남자와 여자만큼이나 다른 개념이 아닌가? "개인들은 무조건 안 된다" 혹은 "개인들이 아주 쉽게 돈을 벌 수 있다"는 양극단을 시계추처럼 오가지 말고 노력과 냉철한 판단력으로 시장에서 이길 수 있는 길을 찾아야 한다.

기업 실적 정보는 독점된다

> 시장은 당신보다 많이 알고 있다. 공부하라!
> — 짐 로저스

단기투자에서 실적 자료를 미리 아는 일만큼 투자에 유리한 것은 없다. 상장사 단기 주가에 가장 큰 영향을 미치는 분기 경영실적이 공식 발표 이전에 새고 있는 사실은 공공연한 비밀이다.

2006년 말 에프앤가이드는 '깜짝실적'을 발표한 37개 상장사의 주가변동을 조사했다. 국내 증권사 두 곳 이상이 분기 실적전망치를 제시한 156개의 12월 결산 상장사를 분석 대상으로 삼았으며, 영업이익이 증권사의 평균 추정치를 10% 이상 상회한 경우를 깜짝실적으로 분류했다. 대상 상장사 가운데 발표일 전 5거래일 동안 주가가 오른 곳은 28사, 내린 곳은 9사로 상승 기업수가 월등히 많았다. 반면 발표일 뒤 5거래일 동안은 20사의 주가가 오른 반면 17사의 주가가 하락했다.

2006년 1/4분기 실적이 매우 좋았던 코오롱건설의 경우 영업이익이 270억 원으로 시장예상치를 10.27% 상회했다. 실적 발표 당일 이 회사의 종가는 16,400원으로 5거래일 동안 15.09%나 급등한 상태였다. 그러나 이후 5거래일 동안 오히려 2.44% 하락했다. 계룡건설도 1/4분기의 영업이익이 135억 원으로 국내 증권사의 평균 추정치보다 12.06% 많았다. 깜짝실적 발표 전 5거래일 동안 16.58% 급등한 이 회사 주가는 발표 후 5거래일 동안은 7.56% 하락했다. 코스닥 상장사인 이라이콤도 1/4분기 영업이익이 26억 원으로 시장예상치를 13.22% 상회했다. 공시하기 전 5거래일 동안 주가가 13.09% 급등한 반면 이후 5거래일 동안은 8.95% 떨어졌다. 심지어 삼성전자에 이어 시가총액 2위 기업인 국민은행마저 비슷한 양상을 보였다. 국민은행의 1/4분기 영업이익과 순이익은 각각 1조 461억 원과 8,029억 원으로 시장예상치를 각각 28.60%, 26.17% 상회했다. 실적이 공시되기 직전 국민은행은 88,400원에 장을 마쳐 이미 5거래일 동안 9.14% 오른 상태였으며 이후 5거래일 동안은 0.22% 떨어졌다.

이처럼 깜짝실적을 기록한 상장사의 주가가 실적 발표 전에 오르고 발표 후에는 부진한 흐름을 보이는 이유는 간단하다. 호재를 먼저 알고 미리 사두는 투자자들이 있기 때문이다. 이들은 회사 내부자를 통해 미리 실적 정보를 접하면 선취매했다가 공시가 떴을 때 재빨리 팔아버린다. 나는 예전에 유명 회계법인의 컨설턴트와 점심을 먹은 적이 있다. 그는 내게 비밀유지를 약속받고 한 달 후에 모 상장기업이 인수합병 건을 발표할 것이며 주가가 그 시점을 전후로 많이 오를 것이므로 주식을 미리 사두라는 정보를 흘렸다. 나는 정보를 통한 투자는 하지 않는 것이 원칙이어서 매수는 하지 않고 주가 흐름만 주시했다. 그 컨설턴트가 말한 한 달이 되기도 전 정확히 열흘이 지나자 그 회사의 주가가 폭등하기 시작했고, 평소 주가의 열 배까지 치고 올라갔다. 그리고 회사에서 공식적으로 인수합병 건을 기사화하자, 그때부터 주가는 다시 빠져 평소의 주가로 회복되었다. 돈이 되는 이런 정보들은 미리 알고 있는 사람들이 있다. 정보가 시장에 공시되면 선취매한 내부자들은 그 때부터 매도를 하게 되므로 주가가 떨어지게 된다.

    상장사와 증권사 애널리스트가 유착하는 경우도 있다. 상장사가 자신에게 우호적인 애널리스트에게 미리 실적을 귀띔해주고, 애널리스트는 이 정보를 소수의 투자자에게 전달한다. 투자자마다 접하는 정보의 양과 수준에는 큰 차이가 있기 때문에, 주식 시장의 정보가 모두 공정하게 나뉘어 있다는 말은 사실과 다르다. 특히 분기 실적으로 투자하는 경우는 외국인, 기관, 기업관계자들과 경쟁이 되지 않는다. 개미투자자들은 단기실적 예측에 의한 투자로는 기관을 이길 수 없다.

기술적 분석은 구시대의 유물이다

> 기술적 분석가들은 젊어서는 증권사 직원,
> 늙어서는 거렁뱅이.
> — 유럽 속담

기술적 분석이란 미래의 가격 움직임을 예측할 목적으로 주로 차트를 사용하여 시장의 움직임을 분석하는 방법이다. 주가의 매매시점을 파악할 수 있도록 과거의 시세 흐름과 패턴을 파악해 정형화하고, 이를 분석하여 향후 주가를 예측한다.

    기술적 분석의 밑바탕에는 몇 가지 전제가 있다. 첫째, 주가 움직임에는 모든 정보가 반영되어 있다. 주가는 수요와 공급에 의해 결정된다. 따라서 주가 움직임의 이유가 경제적이든 정치적이든 또는 심리적이든 그것은 별로 중요하지 않으며, 차트 상에 나타나는 주가 움직임은 투자자들의 모든 정보와 행위가 총체적으로 반영된 결과이다. 따라서 주가 움직임을 나타내는 그래프를 연구하는 것만으로도 충분한 의미가 있다. 둘째, 주가는 추세를 가지고 움직인다. 주가는 사소한 변동을 무시할 경우 커다란 흐름을 형성하면서 움직인다. 일단 추세가 형성되면 그 반대 방향으로 움직이려는 힘보다는 계속 진행하려는 힘이 강하기 마련이다. 셋째, 역사는 반복된다. 차트에 나타나는 패턴은 당시 시장 참여자들의 심리 상태를 잘 나타내주고 있음을 발견할 수 있다. 차트는 주가의 움직임을 객관적으로 나타낸 것에 불과하지만 결국 투자자들에 의해 비롯된 것이다. 그러므로 투자자들의 투자 심리가 바뀌지 않은 한, 과거의 투자 패턴이 미래에도 지속될 가능성이 높다.

다시 말하면 기술적 분석은 증권시장에서 수급의 결과로 생긴 과거의 주가와 거래량을 심리적, 통계적으로 정리 분석하여 미래의 주가향방을 추정하는 접근법이다. 기술적 분석은 오직 과거의 주가와 거래량이 향후 어떤 결과를 만들 것인가에만 관심이 있다. 주가 상승의 이유를 찾기 위해 기업 혹은 산업의 본질 가치를 따져보기를 거부한다. 기업의 대차대조표, 손익계산서, 현금흐름표, 업종의 성격, 종목의 역사, 특징에 대해서는 관심이 없다.

기술적 분석가들은 가격과 거래량의 패턴을 분석하고 추세를 살피면서 "예전에 이런 모양을 갖췄을 경우에는 주가가 올랐다"거나 "과거에 이런 형태를 취했을 때는 주가가 내렸다"라는 역사를 떠올리며 미래에도 동일한 움직임이 재현되리라는 기대를 갖는다. 두 개의 가격을 잇는 추세선 작도로 "상승 추세대를 이탈했다"고 판단하기도 하고, 2만 원과 10만 원의 양 가격대에 평행선을 그어서 "박스권"이라고 하는 등 다양한 추세 추종 방식이 존재한다.

하지만 주식 투자에서 향후 가격을 찾기 위해 과거의 가격과 현재의 가격을 비교하는 방식, 혹은 과거의 모습과 지금의 모습의 유사성을 찾으려는 방식은 과거의 패턴이 향후에도 지속될 것이라는 근거 없는 믿음이다. 패턴은 결코 반복되지 않고 늘 다른 패턴이 만들어진다는 연구결과는 많이 있다. 카오스 이론(Chaos Theory)도 이런 내용을 다룬다.

　기술적 분석은 인과관계가 전혀 없는 두 변수의 인과관계를 규명하려는 유사과학이다. 그러나 주식 시장의 인과관계에는 하나의 원인 변수가 있지 않다. 다인일과(多因一果), 일인다과(一因多果), 다인다과(多因多果)의 상황을 상정해야 한다. 나는 차트를 보고 투자하는 기술적 분석으로 돈을 번 사람은 본 적이 없다. 기술적 분석은 허황된 믿음이다. 병을 고치기 위해 '굿'을 이용하고, '연금술'을 통해 철이나 비철금속으로 금을 만들려고 하고, 시간의 비가역성을 무시하고 과거로 돌아가려는 '타임머신'을 기대하는 일과 별반 다를 것이 없다. 고대 그리스 철학자 헤라클레이토스는 "같은 강물에 두 번 발을 담글 수 없다"고 했다. 차트는 흘러간 강물이다. 차트만 해석하여 주가의 등락을 예측하는 것은 점성술이나 타로카드의 점괘로 투자하는 것이나 다름이 없다.

　동전을 다섯 번 던진다고 할 때 "앞-뒤-앞-뒤-앞" 같은 조합과 "앞-앞-앞-뒤-뒤"와 같은 조합 중 어느 게 더 일어나기 쉬운가? 보통 사람들은 전자가 후자보다 더 일어나기 쉽다고 생각한다. 하지만 두 사건의 확률은 동전의 각 면이 나올 확률인 (1/2)을 5번 곱한 $(1/2)^5$이 된다. 그리 어려운 확률 계산도 아닌데 왜 이런 실수가 생길까? 수 천 년 동안 인간의 두뇌는 간단한 수와 비율을 다루는 데 익숙해졌지만 추상적이고 정량적 추론을 필요로 하는 복잡한 문제를 처리하도록 진화된 것은 아니다. 또한 우리는 직접 만지거나 느끼면서 인과관계를 파악하지만 다양한 변수들을 모두 고려하는 능력까지 부여받지는 못했다. 복어를 먹고 독극물 중독증세로 죽은 사람이 있다면, 보통은 그가 복어 독으로 죽은 것이라고 결론 내린다. 대부분의 경우 그러한 판단은 옳다. 하지만 이러한 단순한 사고가 오류로 직결되는 경우도 많다. 마녀를 불태워 죽이면 신의 축복을 받을 수 있다는 집단 광기나 처녀와 성적 교합을 하면 젊음을 얻을 수 있다는 소녀경(小女經)은 전형적인 인과관계의 오류다. 현대인들은 누구나 이러한 사례를 미신으로 치부하겠지만, 당시 사람들에게는 이러한 사고가 진리였다. 그렇다고 현대인들이 역사적으로 인과관계 파악에 가장 능하다고 생각하면 오산이다. 가방끈이 길수록 자기 확신의 오류에 빠지기가 더 쉽다.

최고의 투자자들은 차트나 들여다보거나 점성술사의 수정구슬, 타로카드로 점을 치지 않는다. 점성술은 자신이 입증의 증거로 믿고 있는 것에 자아도취 되어 잘못된 증거에는 주의를 기울이지 않는다. 또한 해석과 예언을 모호하게 해서 이론과 예언이 보다 정확했다면 논박될 어떤 것도 설명하지 않는다. 반증을 피하기 위해 이론의 시험 가능성조차 파기한다. 현재도 득세하고 있는 주역, 점성술, 사주팔자, 궁합과 같은 것들은 고대의 아리스토텔레스 학파와 그 밖의 합리주의자들이 이미 비판하고 있었다. 이들은 점성술이 "행성이 지상의 사건에 영향을 끼치고 있다"는 잘못된 주장이라고 평가했다. 하지만 뉴턴의 중력 이론, 특히 달에 의한 조석 이론이 역사적으로 점성술의 산물이라는 점은 아이러니다. 칼 마르크스의 역사 이론 또한 점쟁이들의 방식을 차용한다. 프로이드의 '정신분석 이론'은 시험불가능하고 논박 불가능하다. 정신분석가들이 스박하게 자신들의 이론을 입증한다는 '임상 관찰'은 점성술사들의 입증과 별반 차이가 없다. 어리석게도 정신분석학은 일부 유럽국가에서 여전히 학문으로 받아들여진다. 엄밀한 과학의 정의에 따르면 정신분석학은 학문이 아닌데도 말이다.

최소한 나는 비과학적인 투자 방법에는 관심이 없다. 또한 이들이 수익을 내는 것은 직접 본 적도 없다. 몇 년 전 TV 다큐멘터리 프로그램에서 정신통일을 하면 공중부양을 할 수 있는 인도의 명상가를 찾아 나선 적이 있다. 인도의 유명한 수행자를 찾아가 공중을 나는지 확인하고 안 되면 귀동냥으로 제2의 성자를 찾는 방식이었다. 하지만 인도 전역을 헤매도 공중부양을 하는 사람은 없었다. 과학은 현상을 저술하고 예측한다. 그것은 철저한 검증과 반증을 거친 인과관계에 따른다. 논리적 근거와 인과관계 없이 차트 읽는 기술에 의존하는 한국의 개미투자자들이 대부분인 현실을 보면 안타까울 뿐이다.

아시아권에서 차티스트가 많은 이유를 나는 다음에서 찾는다. 언어의 양식 중 대표적인 것은 표음문자와 표의문자이다. 표의문자는 표음문자에 비하여 배우는 것이 무척 어렵다. 표의문자는 언어를 습득하는데만 무한에 가까운 노력과 시간이 요구된다. 중국 대학 입학시험에서 매우 중요한 중국어 시험은 암기가 학둔하는 데 별반 중요한 요건이 아님을 인정하더라도 필연적으로 마스터하고 넘어가야 될 장벽이다. 표음문자는 표기가 단순하고 의사소통이 쉽고 효율성이 높다. 표의문자의 세계에 사는 사람은 언어에 매몰되어 논리나 개념에 잉여가치를 할애할 여력이 없다. 그래서 한자 문화권에 사는 사람들의 사고는 소박하고 순수하고 현실적 관심을 떠나지 않는다. 표음문자권에 사는 사람은 언어가 시시하여 언어 장난을 발견했다. 논리적인 픽션의 최고 창안물은 수학이다. 동양은 언어가 어려워 복잡한 논리를 발전시키지 못했고 서양은 언어가 쉬워 논리나 수학이 발전했다. 그래서 한자 문화권에 살고 있는 한국, 중국, 일본, 대만, 베트남 사람들이 고도의 논리적인 사고가 요구되는 투자 영역에서 서양의 투자자들보다 뒤떨어지는 것 같다.

세계적인 투자 대가들도 차트에 대해서는 나와 다를 것이 없는 견해를 가지고 있다. 워런 버핏은 초보시절 차트분석을 통해 주식을 매매했다. 하지만 훗날 "전혀 수익을 낼 수 없었다"고 정직하게 회고했다. 그가 벤저민 그레이엄의 가치투자에 관심을 가지게 된 동기가 바로 차트분석의 허구성을 경험한 결과다. 그는 "차트를 뒤집어 놓고 봤을 때도 똑같은 답이 나오는 걸 보고 기술적 분석이 효과가 없다는 걸 알게 됐다"고 고백했다. 존 보글 역시 "과거자료로 투자결정을 내리는 건 백미러만 보고 오토바이를 몰고 가는 잘못과 같다"고 했다. 앙드레 코스톨라니는 "차트에 현혹되는 건 돈을 죽이는 행위이며 경험 상 차트분석가들은 모두 망했다"고 강조한다. 또한 그는 "차트를 좋아하는 사람들은 컴퓨터로 게임하는 룰렛 도박꾼들과 다를 바 없는 미치광이"라며 "이들에게 최대의 불행은 게임시작과 동시에 돈을 땄을 때"라고 했다. 왜냐하면 돈을 딴 뒤엔 광인이 돼 사고력을 잃어버리기 때문이다.

외국의 연구자들은 주요 증권거래소의 주가 데이터를 사용해서 기술적 분석을 철저히 검증했다. 이들의 최종적인 결론은 주가의 과거 움직임을 보고 미래의 움직임을 예측하는 일은 불가능하다는 것이었다. 주식 시장은 기억력이 없다. 차트를 그리는 일 자체가 완전히 넌센스로 차트 분석을 따르면 수수료만 많아져 결국 투자에서 99% 실패하게 된다.

사람은 너무 당연하게 생각하는 것에 대해서는, 오류를 시정하기 위한 매우 쉬운 논리라도 받아들이지 못한다. 잘못된 인식은 수 천 년이 흘러도 수정되기 어렵다. 나는 '기술적 분석'의 신봉자들과 논쟁하지 않는다. 아무리 설득해도 그들이 자신들의 생각을 수정할 리도 만무하거니와 그들과의 개인적 인간관계마저 깨뜨리고 싶지 않기 때문이다. 마크 트웨인은 "망치를 든 사람에게는 모든 문제가 못으로 보일 뿐"이라고 했다. 기술적 분석과의 애증관계를 극복하지 못하겠다면 주식 투자를 하지 않는 것이 낫다.

경제 예측을 어떻게 받아들여야 하는가?

> 완전하게 이해할 수 없다는 것이 인간의 기본조건이다.
> 이것을 안다면 우리가 잘못한 데 대해, 그리고 잘못을 고치지 못한 데 대해
> 부끄러워할 필요가 없다는 것을 알게 될 것이다.
> ― 조지 소로스

사회경제적 미래(socioeconomic future)에 대해 분석하는 것은 크게 의미가 없다. 앞으로의 정치나 경제에 대해 분석하고 예측할 시간이 있으면 기업의 현재를 분석하고 개별 부동산의 가치를 평가하기 위해 발품을 파는 것이 낫다. 경제의 예측은 생각대로 되는 법이 거의 없다. 삼성경제연구원, 한국은행, LG경제연구원, KDI에서 발표하는 경제성장률이나 기타 경기 지표에 대한 예측은 매번 틀린다. 경기 전망을 담당하는 연구원에게 왜 그렇게 못 맞추냐고 질타하면 그들은 이렇게 대답한다. "경기전망은 맞는 게 이상한거다." 혹은 "예측이 불가능한 것을 예측하려고 하기 때문이다."

경제 전체의 축소판인 주식 시장은 복합적인 적응 체계다. 나비의 날갯짓과 같이 미세한 변화가 커다란 변화를 초래할 수 있고, 작은 사건의 파장이 눈덩이처럼 불어나 상상조차 못한 경제적 충격을 불러일으킬 수도 있다. 중단기적 사건의 방향이나 규모는 우연의 법칙에 좌우된다. 이런 복합적인 적응 체계 속에서 미래를 정확하게 예측하는 것은 불가능하다.

종합주가지수나 단기 주가의 예측이 불가능하다는 것은 이미 경

제학자, 통계학자 사이의 통설이다. 나는 주가 예측의 가능성 여부에 관한 논쟁은 즐기지 않는다. "소금이 짜다"라는 진리나, "주가 예측이 불가능하다"라는 말이 별로 다르지 않게 느껴지기 때문이다.

 런던정경대학의 모리스 켄들 교수는 1928~1938년 사이에 서로 다른 업종의 주식 19개 종목의 주별 주가를 분석했다. 그가 선별한 업종은 산업체, 맥주회사, 석유기업, 유틸리티, 금융회사 등이었다. 이와 함께 1883~1934년의 시카고 상품거래소의 월간 밀 가격과 1816~1951년 뉴욕 상품거래소의 월간 면화 가격도 조사했다. 이 연구에서 켄들은 장기적으로 폭넓게 출렁거린 가격 변동치에서 일정한 패턴을 찾을 수 없다고 결론 내렸다. 특히 1883~1934년 밀의 주간 가격 2,387건을 분석한 내용에서 다음과 같이 언급한다. "밀의 주간 가격 추이는 갈팡질팡이다. 우연이라는 악마가 가격이 적힌 카드 더미에서 매주 한 장을 뽑아 가격을 확인한 뒤 다시 넣어두는 작업을 통해 밀 가격이 형성된 것 같다. 내가 연구한 데이터는 작은 시골 동네의 시장 가격이 아니다. …… 결론적으로 이번 주와 다음 주 사이에 발생할 가격 간의 패턴을 발견할 수 없다." 또한 켄들은 증권시장에 대한 언급도 했다. "투자자는 증권시장에서 돈을 벌 수 있지만, 가격변동을 점치거나 좋은 일을 예측하는 방법으로는 어림도 없다. 하지만 내가 가즈을 예측할 수 없다는 사실을 증명해 보였다고 해서 투자자들이 증권시장에서 기술적 분석을 통한 주가 예측을 통해 돈을 벌 수 있다는 환상을 버리지 않을 것이기 때문에 내버려두는 것이 바람직하다."

시카고대학 경영대학원의 해리 로버츠는 '증권시장의 가격의 패턴과 분석이라는 논문에서 역시 주가의 흐름을 그래프로 만들어 미래의 주가를 예측하려고 하는 차티스트들의 행위가 부질없는 짓임을 보여주려고 했다. 기술적 분석가들은 찰스 다우, 윌리엄 해밀턴, 리어의 논리를 교리로 삼아 "과거의 주가 기록은 수익을 쫓는 투자자들이 미래의 주가를 예측하는 데 충분한 자료가 된다"는 내용을 신앙으로 삼는다. 가격 변동은 기술적 분석가에게는 알파와 오메가다. 기업의 손익계산서나 대차대조표를 쳐다보고 있는 것은 시간낭비일 뿐이다.

　마지막으로 한 가지 연구를 더 들어보자. 미국 워싱턴 해군연구소의 천체물리학자인 오스본은 '주식 시장의 브라운 운동'에서 월스트리트 저널에 나타난 주가시세를 면밀히 분석해 다섯 가지의 결론을 냈다. 첫째, 주식시세표에 나타난 가격은 의미가 없다. 투자자들은 주가의 절대치보다는 주가 변동률을 기준으로 투자여부를 결정했다. 둘째, 주가는 매매 순간 주가 상승을 예상한 매수자와 주가 하락을 예측한 매도자의 의사결정을 반영한다. 주식매매는 매도자와 매수자의 판단이 서로 다를 때에만 이뤄진다. 다시 말하면 주식을 매도하는 사람은 앞으로 주가가 떨어질 것이라고 생각하고, 주식을 매수하는 사람은 주가가 오를 것이라고 생각해서 매수하는 것이다. 이는 시장 전체를 볼 때 가격 변동의 기대치가 '제로(0)'라는 말이기도 하다. 셋째, 주가의 변동 폭이 시간의 제곱근에 비례한다는 바슐리에의 예언[32]이 증명된다. 넷째, 그는 실제 주가를 분석해 주가가 브라운 운동을 하고 변동 폭은 하루와 1주일, 1개월, 2개월 …… 12개월 순으로 시간이 흐르면서 증가한다는 사실을 보였다. 입자의 튀는 방향을 예측할 수 없는 브라운 운동의 확률을 분석하기 위해 동전 던지기 실험을 벌였다. 결론은 동전던지기나 주식 시장의 주가의 확률은 같았다. 다섯째, 1925~1956년 다우존스의 월간 변동치가 '서로 비교 가능했다'는 점도 알아냈다.[33]

한국 최고의 주가 예측 전문가로 알려진 하나대투증권 김영익 부사장은 서브프라임 모기지 사태 이후에 주가 예측에 실패하는 경우가 잦았다. 그가 예전에 잘 맞췄다면, 이번에만 틀린 것이 아니라 예전에 운이 좋았던 것뿐이다. 김영익 부사장은 경제학 박사답게, 경제학 회귀분석식의 일반적인 모형에 자신이 선호하는 변수 몇 개를 추가하여 SAS나 SPSS로 돌려 시황을 예측하였다.

경제학자들이 가장 좋아하는 통계분석 방법인 회귀분석(regression analysis)은 잘 드러나지 않는 상관관계를 찾는 막강한 도구다. 상관관계는 두 가지 변수가 함께 움직이는지 여부를 밝히는 데 사용하는 통계적 용어다. 변수가 두세 개인 경우에는 상관관계 분석이 쉽다. 하지만 변수가 100개 이상으로 늘어나면 상관관계 파악이 어려워진다. 회귀분석은 경제학자가 이런 거대한 양의 데이터를 분류할 때 이용하는 도구다. 자연과학에서는 두 가지 실험 샘플 중 하나를 조작하고 그 결과를 측정하는 진실험(pure experimentation)을 수행할 수 있으나 경제학자는 이런 호사를 누리기 어렵다. 보통 경제학자들에게는 엄청난 양의 변수가 들어 있는 데이터 세트가 주어진다. 이런 복잡한 자료에서 상관관계를 찾는 것이 경제학자들의 몫이다. 대부분의 사회과학의 데이터는 이론을 테스트하기 위해 즉시 이용 가능한 경우가 드물다. 이용 가능한 데이터가 있다고 하더라도 잡음이 끼여 있거나 문제점이 한둘이 아니다.

사회과학에서 충분히 많은 자료를 분석하면 우연히 나타나지만 통계적인 신뢰성검사를 통과하는 상관관계를 발견하는 것이 어렵지 않다. 이러한 신뢰성은 하나의 가설을 가지고 세밀하게 제한된 자료들을 검토한 후에 인정받아야 한다. 이론적 제한 없이 열 개의 변수가 있는 자료들을 데이터마이닝 방법으로 조사를 한다면 통계적인 상관관계를 시험해 볼 수 있는 45쌍의 자료를 발견하게 된다.[34] 그렇게 관계가 있는 것으로 발견된 자료 중에서 두세 개는 우연에 의한 것임에도 불구하고 충분히 신뢰성 검사를 통과할 수 있다. 그것은 단지 우연의 일치인 경우가 더 많다. 경제학자들은 회귀분석식과 같은 난해한 모형을 만들었으며 인간 행동의 복잡성과 환경이 부과하는 제약에 매몰되어 난해함은 도를 넘어서고 있다. 결국 시황 예측은 쉽지 않다.

이들이 회귀분석에 사용하는 수학적 모형은 중요한 요소들을 열거하고 요소들 간의 관계에 대해서 추측을 내놓는다. 이러한 제약 하에서 경제학자들은 현실세계에 대한 예측을 하며, 예측이 정확할수록 모형은 더 좋은 것으로 간주된다. 과학에서 군더더기 없는 정의와 정확한 예측보다 더 좋은 것은 없다. 수학적 모형은 첫째, 일반성(generality)를 가져야 한다. 모형으로 포괄되는 현상이 범위가 넓으면

넓을수록 모형의 일반성은 높아진다. 둘째, 검약성(parsimony)이 필요하다. 현상을 설명하기 위해 사용된 단위와 과정이 적을수록 더 좋은 이론이다.

하지만 경제학은 경제를 예측하는데 필연적인 제약이 있다. 경제학은 외부충격으로 볼 수 있는 설명 불가능한 모든 사건들로 인해 변수를 조정해야 한다. 이러한 외부적 충격은 예측 불가능하며 매우 자주 일어나기 때문에 통제할 수 없다. 결국, 강세징후와 약세시장 또는 전쟁과 기술 개발 등의 경제적 주기 등을 예측할 수 없다.

경제학자들의 미래 예측은 맞추기는커녕 오히려 실물 경제에서는 당혹스러운 실패로 점철된 경우가 더 많다. 경제학자들의 통찰력이 중요한 이유는 X가 Y의 원인일 수도 있고 그 반대일 수도 있으면 제3의 변수가 존재할 수도 있다는 점은 직관적으로 알고 있어야 하기 때문이다. 회귀분석만으로는 "슬퍼서 눈물이 나는 것인지 눈물이 나서 슬픈 것인지" 혹은 "닭이 먼저인지 알이 먼저인지" 알 수가 없다. 회귀분석은 '학문'이라기보다는 '기술'이다. 회귀분석을 잘한다면 상관관계 파악에 능한 것이고 더 나아가 인과관계 파악에 도움이 될 수는 있다. 시계열 자료들을 입력하고 컴퓨터 패키지를 활용하는 계량경제학을 배운 사람이라면 몇 시간이면 해낼 수 있는 작업이다. 그렇다고 경제학자들이 수학적 모형을 포기하고 직관과 서술하는 방식의 방법론으로 다시 돌아갈 필요는 없다. 사회현상의 계량화는 표준화, 일반화에 도움을 주어 사회과학의 과학성을 높이는데 기여한 점을 부인할 수 없기 때문이다. 거시경제에 관한 연구에서는 진정한 인과관계를 밝히는 연구인지 최소한의 상관관계를 인정할 수 있는 연구인지 아니면 통계적인 사기인지는 구분하기 쉽지 않다. 여러분들이 대단하게 우러러보는 경제학 박사들이 하는 일이 이러한 수준에 불과하다.

예측이 우연하게도 여러 차례 맞았다 하더라도 예측을 투자의 주요 수단으로 생각하는 것은 위험하다. 시카고대학의 밀턴 프리드먼은 《실증경제학의 방법론(The Methodology of Positive Economics)》에서 경제 이론의 비현실적 가정은 그 이론이 예측을 정확히 하는 한 무방하다는 주장을 폈다. 대부분의 경제 이론의 예측 능력은 매우 불충분하고 부정확하고 신뢰하기 어렵지만 그렇다고 결과만 옳다고 좋은 이론이라고 하는 것은 더 허망한 이야기다. 그의 말은 문제의 풀이과정은 틀려도 답만 맞으면 된다는 말로 과학도가 말하기에는 적합하지 않다. 과학의 목적은 인과관계를 정확하게 밝히는 것이다. 예측은 차후의 문제다. 미래를 신통하게 맞추는 점쟁이가 미래 경제현상을 잘 예측한다면 위대한 경제학자인가? 아마도 프리드먼의 이런 주장은 미국에서 유행한 실용주의에 기반하는 것으로 생각된다. 실용주의는 인간의 지식을 도구적으로 파악하므로 진리는 인식론적 기준에 의해서만 결정되는 것이 아니라 인식론적 기준 자체가 희구하는 목표나 행위를 야기하는 가치로부터 독립되어 결정될 수 있지 않다는 것이다. 다시 말하면 실용주의에 있어서 행동은 이론에 우선하며, 경험이 고정된 원칙에 우선하고, 관념이 관념의 결과에 의하여 의미를 획득한다는 것이다. 하지만 모든 행동은 인과관계에 의한 가치의 연쇄선상에 있다. 실용주의에서 말하는 진리의 기준이 실용성, 효용성, 유용성 혹은 예측가능성의 인과관계를 부정하거나 결여한다면 그것은 과학으로 보기는 어렵다. 사회과학은 예측이 중요하다던가 아니면 실제에의 적용이 중요하다는 단순한 논리보다는 근원적인 차원에서의 방법론에 철저함이 필요하다. 방법론이란 우리의 세포 단위에서부터 우리의 사고와 문화, 역사, 사회현상 전반에 이르기까지 일관되게 적용되는 하나의 개념이다. 과학, 투자행위, 그리고 하루하루를 살아나가는 것도 방법론이 없이는 불가능하다.

자연과학은 예측 가능성의 측면에서 사회과학보다 우월하다. 불확실성의 원리를 따르더라도 그렇다. 불확실성의 원리란 양자물리학에서 입자의 위치와 운동량이 정밀한 값을 갖지 않기 때문에 두 가지 값을 동시에 측정할 수 없다는 것이다. 입자의 한 가지 값을 측정하면 다른 한 가지 값의 측정이 불가능해진다. 이러한 불확실성은 결코 축소될 수 없기 때문에 언제까지나 불확실성으로 남는다. 극소 세계에 나타나는 이런 불확실성은 1937년 베르너 하이젠베르크가 발견했다. 이 불확실성은 정규분포 곡선과 일반적인 통계값으로 처리가 가능하다. 표본이 10,000개가 있을 때 한 사람의 키가 더해진다고 해도 전체에 미치는 영향은 거의 없기 때문이다. 소립자의 다음 위치는 항상 불확실할 수 있으나, 소립자는 무수하게 많으며 평균값으로 근접한다.

내 책상 위에 컵이 하나 존재한다고 하자. 이것은 원자 이하 소립자들의 운동의 결과다. 하지만 이 컵이 내 책상에서 아무런 외부적인 충격 없이 책상 아래로 떨어질 가능성은 0에 가깝다. 입자들이 모여 생긴 대상물의 입자 운동의 변동 폭은 균형점 속으로 귀착될 수밖에 없기 때문이다. 결국 통계학의 개념들을 그대로 차용해도 큰 문제가 없다. 하지만 사회적, 경제적, 정치적인 사건들은 이런 속성이 없다. 채권, 부동산, 주식의 가격을 예측하는 것은 매우 어려운 일이다. 정규 분포 곡선으로 경제적 변수를 예측하는 것은 다양한 변수들의 상호작용에 따른 극단적인 사건들의 발생확률을 너무 심각하게 낮은 확률로 무시하게 된다. 베트남 전쟁의 확산, 이라크 전쟁의 확산, 실업률의 급격한 증가, 인플레이션, 두 번의 오일쇼크, 민주화 시대의 도래, 소련의 붕괴, 911테러, IMF 구제금융, 인터넷 혁명, 서브프라임 모기지 위기 등을 예측했던 사람이 누가 있는가? 미래의 예측에 덜 구애받는 투자를 한다면 여러분들이 외부적인 사건에 가슴 졸이며 하루하루의 재화의 가격에 신경을 쓸 필요가 없다. 모든 정보에 동일한 가중치를 부여할 필요가 없다. 불필요한 것은 모두 배제하고 중요한 동시에 이해 가능한 정보만을 집중 분석하는 것이 투자의 요령이다.

  종합주가지수를 종속변수로 본다면 이에 영향을 미치는 독립변수는 적게 잡아서 수십 가지이며, 또한 변수가 미치는 강도와 변수 상호간의 관계를 모두 파악하는 것은 불가능하다. 옥스퍼드 대학 교수이자 노벨상 수상자인 존 힉스는 《경제학의 인과관계(Causality in Economics)》라는 저서에서 "경제학에서의 거시적 수치들은 오류와 모호성을 지니고 있다. 이는 대부분의 자연과학에서 허용하는 한계를 훨씬 넘어선 것이다. 확실한 근거가 있다고 볼 수 있는 경제 법칙은 찾아보기 힘들다"고 했다. 종합주가지수에 미치는 변수의 복잡하고 모호한 성격을 파악하는 것보다 개별 주가의 장기추이를 예측하는 것은 가능하다. 개별 주가라는 종속변수는 수익이라는 독립변수에 가장 큰 영향을 받는다. 지속적이며 직접적이며, 개별 주식의 주가와 수익성은 분명히 인과관계를 가지고 있다.

한국시리즈의 우승팀이 가려지거나 국가적인 큰 축제가 있을 때 불꽃놀이를 한다. 불꽃들은 작은 로켓처럼 치솟아 오른다. 그리고 정점에 달한 후에는 폭발하여 '피식'하고 사그러든다. 우리나라의 주식 시장은 외환위기 이후 평균 1.5년에 한 번꼴로 폭락장세가 찾아왔다. 이 같은 일곱 차례 폭락 때마다 지수는 평균 15일간 19.5% 급락하고 16일째부터 6일간 V자 반등을 나타냈다. V자 반등 이후에는 점진적으로 상승해 다시 폭락 전 지수대를 회복하는 데 평균 44일이 걸렸다.

외환위기 이후 주요 하락 사건은 1998년 러시아 모라토리엄 선언(23일간 365→291로 25.4% 하락), 2001년 9·11테러(12일간 550→472로 16.6% 하락), 2003년 카드채 위기(15일간 616→515로 19.5% 하락), 2004년 3대 악재에 따른 유동성 위기(15일간 936→728로 28.4% 하락), 2006년 5월 상품시장 급변동과 엔 캐리 트레이드 청산 위기(21일간 1464→1203으로 21.7% 하락) 등이다. 폭락장은 도둑같이 온다. 성경에는 "도둑이 올 때를 늘 예비하고 있으면 집을 뚫지 못할 것이므로 우리도 예비하고 있어야 한다"는 구절이 있다. 이 내용은 전형적인 종말론적 '인자담론'으로 해석되며 초대교회가 예수 재림이

지연되자 창작한 것으로 받아들여진다. 이러한 해석학적인 입장을 견지하지 않더라도 도둑은 언제나 찾아올 수 있다. 투자가 존재하는 한 도둑과 같은 폭락장은 언제나 찾아온다. 그러므로 폭락장에서도 견뎌낼 저평가 재화를 매수하고 싸게 매수하는 기회로 삼아야 한다.

백만불짜리개미경제학

| 3장 |

어떻게 개미투자자가 시장을 이길 수 있는가

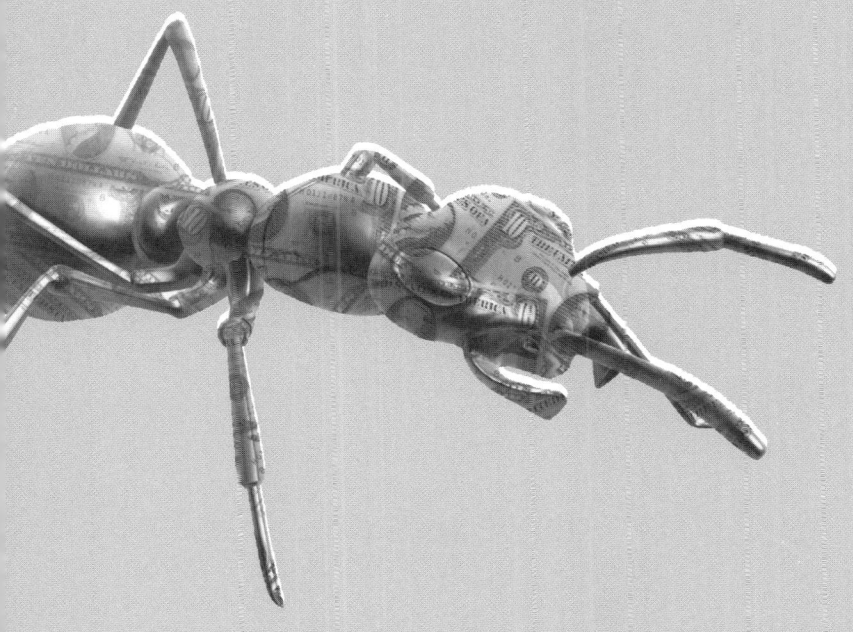

시장 그 위의 투자 법칙

▌복리수익률을 노려라

복리는 다음과 같은 쉬운 산식으로 구해질 수 있다. 오늘 은행에 100원을 예금하면 N년 후에는 얼마가 될까? 즉 현재 100원의 미래가치(future value)는 얼마일까? 소수점으로 표시한 이자율을 r이라 하자(이자율이 5%면 r=0.05다). 또 매년 이자가 지급되고 그 이자에 다시 이자가 붙는 복리계산(compounding) 방식이 적용된다고 하자. 그렇다면 100원은 N년 후에 '$(1+r)^n \times 100$원'으로 불어난다.

1년 후 : $(1+r) \times 100$원
2년 후 : $(1+r) \times (1+r) \times 100$원 = $(1+r)^2 \times 100$원
3년 후 : $(1+r) \times (1+r) \times (1+r) \times 100$원 = $(1+r)^3 \times 100$원

N년 후 : $(1+r)^n \times 100$원

예를 들어 100원을 5% 이자율에 10년간 예금한다면 미래가치는 $(1.05)^{10} \times 100$원=163원이다. 투자 시 본인이 투자를 시작한 원금을 매년 목표 수익률로 불려나갈 때 얼마가 되는지를 계산해 보아야 한다.

은행에 5% 복리로 예금하거나, 회사 규모와 주가가 매년 5%씩 성장하면서 배당이 없는 회사의 주식을 갖고 있다면 여러분들은 10년 후에 1억 6천 275만 원을 얻게 된다. 10% 성장하는 회사에 투자하거나 아니면 금리 10%에 투자하였다면 10년 후에 여러분들은 2억 5천 960만 원을 찾게 된다.

하지만 매출, 영업이익, 당기순이익은 매년 10%씩 성장하지만 배당이 5%씩 있는 경우를 상정해보자. 이것은 매년 10%의 자산가치가 상승하고 그에 따라 5%씩 임대료를 받게 되는 오피스, 아파트 등에도 동일하게 적용이 가능하다. 초기에 1억 원을 투자하면, 1년 후 10%의 이자액과 5%의 배당금이 붙어 원금이 1억 1천 500만 원이 된다. 또 1년이 지나 3년차가 되면 10%의 이자액과 5%의 배당금 575만 원이 추가로 붙어 원금이 1억 3천 300만 원으로 불어나게 된다. 이와 같은 과정을 10년 동안 반복적으로 수행하게 되면 1억이었던 원금은 10년 후에 4억 800만 원이 되며 10년 동안의 복리수익률은 15%가 된다. 단순히 10%의 이자만 받는 경우보다 5% 더 높은 수익률을 얻게 되는 것이다.

현실에서는 매년 동일한 비율로 성장하거나 동일한 비율의 배당을 지불하는 경우가 많지 않기 때문에 표와 같이 성장하는 일은 매우

표 3-1 '금리와 배당'과 복리수익률의 관계 (단위: 억 원)

연차	5% 성장	10% 성장	10% 성장, 5% 배당	5% 성장, 10% 배당	20% 성장	20% 성장, 5% 배당
0	1	1	1	1	1	1
1	1.05	1.1	1.1+0.05=1.15	1.05+0.1=1.15	1.2	1.2+0.05=1.25
2	1.1	1.21	1.27+0.0575=1.33	1.21+0.115=1.32	1.44	1.5+0.0625=1.56
3	1.16	1.33	1.463+0.0665=1.53	1.386+0.132=1.518	1.73	1.87+0.078=1.95
4	1.22	1.46	1.683+0.0765=1.76	1.593+0.1518=1.75	2.07	2.34+0.0975=2.44
5	1.28	1.61	1.94+0.088=2.03	1.832+0.1745=2.01	2.49	2.93+0.1219=3.05
6	1.34	1.77	2.233+0.10=2.33	2.11+0.201=2.31	2.99	3.66+0.1525=3.81
7	1.41	1.95	2.563+0.12=2.68	2.427+0.2311=2.67	3.58	4.575+0.19=4.77
8	1.48	2.14	2.9513+0.13=3.09	2.8035+0.267=3.07	4.30	5.719+0.238=5.96
9	1.55	2.36	3.39+0.15=3.54	3.223+0.307=3.53	5.16	7.15+0.2979=7.45
10	1.6275	2.596	3.89+0.177=4.08	3.706+0.353=4.06	6.19	8.94+0.3725=9.31
복리수익률	5%	10%	15%	15%	20%	25%

주. 1. 배당과 이자는 세금이 없고 원금에 더해져서 재투자되는 것으로 가정하였음.
2. 초기투자원금은 모두 1억 원으로 동일함.
3. 모든 값은 소숫점 3째 자리에서 반올림.

어렵다. 하지만 부동산이나 주식을 매수할 때 위와 같은 계산 과정을 거쳐보는 것은 매우 중요하다. 단약에 가치가 10%로 꾸준하게 늘어나는 주식이나 부동산을 매수하였을 때, 여기에 배당이나 임대료까지 발생한다면 기대하는 복리수익률은 그만큼 원금에서 더 불어나게 된다. 위의 표에서 단순히 가치가 대년 20%씩 성장하는 부동산이나 기업에 10년간 투자하면 원금이 6.19배 늘어나고, 또한 20% 성장하고 5%의 배당을 지불하는 회사에 투자하면 10년 후에 원금이 9.31배로 불어나는 것을 알 수 있다. 10%의 성장을 하며 5%의 배당을 받을 수 있는 경우라면 10년 후에 원금의 4.08배로 불어난다. 10년 만에 본인이 소유한 자산이 네 배 늘어난다면 나쁜 것은 아니다. 이와 같은 속도로 20년 불어난다면 16배, 30년이라면 64배로 불어나게 된다.

표 3.2는 원금 1억을 복리로 불려나갈 경우에 미래에 갖게 되는 액수를 표로 나타낸 것이다. 개인이 현실적으로 기대할 수 있는 복리수익률의 한계를 25%라고 한다면 10년이면 11억 9천 만 원, 40년이면 7,523억 원이 넘게 된다. 스무 살 때부터 1억 원으로 투자를 했다면 환갑이 되는 나이에 한국에서 손꼽히는 최고 부호가 된다. 20%의 복리수익률이라면 1,469억 원으로 한국에서 수십 명 이내의 부자가 될 것이다. 만약에 평범한 수익률인 10%에 그쳤다고 하더라도 40년 후면 원금은 40배로 불어나 45억 원 이상을 쥐게 되어 상당한 부자의 반열에 올라설 수 있다. 약간의 수익률 차이는 긴 시간이 지나면 큰 차이가 된다.

표3.2 복리수익률 표 (단위: 만 원)

	5%	10%	20%	25%
10년	1억 6천 2백	2억 5천 9백	6억 1천 9백	11억 9천 2백
20년	2억 6천 5백	6억 7천 2백	38억 3천 3백	86억 7천 4백
30년	4억 3천 2백	17억 4천 4백	237억 3천 7백	807억 7천 9백
40년	7억 4백	45억 2천 6백	1,469억 7천 7백	7,523억 1천 6백

앨버트 아인슈타인은 "복리야말로 우주에서 가장 강력한 에너지이자, 인류 최고의 발명품"이라고 했다. 록펠러는 "복리는 이 세상의 여덟 번째 불가사의"라는 말을 남겼다. 수익이 재투자되면서 복리의 효과를 창출하는 주식은 물가가 오르면 저절로 가치가 떨어지는 채권이나 은행 예금, 부동산보다 우월하다. 주식이 지나치게 불안하다고 생각하는 투자자는 자동차 신제품 개발이 완전히 끝날 때까지 자가용 구입을 미루는 사람과 같다. 그는 평생 차를 살 수 없다. 저평가된 주식을 사서 장기간 보유하는 것이 투자의 제1원칙이다. 복리의 원리는 인생살이에도 적용된다. 절약만 하고 살기에는 수명이 너무 길어졌다. 남보다 좀 더 일찍 인생에 대해 성찰하고 노력한 사람은 그만큼 후반 인생이 알차다. 젊은 시절 흘린 땀의 대가는 훗날 이자가 이자를 낳는 복리로 돌아온다. 굳이 애를 쓰지 않아도 저절로 찾아오는 멋진 인생을 만끽할 수 있다.

탐욕을 버려라

> 있음과 없음은 서로 생하고, 어려움과 쉬움은 서로 이루며,
> 김과 짧음은 서로 기울며 노래와 소리는 서로 친하며 앞과 뒤는 서로 따른다.
> — 노자도덕경 2장

개미투자자들은 주식 시장이라는 사각의 링에서 죽기 직전까지 두들겨 맞고도, 본인이 어떤 상황에서 누구한테 당했는지를 알고자 하는 진지한 노력이 없다. 이들의 재기는 매우 단순하게 시작된다. "지난번에는 돌려차기로 복부를 가격 당했으니 이번에는 양팔로 복부를 집중 방어해야겠군." 다시 돈을 마련해 시장에 뛰어들지만, 이제는 복부가 아니라 머리를 하이킥으로 제대로 맞고 혼절한다.

나는 바둑 아마추어 단급 고수다. 군에 복무할 때 바둑 9급짜리 고참이 있었다. 고참하고 친해지면 군 생활이 편해질 것 같아 바둑 맞상대를 많이 해줬다. 고참의 실력은 나에게 아홉 점을 접을 실력이었으나 네 점을 접으라고 했다. 두 판 이기고 한판 져주고 그것도 단 몇 집 차이로 승부가 나게 했다. 고참은 자신의 실력이 많이 늘었다고 좋아했다. 그러나 실제로는 내가 그 고참을 가지고 논 것뿐이다. 그 고참은 제대할 때까지 그 사실을 몰랐다. 주식 시장의 개미투자자들은 그 고참보다 나을 것이 없다. 기본기가 전혀 없는 상태에서 투자를 시작해 만신창이가 되고도 뭐가 문제인지 모른다. 공부나 예체능의 기술은 실수를 통해 배우게 된다. 들이는 시간, 실수의 경험, 레슨비와 같은 것을 '학습비용'이라고 한다. 어떤 분야라도 적당한 학습비용을 지

불하면 실력을 키울 수 있게 되어 있다. 오류에 대한 수정은 투자의 능력을 진보시키는 데 가장 중요한 방법이다. 하지만 투자는 처음부터 제대로 배우지 않으면 들여야 하는 학습비용이 너무 크다.

개미투자자들은 수익은 적게, 손실은 크게 보는 경우가 많다. 이러한 실수의 근본적인 원인은 기대수익을 터무니없이 높게 설정하기 때문이다. 단번에 팔자를 고치려고 투자를 시작하는 것이 문제다. 팔자를 바꾸고 싶다면, 타임워너사의 대주주 비비 네보와 약혼한 장쯔이처럼 부유한 이성과 결혼하거나 로또를 사는 게 더 낫다. 투자로 팔자를 고칠 수 있는 확률은 도시에서 맑은 날 벼락 맞을 확률보다 별로 높을 것 같지 않다. 주식 투자를 투기나 도박으로 생각하는 개념부터 전환해야 한다.

개미투자자는 단기적으로 큰 수익을 올리려고 한다. 그러다보니 단기 변동성이 큰 종목에 손대게 되고 신용거래를 하게 되고 거래가 잦아지게 된다. 또한 대박을 노리는 심리 때문에 매매가가 낮은 종목을 선택한다. 개인투자자들은 주도시세의 흐름을 보이는 종목보다 바닥에 있는 저가 종목으로 고수익을 올리려 한다. 50만 원짜리 주식이 20%가 올라서 60만 원이 될 확률보다 5천 원짜리 주식이 20% 올라서 6천 원이 될 확률이 더 높다고 생각하는 것은 엄연한 착각이다. A라는 회사가 10만 원의 가치가 있는데 주식을 10장 발행했다면 주식의 가격은 1만 원이 되는 것이고 100장을 발행했다면 1천 원이 될 뿐이다. 양자는 어차피 동일한 주식이고 거래되는 단위단 다를 뿐인데, 천 원짜리 주식이 더 싸기 때문에 향후 주가가 더 오를 확률이 높다고 말할 수는 없지 않은가? 주식의 가치는 이렇듯 주식의 발행숫자와 시가를 곱한 시가총액으로 평가된다. 주가란 눈에 보이는 명목가치일 뿐이다.

그렇다면, 주식 투자 수익률 세계 랭킹 1위를 자랑하는 워런 버핏의 수익률은 어떨까?

표3.3 버크셔헤서웨이의 복리수익률

연도	수익률(%)	연도	수익률
1965	23.8	1987	19.5
1966	20.3	1988	20.1
1967	11.0	1989	44.4
1968	19.0	1990	7.4
1969	16.2	1991	39.6
1970	12.0	1992	20.3
1971	16.4	1993	14.3
1972	21.7	1994	13.9
1973	4.7	1995	43.1
1974	5.5	1996	31.8
1975	21.9	1997	34.1
1976	59.3	1998	48.3
1977	31.9	1999	0.5
1978	24.0	2000	6.5
1979	35.7	2001	−6.2
1980	19.3	2002	10.0
1981	31.4	2003	21.0
1982	40.0	2004	10.5
1983	32.3	2005	6.4
1984	13.6	2006	18.4
1985	48.2	2007	11.0
1986	26.1	2008	−9.6

평균 복리수익률 : 20.3%(세후 수익률)
자료. 버크셔헤서웨이 홈페이지(http://www.berkshirehathaway.com)

1973, 1974, 1990, 1999년에 버핏은 아주 하찮은 수익률밖에 내지 못했다. 그렇다고 버핏이 좌불안석 갖고 있던 주식을 다 팔아버렸을까? 2001년에는 심지어 -6.2%의 수익을 기록했다. 2008년 서브프라임 모기지 사태로 촉발된 전 세계적인 경제위기로 워런 버핏도 9.6%의 손실을 보았다. S&P 500지수가 -37%를 기록한 것과 비교하면 나쁘지는 않은 성적이지만, 세계 최고의 투자자도 불황을 이길 수는 없었다. 지속 투자를 할 뿐이다. 버핏은 단기투자는 거의 하지 않는다. 20년 전 매수했던 코카콜라 주식을 여전히 8%나 보유하고 있다. 버핏은 한 자리수의 수익률을 올리건 50%의 가까운 수익률을 올리건 흔들리지 않는 뚝심을 보여줬다. 수익이 낮다고 혹은 수익이 높다고 주식을 샀다 팔았다 하지 않았다. 수십 년간 "바이앤홀드(buy and hold)"를 할 수 있는 참을성이 버핏을 세계 1위의 투자로 등극시켰다.

　　버핏의 40년 투자 기간의 연평균 복리수익률은 20.3%이다. 위의 표를 보고 "고작 이정도야?"라는 생각을 할 수도 있을 것이다. "그럼 투자대회에서나 주위에 누가 1,000%를 먹었다는 이야기는 거짓인가?" 투자대회는 최소자금으로 시작한다. 300만 원 이상이면 누구나 참여 가능하다. 신용거래를 최대한 이용해 300만 원의 2.5배까지 매수를 하고, 신용거래 결제일인 3일 이내에 매도를 한다. 3일 내로 주가가 오르면 2.5배의 수익률을 얻게 되지만 주가가 내린다면 낭패다. 투자라기보다는 "돈 놓고 돈 먹기"다. 운이 좋아 상한가를 치면 모의투자대회에서 좋은 성적을 낼 가능성이 생기는 것이고, 모두 잃어봐야 고작 300만 원뿐이다. 이런 '모 아니면 도'의 투자는 1,000%

가 넘는 수익률을 달성하게도 한다. 또한 수익률 대회를 위한 조직이 있다는 이야기도 들린다. 그 조직은 수익률 대회에 참여한 사람이 높은 가격에 팔 수 있게 주가를 조작하는 데 도움을 주고, 그가 우승하면 돈과 상품을 나눠 갖는다. 모의 투자대회 1등 수익률을 본 개미들은 고수익의 환상에 빠진다. 하지만 냉정하게 생각해보라. 세계 랭킹 1위가 20.3%인데 국내 고수들이 3개월간 1,000% 이상의 수익률을 올렸다면 이것은 운 아니면 사기다. 진지하게 믿을 필요가 없다. 이런 터무니없는 일들은 잊고 사는 것이 마음이 편하다. 개미투자자도 한 해나 두 해 정도는 300~400% 수익을 올릴 수도 있다. 나는 누가 얼마 벌었다는 말은 계좌를 확인해보지 않고는 믿지 않는다. 원래 사람이란 자신이 돈을 번 사실에 대해서는 떠벌이게 되지만 돈을 잃은 경우에는 말이 없어진다.

    개미투자자들이 투자에서 성공하기 위해서는 먼저 마음속에 있는 탐욕을 누그러뜨려야 한다. 대부분의 투자자는 답을 알면서도 욕심 때문에 투자 패턴을 그르치는 경우가 많다. 세상에는 제대로 된 투자를 이해 못하는 사람도 있지만, 투자방법을 잘 이해하고 있음에도 불구하고 실천하는 자제력이 결여된 경우도 있다. 중장기 투자는 인간의 본성에 역행하기 때문에 자제력이 필요하다. 인간의 내부에 존재하는 사소한 욕심을 버려야 한다. 탐심이 있어야 돈을 벌고자 하는 행위를 할 터인데, 그 마음을 버려야 돈을 번다? 그렇다면 돈 벌려는 행위가 없어야 돈을 번다? 역설적이지만, 부자가 되기 위해서는 별 수 없다. 경지를 초월해야 고수가 된다.

사람이 살면서 횡재를 하는 경우도 있다. 20억을 투자해 세력들이 노리는 잡주를 샀다가 3~4배쯤 오르면 70억도 될 수 있다. 하지만 운도 한두 번이다. 초보 골퍼가 냅다 휘두른 샷이 홀인원이 될 수는 있다. 하지만 그가 라운딩마다 언더파를 칠 수는 없지 않은가? 몸으로 하는 운동에 고수가 되려면 적어도 4~5년, 프로급이 되려면 10년 이상의 수련이 필요하다. 주식은 어떨까? 사람들은 눈에 보이지 않는 것은 쉽게 생각하는 성향이 있다. 하지만 머리로 수행하는 업무는 고도의 훈련과정이 필요하다. 실제로는 몸으로 체득하는 기술보다 더 어렵다. 천재들은 엄격한 가정교육과 본인의 의지로 수 년 혹은 십 수 년간의 수련을 거친다.

한국의 국보 프로기사 이창호는 초등학교 시절 조훈현 9단의 내재자로 들어가 7년간 같이 살았다. 조 9단의 부인 정미화씨는 새벽 두세 시에 잠이 깨 물이라도 마시려고 거실에 나올 때마다 이창호가 살던 이층 방에서 들려오는 바둑돌 소리를 하루도 빼지 않고 들었다고 한다.

이창호는 투자자들이 닮아야 할 품성을 갖추고 있다. 구경꾼에게는 흥망성쇠가 무성한 바둑이 재밌겠지만, 이를 생업으로 하는 프로기사들에게는 묘수에 맛을 들이면 속임수의 유혹에 쉽게 빠져들게 된다. 바둑은 줄기차게 이기지 않으면 우승할 수 없기 때문에, 줄기차게 이기려면 괴로워도 정수가 최고다. 바둑 10결[35]의 첫째는 "얻을 수 없는 승리를 탐하지 않는 것(不得貪勝)"이다. 이창호 9단은 어릴 때부터 수를 다 읽었지만, 전투적이거나 살벌한 수는 여간해 결행하지 않았다. 이창호는 자신의 감정을 대국장에서 결코 표출하는 법이 없다. 이러한 분노나 적개심은 최선의 수를 찾는데 아무 도움이 안 된다. 이창호의 바둑 모토는 고정관념과 욕심을 버리는 것이다. 이것은 투자의 세계에서 성공하기 위해서, 또 다른 분야에서도 크게 다르지 않다.

친구 중에 미국 회계사 자격증을 가지고 있으며 굴지의 대기업의 재무팀 과장으로 일하던 친구가 있다. 그는 탁월한 회계지식을 이용해, 1천만 원을 3년간 투자해 5천만 원으로 불렸다. 5년차에는 드디어 1억으로 만들었다. 철저히 가치에 기반한 투자를 했다. 회사의 본질가치보다 싼 회사를 매수하고 본질가치보다 상회하면 팔았다. 회전률도 1년에 100% 정도로 양호했다. 나는 투자를 시작한 초기에 꾸준한 수익을 내는 사람을 별로 본적이 없다. 하지만 이 친구는 예외였다. 전공 실력이 뛰어났고 정통 가치투자를 실현하는 기간 동안 승승장구했다.

문제는 1억을 돌파한 이후였다. 스스로 한국의 워런 버핏이라고 생각했는지, 한국의 버크셔해서웨이를 만들겠다고 친척, 친구, 직장 동료에게 떠벌리고 다녔고, 심지어 투자경험, 수익률, 독서에서 그 친구보다 우위에 있는 나에게 시간 날 때마다 주식강의를 일삼았다. 나는 그 친구에게 스타벅스에서 카페라떼를 마시면서 지겹고 원론적이며 초보티를 벗지 못한 어설픈 투자 강의를 매번 들어야 했다. "한국의 워런 버핏"이라는 아이디로 메신저에 가끔 나타나, "너한테만 알려준다"며 투기 종목을 찔러줬다. 나는 투자관련 책, 논문, 기사는 써도 주변 사람들에게 투자 강의를 하거나 종목을 추천하지 않는다. 반면 초보투자자는 우연히 돈을 벌면 간이 두 배로 불어난다. 교만은 사람 사이에 벽을 만들고 겸손은 다리를 만들어 주는 법이다. 투자에서의 교만은 스스로를 빈털터리로 만들 뿐 아니라 주변 친구들과의 다리를 모두 끊어 놓는다.

그 친구는 지긋지긋한 월급쟁이 생활을 청산하고, 자신만의 '투자자문사'를 만들어 대학을 갓 졸업한 미모의 비서를 채용하고, 비즈니스클럽에서 밤의 황태자가 되겠다는 백일몽을 꾸기 시작했다. 하지만 그가 수익률 1,000%나 달성하면서 만든 종자돈은 겨우 1억이었다. 그 외에는 2억짜리 전세가 전 재산이었고 처자식이 딸려있는 상황이어서 돈을 더 끌어올 곳도 없었다. 결국 그는 위험을 무릅쓰더라도 옵션의 일종인 ELW 거래로 1년 안에 10억을 만들고 그 돈으로 독립한다는 계획을 세웠다.

5년 동안 직장 업무를 마치고 피곤한 몸으로 새벽까지 기업분석을 하면서 가치투자로 만든 1억 원이 2천만 원이 되는 데는 3개월이 걸렸다. 다행히도 대박이 터져 2천만 원은 다시 1억이 되었다. 그 과정을 옆에서 지켜본 나는 원금만 찾아서 다시 가치투자로 돌아가라고 조언했다. 그러나 그는 이미 자신이 천재 투자자라는 환상에 빠져 있었다. 결국 그 1억 원은 두 달 만에 0원이 되었다.

지금 이 친구는 아들 분유값이라도 챙기기 위해 공사장에서 주말 아르바이트를 뛰고 있다. 또한 마이너스통장에서 몇 천만 원의 돈을 대출해 ELW에 다시 손을 대고 있다. 탄탄한 기본기로 투자 초기 5년간 1,000%의 수익률을 올렸으나, 욕심을 다스리지 못해 모든 돈을 잃었다.

　시장에 공짜 점심(Free lunch)은 없다. 이걸 알면서도 개미들은 벼락부자를 향해 모닥불에 몸을 던진다. 그러다가 온몸이 다 타서 '치료가 힘들 정도의 염증'과 후유증을 갖고 쓸쓸한 퇴장을 맛본다. 이제 그 서글픔은 끝나야 한다. 투자는 멀고 먼 항해이고, 자신과의 고독한 싸움이다. 투자에서 성공하기 위해 감정적으로 증시에 뛰어드는 개인들은, 철저한 원칙을 고수하는 기관과 외국인에게 좋은 먹잇감일 수밖에 없다. 1992년 외국인에게 증시가 개방된 이후 이 먹이사슬은 깨어질 줄을 모른다. 외국인들을 미워하고, 한미 FTA를 반대하고 "양키 고 홈"을 외치기보다는 누구에게나 적용되는 '금융의 룰'하에서 싸워 이기는 것이 더 생산적인 자세가 아닐까 싶다.

　외국인들의 투자원칙은 간단하다. 세계적인 경쟁력을 갖춘 업종 대표주, 저평가주, 고배당주 종목에 중장기적인 시각을 갖고 투자한다. 개미투자자들이 우리나라 주식 시장의 1,700여 개 종목을 모두 평가할 수는 없다. 주식의 가치평가는 절대 쉽지 않다. 하지만 일부 기업에 초점을 맞춰 오랜 기간 동안 연구한다면 올바른 평가에 접근할 수 있다. 주가보다는 가치에 주목하고 분산 투자한다. 학습과 노력 없이 대박주에만 관심을 가지고 루머와 정보에 휘둘려 변동성이 큰 테마주에 투자하는 개인들은 투자 방법을 180도 전환하지 않고는 지속적인 손실은 필연이다. 대박을 노리는 단기투자는 '도넛'과 같다. 부드럽고 달콤하지만 몸에는 별로 도움이 되지 않는다. 정석투자는 딱딱한 빵인 '베이글'과 같다. 씹기에도 딱딱해 먹기에 불편하지만 영양이 많아 몸에 좋다. 도넛은 오래 먹을수록 질리지만, 베이글은 계속 먹다보면 맛을 더 음미하고 느끼게 된다.

요즘 같은 저금리 시대일수록 좀 더 수익률이 높은 투자처를 찾을 수밖에 없다. 그럴수록 100%, 1,000%의 대박을 노리기보다는 10%~15%대의 안정적인 투자에 집중하는 것이 손실을 줄이고 수익을 높일 수 있는 방법이다. 투기가 아닌 투자로 회귀하면 작은 수익을 쌓아 큰 수익을 올릴 수 있을 것이다. 초보투자자일수록 대박 환상보다는 안정적인 수익 확보에 목표를 두어야 한다. 장기적인 시각으로 안정성과 수익성이 전제된 종도을 압축하고, 일단 투자하게 되면 펀더멘털의 변동을 확인하기 전에는 평생 보유한다는 자세를 가져야 한다.

미국 증권거래위원회(SEC)는 인정받는 투자자의 기준은 다음 중 하나를 충족하는 사람이라고 했다. ①연간 수입이 20만 달러를 넘는 사람, ②부부의 연간 수입이 30만 달러를 넘는 사람, ③순 재산이 1백만 달러를 넘는 사람 등이다. 개미투자자는 이 세 가지 중 하나를 달성하기 위해서 노력해야 한다. 이 목표를 달성한 개미는 더 이상 개미로 불릴 이유가 없다. 나는 이런 투자자들을 진성 투자자로 불러드리겠다. 진성 투자자는 자기가 원하는 바를 행함에 있어 그 누구의 간섭도 받지 않는 사람이다. 그는 자유인이다. 영화판에서는 10%의 배우들이 전체 돈의 90%를 번다. 스포츠계에서는 10%의 선수가 전체 돈의 90%를 번다. 음악가도 마찬가지다. 이런 논리는 투자의 세계에도 적용가능하다. 진성 투자자 10%가 판돈의 90%를 소유하며 개미투자자들은 이들을 부자로 만들어주고 자멸의 길로 빠진다.

원칙을 인내하라

> 벤저민 그레이엄은 가치투자의 구약을 썼고 워런 버핏은 신약을 썼다.
> ― 빌 루앤

개미투자자들은 한두 번의 투자 성공으로 자신의 능력을 과신하면 안 된다. 평균적인 개인이 평균보다 잘하는 것은 통계학적으로 불가능하다.[36] 시장이 좋을 때는 대부분의 사람들이 수익을 낼 수 있는 여건이 주어진다. 진정한 실력자는 시장이 좋지 않을 때 빛을 발한다. 오랜 기간 동안 꾸준하게 수익을 올리는 사람은 단순히 운이 좋은 사람이 아니다. 종자돈을 모으기 위한 인고의 시간을 거친 사람이다. 공부하지 않고 인내심이 없는 사람은 투자자가 될 자격이 없다.

투자 대상물은 아름다운 여자나 날씨 그리고 초보 골퍼들이 때리는 드라이버 샷처럼 변덕스럽고, 희생양을 유인하기 위해 수많은 마력을 발산하다가 사람들이 자신에 도취되었을 때 냉혹하게 돌아선다. 아이작 뉴턴은 "천체 운동은 센티미터와 초 단위로 측량가능하다. 우주의 원리를 파악하는 것은 내게 참으로 쉽다. 하지만 미친 대중들의 광기는 도저히 예측할 수 없다"며 주식 시장의 변동성에 혀를 내둘렀다. 후기 인상파의 대표적인 화가인 폴 고갱은 파리의 주식 시장에서 주식중개인과 투자자로 일하다 엄청난 빚을 지고 타히티로 야반도주했다. 그림을 그리기 위해 타히티에 간 것이 아니라 쫓겨 간

곳에서 창작 활동을 한 것이다. 다행히 우리는 그 일로 인해 '황색 그리스도'를 비롯한 수많은 명작을 볼 수 있게 되었다. 노벨문학상을 받은 어네스트 헤밍웨이는 문학적 논쟁을 벌이다가도 월가의 최신뉴스를 듣기 위해 대화를 중단할 정도로 주식광이었다. 위대한 작곡가였던 리하르트 슈트라우스는 생전에 돈과 주식 투자에 대한 관심이 지대했다. 계몽주의자인 볼테르는 연인과 몇 시간이고 돈과 증권에 대해서 이야기 했고 투기성 짙은 외환 밀거래로 유명해졌다. 오노레 드 발자크는 낭비벽이 심한 자신의 삶을 유지하기 위해 많은 돈이 필요했고, 그 때문에 닥치는대로 글을 쓰며 투자 지식을 습득하기 위해 당대 유명한 투자자인 로스차일드의 집을 들락거렸다. 철학자였던 스피노자와 유대인 경제학자였던 리카르도 역시 다단한 투자자였다.

거시경제학(Macro Economics)의 창시자 케인스는 투자자로 성공한 경우다. 버트런드 러셀은 자신의 자서전에서 그를 "내가 아는 사람 중에서 가장 예리하고 명석하다"고 평가했으며 "토론하다 보면 자신이 바보가 된 기분이 들게 만드는 사람"이라고 칭했다. 케인스는 원숭이와 구분하기 어려운 외모를 가졌으며 동성애를 즐겼다는 사실을 제외하고는 인생 자체가 일류였다. 그는 심각한 경제 위기에 처했던 1932년 당시 미국 주식을 매수해 호경기에 팔아 상당한 부를 축적했다. 그가 책임자로 전권을 가지고 관리했던 킹스칼리지 케임브리지(King's College Cambridge) 기부금의 수익률은 1928년부터 1945년 사이에 연 평균 13.2%였다. 같은 기간 영국의 주가지수는 연 평균 0.5% 하락을 기록했다. 이런 성적은 그가 투자한 기간 동안

1929년 증시 폭락 사태와 대공황 그리고 제2차 세계대전이라는 사건들이 있었던 것을 감안하면 실로 놀라운 수치가 아닐 수 없다. 그는 주식 투자로 재산을 축적한 지구상에 몇 명 되지 않는 경제·경영학자중 한 명이다. 케인스의 전기 작가인 로버트 스키델스키는 "그의 투자 철학은 그의 경제적 이론이 진화해가는 것에 따라 변화했고, 투자자로서 얻은 경험으로부터 많은 것을 배워 변화한 이론이 다시 투자에 반영되었다"고 했다.

장기간 동안 집중 투자는 아무리 성장주나 테마주라도 조심해야 한다. 미확인 정보에 현혹되지 말고 실적에 주목하라. 긴 안목으로 안정성과 수익성이 전제된 종목을 고르고 단기등락에 휘둘리지 마라. 시장은 항상 옳다고 믿고 겸손한 자세로 공부하자. 투자는 마라톤이다. 단기간에 높은 수익을 올리면 다음에 독이 될 수 있다. 부자들은 15~20%의 수익을 높다고 말한다. 부자들은 복리의 마법을 알고 있기 때문이다. 부자의 마음가짐으로 투자에 임하라. 여러분들은 투자를 할 때 주식이건 부동산이건 "10년은 평균이며, 가능하면 영원히 보유한다"는 생각으로 매수 대상을 선정하라. 배우자감을 고르듯이 고르면 된다.

주식에 투자한다면 "저평가된 주식을 사서 오래 갖고 있으라"는 말을 잊지 말자. 시장의 흐름이나 경제전망에 좌우되지 말고 개별종목의 내재가치를 판단해야 한다. 각종 회계·재무 교과서에서 빈번하게 언급되는 내재가치(intrinsic value)의 의미는 단순하지는 않다. 내

포가치, 정당화된 매각 가치, 적정가치, 평가가치 등 다양한 다른 단어와 비슷한 의미를 갖는다. 절대적인 내재가치의 개념은 없다. 내재가치는 자산, 이익, 배당금, 전망 등으로 인정되는 가치 정도로 볼 수 있지만, 가치를 결정하는 가장 중요한 개념은 '미래 예상 평균 수익의 현금 흐름' 정도가 될 것이다. 주식 시장과 경제상황은 반드시 같은 방향으로 함께 움직이지 않는다. 그리고 경제상황을 단기적으로 예측할 수 있는 사람은 없기 때문에 내재가치가 가격에 수렴하거나 더 높은 가격으로 오버슈팅 될 때를 기다릴 수 있는 사람에게 기회가 주어지게 된다.

나는 영업실적과 수익성, 경영진의 철학, 영업망의 집중력 등을 고려해서 기준에 맞는 20~25개정도의 최우량 회사를 골라둔다. 그 목록은 회사의 실적과 환경의 변화에 따라 계속 바뀔 수 있다. 목록에 있는 종목이라고 하더라도 PER이 합리적인 수준일 경우에만 매수를 결정하고, 내가 보유하고 있는 종목의 펀더멘털의 변화가 없더라도 더 좋은 회사를 발견했거나 보유하고 있는 회사의 실적이 기대수준에 못 미치는 경우에는 주식을 매각하는 식으로 포트폴리오를 변경해 나간다. 사고자 하는 회사의 가격이 일정한 범위 안에 들어오면 분할 매수하는 것도 요령이다. 주식만큼은 자식에게 물려줘도 후회하지 않을 만큼 향후 긴 시간 동안 가치를 확신할 수 있어야 한다. 충동적인 군중심리에 휘몰리지 않고, 경영철학과 기업문화를 갖추고 좋은 제품을 적당한 가격에 판매하는 회사에 투자한다. 산이 높으면 계곡도 깊은 것과 동일한 이치로, 빨리 오르는 주식일수록 빨리 떨어지기 마련이다. 주식 시장에서는 토끼보다 거북이가 낫다. 베리 본즈처럼 홈런만 노리기보다는 이치로처럼 단타 위주로 높은 평균타율을 유지하는 것이 낫다. 복리의 기적을 간과해서는 안 된다.

1987년 미국 증시 붕괴를 정확히 예측하고 주식을 팔아치워 월스트리트에서 유명세를 떨친 일레인 가자렐리는 "성공적인 투자 비결은 겁을 먹고 너무 빨리 주식을 팔아치우는 실수를 범하지 않는 것"이라고 말했다. 시장이 하루에 200포인트 하락하면 개인투자자들은 대개 잔뜩 겁을 먹고 주식을 팔아치우지만 그 때가 바닥일 때가 많다. 단기 시황에 원칙이 흔들리거나 동요되면 안 된다. 모든 사람이 정신을 잃을 때 제정신을 유지하기 위해 권위에 의문을 제기해야 한다. 어떤 인간의 권위도 명령에 의해 진리를 확립할 수는 없다. 진리는 인간을 넘어선다. 권위가 미지의 영역 속에 깊이 침투해 있다고 하더라도 우리의 지식의 모든 범위에서 제기 가능한 비판을 초월한 권위는 존재하지 않는다.

분산 자체만을 위해 알지도 못하는 종목에 투자하는 것은 무익한 일이다. 일반 투자자들이 빠지기 쉬운 함정이 바로 어리석은 분산투자이며, 맹목적인 분산투자는 잡초에도 쓸데없이 물을 주는 것과 같다. 중요한 것은 보유 종목의 개수가 아니다. 포트폴리오 구성은 투자에 성공하기 위한 수단일 뿐이다. 수단이 목적이 되면 안 된다. 개의 꼬리는 개의 엉덩이에 얌전히 붙어 있어야지 개를 흔들려고 하면 안 된다. 지금 10등이지만 앞으로 2등이 될 수 있는, 수익 창출 능력이 지금도 좋고 앞으로 더 좋아질 기업을 고른다.

포트폴리오 이론은 1952년 시카고대학 대학원생 해리 마코비츠가 〈재무학회지(The Journal of Finance)〉에 '포트폴리오 선정'이라는 글을 기고한 것이 기원이다. 14쪽 분량의 길지 않은 글이었고 사람들의 관심을 끌지 못했다. 본문은 겨우 4쪽이었고 나머지는 그래프와 수식으로 채워졌다. 그의 논문의 요지는 투자수익과 위험도의 관계를 통계적으로 유효하게 정량화할 수 있고 그 결과 다양한 기대수익의 수준에 따른 위험도를 산출해 낼 수 있다는 것이다. 결론적으로 말하면 위험부담 없이 투자수익을 기대할 수 없다는 것이다. 지금이야 누구나 다 알고 있는 이야기지만, 1950년대에는 혁명적인 개념이었다. 마코비츠의 이론은 개별 주식에 대한 차이를 매수자가 전혀 알지 못할 때 성립한다. 무작위로 종목을 선정하면 많은 종목을 편입하는 것이 전체 평균 주가의 표준편차가 적게 되는 것은 당연하다. 하지만 비록 두세 개의 종목만을 선택했다고 하더라도 투자자가 고유가치, 재무가치를 파악하여 훌륭한 종목을 편입할 수 있다면, 위험도를 크게 낮출 수 있다. 분산투자는 자신의 무지를 통계학으로 덮으려는 얕은꾀다. 수많은 종목을 편입해 시장 수익률만큼만 수익을 얻는 것이 목적이라면 국공채를 사던가 은행에 넣어두던가 아니면 인덱스펀드를 사면 된다. 버핏은 1988년 코카콜라의 주식을 매입하기 시작하였고 초기 버핏의 지주회사인 버크셔해서웨이의 포트폴리오에서 차지하는 비율이 20.7%였다. 1991년까지는 34.2%, 1997년에는 43%까지 올라갔다. 그리고 10년간 34.7%의 평균수익을 올림으로써

18.8%인 시장평균보다 거의 두 배 높은 실적을 올렸다. 코카콜라 집중 투자는 버핏에게 엄청난 수익을 안겨 주었다.

나는 몸무게가 80kg까지 나갔던 적이 있다. 과다 콜레스테롤과 중성지방에 의한 고지혈증과 지방간 판정을 받았으며 오래 살고 싶으면 체중을 줄이라는 의사의 경고를 받아들여 다이어트에 돌입했다. 나를 진단했던 의사는 두 가지 안을 내놓았다. 고지혈증 치료제를 평생 복용하던가 아니면 3개월간 5kg을 감량하라고 했다. 그리고 보통 사람들은 감량에 성공하는 경우가 거의 없으니 그냥 맘 편하게 약 먹고 살라는 조언도 했다. 의사의 심각한 경고에도 불구하고 체중을 줄이지 못해 심장병이나 뇌졸중으로 사망하는 경우가 허다한 경우를 보면 다이어트가 정말 어렵긴 어려운 것 같다. 하지만 나는 다이어트에 성공했다. 3개월 동안 의사의 권고수치를 훨씬 넘어서는 10kg을 감량했다. 나의 다이어트 성공비결은 매주 4~5회 러닝머신 위에서 4km 이상을 걷고 근육운동을 병행했다. 그리고 평소에 좋아하던 청량음료와 군것질을 끊었고 식사는 정상대로 했다.

다이어트는 섭취하는 칼로리보다 소모하는 칼로리가 높으면 자연스럽게 된다. 초등학생도 이해할 수 있는 논리다. 하지만 실행이 쉽지 않은 이유는 식습관이란 자신이 평생 만들어온 삶의 궤적이라 변경하기 어렵기 때문이다. 미국 속담에 "You are what you eat"이라는 말이 있다. 먹는 것이 바로 그 사람이다. 다이어트에 돌입한지 2년이 훨씬 넘었지만, 나는 여전히 68kg을 유지하고 있다. 피자, 햄버거와 같은 고지방 식단이나 아이스크림, 과자와 같은 군것질을 피하고 여전히 걷기 운동을 하고 있으며 체중은 매일 체크한다. 이와 같은 과정에서 나는 나의 성취욕구와 의지력이 남들보다 강하다며 스스로를 세뇌시켰다. 세상에 안 된다고 생각하면 되는 일은 하나도 없다. 자신감을 갖고 다이어트를 위해 일주일에 네 번 운동을 하기로 했으면 당장 자신과의 약속을 지켜라. 힘들고 지겹고 따분해도 무조건 헬스클럽으로 달려가서 벤치프레스를 들어 올려라.

투자도 마찬가지다. 성공을 위해 경제신문 두 개를 구독하고 일주일에 하나의 기업을 분석하고 매주 주말이나 휴일에 부동산 매물을 보러 다니겠다는 계획표를 만들었다면 오늘부터 지켜라. 주식을 장기 보유한다고 스스로에게 약속했으면 절대 팔지 않아야 한다. 사람이 동물과 다른 점은 이성과 의지가 있다는 것이다. 부자가 천국 가기는 낙타가 바늘귀를 통과하는 것보다 더 어렵다는 성경 말씀도 있지만, 나의 생각으로는 일반 개미가 투자고수로 탈바꿈해 부자 대열에 합류하는 것이 부자가 천국을 가는 일보다 더 어려운 것 같다.

투자 대가들도 간혹 실패할 때가 있는데 이는 원칙이 없거나 원칙을 지키지 않기 때문이다. 자신의 원칙을 목숨처럼 지킨 워런 버핏, 칼 아이칸, 존 템플턴, 존 보글 등은 "닷컴 버블" 때 인터넷 주식에 투자하지 않았다. 이들은 아는 분야에만 투자한다는 원칙을 고집스럽게 지켰다. 아무리 많은 것을 배운다 해도 감정을 통제할 수 없으면 결국 돈을 잃을 수밖에 없다. 감정을 통제하지 못하면 싸구려 주식, 단타 매매, 외상 매매, 특급 정보에 현혹돼 주식 시장을 카지노로 착각하게 된다. 투자의 판단을 내릴 때 감정적인 것들은 배제해야 한다.

결정을 내릴 때 근본 요인들을 철저하게 따져보아야 한다.

투자는 기본적으로 고독하다. 역설적으로 투자 대가들은 끊임없이 누군가를 그리워했다는 말이다. 자신을 지키는 것은 남과 고립된 상황에서만 가능한 것은 아니다. 주변에 멘토가 있다면 투자를 덜 외롭게 견뎌낼 수 있을 것이다. 워런 버핏은 자신이 부와 성공을 이룬 공을 스승인 벤저민 그레이엄에게 곧잘 돌린다. 그는 벤저민 그레이엄의 《현명한 투자자》를 읽고 그에게 직접 배우기 위해 컬럼비아 대학에 들어갔고, 나중에는 그레이엄의 회사에 취직하기도 했다. 나에게는 아버지라는 평생의 멘토가 있다. 또한 셀 수 없이 많이 경제·경영·투자 관련서도 나에게는 중요한 멘토였다.

통섭 투자를 하라

> 버블은 몇 달 혹은 몇 년 동안 지속될 수 있다. 기본적인 가치를 무시한 투자자들은 루머요·정보에 솔깃해져 어떤 가격이건 지불하고자 한다. 그러나 결국에는 투자자들이 진정한 가치를 깨닫게 된다. 그 때가 되면 시장은 패닉에 빠지고 온통 팔자 주문이 쏟아지면서 거품은 붕괴한다.
> ― 존 템플턴

통섭은 자연과학과 인문학을 연결하고자 하는 학문 이론이다. "지식의 통합"이라 부르기도 한다. 이러한 생각은 우주의 본질적 질서를 논리적 성찰을 통해 이해하고자 하는 고대 그리스의 사상에 뿌리를 두고 있다. 자연과학과 인문학의 두 관점은 그리스 시대에는 하나였으나, 르네상스 이후부터 점차 분화되어 현재에 이르렀다. 현대적 관점으로 볼 때 각 지식의 분야는 좁은 분야의 연구에서 얻어진 사실에 기반하고 있다. 그러나 학문은 반드시 다른 분야에도 크게 의존하고 있다. 예를 들어 원자물리학은 화학과 관련이 깊으며 화학은 또한 생물학과 관련이 깊다. 물리학을 이해하는 것 또한 신경과학이나 사회학, 경제학을 이해하는 데 없어서는 안 된다. 이렇듯 각 분야는 다양하게 접합하고 연관되어 있다.

금융시장은 정답이 없는 세계다. 투자자는 정답이 없는 세계에서 최적의 답을 찾는 사람이다. 최적의 전략을 찾아내기 위해 수학, 물리학, 생물학, 심리학의 혜안이 필요하다. 특정 분야의 전문가는 엔진 한 개로 달리지만, 통찰력 있는 투자자는 인류가 만든 모든 학문을 추진력으로 쓸 수 있다. 심지어 곤충학까지 섭렵하는 사람도 있다.

개미와 꿀벌, 송사리의 생태도 주식 투자에 적용가능하다. 최근에는 인간 경제 활동이라는 정보처리과정을 설명하기 위해 진화의 보편적인 알고리즘을 이해하는 데 초점을 맞춘 연구도 나오고 있다. 경마, 포커게임, 주사위 던지기도 투자의 비밀을 아는 열쇠의 일부다. 내가 알고 있는 모든 것을 시장이 이미 알고 있다고 생각하면, 겸허한 마음으로 투자에 임할 수 있을 것이다.

진정한 투자자는 삶의 양면성을 이해해야 한다. 일면을 계산해 타면을 악용하거나 하나의 면에 집착하여 다른 면을 배제하는 것이 아니라, 상황의 양면을 모두 수용해야 한다. 그것은 이중적인 것이 아니라 다양한 측면을 전체적으로 조망할 수 있는 능력이다. 투자를 할 때 머리와 가슴을 동시에 사용하는 것이 진정한 통찰력이다.

자신의 투자 아이디어에 무한한 애착을 가져야 한다. 하지만 아무리 해답이 만족스럽다고 해도 그것을 최종 해답으로 간주하면 안 된다. 사람은 쉽게 오류를 범하는 동물이다. 인간은 불완전성을 지속적으로 자각하고 끊임없이 자기비판을 해야 한다. 투자의 세계에서는 여러 개의 답이 존재하지만 정답은 없다. 동일한 주식을 수백 가지 다른 시점에서 사고팔아도 수익을 내는 데는 전혀 문제가 없다. 부동산, 채권, 선물·옵션에서 수익을 내는 방법도 투자자들의 숫자만큼 있을 수 있다. 1 더하기 1은 2도 될 수 있고 3도 될 수 있다. 우리가 생각하는 아이디어가 틀릴 수 있다. 이는 상대주의가 아니다. 투자란 어떻게 보면 투자의 답을 찾아가는 과정이다. 투자는 어느 한 순간에 종결되는 것이 아니라 이 세상을 떠날 때까지 수행해 나가야 하는 과정이다. 답을 찾기 위한 구도의 과정이며 결과보다는 과정이 더 중요하다. 투자에는 정답이 없다.

투자에서 성공률을 높이는 가장 확실한 방법은 경제학에 대한 이해도를 높이는 것이다. 내가 말하는 경제학은 학술적인 좁은 개념을 말하는 것이 아니다. 경제에 대한 이해를 높이는 학문적 접근이라면 모두 경제학의 범주로 본다. 개미투자자라면 경제학을 하찮은 격언으로 생각해 거부감을 갖기보다는, 진지하고 겸손하게 접근하는 것이 좋다. 경제학이 상아탑에 갇혀 있고 무능한 학문이라는 무책임하고 저급한 선동이 난무하지만 세계적 투자자들은 대부분이 학부 혹은 대학원 과정에서 경제학(경영학)을 전공했다. 투자에서 성공하기 위해 박사학위를 취득할 필요는 없으나 학부 수준의 경제학은 필요하다.

싸게 사서 비싸게 파는 것은 모든 투자에서 불문율이다. 투자할 때는 반드시 부동산, 증권, 채권, 현금으로 투자자금을 분산해야 한다. 그리고 증권에 투자할 때도 한 종목에만 집중해서 투자하면 안 된다. 이러한 포트폴리오 이론 역시 경제학의 것이다. 유대인들은 탈무드에 이미 분산투자를 가르치는 내용이 있다고 주장하지만 경제학은 이런 내용을 누구나 동의하고 이해하기 쉽게 이론화했다. 이론을 미리 알고 있다면 치명적인 실수를 피할 가능성이 높아진다.

또한 투자자는 철학자처럼 사고해야 한다. "남들하고 반대로 가라"는 말이 철학적 사고를 잘 보여준다. 철학은 나의 사고와 생각을 어떠한 특정한 믿음이나 체계의 전제에서 출발시키지 않는 "무전제의 사고"다. 철학은 우리에게 주어지는 모든 지식을 일단 의심해본다. 이를 철학적으로 "회의한다"고 하는데, 철학은 반드시 회의로부터 출발한다. 회의가 없으면 철학도 없고 투자에서도 실패한다.

중세 시대까지, 철학은 신학의 노비였다. 철학은 무전제적으로 자유롭게 사고했던 것이 아니라 신학을 위대하게 만들기 위해 사용되었다. 철학이 신학의 몸종 행세를 더 이상 하지 않게 된 때, 즉 사람들의 사상이 기독교의 도그마에서 해방된 시기를 "르네상스"라고 부른다. 이때부터 무전제의 합리적 사고가 시작되었다. 투자자 역시 개인적 사고의 르네상스를 경험해야 한다. 투자 행위는 위대한 투자자들을 숭배하기 위함이나 특정 방법을 옹호하는 학파를 만들기 위함이 아니다. 투자는 객관적이다. 투자는 수익이라는 목적이 분명한 게임이므로, 도그마를 갖고 있는 사람은 실패할 수밖에 없다.

투자자들이 적용할만한 철학 이론이 있다. 이론의 반증가능성을 역설한 칼 포퍼의 과학철학이다. 칼 포퍼는 19세기 이래 지배적이던 프랜시스 베이컨과 존 스튜어트 밀에게서 비롯된 귀납주의적 과학관을 비판하는 데서 그의 철학을 세우기 시작했다. 귀납주의는 과학적 탐구로 데이터를 먼저 수집한 후 일반법칙을 발견한다. 때문에 필연적으로 물리적 경험의 비정확성을 사유의 정확성과 혼용하는 오류를 동반하게 된다. 그러나 칼 포퍼는 과학연구의 시작이 경험적 사실이라는 귀납주의적 전제를 반대한다. 그에 의하면 과학은 '문제'로부터 시작되고, 과학적 탐구란 문제를 풀기 위해 시행착오를 거듭하는 가운데 "대담한 추측과 이에 대한 반증을 시도"해보는 탐구과정이다. 논리실증주의자들은 검증 가능한 것은 과학이고 검증 불가능한 것은 과학의 자격이 없다는 기준을 도출하는데, 포퍼에 의하면 이 기준은 틀렸다. 그에 따르면 과학이론은 경험적 사실로 검증된다고 하더라도 완전하게 검증될 수 없다. 다만 실험에 의해 완전히 실증할 수 있고, 그렇지 않더라도 반증은 가능하다.

    투자 행위도 투자의 결과에 대한 대담한 추측을 내놓고 이에 대한 반증 가능한 증거들을 제시하고 탐구하는 과정이다.[37] 과학은 그 자체가 행복의 원천도 아니거니와 그 자체로 중립적이다. 과학은 선을 위해서든 악을 위해서든 목적에 상관없이 인간의 능력을 키워줄 뿐이다. 투자도 가치중립적이다. 법 없이도 사는 옆집 아저씨나, 아름다운 천사표 내 애인이라고 해서 투자에 더 유리할 것도 없다.

    투자를 할 때 기존의 이론이나 기법을 무조건적으로 적용해 성공가능성을 좇이고 투자하는 방법은 실패할 가능성이 높다. 제한된 정보, 불충분한 자료, 대표성을 결여한 사례 등 특수한 경우를 근거로 한 '성급한 일반화의 오류'는 개미들이 차트를 보고 미래 주가를 예측할 수 있다는 착각에 빠지게 한다. 개미들은 자신의 예측과 맞아떨어진 몇 개의 차트를 보고나서 성급하게 결론을 내린다. 이런 심리를 이용해 차트 읽는 기법을 팔아먹으면서 돈을 버는 전문가를 근절하기는 어려울 수밖에 없다. 과거 거래량이 늘면서 주가가 지속적으로 올라갔기 때문에 거래량이 늘면 무조건 주가가 올라간다거나, 3일 상승과 2일 하락의 패턴이 몇 차례 확인되었다고, 향후 이러한 패턴이 반복될 것이라고 생각할 수 있지만, 이러한 사례는 특수한 경우에 불과하다. 주가는 실로 복잡한 현상이다.

　NHN에 투자를 한다고 가정하자. 이는 NHN의 향후 사업 전망을 좋게 보고 주가가 오르리라는 가설을 세운 것과 다름없다. 중요한 것은 이제부터다. 여러분들의 가설을 뒷받침하는 긍정적인 데이터와 본인의 구미에 맞게 선택한 이론을 가지고 투자 예측을 평가하는 것이 아니라, 그 가설에 반하는 이유를 찾는다. 이것이 포퍼의 과학철학의 정신에 부합된다. 이렇게 많은 반증거리를 생각해보고 처음에 생각한 가설의 기초가 무너지게 된다면 투자하지 말아야 한다. 또한 반증이 충분하지 않다면 투자를 결정할 수 있다.

가설: NHN의 현재 주가는 200,000원인데, 2년 후에 500,000만원이 될 것이다.

반대논리:

① PER 수준이 60을 넘으므로 본질가치에 도달하기 위해서는 가격이 더 하락할 것이다.
② NHN의 사업 기반인 인터넷 사업은 경쟁이 갈수록 심화되므로 실적이 더 좋아질 수 없다.
③ NHN의 해외사업 실패로 수익성은 악화될 것이다.
④ 국내 사업만으로는 수요기반이 충분하지 못하므로 성장성이 높지 않다.

남들하고 반대로 가는 행위의 요체는 "쌀 때 사고 비쌀 때 파는 것"이다. 주식 시장이 폭락했을 때 주식 투자를 시작해, 연일 최고점을 갱신할 때 팔면 된다. 그러나 대부분의 사람들이 비쌀 때 사고 쌀 때 파는 우를 범하고 있기 때문에 돈을 벌지 못한다. 지난 2000년 초 코스닥에 투자하지 않으면 바보 취급 받을 때 주식을 팔아야 한다는 생각을 하는 사람, 911 테러로 항공주가 바닥을 모르게 빠질 때 대한항공을 매수하는 사람, 분식회계로 2001년도에 SK 관련주가 모두 반토막 났을 때 SK 계열사의 주식을 사 모으는 사람이 바로 "남들과 반대로 가는" 투자자다. 대중들과 반대로 생각해야 수익의 기회를 가질 수 있다. 대중들의 무분별한 열기에 휩싸이지 않고 합리적인 기준에 다라 투자 판단을 내리는 데는 말 못할 고통이 따르기 마련이다. 소수는 항상 외로우며, 버티고 버티다 마지막 순간에 맘을 바꿈으로써 그간의 노력이 한 순간에 수포로 돌아가는 일도 잦다. 인내심, 관용, 지적사고력, 통찰력과 지혜가 없으면 투자에서 앞서기 힘들다.

주식 시장에서 대세 상승, 대세 하락, 주가의 횡보는 주기적으로 나타난다. 아무리 건강한 사람도 감기에 걸리지 않고 평생을 살기는 어렵다. 주식 시장의 대폭락은 감기와 같이 빈번한 것이다.

보통, 주식의 펀더멘털이 훼손되지 않은 폭락은 '위기'라기보다는 '기회'인 경우가 많다. 최근의 서브프라임 모기지로 인한 폭락도 그런 상황이었다. 가치투자자들 그리고 전략적이고 노련한 투자자들은 쓸어담기에 바빴다. 증시 폭락 후 저점을 다진 뒤 각종 투자 자산의 1년간 움직임에 대해 조사한 연구 결과에 따르면 움직임 폭이 가장 큰 것은 주식이었다. 바닥을 확인한 후 주식을 샀다면 다른 투자 상품보다 수익률이 컸다는 것이다. 불패를 자랑한다는 부동산 수익률도, 최근 뜨고 있는 원자재 시장도 주식에 비할 바가 못 됐다. 그 이유는 단순하다. 부동산과 원자재 시장에 비해 주식 시장의 낙폭이 크기 때문이다.

한국 경제에서 증시가 추락한 대표적인 사례는 외환위기, IT 버블 붕괴, 카드채 사태 등이다. 당시 이들 사태로 인해 증시는 어디까지 추락할지 모르는 공황 상태를 방불케 했다. 외환위기 때 증시는 1998년 6월 30일 297.88까지 폭락했다. 이런 상황에서는 누구라도 선뜻 증시에 투자하기란 쉽지 않다. 하지만 1년 후 196.4%나 껑충 뛰었다. 과감한 행동을 취한 이들은 대박을 터뜨렸다. 이에 반해 부동산이나 원자재 투자는 별 재미를 못 봤다. 당시 부동산 가격도 폭락했지만, 1년 동안 거의 움직임이 없었다. 국제 원자재 가격의 기준이 되는 CRB지수[38]도 -10.8%란 저조한 수익률을 보였다. 당시에는 금값도 마이너스였다. 이 같은 추이는 IT 버블이 붕괴됐던 시기를 봐도 마찬가지다. 이때는 버블 붕괴의 요인이 국내에 있었기 때문에 투자에 대해 다소 다른 결과가 예상되었지만, 역시 주식의 투자수익률이 가장 나았다. 바닥을 찍은 후 1년간 주식이 26.4% 수익률을 거둔 반면 부동산은 8.3%, 금은 1.5% 정도 수익률을 거뒀다. 2003년 카드채 사태 후에도 주식의 투자수익률은 여전히 다른 자산을 눌렀다. 2003년 2월 535.7로 저점을 찍었던 종합주가지수는 1년 후 880.5까지 상승해 64.4% 수익률을 보였지만 같은 기간 부동산은

4.5%만 거뒀다.

　대폭락 이후 반등 때마다 주식이 다른 자산을 압도하는 수익률을 보였다고는 하지만 문제는 확실한 바닥이 어딘지 확인하기 쉽지 않다는 적이다. 과거 데이터에서 바닥을 찾아내기란 쉽지만 각종 불확실성이 난무하는 현재의 주식 시장에서 정확히 바닥을 확인하고 들어가기란 여간해서는 쉬운 일이 아니다. 완전히 망할 것 같을 때가 기회다. 하지만 상승 분위기가 조성되기 시작하고 들어가도 늦지 않다.

　주식 시장 물 꽤나 먹은 사람들은 폭락 시에 쓸 총알을 과열된 시장에서 마련했다가, 폭락이 오면 입가에 교활한 미소를 지으며 컴퓨터 앞에서 만세삼창을 부른다. 주머니에 현금을 가지고 폭락장에서 주식을 사려는 사람은 배가 고파서 식당으로 가는 길에 느끼는 즐거움과 같은 기분을 갖는다. 투자 고수들일수록 은밀하고 지능적이다. 그러므로 남들하고 반대로 가라는 말은 "세상의 삐딱이"가 되라는 말이 아니다. 대중들의 어리석음을 뛰어넘을 수 있는 지혜를 가지라는 말이며, 그런 지혜는 대중들의 사고와 불일치하는 경우가 많다. 케인스는 《일반이론》에서 "세속적 진리는 이례적으로 성공하는 것보다 인습적으로 실패하는 것이 평판에 좋다고 가르친다"고 언급하여 군중과 다르게 행동하는 것이 얼마나 어려운지를 가르쳐준다.[39]

　우리는 다행히도 남들과 반대로 가면 투자에서 성공할 수 있다는 실증 데이터를 가지고 있다. 인베스터즈 인털리전스(Investors Intelligence)는 지난 40년 동안 수십 종류의 주식 시장 뉴스 레터를 분석해 주식의 전망에 대해 긍정적인지 부정적인지 중립적인지를 평

표3.4 투자자 감성 지수와 기간별 다우존스 수익률
심리 지수 = 강세장/(강세장+약세장)

1970~2006		심리 지수에 따른 연간수익률			
심리 지수	빈도	3개월	6개월	9개월	12개월
0.2~0.3	1.14%	18.52%	15.40%	22.79%	20.74%
0.3~0.4	8.34%	12.24%	13.79%	16.52%	15.82%
0.4~0.5	15.28%	20.30%	15.02%	13.06%	13.43%
0.5~0.6	27.29%	15.98%	13.61%	11.10%	10.21%
0.6~0.7	27.60%	8.61%	6.75%	6.66%	6.03%
0.7~0.8	15.95%	10.45%	7.17%	7.03%	6.74%
0.8~0.9	3.83%	−0.39%	0.23%	−3.32%	−1.79%
0.9~1.0	0.57%	0.35%	−3.87%	−9.17%	−10.18%
전체	100.00%	12.72%	10.35%	9.45%	9.02%

1990~2006		심리 지수에 따른 연간수익률			
심리 지수	빈도	3개월	6개월	9개월	12개월
0.30~0.35	1.28%	20.43%	15.83%	15.51%	20.66%
0.35~0.40	3.27%	16.69%	18.19%	18.63%	20.85%
0.40~0.45	4.78%	30.10%	22.52%	20.99%	21.24%
0.45~0.50	7.12%	33.39%	18.61%	15.25%	15.24%
0.50~0.55	15.17%	21.80%	17.98%	15.74%	14.81%
0.55~0.60	17.97%	12.92%	11.61%	11.36%	11.05%
0.60~0.65	24.85%	4.65%	5.67%	6.91%	6.25%
0.65~0.70	14.35%	5.37%	5.34%	4.38%	5.35%
0.70~0.75	8.63%	10.64%	7.04%	6.63%	6.43%
0.75~0.80	2.57%	3.03%	6.86%	4.51%	5.02%
전체	100.00%	13.19%	11.04%	10.38%	10.33%

자료.《장기투자 바이블》, 제레미 시겔, (2008)

가했다. 주식의 전망에 대해 부정적일수록 심리 지수가 낮고, 긍정적일수록 높다. 그리고 그 시점에 투자를 시작했을 때의 연간수익률을 계산했다. 결과는 의외였다. 주식 투자에 대해 부정적 전망이 월등할 때 투자하면 수익률이 더 높게 나타났다. 주식 투자를 기피하는 심리가 단연했을 대 수익률이 월등히 높은 것을 알 수가 있다.

세계 경치에는 항상 수많은 우려가 존재한다. 인도·중국 변수, 미국의 경제성장에 따른 달러 약세, 국제 유가, 중동의 국지전, 아프리카 국지전, 기후 변화 등……. 도대체 근심거리를 갖고 살지 않을 수가 없는 두려운 세상이다.

그러나 인류가 문자를 기록하기 시작한 이후 과연 세상이 두렵지 않은 적이 있었나? 전쟁, 페스트, 매독, 독감으로 수백, 수 천만 명이 몰살당한 적이 한두 번이 아니다. 하지만 인류의 절반을 날려버린다거나, 기업의 30%를 망하게 하거나 할 엄청난 파괴력을 가진 사건은 자주 일어나는 일이 아니다. 만약에 그런 일이 생긴다면 나 홀로 망하는 것이 아니니 내가 걱정할 필요가 없다. 기본적으로 자본주의의 지속성에 대한 신뢰만 있다면 투자를 할 수가 있을 것이다. 평소에 많이 읽고 많이 생각하는 사람이라면, 특정한 사건이 주식의 펀더멘털에 미칠 영향을 어느 정도는 평가할 수 있다. 대부분의 폭락은 인간의 생존욕구에 따른 과민반응일 때가 많다. 과거에 비하면 지금은 안정적이며 불확실성도 많이 제거되었다. 지금 상황이 어수선해서 투자가 어렵다면 죽기 전까지 투자기회는 없다.

주가가 심하게 떨어져야 가격 메리트가 생겨난다. 재무 상태가 좋고 발전성도 있는 우량주가 급락할 때 기회는 온다. 금융시장에 대혼돈이 발생할 때가 진정한 기회다. 혼란이 발생할수록 투자 대상에 대한 잘못된 가치 산정이 일어날 소지가 많다. 주가와 부동산 가격은 이유가 있어서 오르는 것이 아니고 이유가 있어야 떨어지는 것도 아니다. 단기적인 등락에 붙는 각종 이유는 전문가들이 고료를 챙기거나 작전을 치기 위해 갖다 붙이는 구실이다. 개미투자자들은 폭락을 보면 겁이 나 투자 대상 기업의 펀더멘털이 오히려 더 좋아짐에도 불구하고 보유하고 있던 걸 팔아버리게 된다. 사이보그 같은 냉정함이 없으면 주식 투자는 어렵다. 폭락이건 폭등이건 냉철하게 가치를 판단해보고, 매수했을 때의 펀더멘털과 달라진 게 없다면 외부 환경변화에 놀라 매도할 필요가 전혀 없다.

사람은 사물을 유리한 쪽으로 해석하는 본능을 가지고 있다. 사람은 자기합리화의 동물이다. 판단이 틀리면 주변 환경과 운으로 돌린다. 사업이 잘 안된다고 사명을 바꾸거나 무속인을 찾아가 굿을 하거나 자신의 이름까지 바꾸는 사람이 있다. 사업이 잘 안 되는 것은 운도 있지만, 대부분은 자신의 능력 탓이다. 심리학적으로 설명할 수 있는 '자기합리화'는 외부로부터 가해진 스트레스를 줄이려는 인간의 자연스러운 반응이다. 사업에 실패한 이유를 모두 자신의 무능 탓으로 돌리면 자책감이 얼마나 심하겠는가? 차라리 나의 사업 파트너가 무능해서, 회사 이름이 부정해서, 시장이 좋지 않아서, 운이 나빠서라고 말한다면 자신의 탓이 아니므로 마음은 편해진다. 문제는 마음이 편해진다고 돈을 벌수 있는 것은 아니다. 돈을 벌려면 사업 실패나 투자 실패가 자신의 탓(Mea Culpa!)이라는 점을 인정하는 자세가 필요하다.

 개미투자자들은 틀림없을 것 같은 예측이 떠올라도 즉시 퇴짜를 놓는 연습을 해야 한다. 세상에 확실한 것은 인간은 모두 한 번은 죽는다는 것뿐이다. 미인은 자신에게 접근하는 수많은 남자를 대부분 거절한다. 미인에게는 기회가 많기 때문에, 굳이 초반에 접근해오는 한두 명의 남자 중에 자신의 배우자를 선택할 이유가 없다. 이들에게는 적당한 사람을 초반에 선택하는 것이 최적전략이 아니다. 그러나 아름답지 못한 여자들은 인생에서 짝을 선택할 기회가 많지 않다. 그렇기 때문에 한두 번의 기회라도 오면 잡아야 한다. 남성들은 미인에게 데이트 신청이 거절당해도 실망할 필요가 없다. 나 외에도 수많은 남성이 거절당했을 것이다. 진정한 투자자가 되려면 추녀보다는 미녀의 마인드를 가져야 한다. 고심을 거듭하여 리스크가 전혀 없는 좋은 기회 몇 번만 잡으면 충분하다.

듣고 또 경청하라

> 사람은 경험에 비례해서가 아니라
> 경험을 수용할 수 있는 능력에 비례해서 현명해진다.
> ― 죠지 버나드 쇼

전 세계 최고의 펀드매니저인 버핏은 79세(1930년 8월 30일 생)고 소로스도 79세(1930년 8월 12일생)다. 최근 시스템 투자로 각광받는 르네상스 테크놀로지의 제임스 시몬스는 71세로, 금융위기 와중에도 2008년도에 28억 달러(3조 7,000억 원)를 벌어들여 헤지펀드 업계에서 1위를 차지했다. 투자는 남녀노소 누구나 즐길 수 있는 지적 게임이다. 노인이 젊은이를 이길 수 있는 스포츠는 골프밖에 없다. 하지만 노인이 젊은이를 이길 수 있는 지적 게임은 많다. 사람의 머리는 다행히도 육체보다는 천천히 퇴보한다. 투자는 노인들에게 매우 유리한 게임이다. 2006년 미국의 기관 투자자 전문지 〈알파(Alpha)〉의 조사에 따르면 "수입 순위 25걸"에 포함된 헤지펀드 매니저들의 평균 수입은 2억 4천만 달러였다. 이들이 벌어들인 돈을 모두 합치면 140억 달러로 뉴욕시의 공립학교 교사 8만 명의 3년치 봉급을 충당하고도 남는 규모다. 또한 이 순위에 포함된 펀드매니저들의 평균 나이는 51세였다. 30대는 4명에 불과했다.

사람들은 두뇌도 나이가 들면서 기능이 떨어지는 몸의 다른 부분과 같다고 생각한다. 그래서 일상생활에서 기민한 판단력을 발휘하지 못한다고 믿는다. 노인들은 젊은 사람보다 창조적이지 못하다는 편견도 있다. 원래 사람의 몸은 나이가 들면서 기능이 저하되는 것이 가속화된다. 젊을 때의 시력을 100%라고 하면, 40대 초에는 기능이 90% 이하로 떨어지며, 70~80대에는 30%의 기능만을 가진다. 하지만 지적 기능은 조금 다르다. 지적 기능은 크게 두 가지로 나누는데, 추리능력, 연산능력, 기억, 도형지각능력 등을 관장하는 유동성 지능(Fluid Intelligence)은 경험과 무관하다. 그러나 어휘, 일반상식, 언어이해, 판단을 관장하는 결정형 지능(Crystallized Intelligence)은 경험, 훈련 및 교육 등의 환경적 요인에 의하여 오히려 발달하고 축적된다. 사람이 어릴 때는 유동성 지능이 우세해 수학계산과 추리를 잘하고 기억력이 우수하다. 하지만 나이가 들면 결정형 지능이 강화된다.

사람은 한창 배우고 경험을 익혀야 할 시기인 젊을 때 유동성 지능이 활성화되어 있고, 나이가 들면서 중요한 결정을 할 때 필요한

그림3.5 **나이와 지능 비교**

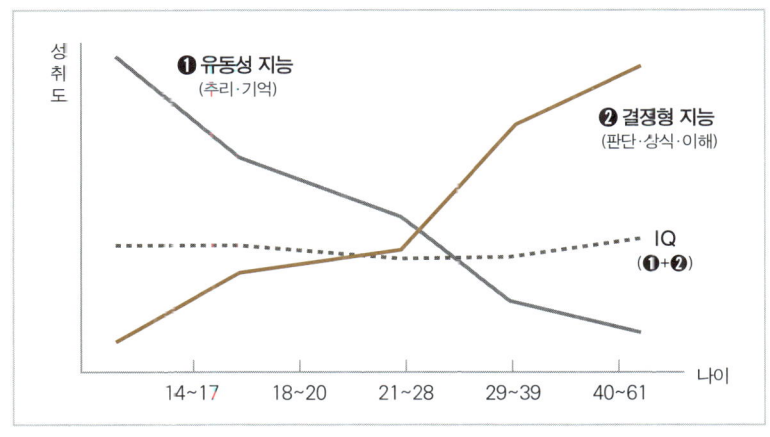

자료:《평생 발달 심리학:연구와 이론》, J.C. 혼 지음

판단력의 기초가 되는 결정형 지능이 점차 강화된다. 양쪽은 시소와 같아서 한쪽이 좋아지면 다른 쪽은 떨어지게 되는데, 때문에 사람의 지능은 평생 비슷한 수준을 유지한다. 그래서 문학, 과학, 예술 분야의 업적은 40대에서 70대까지 골고루 분포되어 있다. 통념과는 달리 노인들의 두뇌는 젊은 사람의 두뇌보다 더 현명할 수 있는 것이다.

성공적인 투자자가 되려면 어릴 때 유동성 지능을 갈고 닦아야 하고 나이가 들면서 투자와 관련된 다양한 경험을 하면서 결정형 지능을 활성화해야 한다. 어릴 때는 이성을 선택할 때 외모를 중요하게 생각한다. 외모만 보고 사랑에 빠지고 결혼을 성급하게 결정한다. 하지만 부모는 결혼 적령기에 들어선 자녀에게 "배우자 선택 시 외모보다는 성품을 보라"는 조언을 해준다. 결혼의 경험자인 부모는 장기 레이스인 결혼 생활에서 성품의 중요성을 알고 있기 때문에 현명한 조언을 할 수 있다.

젊은 개미투자자들의 사고는 얕다. 그들에게 세상은 추상적이며 일반적으로 다가온다. 이런 단순한 사고의 장점도 있다. 그만큼 사고 구조를 쉽게 전환할 수 있다. 그러나 이들은 주어진 상황에서 자신감 있는 대응이 쉽지 않다. 젊을수록 실수를 많이 하게 된다.

그런데 나이를 먹으면서 구체적인 경험과 성공, 실패 사례를 뇌라는 컴퓨터 속에 차곡차곡 저장하면 결정형 지능이 높아진다. 다양한 종류의 지식, 정보의 중요도, 상호 연계 규칙 등으로 사고 구조가 복잡해진다. 사안을 새로운 시각으로 보는 것이 아니라 과거의 경험에 비추어 이해하고 과거 경험의 범주에 따라 분류한다. 새롭게 경험하는 일은 기존 정보의 범주를 재편하게 된다. 1970~80년대에 프로 기사 조훈현과 쌍벽을 이루던 서봉수는 "40대 이후 인생은 리바이벌"이라고 했다. 경험을 쌓고 결정형 지능을 높이는 것은 한 살이라도 어릴 때 시작하는 것이 유리하다.

그럼에도 불구하고 내가 만나본 40대에서 60대 개미투자자들 중에는 본인의 투자 방식이 잘못되고 많은 돈을 잃었음에도 자신의 투자방법의 문제점을 파악하고 고치려는 노력을 안 하는 사람이 많다. 투자 초반에 수익을 내면 자신은 학구열에 불타며 머리가 뛰어난 투자자로 과신하고, 돈을 잃으면 그것은 운이 나쁜 것으로 생각한다. 이와 같은 실패를 서너 차례 겪고 나면 감정적으로 좌절해버리거나, 주식으로 성공할 수 없다는 생각에 주식 시장을 떠난다. 스스로에 대한 반성과 개선을 위한 노력은 없다.

다른 사람의 견해를 배우거나 타인의 생각을 듣기보다는 자신의 주장을 관철시키는 개미투자자들이 많다. 이와 같은 형태의 결과는 시장이 판단해 준다. 독단으로 인한 투자금액의 손실 책임을 스스로 지겠다면 그만이다. 하지만 수익을 내려면 첫째도 겸손, 둘째도 겸손이다. 간접경험이건 직접경험이건 투자에서 나보다 더 잘 아는 사람이라면 그들의 견해를 배우고 받아들일 마음가짐이 필요하다. 그리고 자신의 능력과 지능 모두 평범한 수준일 뿐이고, 주식 시장에서 일어나는 대중적인 실수는 나에게도 예외가 아니라는 점을 인정해야 한다. 투자의 세계에서 졸렬하고 옹졸한 자존심으로 남의 충고를 받아들이지 않으면 성공할 수 없다.

개미투자자는 "결정형 지능"을 높이는 노력을 끊임없이 해야 한다. 불여구지호학야(不如丘之好學也)[40]라는 말이 있다. "나만큼 배우기를 좋아하는 사람은 없을 것이다"라는 공자의 말이다. 투자에서 성공하기 위해서는 평생 학생이어야 한다. 배우지 않으면 투자에서 성공하는 데 필요한 지식과 판단력을 얻을 수가 없다. 동시에 독단적인 태도를 버려야 한다.

개미투자자의 포트폴리오

▌어떤 자산에 투자해야 하는가?

> 원하는 것을 손에 넣을 때까지는 개의 입에라도 키스를 하라.
> — 아라비아 속담

나는 7살 때부터 우표 수집을 했다. 나의 우표 수집은 아버지가 우표 25장이 한 장에 붙은 전지와 소형 시트를 사서 누나와 나에게 주었던 일로부터 시작되었다. 그때부터 아버지는 몇 년간 꾸준하게 기념우표가 나오면 전지와 시트를 사다주셨다. 나는 우표에 그려진 예쁜 그림이나 사진에 매혹되었고, 모아두면 큰돈이 될 거라는 막연한 기대를 했다. 어릴 적 코 묻은 돈이 생기면 동네 우표 가게에 가서 우표를 사고 또 샀다. 1986년 3월에 판매가 시작된 '월드콘'은 포장지 속에 비닐에 쌓인 외국 우표가 한 장씩 들어 있었다. 우표수집에 혈안이 되어 있던 나는 매일같이 어머니를 졸라 월드콘을 사먹고 우표 한 장씩을 나의 귀한 우표 책에 추가했다.

　초등학교 때는 우표 책을 학교에 가져가 친구들과 물물교환을 하기도 했다. 나의 우표 숫자는 계속 늘어갔고, 희귀 우표들도 많아졌다. 독립운동을 기념해 만든 우표, 1920년대나 30년대에 제작된 우표, 그리고 광복 직후나 6.25 전쟁 직후에 나온 우표도 있었다. 기네스북에 올라와 있는 세계에서 가장 비싼 우표를 보면서 내 우표도 상당한 가치를 가졌을 것이라고 자부했다.

　삼십대 초반에 급히 돈이 필요했던 나는, 모셔두었던 우표 책을 들고 우표 상이 밀집해 있는 남대문으로 향했다. 나의 수집품은 두꺼운 책 다섯 권이었다. 어림잡아 3천 장에 가까운 우표로 빼곡히 차여진, 나에게는 보물과 같은 수집품이었다. 우표 상점 중에 가장 크고 화려해 보이는 곳으로 들어갔다. 초로의 주인 아저씨는 코안경을 쓰고 있었다. 20년간 노력해서 모은 희귀한 우표를 처분하는 순간이었다. '대략 가치가 천만 원? 천만 원은 너무 높고, 아무리 못 받아도 500만 원 정도는 되겠지?' 짧은 시간동안 내 머리는 우표 책의 가격을 추산하느라 계산을 하고 또 했다.

　우표가게 아저씨는 내가 우표 책을 내미는 순간 아무 이야기도 건네지 않았다. 코안경 아래로 내 우표 책을 내려다보며 골무를 끼운 손으로 우표 책을 한 장 한 장 넘겼다. 암산을 하는 듯했다. 내가 20년간 모은 다섯 권의 두꺼운 우표 책은 5분이 안 되는 시간 동안 아저씨의 손에서 요리되었다.

"30만 원!"

그 아저씨는 나와 눈을 마주치지도 않고 말했다.

"네? 뭐라고요?" 내가 되물었다.

그 아저씨는 귀찮다는 듯이 "30만 원!"이라고 다시 말했다.

나는 아무 말 없이 우표 책을 쇼핑백에 주섬주섬 넣고 가게를 나왔다. 나가는 내게 아저씨는 "많이 쳐준거야"라고 소리쳤다.

'3천장 넘는 우표 책이 30만 원이라고? 액면가만 쳐도 그 가격은 되겠다. 초짜라고 우습게 보는군.' 나는 최소한 액면가의 다섯 배 이상은 받을 것이라고 기대하고 있었다. 20년이 지난 우표의 가치가 다섯 배 정도는 올랐다고 가정한다면 복리로 8% 정도의 수익률밖에 되지 않는다. 나는 흥분을 차 가라앉히지도 못한 채, 좀 멀리 떨어진 가게로 들어가 우표 책을 내놓았다. 이 아저씨는 계산기를 꺼내더니 앞까 아저씨보다는 좀 서툴지만 꽤 빠른 속도로 우표 책을 넘기며 계산기를 두드렸다.

'25만 원.'

나는 놀라서 소리쳤다. "아저씨, 액면가만 해도 25만 원은 넘을 겁니다."

"그래, 맞아. 액면가만 쳐주는 거야."

"봉투에 붙이기만 해도 이 액면가치는 살아있는데 액면가라고요?"

'그래, 봉투에 붙이는 가치밖에 없어.'

'그럼 이 50년 된 광복 기념 우표하고 70년이 넘은 일제시대 우표들은요?"

"그거? 200원하고 800원."

내가 현실을 파악하는 데는 30분도 채 안 걸렸다. 20년 전에 20원을 주고 산 우표의 현재 가치는 정확하게 20원이었다. 물가상승률을 감안할 때 가치는 거의 0에 가깝게 달려가고 있었다. 내가 우표를 사기 위해 들인 시간과 노력은 다 어디로 사라진 것인가? 취미는 취미라고? 우표를 수집하는 사람 중에 텔레비전에서 가끔 소개되는 몇 십 억 짜리 우표나 적어도 몇 백만 원 이상을 호가하는 희귀우표의 소장인이 되고 싶다는 생각을 한 번도 안 해본 사람은 별로 없을 것이다.

나의 우표에 대한 20년간의 '스탬프 드림'은 5만 원이라도 더 건지겠다는 일념으로 바뀌었고, 자존심도 버려가면서 첫 번째 들어갔던 가게에서 30만 원에 20년간 모아온 다섯 권의 우표 책을 넘기는 것으로 막이 내렸다. 나의 우표 재테크는 허무하게 막을 내린 것이다.

이 경험을 소개하는 이유는 투자에서는 대상을 선정하는 것이 매우 중요하다는 말을 하고 싶어서다.

"메이-모제스 아트지수(Mei Moses Art Indexed)"는 미술품의 가격 상승률 추이를 분석한 수치다. 동일한 미술품의 경매 거래 실적에 입각해, 두 번 이상 거래된 1만 3,200여 건의 경매기록을 토대로 산출하였다. 이 지수는 미국 작품, 인상파 및 현대작가 작품, 옛날 거장과 19세기 작가 작품, 전후 및 현대 작품, 라틴아메리칸 작가 작품 등의 다섯 개 항목으로 나뉘어도 구해진다.

그림3.6 메이 모제스 지수와 S&P 500 지수(1956~2006)

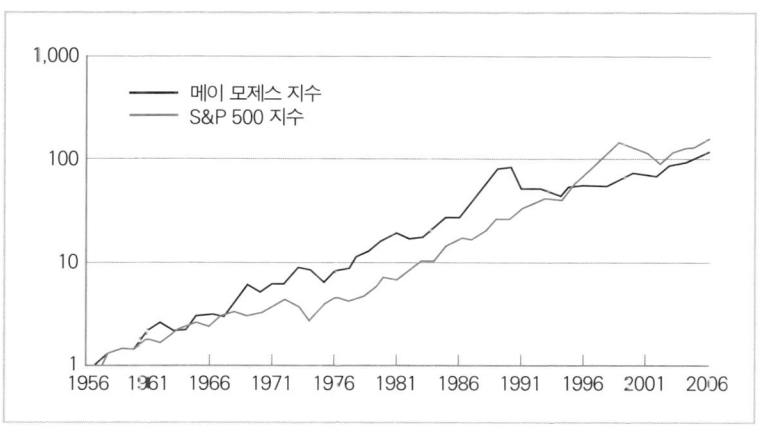

자료. http://www.artasanasset.com

    1956년부터 2006년까지 메이 모제스 지수와 S&P 500지수(배당금이 재투자된 후 실적)를 비교해보면, 지난 25년간 주식 시장이 미술품 시장보다 활황이었지만, 과거 50년을 기준으로 본다면 미술품 시장이 더 활황이었음을 알 수가 있다. 이 정도 수익률이라면 복리로 10%를 훨씬 넘는 수치이므로 부동산, 채권, 주식보다 못할 것도 없다. 오히려 여타 투자 수단보다 더 좋아 보이기까지 한다. 하지만 미술품 투자는 미술과 미술 경매에 관해 매우 전문적인 지식을 갖추고 있어야 한다. 나는 미술을 전공했으며, 미술품 거래에 일가견이 있고 미개척 시장에 가까운 한국 미술품 거래 시장을 공략해 거부가 되어 보겠다는 분들을 말릴 생각은 없다. 하지만 미술에 대해 문외한이며 적은 나이가 아니라면 전혀 모르는 분야에 초보자로 뛰어 들어가 전문성을 쌓고 성공하기까지는 쉽지 않으리라 생각한다. 아, 주식이

그림3.7 미국의 총 명목 수익률 지수(1802~2006년)

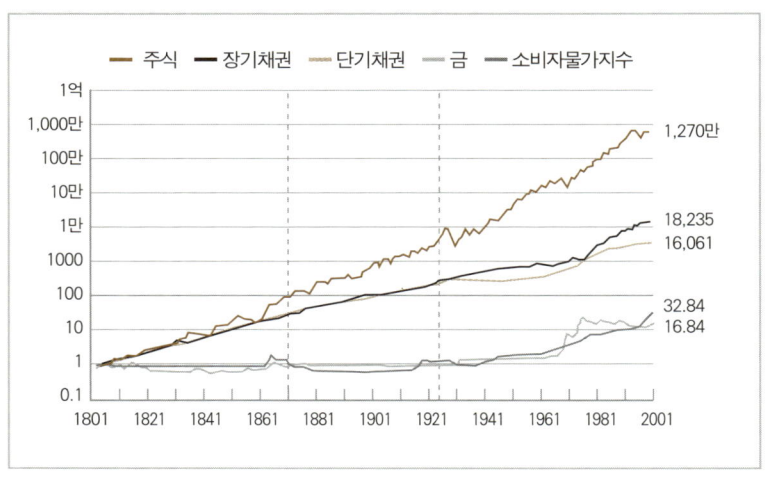

자료. 제레미 시겔,《장기투자 바이블》, (2008)

나 부동산 초보자가 시작부터 겪게 될 어려움 보다 미술품 시장에 멋도 모르고 뛰어 들어가서 겪게 될 어려움이 더 클 것 같다. 심미안은 타고나는 것이므로 더욱 그렇다.

그림 3.7은 1802년부터 2006년까지 미국에서의 주식, 장단기 채권, 금, 상품의 총 수익률을 비교해보면, 주식 수익률이 다른 자산에 비해 월등히 높다. 총 수익률은 이자, 배당금, 자본 이득과 같은 모든 수익이 재투자된다는 가정 하에 나온 수치다. 투자자로 하여금 주식을 기피하게 만들었던 1929년 대폭락에서조차 주식 수익률의 하락은 단기적 현상으로 보인다. 1802년에 1달러를 주식에 투자하고 계속 재투자했다면 2006년 말에는 1,270만 달러로 불어나 있을 것

이다. 1,270만 달러라는 수익은 투자자의 포트폴리오가 시가총액 비율에 맞추어 최대한 다양한 주식으로 채워진 경우 그리고 사라져 버린 종목들도 포함된 경우를 가정하여 산출되었다.[41] 보유종목들이 시장평균보다 약간이라도 우월하다면 수익률은 더 높게 된다. 같은 기간에 10만 달러를 투자하고 200여 년에 걸쳐 재투자하는 경우 총 수익은 1조 7,000억 달러가 된다. 1802년의 10만 달러는 현재 168만 달러다. 실제로 주식 시장의 총 부 또는 경제의 총 부는 지수만큼 성장하지 못한다. 이는 그렇게 오랜 기간 동안 주식을 보유하지 못하고, 배당금 등 자본이득을 여러 가지 이유로 소비하기 때문이다. 상속인이 피상속인에게 주식과 그에 대한 배당을 고스란히 재투자해서 피상속인에게 건네주는 것은 거의 불가능한 일이다. 세대를 거듭할수록 소비와 세금 등으로 상속재산은 줄어들게 된다. 하지만 장기간 보유와 배당의 재투자가 부를 이루는 비결임은 잊지 말자.

그렇다면 주식의 수익률이 월등한 것은 미국만의 현상일까? 영국의 경제학자 3명은 16세기 국가들을 대상으로 주식 수익률과 채권 수익률을 계산했고 생존오차[42]에 대한 글을 발표했다. 이들은 런던 비즈니스스쿨의 교수인 엘로이 딕슨과 폴 마시, 그리고 LSPD(London Share Price Database)의 마이크 스턴튼이었다. 이들은 연구결과를 《낙관론자들의 승리 : 101년간 글로벌 투자 수익》이라는 책으로 펴냈다. 조사대상 국가의 대부분은 안정된 선진국들에 비해 초 인플레이션, 전쟁, 불경기와 같은 재앙에 더 많이 시달렸다. 하지만 이들 국가

247

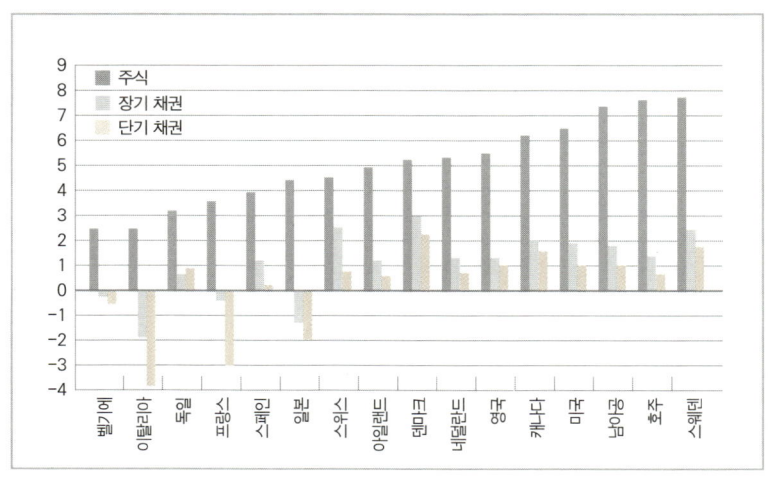

그림3.8 주식, 장기 채권, 단기 채권의 연간 평균 실질 수익률(16개국 대상, 1900~2006년)

자료. 제레미 시겔,《장기투자 바이블》, 서울:김&정, 2008.

또한 양호한 주식수익률을 올렸다. 이탈리아, 프랑스, 일본 등은 채권 수익률이 오히려 마이너스를 기록하여 여타 금융자산에 비해 주식 투자가 우월함을 입증했다. 위 그림에서 주식의 실질 수익률 최저치는 벨기에의 2.7%, 최고치는 호주와 스웨덴의 8% 정도다. 앞서 살펴본대로 미국의 수익률이 높기는 하지만 예외적인 것이 아니다. 남아공, 호주, 스웨덴은 오히려 미국의 수익률을 능가하고 있다. 모든 국가들에서 주식 수익률은 채권의 수익률보다 높았다.[43]

최근 20년 동안 한국에서 투자수익률(또는 상승률)이 가장 높았던 것은 무엇일까? ①강남 아파트 ②전국 주택 ③코스피 지수(주식투자) ④회사채 중에서 골라본다. 언뜻 생각하면 강남 아파트가 1순

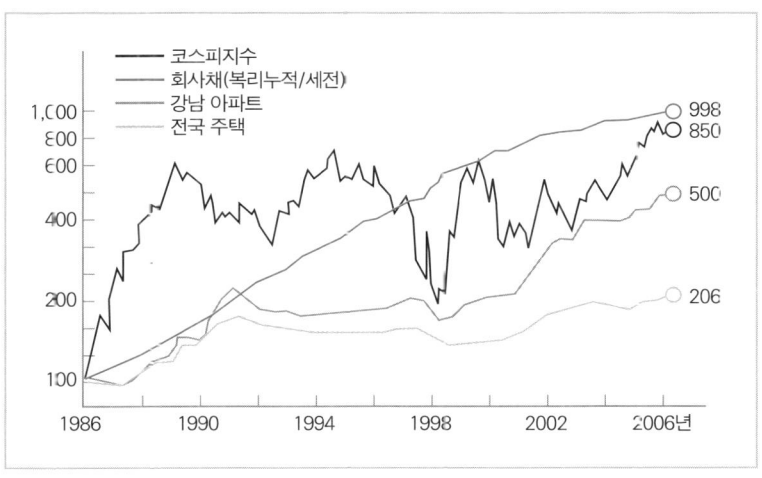

그림3-9 지난 20년간 자산가격 변화 추이

주. 1986년 1월 100을 기준으로 함.   출처. 동아일보, 2006.12.15

위로 머릿속에 떠오를지 모른다. 실제는 달랐다. 회사채 투자가 가장 높았다. 게다가 가격 변동 폭도 매우 적어 리스크도 적었다. 고수익에 안정성까지 갖추고 있다. 회사채는 고정이자율이기 때문에 투자하는 재미가 별로 없다. 하지만 복리의 마술을 부린다. 꾸준하게 저축할 수 있고, 시드머니를 쓰지 않고 버틸 수 있는 분들이라면 회사채가 매력적인 투자 수단이다. 두 번째로는 코스피 지수, 세 번째가 강남 아파트이고, 가장 투자 메리트가 떨어지는 것은 전국주택이었다. 강남 아파트는 20년간 다섯 배가 올라 복리수익률이 8.38%이고, 전국 주택은 20년간 2.06배가 올라 3.68%의 복리수익률을 기록했다.

그러나 여기 함정이 하나 있다. 한국의 코스피 지수는 유가증권 시장의 모든 발행 주식의 산술 평균에 불과하므로 배당을 재투자하는 가정이 포함된 것이 아닐 뿐더러 종목이 퇴출되거나 진입한 기업에 대한 조정, 유무상증자에 대한 실질적 평가도 이루어지지 못한다. 실제로 한국도 외국과 마찬가지로 주식의 수익률이 월등히 높다. 강남 아파트는 은행 금리보다는 수익률이 높다. 주택은 은행 금리보다는 좋지 않다. 개미들은 투자수익률 순위를 강남 아파트, 전국 주택, 회사채, 주식 순으로 생각할 것이다. 개미들이 스스로 '개미성'을 벗어나려면 고정관념부터 버려야 한다. 세상에 절대적인 법칙은 없다.

한국 사람들은 투자 수익률이 가장 높은 재화는 부동산이라는 편견을 가지고 있다. 부동산 투자만 수익을 낼 수 있을 것처럼 말하는 사람도 많다. 물론 부동산은 안정적으로 수익을 낼 수 있는 좋은 투자 수단임을 부인할 생각은 없다. 다만 주식은 부동산과 비교해 큰 장점을 가지고 있다. 거래비용이 적고 현금화하기에 유리할 뿐 아니라 배당을 받는다

표3.10 주식 투자와 부동산 투자의 비교

		주식	부동산
유동성		높음(거래비용이 적음)	낮음(거래비용이 높음)
유지비용	유지관리비용	없음	건물 관리비
	보유세	오히려 배당을 받음	가격에 따라 부과
거래비용	양도소득세	없음	양도소득세 중과
	거래세	거래대금의 0.3% 원천징수 (증권거래세 0.15%, 농특세 0.15%)	부동산에 따라 2.2~4.6%

개인투자자들은 주가의 큰 등락폭 대문에 리스크 관리에 어려움을 겪는다고 말한다. 그러나 부동산의 등락폭도 만만치 않다.

부동산 가격이 지속적으로 오르기만 하는 것이 아니라는 반증은 일본의 사례를 보면 알 수 있다. 일본의 1990년대 장기불황은 "잃어버린 10년"으로 일컬어진다. 1980년대 일본은 수출 호조로 경상수지가 대규모 흑자임에도 불구하고 인위적으로 환율 약세를 유지했다. 이에 대항하여 미국과 서방 선진국들은 1985년 '플라자합의'에서 일본 엔화 환율을 바로잡기로 결의하였다. 이 조치로 달러당 엔화 환율이 급격히 떨어지자 수출이 급감하고 경제성장이 크게 둔화됐다. 일본 정부는 경제 회복을 위해 초저금리 정책을 썼고, 1985년부터 1991년까지 부동산 가격이 폭등했다. 그러나 부작용이 발생했다. 1991년부터 갑자기 주택 가격 거품이 꺼졌다. 동시에 금융부실이 발생해 불황이 10년 이상 지속되었다. 주택지 가격은 1991년부터

표3.11 일본 국토교통성 3대 도시권 주택지 지가 조사

(지역)	1985	1990	1995	2000	2005	거품붕괴율
도쿄	100	240.1	167.2	127.4	99.3	58.6% 하락
오사카	100	280.4	150.9	121.8	83.9	70.1% 하락
나고야	100	166.4	141.6	127.9	104.5	37.2% 하락
3대도시	100	241.4	160.9	127.8	96.7	59.9% 하락
지방	100	120.0	125.5	119.7	98.9	17.6% 하락
전국	100	145.0	135.1	123.3	99.7	31.2% 하락

주. 3대도시권은 도쿄, 오사카, 나고야를 지칭   자료. 일본 국토교통성

2005년까지 도쿄는 59%, 오사카는 70%가 폭락하였다. 세상에 절대적인 진리는 없다. 부동산 불패는 신화일 뿐이다.

또 부동산은 거래비용(부동산 복비, 등기비, 양도소득세 등)이 높고 복잡한 각종의 세금을 피해가기 어렵다. 그리고 현금화하기 어렵다는 단점도 있다. 토지는 시세만 형성되어 있고 거래가 전혀 안 되는 경우도 많다. 물론 주택담보대출을 이용할 수 있고, 전세를 주고 구입하면 큰 레버리지 효과를 누릴 수 있기도 하다.

모든 투자 대상은 장단점을 동시에 갖고 있다. 절대적인 투자 방법도 없다. 어떤 식의 투자건 간에 본인의 능력 여하에 따라 수익을 낼 수가 있다. IT, 철강, 섬유, 화학, 음식료, 도박, 부동산, 게임 등 다양한 분야에 성공한 부호들이 존재한다. 고수들은 자신의 원칙을 고수한다. 투자 고수들은 애초부터 원칙이란 게 없다. 있다고 하더라도 고수하지 않는다. 이들은 가장 높은 수익을 낼 수 있는 투자 대상을 정하고, 계란을 한바구니에 담지 않는다.

부자들의 자산배분

> 수전노와 돼지는 죽기 전까지 아무 짝에도 쓸모가 없다. — 작자 미상

부자가 된다는 것은 사회에서 높은 지위를 차지하게 되는 것이다. 혹자는 돈과 명예는 달라서 돈이 많아도 명예를 얻을 수는 없다는 궤변을 늘어놓는다. 돈으로 건강과 이성의 마음, 젊음을 살 수는 없다. 하지만 명예는 살 수 있다. 가장 명예로운 자리인 국회의원도 많은 정치자금을 지원하는 것으로 비례 대표 의원이 될 수 있다. CEO도 돈으로 회사를 직접 만들면 될 수 있다. 세계적인 명문대학교들은 대기업 총수에게 명예 박사학위를 주지 못해 안달이다. 부자라면 명예의 일부도 돈으로 살 수 있다.

나에게 투자행태에 대한 조언을 구하는 사람들이 있다. 그런 사람의 대부분은 주식 투자에서 금액 전체를 단 한 종목에 올인하고, 빚더미에 올라앉더라도 전 재산을 쏟아부어 가장 최근에 지어진 주상복합이나 아파트 같은 비싼 집을 매수한다. 분산투자를 왜 하지 않느냐고 물으면, 지금은 투자액이 적으니 재산을 불리고 나서 분산투자를 시작하겠다고 변명을 늘어놓는다. 하지만 1억 원이나 10억 원이나 투자 방법이 크게 달라질 이유가 없다. 1억은 높은 리스크에 노출해 잃어도 되고, 10억은 큰돈이니 분산해야 한다는 논리는 앞뒤가 맞지 않는다.

1990년대 워런 버핏은 미국 기업의 최고경영자 중 한 명과 골프를 했다. 그 CEO가 버핏에게 "이번 홀에서 당신이 2달러를 걸고 티샷을 해 홀인원을 하면 내가 1만 달러를 주겠다"며 내기를 제안했다. 그러나 버핏은 "확률이 낮은 도박은 안 한다"며 거절했다. 무안해진 CEO가 "부자면서 겨우 2달러 갖고 벌벌 떠느냐"고 묻자, 버핏은 "2달러로 투기를 하는 사람은 1만 달러를 손에 쥐어줘도 마찬가지로 투기를 합니다. 이길 확률이 없는데 요행을 바라는 것은 투기꾼이나 할 짓이지 투자자가 할 일이 아니지요"라고 대답했다.

부자들은 어떻게 자산배분을 할까? 〈세계 부자 보고서 2007〉에 따르면 세계 50억 인구 중에 2006년에 100만 달러 즉 10억 이상의 재산을 갖고 있는 사람은 0.2%에 불과했다. 3천만 달러 이상의 슈퍼부자는 9만 5,000여명으로 전년보다 11.3% 늘어났다. 이들의 재산 총액은 13조 1,000억 달러로 세계 부의 35%를 장악하고 있다. 이에 비해 자산 100만 달러 이상의 '일반부자'는 950만여 명으로 전년보다 8.3% 증가했다.

부유층들은 투자 대상을 부동산, 현금자산, 고정수입, 주식 투자, 대체투자로 분산시키고 있다. 부동산은 자산의 20% 정도만 투자한다. 반면 주식에는 자산의 31%나 배분하고 있다. 또한 고정수입 23%, 현금자산 13%, 대체투자 13%로 리스크를 최소화하기 위해서 다양한 분야에 포트폴리오를 구성하고 있다. 현금자산 비율이 높

그림3.12 세계 부유층 자산 비중 추이

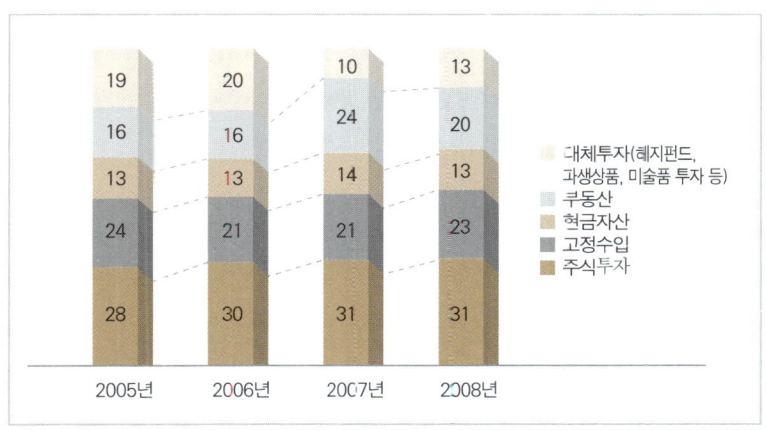

자료. 메릴린치, 캡제미니

은 이유는 갑자기 찾아오는 투자의 기회에 활용하기 위함이고 헤지펀드, 파생, 미술품 등에 투자하는 대체투자 비율이 13%나 되는 것도 특기할 사항이다. 이와 같은 포트폴리오를 운용하기 위해서는 주식, 부동산, 파생, 미술품 등 다양한 분야를 이해하고 있어야 한다. 투자를 도와주는 관리자가 있다고 하더라도 본인이 잘 알고 있지 못하면 위험하다. 세계적인 부유층들은 다양한 분야에 대한 지식과 판단력을 보유하고 있는 것이다.

자녀교육도 투자다

> 자식에게 기술을 가르쳐주지 않는 부모는 약탈을 가르치는 것과 같다.
>
> — 탈무드

"늙은 개는 재주를 가르칠 수 없다"는 속담이 있다. 나이든 개는 강아지보다 훈련시키기 더 어렵다. 어른은 아이보다 새로운 것을 배우기 힘들다. 타이거 우즈는 한 살 때부터 골프를 쳤고, 테니스 세계 랭킹 1위인 나달은 세 살 때부터 테니스를 쳤다. 스탠퍼드 대학의 생물학자인 에릭 크누젠은 "올빼미는 어릴수록 시각에 기준한 청각 재조정에 능숙하다"는 점을 밝혔다.

인간은 학습에 결정적이고 민감한 시기가 있고, 현재 이에 관한 많은 연구가 진행 중이다. 포유류 중 일부는 성장 초기 단계에서는 뇌의 영역을 재조정할 수 있으나 성장한 후에는 불가능하다는 점이 이미 밝혀졌다. 오랜 기간 동안 한 눈을 가리고 지낸 어린 원숭이의 뇌는 가리지 않은 눈에 도움이 되는 방향으로 재배선 된다. 하지만 다 자란 원숭이는 재배선 되지 못한다. 결정적인 시기가 지나면 프로테오글리칸이라는 끈적끈적한 당단백질 혼성체들이 중요한 뉴런 몇 개의 수상돌기와 세포체 주변으로 몰려 단단하게 둘러싼다. 학습은 발달 기술들을 현재의 쓸모에 맞도록 유연하게 적용하면서 유전자의 용도를 재정립한다.

개미투자자가 자신의 돈을 가장 안전하고 값지게 투자할만한 대상은 "자녀교육"이다. 한국에는 "부자 3대 못 간다'는 말이 있고 미국에도 "3대만 가면 빈손(Shirtsleeves to shirtsleeves in three generations)"라는 말이 있다. 미국 중소기업청(SBA)에 따르면 중소기업의 90%가 가족 소유인데 그 중에서 2세대까지 생존하는 기업은 30%고 3세대까지 생존하는 기업은 15% 뿐이다. 부모가 고생하는 것을 못 보고 자란 손자 세대는 일할 필요를 느끼지 못하고 성공에 필요한 능력을 기르지 않는다. 부유한 가정에서 자란 아이는 느긋하게 사는 것을 자랑스럽게 여기고 자신의 일에서 화를 내거나 권력다툼에 휘말리지 않는다. 부유한 가정은 자녀에게 치열하게 싸우는 기술을 가르쳐 주지 않는다. 재산이 많은 부모가 아이를 바르게 키우려면 평범한 부모보다 훨씬 애쓰고 엄격하게 다스려야 한다. 일하지 않고도 모든 것이 주어지는 상황만큼 어린 자녀에게 해로운 일은 없다.

   부를 유지하는 것이 얼마나 어려운 일인지 미국의 사례를 보자. 1982년에 400대 부자에 오른 듀퐁 가문 출신은 24명이었으나, 1999년에는 한 명도 없다. 록펠러 가문도 1982년에는 14명이었으나, 2006년에는 데이비드 록펠러 시니어 한 명뿐이다. 그래도 데이비드 록펠러 시니어의 재산은 10억 달러에서 26억 달러로 증가했다.

   나는 아버지로부터 어릴 때부터 투자에 대해서 배웠다. 내가 아버지의 권유에 따라 주식을 가장 처음 매수한 것은 고등학교 1학년 때다. 아버지는 돈은 절대 헛되이 쓰여서는 안 된다는 철학을 갖고 있었다. 아버지는 자식들에게 교육비와 투자에 대한 약간의 종자돈을 제외하고는, 늘 부족한 만큼의 용돈만을 허가했다. 나의 아버지는 부양할 부모님과 가족, 형제들이 많아 고액연봉자였음에도 불구하고 대부분의 재산은 별도의 투자로 형성했다. 투자방식은 매우 보수적이었다. 대상은 거의 부동산이었고 주식은 확실한 기회라고 생각할 때 전체 자산의 일부만 투자했다. 보수적인 투자방법이었지만 수익률은 상당했다. 중년 이후가 되면서 자산이 늘어났고 인생에서 자유를 얻었다. 나는 아버지에게서 투자는 대박을 노리기보다, 리스크가 제로라는 확신을 가지고 그 확신을 거듭할 수 있는 기회에만 분산투자를 하면서 절대 돈을 잃어서는 안 된다는 투자 철학을 배웠다. 그

표3.13 　 미국의 400대 부자에 오른 가족 수

	82	83	84	85	86	87	88	89	90	91	92	93	94	95	96	97	98	99	00	01	02	03	04	05	06
듀퐁	24	20	14	27	18	13	4	11	11	11	11	11	7	9	6	5	3	0	0	0	0	0	0	0	0
듀크	2	2	2	2	2	2	2	2	2	2	2	2	0	0	0	0	0	0	0	0	0	0	0	0	0
필드	3	3	3	3	3	3	3	3	3	3	2	2	2	2	2	2	2	2	2	2	2	2	2	0	0
포드	3	5	5	4	5	2	3	2	2	2	2	2	2	2	2	2	2	1	2	2	2	2	2	2	2
프리크	1	1	1	0	0	0	0	0	0	0	0	0	0	0	0	0	0	0	0	0	0	0	0	0	0
게티	1	1	1	2	2	1	5	5	5	5	6	5	5	5	5	4	4	4	4	4	4	4	1	1	1
헤리먼	1	1	1	0	0	0	0	0	0	0	0	0	0	0	0	0	0	0	0	0	0	0	0	0	0
허스트	5	5	3	5	5	5	5	5	5	5	6	5	6	6	6	6	6	6	6	5	5	5	5	5	5
헌트	11	11	10	10	10	3	3	3	3	3	3	3	3	3	2	2	2	1	1	1	1	1	1	1	1
멜런	6	9	9	9	9	6	6	4	9	6	9	8	3	3	3	2	2	2	2	2	2	2	2	1	1
록펠러	14	14	13	9	8	3	3	3	3	3	3	3	3	3	3	3	3	3	3	3	3	3	3	2	1
휘트니	1	1	1	1	1	1	1	1	1	1	1	1	1	0	0	0	0	0	0	0	0	0	0	0	0

자료. 《리치 : 부자의 탄생》, 피터 번스타인·애나린 스완 (2007)

리고 지금 성공적인 투자자가 되어 살고 있다.

교육보다 더 큰 투자는 없다. 자녀들이 어릴 때부터 "왜"와 "어떻게"를 질문할 수 있도록 도와주고, 폭넓은 독서로 이끌어야 한다. 왜냐하면 독서는 투자에서 가장 중요한 능력인 '직관'을 직접적으로 길러주기 때문이다. 직관은 "습관으로 굳어진 분석력'이다. 사회적 이론의 다양한 패턴을 공부하고, 그 패턴을 실전에 연결시키는 능력이 개인의 직관력이다. 다시 말하면 직관능력은 다양한 자료와 경험을 마음속에 상기시킬 때 향상된다. 다른 사람이 미처 깨닫지 못한 패턴과 프로세스를 깨닫는 능력은 폭넓은 독서와 사고를 하는 사람에게만 주어지는 축복이다. 나는 독서를 하지 않으면서 현명한 사람은 평생 동안 단 한 명도 본적이 없다. 속칭 독서 없이 '구라'만 풀면서 지력을 과시하려는 사람은 밑천이 금세 바닥난다. 나는 투자자들에게도 다양한 분야에 대한 독서를 권고한다. 수학, 정치, 국제관계, 문화 종교, 우주론 등을 투자가 관계없다고 무시하면서 투자에서 성공할 수 있으리라는 믿음은 잘못되었다. 진정 투자자가 되고 싶은 사람들은 투자 밖에 존재하는 절박한 문제들에 대해 이해해야 한다. 흔히 투자자라고 자칭하는 사람들은 주로 특정 방법이나 기술에 얽매여 있다. 물론 그렇게 해서 투자에서 성공할 수도 있겠지만, 일시적일 뿐이다. 투자는 응용이라기보다는 탐구에 가깝다.

노벨 물리학상 수상자인 이시도어 라비는 자신이 과학자가 된 비결은 어머니 때문이었다고 말한다. "어머니는 학교에서 무엇을 배웠는지는 물어보지 않았지만 이것만은 꼭 확인했다. "오늘 학교에서 어떤 질문을 했니?" '질문하기'가 바로 라비를 노벨상 물리학자로 키웠다. 자녀를 똑똑하게 키우기 위해 꼭 좋은 학교에 보낼 필요는 없다. 그런 곳에서 특별히 대단한 지식을 배우는 것도 아니다. 아무리 좋은 학교라도 가르치는 내용은 우리들이 얼마든지 구입할 수 있는 교과서 수준을 넘지 못한다. 자녀에게 꼭 가르쳐야 하는 것은 많은 우수한 학생들과 함께 여러 해 동안 생각하고 엉뚱한 곳도 파헤치고 막다른 골목에서 헤매고 함정에 빠졌다가 빠져나오면서 나아가는 방법이다.

    자녀들이 스스로 생각하면서, 충동이나 욕구에 좌우되지 않는 삶을 살게 하고 싶으면 전두엽을 쓰는 훈련을 시켜야 한다. 뇌에는 앞쪽과 뒤쪽이 있는데 뒤쪽 뇌는 인간의 희로애락을 담당하는 곳으로 충동과 욕구를 느끼며 감각을 통해 정보를 받아들이고 저장한다. 반면 앞쪽 뇌는 뒤쪽 뇌에 저장된 정보를 종합 편집한다. 행동을 결정하고 충동이나 욕구를 조절하는 고차원적인 업무를 담당한다. 사람은 바람직한 것을 취사선택하거나 우선순위를 정해서 중요한 것부터 처리해야 하는데 인터넷에 각종 정보가 넘쳐나고 제도권 교육에 길들여져서 자발적으로 생각하는 방식을 잊어버리고 있다. 자녀들에게 좋은 습관을 선물하고 싶으면 평소 신문이나 책을 많이 읽고 자기 생각을 글로 표현하는 삶을 살 수 있도록 지도해야 한다. 많이 걷고 저녁을 반드시 자녀와 함께 먹고 대화하는 것도 좋다. 제대로 된 교육을 해주지 못하면, 자녀들은 투자에서 실패할 뿐 아니라, 인간관계가 좁아지고 메마르게 된다.

표 3.14 창조적인 인간과 본능적인 인간의 차이

창조적인 인간	본능적인 인간
• 스스로 문제를 해결 • TV시청, 게임 보다는 독서, 바둑, 여행, 문화생활 등으로 적극적인 지식 습득을 추구 • 틀을 깨는 창조적인 사고 • 외부자극보다 내부의 소리에 귀를 기울임 • 자신만의 색깔과 자신이 좋아하는 것을 알고 있음	• 남의 이목이 두려워서 남의 의견대로 따름 • 문제 해결이나 결정을 할 때 다른 사람으로부터 답을 구함 • 주변 자극에 민감하게 반응 • 수동적이고 충동적 • 술, 도박, 담배에 의존

또한 쉬는 법을 아는 것도 중요하다. 인생이 공부와 일로만 구성되어 있다면 인생이 얼마나 따분하고 재미가 없고 힘들겠는가? 전 세계적으로 가장 탁월한 업적을 내고 있는 민족인 유대인만큼 쉬는 날을 철저하게 지키는 민족도 드물다. 유대인의 안식일은 쉬어가라는 날이다. 안식일을 조용히 보내기 위해서는 아무리 싫더라도 자기 자신을 직시할 수밖에 없다. 자신과 마주보는 것을 두려워하는 사람일수록 자기 자신을 잊기 위해 바쁘게 행동한다. 이렇게 해서는 자신을 창조할 수가 없다. 탈무드는 "인간의 가치는 그가 어떻게 쉬느냐에 달려 있다"고 충고한다. 유대인의 창조적인 예술 활동, 학문에서의 탁월성, 투자에서의 성공은 열심히 일하기 위해 한 템포 쉬어가는 엄격한 규례가 원인일 수도 있다. 쉼은 지나간 시간에 대한 정리일 뿐 아니라 다가올 것에 대한 계획이다. 분주함이라는 사막 한 가운데 서 있는 오아시스와 같다.

한국 사람들은 노는 것에 익숙하지 않다. 명문대 출신과 비명문

대 출신으로 하루아침에 갈라버리는 수능을 위해 밤낮, 휴일도 없이 지독하게 공부한다. 직장인들의 놀이는 담배연기 자욱한 돼지고기 집에서 콜레스테롤 덩어리인 삼겹살을 태워가면서 술을 들이붓거나, 직장 후배를 억지로 노래방에 끌고 가는 게 전부다. 제대로 된 취미를 즐기거나 책을 읽거나 글을 쓰거나 하지는 않더라도, 적어도 명상의 시간을 가지며 자신과 마주하는 것이야말로 투자에서 이기는 원동력이 된다.

어디에 투자할 것인가

▌ 40-50대가 늘면 자산 가격도 오른다

> 만일 격리된 채 아무 것도 읽지 못하도록 통제된 상태에서 오직 한 가지만을 알고 싶어 한다면, 인구 통계에 대해 알고자 할 것이다.
> ㅡ 미국의 채권 왕 빌 그로스

정확한 미래 예측이란 인간의 영역이 아니다. 다만 인구 통계는 뛰어난 투자가와 미래학자들이 미래를 보는 하나의 창(窓)으로 활용해왔다. 인구 통계로 알 수 있는 과거의 경험은 현재 우리에게 새로운 관점에서 자산을 재운용하는 데 도움을 준다.

우리나라의 인구 구조는 과거 피라미드 형에서 점차 항아리 형으로 변화하고 있다. 과거에는 젊은 인구와 유년 인구 비중이 높았으나 이제는 중장년층, 노년층의 비중이 크게 증가하고 있다. 우리나라 전체 인구에서 40~50대 인구가 차지하는 비중은 2007년 현재 약 28%다. 그리고 이 수치는 상당 기간 계속 증가해 2015년에 32.5%로 최고치를 기록한 다음, 이후 완만한 하락세를 보일 것으로 전망된다. 그러므로 40~50대 인구가 지속적 증가세를 나타내는 2010~2015년까지 우리나라 자산시장은 안정적 흐름을 보일 가능성이 크다. 사람은 40~50대에 소비와 투자가 정점을 이루기 때문이다.

40~50대는 부동산의 최대 수요자다. 이들의 비율이 늘어나면 부동산 가격이 오를 수밖에 없다. 최근 세계적 경기침체로 인해 부동산 가격의 상승폭이 둔화되었지만, 경기가 본격적으로 회복되면 서울 주요 지역의 부동산은 예전의 가격을 훨씬 더 넘어설 것이다.

그러나 동시에 노령인구가 늘고 있다. 이로 인해 경제활동이 위축되어 평균 경제성장률 4~5% 수준을 유지하지 못한다면, 40~50대

그림3.15 우리나라의 인구 구조

(단위: 만 명)

구분	1980년	2005년	2020년	2030년	2050년
총 인구	3,812	4,728	4,996	4,933	4,235
생산가능인구	2,372	3,369	3,584	3,189	2,276
노령인구	146	437	782	1190	1579
유소년인구	1,295	899	630	554	380

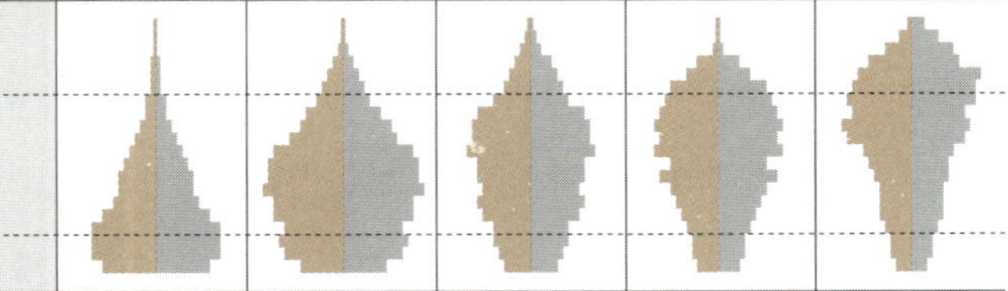

자료 : 통계청, 《장래인구추계》, 2007

인구 증가에 따른 주택수요 증가 효과가 상쇄될 수도 있다. 또한 현재 50대의 은퇴가 본격적으로 시작되는 2015년 이후에는 부동산이 침체되거나 상승폭이 둔화될 수 있다.

통계청에 의하면 우리나라 인구의 정점은 2020년 약 5천만 명이고, 이후에도 지속적으로 인구가 감소할 것으로 전망된다. UN은 전체 인구 중 65세 이상 고령자 비율이 7% 이상이면 고령화 사회, 14% 이상이면 고령 사회, 20% 이상이면 초고령 사회로 분류한다. 우리나라의 경우 이미 2002년에 고령자 비율이 7.2%가 되어 고령화 사회에 접어들었고, 이런 추세라면 2018년에는 14.9%로 고령 사회에, 2026년에는 20.8%로 초고령 사회에 진입할 것으로 전망된다. 이런 급격한 전환은 저출산에 기인한다. 2008년도 우리나라의 합계출산율은 세계 최저 수준인 1.19명이다. 이 수치는 세계 평균인 2.54명이나 OECD국가들의 평균인 1.73명보다도 훨씬 낮다.

표3.16 인구 및 고령화 전망추이

구분	2000년	2005년	2010년	2020년	2030년	2050년
총 인구(천 명)	47,008	48,294	49,220	49,956	49,329	42,348
유년인구 비중(%)	21.1	19.1	16.3	12.6	11.2	9.0
노령인구 비중(%)	7.2	9.1	10.9	15.7	24.1	37.3
평균수명 남자(세)	72.1	74.8	76.2	78.2	79.2	80.7
평균수명 여자(세)	79.5	81.5	82.6	84.4	85.2	86.6

주. 유년인구는 15세 미만 인구, 노령인구는 65세 이상 인구
자료. 통계청《장래인구 특별추계 결과》, 2007.

일본 주식 시장이 십 수 년째 상승을 전혀 하지 못하는 이유도 인구통계학에서 찾을 수 있다. 일본은 65세 이상 노인 인구 비율이 이미 20%를 넘어섰다. 노인은 대체적으로 투자에 소극적이므로, 이들이 크게 늘어난 결과 자산시장이 활기를 잃을 수밖에 없다는 해석이다.

나이에 따라 투자에 대한 성향이 다른 이유는 '위험 선호 정도'가 다르기 때문이다. 젊은 사람들은 나이든 사람들에 비해 위험을 기꺼이 떠안는다. 살아갈 시간이 많다고 생각하기 때문에 재기에 대한 의욕도 있고, 실제로 재기 가능성도 노인들보다 크다. 투자에 실패하더라도 다른 업종에 종사하면서 먹고살 돈을 마련할 여력이 있다. 또한 젊은 사람들은 새로운 것을 배울 수 있는 학습능력도 뛰어나다. 하지만 노인들은 수명이 얼마 남지 않았고 건강도 젊은 사람에 비해서 좋지 않다. 새로운 것을 배우는 능력도 젊은 사람에 비해 상대적으로 떨어진다.

무엇보다 가장 중요한 것은 연령대가 달라지면 생물학적인 관점에서 볼 때 생존과 번식에 관한 지출 패턴이 매우 달라진다는 점이다.

결혼하지 않은 사람은 지출 행위의 상당 부분을 짝짓기를 위한 비용으로 지출한다. 남성은 자신의 자원제공 능력을 과시하는 소비를 하게 되고 여성은 자신의 외모를 가꾸는 데 자본을 투입한다. 또한 벌어들이는 소득도 많지 않기 때문에 젊은 사람들은 투자를 위한 지출에 재원의 많은 부분을 할당할 수가 없다.

짝짓기가 막 끝나서 부부가 자신들과 향후 낳아서 기르게 될 자식들을 위한 보금자리를 선택하게 되는 시기는 대체로 30대 초반이다. 이들은 주택시장에서 처음으로 아파트를 구입하는 인구계층이 된다. 본격적인 투자자로 분류되는 것이다. 이들은 주로 20~30평대 아파트의 주요 수요자가 된다. 통계청의 '인구주택총조사'에 따르면 34세 이하의 가구는 대체적으로 25% 정도가 자가를 보유하고 75% 정도는 임대주택에 거주하고 있다. 그러다가 학교에 다니는 아이를 2명 정도 키우는 40~50대 중년층이 되면 교육비와 결혼자금, 주택구입비 같은 목돈 지출을 늘리게 된다. 평수를 늘려 이사 가려는 욕구도 강해진다. 실제로 35~54세까지 자가 보유율은 55% 수준으로 증가하고, 임대주택에 거주하는 가구는 45% 정도 수준으로 감소한다. 그러므로 이 나이대 사람들이 많아질수록 자산의 수요가 많아져 가격도 올라가는 것이다.

주식과 인구구조와의 상관관계를 연구한 결과에 따르면, 미국과 유럽, 일본 등 선진국에서 40~50대 인구비율이 증가하면 주가도 상승하는 것을 볼 수 있었다. 또한 미국과 유럽의 주택 가격은 40~50대 인구가 증가한 1990년 중반부터 2000년대 중반까지 크게 상승했다. 이러한 예는 인구 변화가 자산 시장에 미치는 충격을 극명하게 보여 주는 좋은 사례다. 인구 구조 측면에서 우리나라에 비해 미국은 10년, 일본은 25년 가량 선행하고 있다. 우리가 경험하고 있거나 앞으로 겪게 될 변화들이 이들 나라에서 10년, 25년 전에 벌어진 상황과 유사할 것이라는 점은 미루어 짐작할 수 있다.

50대 중반 이후가 되면 사람들은 자산이 많다고 하더라도 활발한 투자를 주저하게 된다. 수명이 별로 남지 않은 상황에서 리스크를 지면서 돈을 늘리려고 하기보다는, 가족들과 좋은 환경에서 덜 긴장하며 편안하게 사는 것이 수명을 연장할 수 있고 건강을 유지하는 데 도움이 된다. 외국의 경우 55세 이상의 자가 보유율은 45% 정도로 감소하고 임대주택에 사는 경우가 55% 정도로 증가한다.

전 정부는 30~50대 인구 구조의 변화에 따른 부동산 시장의 자연스러운 변화를 시장에서 해결하려고 하지 않고 규제를 쏟아내면서 집값 상승률이 물가상승률보다 높았지만, 부동산 경기 침체, 건설사 부실 등을 초래했다. 정의를 추구하고 빈곤층을 돕겠다는 취지는 좋았지만, 결과는 정 반대로 나타났다. 당시 경제 관료들은 경제의 메커니즘을 이해 못하는 아마추어적인 발상으로 규제를 남발해 주택 공급을 줄였다. 정부의 규제로 인하여 주택의 수요가 줄었지만, 수요가 줄어드는 것보다도 더 큰 폭으로 주택 공급이 줄어들면서 주택가격은 상승할 수밖에 없었다. 분양가 상한제와 금융규제, 재건축 규제 등은 건설업체가 주택을 공급하는 유인을 감소시켜 주택가격은 오르게 된다. 미국은 건축규제가 강한 특정 지역은 집값 상승률이 물가상승률보다 높았지만, 규제가 없는 지역의 집값 상승률은 장기적으로 물가상승률 정도에 그쳤다. 규제는 집값 상승을 부채질한다.

현 정부는 주택의 규제를 모두 풀어, 원활한 주택 공급을 통해 주택가격 상승을 막으려고 했으나, 임기 초반에 한미 FTA 등의 현안을 무리하게 처리하느라 주택 규제 완화의 정치적인 부담이 너무 커 부동산 규제를 대폭적으로 풀지 못하고 있다. 아마 이러한 정책적인 방향은 몇 년간 크게 달라질 것 같지는 않다. 서울권의 주택공급 부족과,

주택과 주식을 가장 왕성하게 사들이는 40~50대 중장년층 인구의 빠른 증가로 부동산 및 주식 가격은 당분간 상승할 것으로 예측된다.

일인당 국민소득이 3만 달러 대에 들어서면 양질의 주택에 대한 수요가 늘어나 교육·교통 환경이 좋은 곳들은 고령 사회에 관계없이 집값이 강세를 나타낼 가능성이 높다. 지역별로 주택 값이 크게 벌어지는 양극화 현상이 일어날 수도 있다.

각 국의 인구 구조 차이를 잘 포착하면 글로벌한 투자 기회를 모색할 수 있다. 유엔에 따르면 2030년 65세 이상 인구 비중이 유럽은 24.3%, 아시아 국가들은 평균 12%, 라틴아메리카는 11.6% 정도다. 더욱이 중동지방과 북아프리카는 8.2%밖에 되지 않는다. 인도는 2050년에 16억 명으로 세계에서 가장 인구가 많은 국가가 된다. 중국과 인도뿐만 아니라 현재 인구 1억 9,000만 명으로 5위인 브라질, 1억 4,000만 명의 러시아, 2억 2,000만 명의 인도네시아 등도 주목해야 한다. 해외 시장에 투자하려면, 특히 부동산 시장에서 시세차익을 노린다면 젊은 층의 인구가 많아 향후 주택 수요가 급격히 늘어나게 될 중국, 인도, 브라질, 인도네시아 등의 도심권에 투자해야 할 것이다. 물론 주택에 대한 투자는 정부정책에 매우 큰 영향을 받으므로 그 나라에 대한 충분한 사전 조사와 정치적 리스크에 대한 대비는 반드시 필요하다. 미국이나 유럽 등 고령화된 선진국의 부동산에 대한 투자는 자제하는 것이 나을 것이다. 이들 국가의 부동산 시장에 대한 수요는 고령화 추세 때문에 크게 늘어날 것 같지는 않다.

주식 투자의 핵심 프로세스

> 모든 것에 대한 회의 ─ 유대인 속담

우리는 시간을 무한정하게 가지고 있지 않다. 최대한 짧은 시간 동안 성공적인 투자를 위한 판단을 내려야 한다. 그러기 위해서 투자자는 쌍안경과 천체망원경 두 가지를 가지고 있어야 한다. 별을 관측할 때를 생각해보자. 쌍안경으로 전체적인 별자리와 은하를 본 후, 정밀하게 관측하고 싶은 대상이 선택되면 그때는 고배율의 천체망원경을 활용한다.

마찬가지로 여러분들은 먼저 쌍안경으로 여러분들이 분석하고 싶은 기업을 솎아내는 과정을 거쳐야 한다. 투자에서 쌍안경의 역할을 하는 것은 경제신문사에서 발행하는 "상장코스닥 기업분석"이라는 책이다. 이 책은 분기마다 발간된다. 하지만 투자자들은 1년에 한 번 정도 구매하면 충분하다. 분기실적에 연연하기보다는 매년 추이만 확인하면 된다. 이 책에서는 기업의 기초적인 재무 실적치와 기업에 대한 간단한 분석을 볼 수 있다.

"상장코스닥 기업분석"에서는 우선 회사의 설립일과 대주주·외국인 지분율이 얼마인지를 파악한다. 매출 구성도 책에서 확인할 수 있다. 그리고 짧은 분석 글을 읽어보면, 현재 회사의 주요 이슈와 객관적 외부 평가를 알 수 있다. 하지만 투자 판단에 관한 의사결정은 자신이 하는 것이므로, 이러한 자료나 애널리스트 보고서는 참고만 한다. 직접 기업 분석을 수행하고 투자 여부를 자신 스스로 결정해야 한다. 타인의 분석을 그대로 자신의 투자에 사용하면 반드시 실패한다. 세상의 누구도 여러분에게 공짜 점심을 제공하지 않는다.

회사의 질적 요소를 파악했다면, 요약 재무제표를 본다. 요약 재무제표에서 ROE 수치, 주당순이익, 매출액, 영업이익, 당기순이익의 추이를 본다. 이런 수치들은 지속적으로 증가하는 것이 좋다. 성장하지 않는 수치들은 죽은 수치들이다.

또 PER의 과거 최고·최저 수치를 볼 수 있다. 이 수치들은 회사가 과거 시장에서 고평가되어 왔는지 저평가되어 왔는지를 확인할 수가 있다. PER 과거 최고·최저치는 절대적 기준이 아니다. 시대마다 각광받는 테마가 다르고 산업의 발전 속도도 상이하므로, 최고치는 언제든지 경신될 수 있고, 최저치도 더 낮은 지점에서 형성될 수 있다.

주당순이익은 무조건 높다고 좋은 것은 아니라는 점을 알아야 한다. 자산이 과다하게 많은 회사의 수익과 그렇지 않은 회사의 수익을 동일 선상에서 평가할 수 없다. 인플레이션이 높다면 자산이 많은 회사의 수익은 불어나기도 하지만 인플레이션이 진정되면 신기루처럼 없어질 수 있다.

자산이 과다한 회사의 경우 수익보다는 현금흐름을 보는 것이 더 정확할 수 있다. 현금흐름표에는 허점이 드러나기 쉽다. 손익계산서와는 달리 주목하는 사람도 적기 때문에 기업도 크게 신경을 쓰지 않는다. 기업이 회계 조작 테크닉을 구사하여 이익을 짜내면, 회계 상의 이익은 분명 볼품이 좋아진다고 하더라도, 현금흐름표에는 부자연스러운 움직임이 반드시 나타난다.

유전 탐사업, 철도업, 케이블 TV업, 인터넷 회선 제공업, 부동산업 등 초기에 큰 자금이 투입되고 서서히 수익을 거두는 기업의 가치 평가에는 현금흐름 분석이 유리하다. 어떤 투자 대상이건 할인된 현금으름으로 계산해 값이 싸다고 판단되는 투자의 기회가 있다면, 기업의 성장성이나 이익의 변동 폭, 당기의 이익이나 장부 가치에 대비한 가격에 상관없이 본질 가치와 매수 가격의 차이만큼은 수익을 기대할 수 있다. 하지만 제조업처럼 지속적인 자금투입이 필요한 경우는 현금흐름 분석이 유용하지 않다. 현금흐름표에는 기업의 경제적 가치를 평가하는 필수불가결 요소인 "자본지출"이 전혀 반영되지 않기 때문이다. 자본지출이란 영업활동으로 벌어들인 수익 가운데 설비를 현대화하고 개선하기 위해 얼마를 투자해야 하는지를 말한다. 대부분의 기업, 적어도 90% 이상의 기업이 회사의 감가상각 비율과 거의 비슷한 규모의 비용을 자본지출로 쓴다. 자본투자는 1~2년 늦출 수는 있지만 안 할 수는 없다. 그렇게 되면 수익성이 저하되고 경쟁우위를 잃어버릴 수 있기 때문이다.

"상장코스닥 기업분석"을 통해 위와 같은 내용을 살펴보았다면, 어떤 기업을 보기 위해 천체망원경을 사용할지를 마음속에서 결정해야 한다. 그리고 나면 정밀한 탐사 작업이 투자자를 기다린다.

심도 있는 추가적 분석의 과정은 많은 시간과 집중력을 요구한다. 나는 네이버, 구글, 엠파스에서 관련 기사와 애널리스트 리포트, 회사 사업보고서, 증권동호회 관련 글 등을 모두 검색해서 읽어본다. 모든 내용을 프린트로 뽑을 필요는 없다. 스크린 상으로 자료의 경중을 파악한 후에 계산이 필요하거나 중요한 자료로 판단되면 프린트하여 스크랩한다.

이러한 2차 자료를 봐도 매수하기에 좋은 회사라는 판단이 들면 금융감독원의 전자공시시스템(http://dart.fss.or.kr)에서 이 기업의 최근 연도 사업보고서를 읽어본다. 사업보고서를 읽는 것이 지금까지의 과정 중 가장 중요한 단계다. 가장 최근에 나온 분기보고서나, 연간 사업보고서를 출력하여 전체를 다 읽어본다. 스크린 상에서 읽는 것이 편하다면 굳이 아까운 종이를 낭비해가며 출력할 필요는 없다. 나는 아직까지는 종이로 출력해서 보는 것이 더 편하다. 사업보고서는 다른 자료보다 이 회사의 실체에 더 가까이 접근하게 해준다. 애널리스트의 리포트가 남이 다른 사람에 대해서 집필한 전기라면, 사업보고서는 자서전이다. 자서전이 다른 사람이 써준 전기보다는 사실적인 측면에 서는 더 정확하지 않겠는가? 단, 자서전의 집필자가 위선자나 과대망상증 환자가 아니라는 가정은 필요하다.

이때 주의할 점은 보유하고 있거나 보유하려는 기업 뿐 아니라 다른 경쟁업체의 사업보고서도 읽어보아야 한다는 점이다. 신세계의 주식을 매수하려고 한다면 그와 경쟁관계에 있는 롯데쇼핑과 현대백화점의 사업보고서도 읽어 보는 것이 좋다. 경쟁업체들이 무슨 일을 하고 있고 실적은 어떤지 어떤 사업계획을 갖고 있는지 어떤 전략을 세웠는지 경영자의 지적능력과 비전은 어느 정도인지를 알아내기 위해서 노력해야 한다. 이 과정이 상당히 지루하고 피곤한 일이 될 수 있다. 하지만 투자하려는 회사에 대한 지식은 많을수록 좋다. 이 과정에서 사람들이 평가하는 이 회사의 가치와 최근에 주시해야 할 사건들(노조의 활동, 전환사채 발행 여부, 유무상 증자, 세무관련, 사업계획, 재무 예측치, CEO의 발언 등)에 대해서 알아본다.

KT&G의 분석 사례로 예를 들어 보겠다. 나는 재무제표를 전반적으로 읽어보고 표로 정리하여 개인적인 투자에 활용한다.

내가 정리하는 자료는 주당순이익, 배당, PER, 매출액, 영업이익, 당기순이익, ROE 등이다. 이와 같은 자료는 '상장코스닥 기업분석'에서도 찾을 수 있고, 네이버, 야후, 엠파스 등의 증권포털에서 4~5년 치 자료는 제공한다. 데이터는 적어도 10년 치 이상은 필요하다. 그리고 이들 자료를 통해서 주당순이익, 매출액, 영업이익, 당기순이익의 성장률을 구한다.

KT&G의 주당순이익은 1998년부터 2008년의 10년의 기간동안 15.62% 성장하였고, 영업이익은 14.40%, 당기순이익은 7.96% 성장하였다.[44] KT&G의 시가총액은 2009년 4월 현재 10조 원이다. 작년 당기순이익이 8,943억이니, PER은 대략 11이 나온다. 이자율로 환산해보면 9.1% 정도다. 이자율은 PER의 역수(즉 1÷11=9.1%)로 구

표3.17 KT&G의 요약 재무제표

년도	주당 순이익	배당	PER (최고/최저)	매출액 (억 원)	영업이익 (억 원)	당기순이익 (억 원)	ROE
복리수익률/ 성장률	15.626%	–	–	–	14.49%	7.96%	
2008	6,872	2,800 (3.36%)	15.2/11.3	26,447	9,753	8,943	25.2
2007	4,992	2,600 (3.18%)	17.24/11.08	24,127	8,144	6,612	21.4
2006	4,608	2,400 (4.02%)	13.7/9.4	22,626	7,137	6,496	20.0
2005	3,497	1,700 (3.54%)	14.0/8.6	22,092	6,769	5,159	15.5
2004	3,183	1,600 (5.04%)	10.5/6.5	26,533	10,215	4,723	15.7
2003	3,724	1,600 (7.32%)	6.1/4.2	21,788	7,114	4,597	18.5
2002	2,364	1,400 (7.61%)	8.1/6.4	13,069	5,270	3,474	14.6
2001	1,858	1,050 (5.27%)	11.1/7.5	47,133	4,492	3,338	12.4
2000	1,461	1,050 (5.81%)	18.96/11.36	46,300	4,259	2,704	9.6
1999	1,661	350 (1.37%)	23.12/13.85	42,282	2,624	3,171	11.3
1998	1,610	350 (4.96%)	(비상장)	48,289	2,540	3,075	11.9

할 수 있다. 9.1%의 수익률이라면 은행이나 국공채 이자율과 비교해도 상당히 높은 수준이다.

보통 KT&G와 같은 고배당 주식의 경우 배당을 재투자했다는 가정 하에 복리수익률을 계산하는 것이 수익률을 더 정확히 알 수 있다. 배당을 포함해 수익률을 구하는 방법을 통해 KT&G의 투자 수익률을 예측해보자.

　1999년에서 2008년까지의 배당액의 합계는 27,348원이 된다. 1999년부터 2008년의 배당만 합산하고 1998년의 배당을 제외한 이유는 1998년에 매수하여 2008년 중에 처분하였다고 가정하였기 때문이다. 1997년도의 주당순이익은 1,610원이므로 PER 10 수준에서 매수했다면 16,100원에 매수한 것이 되고,[45] 2008년도 주당순이익은 6,872원이므로 PER 10 수준에서 매도했다면 68,720원이 생긴다. 여기에 그동안의 배당금액인 27,348원을 더하면 96,068원이니, 10년간의 복리수익률은 19.56%가 된다. 단순히 주당순이익의 복리성장률을 구한 수치인 15.62%보다 3.94%가 높은 수치다. 여기선 배당을 단순 합산하였지만, 배당을 매년 재투자했다면 복리수익률은 더 높아져 20% 이상을 달성하게 된다. 여기서 중장기적으로 투자해야 하고, 배당을 재투자해야만 복리의 효과를 충분히 누릴 수 있다는 것을 깨달았을 것이다.

　위의 복리수익률은 매수, 매도 시 PER 수준이 동일하다는 가정 하에서다. 하지만 매수할 때 PER수준이 10이었고, 매도할 때 17이었다면, 1998년도의 주당순이익인 1,610원에 10을 곱한 16,100원, 2008년도 매도 시 주당순이익인 6,872원에 17을 곱한 수치인 116,824원에 배당총액인 27,348원을 더한 144,172원으로 복리수익률을 계산할 수 있다. 이때의 복리수익률은 24.51%가 된다. 과거 최고·최저 PER가 15 안팎이었던 것을 볼 때 PER가 10일 때 매수해서 17에 판다는 가정이 불가능한 것은 아니다.

좀 더 보수적인 가정을 해보자. 매수할 때 PER이 17 수준이었고, 매도할 때 PER이 10 수준이라면 1998년도의 주당순이익은 1,610원에 17을 곱한 27,370원에 매수하고, 2008년 매도 시 주당순이익인 6,872에 10을 곱한 68,720원에 배당총액인 27,348원을 더한 액수인 96,068원으로 복리수익률을 구하면, 13.38%를 얻을 수 있다. 같은 PER 수준에서 얻을 수 있는 복리수익률인 19.56%는 PER이 17에서 10 수준으로 떨어졌을 때의 수익률인 13.38% 보다는 6.18%가 높다.

PER이 10에서 17로 70% 증가되는 경우의 수익률인 24.51%는 동일 PER 수준에서 사고파는 것 보다 24.51%-19.56%=4.95%가 높게 되고, PER이 17에서 매수하고 10에서 매도한 13.38%보다는 11.13%(24.51%-13.38%=11.13%)차이가 난다. 결국 낮은 PER 수준에서 매수하여 높은 PER 수준에서 매도하는 것이 최선의 방법이 되고, 높은 PER 수준에서 매수하고 낮은 PER 수준에서 매도한다고 하더라도 높은 배당수준과 주당순이익이 성장하는 회사의 경우에는 상당한 수익률을 얻을 수 있다. 우량한 회사를 약간 높은 가격에 매수하더라도 높은 수익률을 얻는 데는 큰 무리가 없다.

표3.18 **수익률의 계산**

	매수시 주가	매도시 주가+배당	복리수익률
PER 10에서 매수하고 10에서 매도한 경우	1,610×10 = 16,100	(6,872×10) + 27,348 = 96,068원	19.56%
PER 10에서 매수하고 17에서 매도한 경우	1,610×10 = 16,100	(6,872×17) + 27,348 = 116,824원	24.51%
PER 17에서 매수하고 10에서 매도한 경우	1,610×17 = 27,370	(6,872×10) + 27,348 = 96,068원	13.38%

13.38% 〈 KT&G 투자시 기대수익률(e) 〈 24.51%

과거의 수치가 미래에도 지속된다는 보장은 물론 없다. 특히 KT&G의 경우는 매출액 규모가 이미 2조 원을 넘어선 만큼 향후 성장성은 예전보다 좋지 않을 것이다. 하지만 이와 같은 복리수익률을 점검하는 과정은 투자의 과학성을 높이기 위해 매우 중요한 과정이다. 부정확하더라도 뭔가 계산을 해 내는 것이 아무것도 하지 않는 것보다는 낫다. 대상을 양적으로 안다는 것은 그것의 가치를 숫자로 이해하여 무수히 존재하는 다른 가능성과 구분하게 된다. 양적 분석은 우리가 대상을 깊이 있게 아는 첫걸음이다. 양적 분석을 하지 않고 질적 분석에만 의존하는 것은 우리가 투자행위에서 가질 수 있는 절반의 권리를 스스로 박탈하는 것이다. 증권의 미래를 예측하는데 가장 필요한 관점 하나를 포기하는 것과 같다. 남성은 여성과 함께 있어야 완전한 것처럼, 또한 왼쪽 신발과 오른쪽 신발이 함께 존재해야 가치가 있는 것처럼 양적 분석과 질적 분석은 상호 보완적이다.

내가 위와 같은 방식을 선호하는 이유는 "기업의 내재가치는 미래어 예상되는 현금의 흐름을 적정한 수준의 이자율을 이용하여 현재가치로 환산한 것"으로 생각하기 때문이다. 이 방법은 국공채, 회사채, 주식, 부동산, 각종 개발 사업 등의 가치를 산정하는 데 가장 선호되는 방식이다. 미래를 정확하게 예측할 수는 없겠지만, 수익이 꾸준하게 발생하는 독점기업을 찾아내고 임대료 수익이 보장될 수 있는 부동산을 발견하려는 노력을 게을리하지 않는다면 예측치가 맞아 들어 갈 만한 투자 대상을 찾을 수 있을 것이다.

이와 같은 분석 과정을 마쳤다면 매수 혹은 매도를 결정하고 실행에 옮기면 된다. 매수 이후에는 6개월 정도의 단위로 기업 펀더멘털에 훼손이 없는지 지속적으로 분기보고서를 열독한다. 사업보고서를 읽어보고 매수한 회사와 관련된 최신 언론 보도 내용만 꾸준히 따라가도 충분하다. 사전연구에 공을 들였다면 예상했던 기업의 실적치의 변동은 많지 않을 것이고 목표가에 도달하지 않았다면 매수한 종목을 장기적으로 보유한다.

이것이 내가 종목을 관리하는 프로세스다. 다시 말하면 나는 이 안에서만 내 방식대로 놀겠다는 터를 정해놓는 것이다. 영업실적, 수익성, 경영진의 철학, 집중력 등을 고려하여 위의 투자 프로세스로 매수종목을 선택하여 3개에서 10개 종목을 편입한다. 이 포트폴리오는 투자 대상 회사의 실적에 따라서 변동될 수 있다. 이런 회사들을 싼 가격에서 매수하고, 새로운 회사를 추가하려할 때에는 가장 취약한 회사의 주식을 매각하는 식으로 포트폴리오를 일정한 선에서 유지해야 한다. 이 투자과정을 통해 실패하였다면 깨끗하게 승복하라. 그리고 자신의 투자행위를 되짚으며 문제점과 향후 대처방안을 생각한다. 주식 시장에서의 규칙은 누구에게나 공정하므로 규칙을 따르고 완전한 게임을 해낼 수 있도록 최선을 다한다. 판정에 불평하고, 상대 투자자들을 깎아 내리거나 기분 상하게 하는 것은 패배자들이나 하는 일이다. 투자에서 얻는 진리는 시간과 비례한다. 문제를 해결하기 위해 투자하는 시간이 많을수록 얻을 수 있는 결과는 더 완벽하고 정확하다는 뜻이다. 단순해 보이지만, 위와 같은 단순한 과정에서 성공하려면 많은 생각과 집중력이 필요하다.

주식 투자 전략과 유망 종목

> 투자란 철저한 분석하에 원금의 안정성과 적절한 수익성을 보장하는 것이다.
> 이런 요건을 충족시키지 못하는 활동은 투기다.
> — 벤저민 그레이엄

1990년대 말부터 시작된 가파른 40~50대 인구 비중의 상승은 우리 주식 시장의 수급을 개선하는 결정적인 요인으로 작용했다. 1990년대까지 우리 주식 시장은 개인 투자자의 무관심 속에서 외국인 혹은 은행 등 금융사의 매수에 의존하는 변동성이 높은 장세를 보였다. 그러다가 1990년대 말 이후 개인들의 직접 투자 펀드가 활성화되면서 안정적인 수급 기반을 형성했다. 현재의 세계적인 경제위기에서 회복되면 주식 시장 투자자들의 구조적 변화는 주가 상승의 촉매 역할을 할 것이다. 또한 2001년부터 우리나라는 역사상 처음으로 초저금리 시대에 접어들었고, 중장년층의 노후에 대한 관심이 부쩍 높아지면서 자산 축적 욕구가 갈수록 높아져 연금 상품의 인기가 높아졌다. 이들 역시 장기적으로 주식 시장에 튼튼한 수요 기반을 마련해 줄 것이다.

하지만 인구구조의 변화에 따라 주식 시장이 전반적으로 오를 가능성이 높다고 아무 종목에나 투자해도 되는 것은 아니다. 인구 구조 변화는 산업에도 큰 영향을 미칠 수밖에 없으므로 어떤 산업이 인구구조의 변화에 따라서 명멸할 것인지를 예측해야 한다. 인구 구조 변화를 정확히 파악하는 것이 주식 투자 성공의 핵심이다.

그림3.19 | 미국 인구구조와 주가간의 관계 (단위: %)

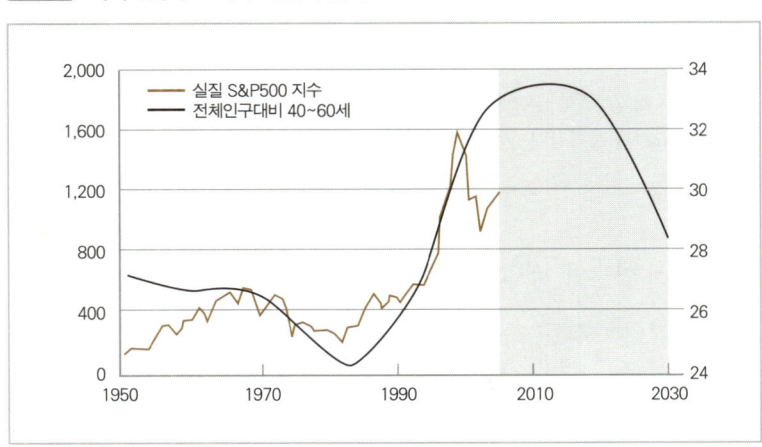

출처. 한경비즈니스, 2007.5.

　40~50대 인구증가는 음식료, 피복, 신발, 의류, 가구, 집기, 가사용품, 자동차 등 제조업 제품에 대한 수요는 감소시킬 것이다. 반면 교육, 교통, 통신, 의료, 관광, 문화, 건강, 오락, 교양 등에 대한 수요는 증가시킬 것이다. 그렇다면 답은 자명하다. 노령인구 증가에 따른 수요 증가가 예상되는 산업의 일등 기업 중에서, 독점성을 갖추고 있고 현재 저평가되어 있는 종목을 선택하면 된다. 주의할 점은 인구구조의 변화는 서서히 가랑비에 옷이 젖는 것처럼 우리에게 다가올 것이므로 매수한 종목에 확신을 갖고 장기간 보유하여야 한다.

　투자 고수들에게 종목을 묻는 것은 여러 가지 이유로 실례다. 투자 고수들은 종목을 발굴하기 위해 적어도 10년 이상 연구한다. 그런 그들에게 다짜고짜 추천 종목을 묻는 것은 지나가는 행인을 붙들고

표3.20 S&P 500에서 구조 변화 없이 생존한 수익률 최상위 기업 20개(1957~2006년)

순위	1957년 기업명	2007년 기업명	1957~2006년 수익률	업종
1	필립 모리스	알트리아 그룹	19.88%	필수 소비재
2	애봇 랩스	애봇 랩스	15.86%	헬스케어
3	크레인	크레인	15.47%	산업재
4	머크	머크	15.43%	헬스케어
5	브리스톨 마이어스	브리스톨 마이어스 스퀴브	15.43%	헬스케어
6	펩시 콜라	펩시코	15.40%	필수 소비재
7	스위츠 컴퍼니 오브 아메리카	툿시 롤 인더스트리즈	15.12%	필수 소비재
8	코카 콜라	코카 콜라	15.05%	필수 소비재
9	콜게이트 팔모리브	콜게이트 팔모리브	14.99%	필수 소비재
10	아메리칸 타바코	포춘 브랜즈	14.92%	임의 소비재
11	HJ 하인즈	HJ 하인즈	14.48%	필수 소비재
12	화이자	화이자	14.48%	헬스케어
13	맥그로힐 출판	맥그로힐	14.31%	임의 소비재
14	셰링	셰링 플로	14.22%	헬스케어
15	WM 리글리	리글리 WM JR	14.15%	필수 소비재
16	슐룸베르거	슐룸베르거	14.06%	에너지
17	P&G	P&G	14.05%	필수 소비재
18	허쉬	허쉬	14.02%	필수 소비재
19	크로거	크로거	14.01%	필수 소비재
20	멜빌 슈	CVS	13.85%	필수 소비재

자료: 《장기투자 바이블》, 제레미 시겔 (2008)

돈을 내놓으라는 강도행위와 다를 바 없다. 고수의 입장에서는 종목 추천을 해주고 나서 잘 되면 본전이지만 안 되면 뺨이 석 대다. 내가 투자 경험이 많은 것을 아는 사돈의 팔촌, 친구의 친구까지 유망한 종목을 말해달라는 요청을 수없이 한다. 그러나 내가 말할 수 있는 것은 내가 좋은 주식을 고르는 방법과 그 기준에 따른 유망한 주식을 언급하는 것뿐이다.

한국에는 상장 기업을 대상으로 30년 이상의 복리수익률을 계산한 자료가 없다. 증권, 부동산 재무 등의 실증 연구가 부족한 탓이다. 그래서 미국의 장기 수익률이 높은 종목들을 검토하고 한국에 적용해보자.

초창기 S&P 500기업 중 회사 구조를 고스란히 간직하고 살아남은 20개 종목의 수익률을 보면, 1위는 단연 필립 모리스다. 이 회사는 S&P 500 지수가 만들어지기 2년 전에 세상에서 가장 유명한 아이콘이 된 말보로 맨(Marlboro Man)을 선보였다. 말보로 담배는 계속해서 전 세계에서 가장 잘 팔리는 브랜드가 되었고 필립 모리스가 미국 최고의 수익률을 기록하는 종목이 되는 데 일조했다. 1957년부터 2006년까지 필립모리스의 연평균 수익률은 19.88%로 이는 S&P 500지수의 연 수익률 10.88%의 약 두 배에 이른다. 이 수익률대로라면 1957년 3월 1일 필립모리스에 100달러를 투자한 투자자는 2006년 말에 85만 5천 달러를 얻었을 것이다. 이는 동기간에 S&P 500 지수가 안겨줄 수 있는 17만 달러의 다섯 배 정도 된다. 50년 동안 필립 모리스와 S&P 500 지수의 복리수익률은 9%의 차이를 보였는데 수익금은 50배 이상이 되었다. 필립 모리스의 수익은 자사 주주들에게만 국한되지 않는다. 이 회사는 초창기 S&P 500 기업 10개사를 소유하고 있다. 필립 모리스는 다른 기업들과의 주식 교환을 통해서 투자자들에게 막대한 부를 안겼다 성공적인 기업에 편승하고 장기적으로 보유하는 것은 주식 투자자들에게 예상 외의 수익을 올려준다.[46]

50년간 생존한 수익률 최상위 20개의 종목 중, 필수소비재로 분류되는 것이 12종목, 헬스케어가 5개, 산업재가 1개, 임의소비재 2개, 에너지가 1개이다. 임의 소비재와 필수 소비재를 묶는다면 소비재 산업은 무려 14개로 70%를 차지하고 있으며, 헬스케어는 5개로 25%를 차지한다. 즉 소비재와 헬스케어 산업의 주식이 오래 버티면 높은 수익률을 준다는 결론을 내려도 이상하지 않다. 수익률 최상위 기업들 중 대다수는 50년 전과 동일한 제품을 생산하고 있으며 국제적 체인망을 공격적으로 확대하고 있다. 하인즈 케첩, 리글리 검, 코카콜라, 펩시콜라, 롯시 롤스 같은 브랜드들은 100여 년 전 회사 이름과 동일한 상품을 출시했을 때와 마찬가지로 지금도 높은 수익성을 과시하고 있다.

이런 회사들은 독점적이고 지속적인 경쟁우위를 갖고 있다는 것이 특징이다. 두한경쟁 속에서 지속적으로 우수한 이익을 낼 수 있도록 해주는 원천으로 인식되어 온 차별화된 독특한 상품, 강력한 브랜드, 규모의 경지, 낮은 원가 등은 마이클 포터가 이야기한 '지속가능한 경쟁우위"를 말하며, 독점기업이 초과수익을 발생시킬 수 있다는 경제학의 이론으로 뒷받침된다.

그렇다면 독점에 의한 경쟁우위는 얼마나 지속될 수 있을까? 1917년 〈포브스〉는 미국의 100대 기업 리스트인 "포브스 100"을 최초로 발행했고, 70년이 지난 1987년 최초의 리스트를 재발행하면서 과거 100대 기업의 현 상황을 조사했다. 61개의 기업은 다른 회사에 합병되거나 파산했다. 생존 기업 중 21개 기업은 100대 기업에서는 이미 탈락했고, 후에 엑손모빌로 합병한 엑손, 프록터앤갬블, 시티뱅크 등 18개 기업만이 남아 있었다. 이들은 대공황, 세계 2차 대전, 1970년대 오일 쇼크, 1980년대 인수 합병 혼란, 1990년대 후반의 인터넷 혁명을 뚫고 살아남았다. 하지만 이들 조차 GE와 코닥을 제외하고 실적은 평균치에도 못 미쳤다.

포스터와 캐플런은 1957년 S&P 500 지수에 편입되었던 500개 기업을 조사하고 이들 기업 가운데 74개만이 1997년까지 존속했음을 밝혔다. 이들 74개 생존 기업들은 전체 S&P 500 지수보다 20%나 낮은 실적을 기록했다.

멤피스 대학의 로버트 위긴스와 텍사스 대학교의 팀 뤼플리는 2002년, 2005년에 출간된 두 편의 논문에서 경쟁우위에 관한 문제를 통계적으로 다루었다.[47] 이들은 1974년부터 1997년까지 40개 산업에 걸쳐 6,772개의 기업 표본을 조사해 우량기업, 열등기업, 보통기업으로 계층화했다. 위긴스와 뤼플리는 우량기업이 지속적으로 경쟁우위를 유지하는 것이 단순히 운 때문만이 아님을 확인했다. 이들은 기업 실적을 5년 주기로 관찰해, 실적호조는 단기간에 좌우되는 것이 아니라 지속적이며, 특정 시대에 민감하게 반응하지 않았다는 것을 보였다. 하지만 이들은 진정한 경쟁우위는 희소한 동시에 수명도 짧다는 사실을 발견했다. 이들 리스트에 포함된 기업의 5%만이 10년 이상 우량한 성과를 보였고, 0.5%에도 미치지 못하는 단 32개의 기업만이 20년 이상, 그리고 0.04%에 해당하는 단 3개의 기업(아메리칸 홈 프로덕츠, 엘리 릴리, 3M)만이 50년간 지속적으로 높은 성과를 유지했다. 또한 그들이 연구한 기간인 23년간 경쟁의 강도는 갈수록 강해지고 있고, 경쟁우위의 지속지간은 짧아져 우량기업에서 탈락할 확률은 시간이 갈수록 증가했다. 이들은 안정적인 산업을 구분해내기도 어렵다는 것을 입증했다.

사회학자인 마이클 해넌과 경영학자인 존 프리먼은 기업들이 본질적으로 타성에 따라 움직인다고 한다.[48] 이들에 의하면, 시장에는 엄청난 혁신과 변화가 존재하나 개별 기업의 수준에서는 이와 같은 변화가 없다는 사실을 밝혔다. 경제의 변화는 개별 기업의 적응이 아니라 기업들의 시장 진입과 퇴출에 의해서 일어난다는 결론이다. 1950년대 트랜지스터에서 1980년대의 초고밀도 집적 회로(VLSI) 칩으로 전환되지 않았던 이유는 당시 선도 기업인 휴스, 트랜지트론, 필코가 기존 기술에 안주했기 때문이다. 오히려 인텔, 히다치, 필립스와 같은 기업들이 선도 기업을 대체하면서 변화가 일어났다. 시장은 기업보다 더 많은 놀라움과 혁신을 창출한다.

마이크로소프트의 빌 게이츠는 이러한 측면을 이해하고 있었고 따라서 성공할 수 있었다. 게이츠는 단순히 미래를 예측하기보다는, 시장의 진화적 경쟁을 회사에 반영해 내부 경쟁을 하는 일련의 사업 계획 집단을 창출했다. 그 결과 마이크로소프트의 불필요한 사업들은 폐기되고 회사 규모는 축소되었으며 윈도만을 운영체계 사업의 핵심으로 삼았다. 때문에 회사는 미래로 나갈 수 있었다. 게이츠가 진화론[49]을 바탕으로 회사의 전략을 구상했는지는 우리가 알 수 없다. 빌 게이츠는 자신의 투자 전략을 구체적으로 공개하지 않는다. 중요한 것은 마이크로소프트는 지금도 이런 전략을 고수하고 있다. 마이크로소프트는 1998년 독점금지법 위반 소송을 당했다. 자사의 브라우저를 윈도 운영체제에 무료로 끼워 팔았으며 유통업자를 매수하여 넷스케이프의 브라우저를 팔지 못하게 했다는 것이 그 이유였다. 빌 게이츠는 경쟁자를 죽여야 자신의 회사가 절대적 독점을 유지할 수 있음을 잘 이해하고 있었다.

독점은 "이익을 남길 수 있을 만큼 충분한 기간 동안 사업 영역이나 공간을 지배하는 것"이다. 그러나 독점 기업을 찾아내 투자하는 것이 과연 쉬울까? 세상 만물이 변화하듯, 독점 기업도 끊임없이 변한다. 독점의 변화는 경쟁자의 생성과 고객의 기호의 변화 때문이다. 독점 기업이 변화의 소용돌이 속에서 자리를 지켜내고 새로운 기회를 발견하기 위해서는 상당한 노력이 필요하다. 투자자 역시 투자하려는 회사에 대해 "고객 이탈 가능성이 없는가?", "기업의 경쟁 상황은 어떤가?", "투자하려는 회사가 가격 결정력이 있는가?", "독점적 지대를 누리고 있는가?"와 같은 질문을 던져봐야 한다. 이를 통해 미래에 독점 가능성이 있는 기업이나 산업에 투자하는 것도 방법이다.

어떤 사람들은 "장기투자"가 높은 수익을 올리는 것은 미국의 경우일 뿐 한국에 적용되기는 어렵다고 주장한다. 미국의 다우지수도 지난 1970년대와 80년대 초반 1,000포인트의 돌파에 17번이나 실패했다. 그 실패 이후에 미국 주식 시장은 10년 동안 이렇다 할 조정 한 번 없이 열 배 이상 올랐다. 한국 주식 시장 시스템은 미국과 다를 것이 없다. 기업들의 회계기준도 큰 차이가 없으며 일반적인 시장의 체력, 시스템, 기업들의 구성, 운영방식, 산업의 형태 등도 유사하다. 외환위기 이후 우리 기업들의 회계장부는 상당히 투명해졌고, 기업주의 전횡 역시 많이 줄어들었다.

한국에는 중장기 수익률을 계산한 연구가 없다. 하지만 유사한 결론이 나오리라 짐작된다. 한국에서의 소비재나 헬스케어 종목을 꼽아본다면, 음식료 업종인 롯데, 빙그레, 농심, 동서 등과 녹십자, 유한양행, 동아제약, 태평양제약 등이 포함될 것이다. 또 눈여겨볼 업종은 제약 산업이다. 앞으로 한국은 고령화 사회로 진입하면 고지혈증, 뇌졸중, 심혈관 치료제 등 순환기 관련 약품, 암, 당뇨병, 관절염 등의 치료제 등의 수요가 폭발적으로 늘어날 것이다. 제약주를 고를 때는 이런 약품들을 생산하는 저평가된 종목을 선택하면 된다.

하지만 투자 종목을 생활 속에서 발견하겠다는 것은 위험하다. 피터 린치는 본인의 저서인 《월가의 영웅》에서 "생활의 발견"을 중요하게 강조했고, 이 때문인지 종목도 그렇게 발굴하는 투자자가 많이 있다. 아내가 스타킹을 어떤 것을 쓰나, 아이들이 어떤 장난감을 좋아하나를 관찰한 뒤, 그 제품을 만드는 기업에 투자를 하는 방식이다. 하지만 나는 이런 방식의 투자는 반대한다. 좋은 품질을 가진 상품은 하루에도 몇 개씩 발견할 수 있다. 지금 열거해 볼 수도 있다. 내가 지금 이 책을 쓰고 있는 몽블랑 시트린 만년필, 휴렛팩커드 노트북, 티타늄 안경, 민음사가 발간한《호밀밭의 파수꾼》, 바로 그 옆에 놓여 있는 애니콜 핸드폰 등……. 이들 제품은 매우 훌륭할 뿐 아니라 나에게 높은 만족감을 부여한다. 그런데 이 품목이 나뿐만 아니라 모든 동네 아줌마가 인정할 정도의 좋은 상품이라면, 이들 상품을 만드는 회사의 주가는 롤러코스터의 고점일 가능성이 크다.

예를 들어보자. 엘지생활건강은 대표적인 소비재 베스트셀러를 만드는 회사다. 문제는 가격이다. 2009년 말, 금융위기의 여파로 주식 시장이 전반적으로 침체되어 있는데도 불구하고 이 회사의 주가는 28만 원을 넘고 있다. 시가총액은 4조 4천억 원이고 PER는 40을 넘고 있다.

덮어놓고 물건 좋다고 그 회사의 주식을 매수해서 수익을 낸다면 세 살 난 동자승부터 동네 복덕방에서 화투로 시간을 보내는 동네 할아버지 또한 주식으로 수익을 낼 수 있다는 것인가? 핸드폰이 쓸 만하다고 삼성전자 주식을 사는 것이나, 소나타를 타보니 좋아서 현대차를 사면 수익을 낸다고 한다면 주식, 참 쉬운 것이다. 나의 투자 경험상 이런 "장님 파밭 밀고 들어가기 전법"으로 수익내기는 거의 불가능하다. 금속에 전류를 흐르게 해 빛을 낸다는 아이디어는 상당히 탁월했다. 그러나 이 아이디어가 실제 "전구"로 만들어지기까지는 몇 년간의 다양한 시도와 토론, 실험과정이 필요했다. 아이디어는 아이디어일 뿐이다. 생활의 발견으로 우량한 종목을 찾아냈다면 본격적인 고민은 그때부터다. 이 기업의 재무제표를 분석하고 역사를 분석하고 관련되는 모든 자료를 찾아서 본격적으로 머리를 쓰는 작업이 필요하다.

유통업도 주목할 만한 산업이다. 유통업은 진입장벽은 매우 높고, 공급이 제한되어 있는 토지라는 재화를 기반으로 사업을 하기 때문에 독점력이 깨어지기 힘들다. 신세계가 보유하고 있는 이마트와 백화점의 입지를 타 경쟁사들이 차지할 가능성은 거의 전무하기 때문이다. 신세계 백화점과 이마트는 IMF 경제위기 직후에 한국의 주요 요지의 토지를 대부분 선점했다. 신세계의 실적은 대한민국의 자본주의가 망하지 않는 한 좋을 것 같다.

큰 수익을 안겨줄 우량주들은 주가 흐름이 지루하고 거래량도 많지 않지만, 꾸준한 배당과 지속적인 성장으로 최고의 자리를 오랜 기간 지킬 것이다. 평소에는 "고민과 분석"에 충실하고, 주가가 내려갔을 때 방아쇠만 당겨라. 그리고 약효가 5년간 지속되는 수면제를 먹고 잠들면 된다. 깨고 나면 큰 부자가 되어 있을 것이다.

내가 생각하는 우량기업은 국내 상장기업 1,700개를 연구해 20년의 기간 동안 가장 우량한 종목으로 꼽는 종목들로, PER 10~15 수준에서 매수하기만 한다면 향후 연평균 15~30% 정도의 복리 기대수익률이 기대된다. 투자 유망 주식의 복리수익률은 필자의 현금흐름 추정 방식에 따라 계산한 수치다. 장단점은 표에 간단하게 정리를 했다. 이들 종목들에 투자하려고 한다면 자신의 애인 혹은 배우자에 대해서 아는 것처럼 속속들이 알도록 조사를 해두는 작업이 반드시 선행되어야 한다.

표3.21 **투자 유망 주식**

종목명	예상 복리 수익률(e)	참고	투자매력도
에스원	15%<e<25%	• 독점적 성격과 수익성은 최우량. • 하지만 기업체가 너무 우량하여 주가가 낮은 수준에서 형성되는 경우가 별로 없음	★★
미원상사	25%<e<30%	• 고배당과 저평가 수준이 매력적. • 그러나 성장성의 한계에 대한 극복을 지켜볼 필요	★★★☆
종근당	15%<e<25%	• 현재, 가격 메리트가 존재함. • 향후 고령화 사회에 대비한 약품 포트폴리오 구성에 성공할지를 지켜봐야함	★★☆
SFA	20%<e<30%	• 전자산업의 특성상 기존의 높은 성장성을 유지하기는 어려움 • 향후 성장성의 연착륙이 어느 정도일지 고민해볼 필요	★★
호남석유화학	20%<e<35%	• 롯데계열사로 저평가 석유화학회사임. • 운영 효율성이 매우 높음. 경기에 따라 실적차이가 클 수 있음.	★☆
진로발효	10%<e<25%	• 성장성이 낮기 때문에 낮은 가격에 매수할 필요가 있음. • 꾸준한 실적은 계속적으로 유지될 예정임	★★☆

종목	기대수익률	설명	평점
KT&G	15%〈e〈30%	• 단점을 찾기 힘들 정도로 우량한 종도. • 최근 주가 급등에 따라 PER 수준이 조금씩 올라가는 것은 부담. • 약간 높은 가격에 매수한다그 해도 수익성은 담보됨	★★★★☆
동양건설산업	25%〈e〈40%	• 중견 건설사중 매우 저평가 종목으로 평가됨. • 시가총액이 유사한 규모의 중견 건설사에 비해 매우 적음 • PF 부실 문제가 해결되면 마우 높은 수익률도 가능함	★★★☆
빙그레	12%〈e〈18%	• 성장성이 더뎌진 것이 문제. • 낮은 가격에 매수하면 충분히 높은 수익을 낼 수 있음	★★★
한국타이어	15%〈e〈20%	• 매우 우량한 제조업. 설비투자가 많이 필요하므로 급격한 실적하락이 있을 수 있음	★★☆
오뚜기	15%〈e〈25%	• 독점력을 갖고 있는 매우 우량한 종목. • 최대한 낮은 가격에 매수하는 것이 유리	★★★☆
대웅제약	20%〈e〈25%	• 성장성과 수익성 측면에서 매우 우량함 • 성인병 위주의 제품 포트폴리오를 갖고 있음	★★★☆
강원랜드	15〈e〈25%	• 한국게서 허가받은 유인한 내국긴 카지노 • 독점성은 국내 최강. 수익성과 자산 가치 측면에서 매우 우량함. • 정부의 입김을 얼마나 피할 수 있을 것인지가 관건.	★★★★

주. 별 5개(★★★★★)가 만점임

펀드는 어떨까?

> 내가 생각하는 집단적인 결정에 대한 개념은
> 거울을 들여다보면서 거울 속의 나와 함께 결정하는 것이다. ― 워런 버핏

직접 투자에서 큰 손해를 본 개미투자자들은 펀드를 대안으로 생각한다. 하지만 펀드라고 수익률이 다 좋은 것은 아니다. 언론에서는 주로 높은 수익률을 보이는 펀드가 소개되고 펀드회사는 운영하고 있는 여러 개의 펀드 중 수익률이 좋은 것만 지속적으로 홍보한다. 최근 3년간 연평균 15% 수익률을 올렸다고 하더라도 그후 5년간 -10%를 지속적으로 기록했다면, 전체적으로 볼 때는 마이너스 수익률일 수도 있다. 펀드 회사는 플러스 수익률을 기록한 기간만을 집중적으로 홍보한다. 개미투자자들은 현재 수익이 높은 펀드를 따라가는 경향이 있다. 하지만 이것은 주식에 직접 투자해 상투를 잡는 것과 비슷한 효과를 발생시킨다.

주식이건 펀드건 현재 수익률이 높으면 다음해에는 오히려 떨어질 확률이 더 높다. 통계학에서 말하는 "회귀효과" 때문이다. 원래 '회귀'라는 용어는 키의 유전에 관한 연구에서 갤튼이 처음으로 사용하였다. 아버지의 평균 키와 성인이 된 자식의 키를 비교한 결과, 키가 큰 부모의 자손들의 평균 키는 그들의 부모보다 작은 반면에, 키가 작은 부모의 자손들의 키는 그들의 부모보다 평균적으로 더 크다는 현상을 발견하고, 이를 전체 부모의 키의 평균으로 향한 '회귀현

상' 혹은 '복귀(reversion)현상'이라 명명하였다. X를 독립변수, Y를 종속변수로 가정하고 양 변수가 직선적 관계를 가지고 있다고 가정하면, Y=bX+c의 공식으로 나타낼 수 있다. X의 변화에 따라서 설명되는 Y 직선을 회귀선이라 부르고, 이 등식을 회귀등식이라고 부르는 이유가 여기에 있다. 여기서 X값의 측정치의 오차가 크면 클수록 동일 변수는 다음 측정에서 회귀현상이 발생하기 쉽다. 다시 말하면 처음 측정에서 점수가 극단적으로 낮은 집단이나, 또는 높은 집단을 선정하면 아무런 조치가 없더라도 다음에 다시 측정할 때 낮은 집단은 높게, 높은 집단은 낮게 나타날 확률이 높다.

회귀현상은 펀드와 주식 모두에 나타난다. 전년도에 평균보다 높은 수익률을 올렸다면 다음해에는 그보다 낮은 수익률로 회귀한다. 오히려 수익률이 낮았던 펀드에 투자하는 것이 '회귀효과'를 피하고 높은 수익률을 올리는 방법이다. 일반적으로 펀드는 손실이 나지 않는다고 알려져 있지만, 이 말은 사실이 아니다. 2008년 말 국내펀드의 수익률의 대부분이 -30~-50%를 기록했다.

펀드가 어느 정도의 수익률을 내는지 확인해보자. 미국의 과거 실증 연구에 따르면 미국의 S&P 500 지수를 능가하는 펀드매니저는 전체의 10%도 안 되었다. 지난 2000년 〈월스트리트저널〉에서는 다섯 살짜리 어린이보다도 지능이 낮은 원숭이에게 "다트게임"으로 투자 종목을 고르게 한 후 펀드매니저들이 선택한 종목과 1년 동안의 수익률을 비교해보는 게임을 수행하였다. 각각 네 개의 종목을 고른 이 게임에서 원숭이가 고른 종목은 한 종목만이 마이너스(-)

표3.22 전문성을 입증하는 전문가와 그렇지 않은 전문가

전문성을 입증하지 못하는 전문가	전문성을 입증할 수 있는 전문가
애널리스트, 펀드매니저, 정신과 의사, 경제학 교수, 정치행정학자, 경영학 교수, 판사, 변호사, 인력담당 임원, 정보 분석가, 금융전문가, 금융 상담사, 부동산 컨설팅 전문가	물리학자, 수학자, 건설업자, 비행기 조종사, 프로 바둑기사, 회계사, 프로 골퍼, 유명한 작곡가, 바이올리니스트, 피아니스트, 반도체 설계자, 항공기 조종사

자료.《블랙스완》, 나심 니콜라스 탈레브, (2008)을 참고로 재구성

수익을 기록한 반면, 펀드매니저가 고른 종목은 세 종목이 마이너스 수익률을 기록하였다. 원숭이가 펀드매니저를 이겼다. 무작위로 종목을 선정하는 것이 유수 MBA 출신의 펀드매니저보다 수익률이 높았다.

미래를 다루는 분야, 결코 되풀이되지 않는 과거를 연구하는 분야에는 전문가가 부재할 수밖에 없다. 이런 분야에서 전문가로 자처하는 사람들은 수학과 전문용어를 사용하는 능수능란한 말솜씨에 명품 정장으로 자신들의 무지를 덮어버린다.

심리학적으로 사람들은 범주에서 벗어난 것들을 모두 받아들이지 못한다. 시장의 움직임이 대부분 불규칙하고 원인이나 이유를 밝힐 수 없다는 것을 알게 되면 사람들은 극도의 불안감에 빠질 수밖에 없다. 사람들이 두려운 자연의 섭리를 이해하지 못하고 자연현상의 원인을 "신"으로 돌리게 된 것도 마찬가지다. 사람들은 일이 발생했을 때 반드시 이유를 찾는다. 원인과 결과를 찾는 것이 바로 인간들의 합리성이며, 이 합리성이 발현되어 사람들은 생존하고 진화한다.

사람들은 자력으로 원인과 결과를 밝혀내지 못하면 타인에게 의존하는데, 그런 사람들은 전문가로 행세하기 마련이다. 이들은 장황한 설명으로 타인의 무지를 채워주려고 하고, 개미투자자들은 그런 말을 들으며 안도한다. 문제는 전문가들은 심리적 안정감을 줄 뿐이지, 개미들의 잃어버린 돈을 찾아주지 못한다는 점이다. 〈사이언스〉나 〈미국 경제학회지〉에 열 편 이상의 논문을 쓴 경제학자라도 예측의 영역에서는 여러분보다 별로 나을 것이 없다.

예일대학 기부금 펀드의 최고 투자 책임자 데이비드 스웬슨은 "세금 공제 후 시장을 이기는 펀드는 고작 4% 뿐이며, 그것도 가까스로 연 0.6% 앞설 뿐이다. 펀드의 96%는 인덱스펀드를 따라가지 못하고 재산을 거덜 낼 정도인 연 4.8% 정도에 머무른다"고 했다. 수익률이 낮을 뿐 아니라, 초기에 떼는 수수료, 전체 수익의 15~50%까지 가져가는 성공급까지 고려하면 펀드 투자는 무조건 손해다. 카지노의 승자는 카지노 주인뿐이고, 펀드의 승자는 펀드 회사뿐이다.

미국의 실증연구를 보면 채권과 다른 파생상품에도 투자하는 주식형펀드 중 10년 동안 해마다 빠짐없이 수익을 낸 펀드는 10개였다. 4,929개의 주식형 펀드 중 97년부터 2006년까지 수익률 기록을 가진 펀드는 1,818개였으며 이중, 10개만이 10년간 매년 수익을 냈다. 전체펀드의 0.5%만 10년간 손실이 없었다. 이들 최고 펀드의 수익률은 더 가관이다. 10년간 고작 100~200%의 수익을 올렸다. 10년간 100% 수익률이면 복리로 7.18%이고 200%이면 11.62%이다. 전체 1818개 펀드 중 가장 실적이 뛰어난 0.5% 이내에 드는 펀드의 수익률이 고작 7.18%~11.61%에 불과하다. 이 정도 수익률을 기대하고 펀드에 가입하느니 회사채를 사거나 은행의 저리 이자라도 챙기는 편이 낫다. 재테크 수단으로서 펀드는 대안이 되기 어렵다.

돈 벌기가 이렇게 힘든가? 주변에서 1년도 안 되는 동안 "100%를 벌었다", "300%를 먹었다"는 말은 다 거짓인가? 수익률을 과장하는 사람들은 주변을 기죽게 하고, 많은 사람들을 투기 지옥에 빠지게 한다. 이런 자들은 사기꾼과 다를 바 없다. 나는 이 책을 준비하면서 국내 펀드의 중장기 수익률 자료를 찾아보았다. 시중에 떠도는 자료라고는 언론 홍보용으로 수익이 잘 나온 것만을 보여주는 단기적 데이터뿐이었다. 영화 "비트"에서 17대 1로 싸워 이겼다던 임창정이나 수익이 높았던 펀드의 수익률만 홍보하는 것은 다를 바가 없다.

펀드회사들은 대체로 다음과 같이 한다. A라는 회사를 설립하고 열 개의 펀드를 출범시킨다. 각 펀드는 100억씩의 자금을 운용한다. 100억을 운용하는 펀드매니저들에게는 한 가지 지침만 주어졌다. 서로 다른 시장에 서로 다른 방식으로 운용하라! 펀드매니저 한 명은 중국에만 투자하고 다른 한 명은 베트남에만 투자한다. 다른 한 명은 원자재 관련 주식만 사고 다른 한 명은 삼성전자나 국민은행 같은 블루칩에만 투자하는 식이다. 이렇게 이들의 투자 방식이 차별적이기만 하면 된다. 이렇게 한 해가 지나고 가장 투자를 잘한 펀드 다섯 개를 고르고 나머지 다섯 개는 없애버린다. 그리고 다시 한 해가 지나고 실적이 가장 좋은 두 개의 펀드만 남긴다. 그리고 다음 해에 가장 높은 실적을 올린 단 한 개의 펀드를 추려서 신문과 잡지에 남은 한 개의 펀드만 집중적으로 선전한다. "지난 3년간 이 분야에서 최고의 수익률을 올린 펀드!" 그리고 이들이 운용하여 버려진 아홉 개 펀드에 대한 이야기는 쥐도 새도 모르게 사라진다. 결국 A라는 회사는 가장 수익률이 좋은 펀드 단 한 개의 이미지로 각인된다.

 펀드의 형편없는 수익률의 원인은 펀드매니저들의 무능함에도 기인하지만 펀드매니저들의 인센티브가 개인투자자들하고 다른 점에도 있다. 개인투자자들은 장기적인 복리수익률의 극대화를 추구한다. 하지만 펀드매니저들은 매년 실적으로 평가받는다. 2~3년 안에 높은 수익률을 보여주지 않으면 직장을 잃게 된다. 이런 이유로 펀드매니저들은 3~4년 이상 보유해야 하는 가치주에 집중하기보다는, 현재 거래량이 늘면서 가격이 상승하고 있는 주식에 편승해야 한다. 또한 중소형주에 투자했다가 손실이 발생하면 져야 될 책임은 훨씬 더 크다. 다른 펀드매니저들이 투자하는 블루칩에 들어갔다가 다 같이 손해 보는 것이 무능한 펀드매니저로 낙인찍힐 가능성이 적다. 펀드매니저들은 이와 같은 이유로 모멘텀 투자자[50]가 될 수밖에 없다. 모멘텀 투자는 중장기 가치투자보다 수익률이 더 높지 않다는 점은 선행연구에서 이미 결론 내려진 바 있다. 또한 규정에 따라 펀드는 손절매를 해야 하며, 주식을 분산해야 한다.

 이렇게 개인들과 펀드매니저의 인센티브 구조가 다른 점을 경제학에서는 "주인-대리인 이론"으로 설명한다. 예컨대 당신이 낯선 곳에서 택시를 탈 경우 당신은 가장 저렴한 가격에 가장 빠른 길로 가기 원하는 반면, 운전기사는 손님 몰래 일부러 먼 거리를 돌아가 요금을 비싸게 받는 문제가 발생하게 된다. 또 다른 예로 경기가 점차 회복되어 실업가능성이 낮아진다면 사람들은 실업보험에 가입하지 않을 것이며, 손해를 보지 않으려는 보험회사는 프리미엄을 올린다. 이는 더욱더 많은 사람들이 보험을 사지 않는 결과를 가져오며, 프리미엄은 다시 증가하고, 결국 시장 안에 보험에 대한 수요가 사라져 시장이 무너져 버린다. 이러한 문제들을 해결하기 위해서는 대리인의 효용극대화가 주인의 효용극대화와 연계되는 구조를 고안하면 된다. 그러나 펀드매니저의 인센티브 구조를 개미투자자와 일치시키는 것은 주식 시장의 특성 상 불가능하다.

펀드는 개미투자자들의 돈을 계속 갈취할 것이고 펀드 회사와 펀드매니저만 부자가 된다. 현재 전 세계에는 5만 개의 뮤추얼펀드와 8천 개의 헤지펀드가 존재한다. 하지만 이들 펀드가 줄어들거나 이들의 행태가 바뀌지는 않을 것 같다.

결론적으로 투자능력이 떨어지고 경험이 없어 펀드 투자를 하고 싶다면, "인덱스펀드"를 선택하는게 좋다. 펀드는 대체로 개인 투자자중 상당수가 직면하게 되는 깡통계좌를 만들지는 않는다. 그렇다고 은행 이자율보다 딱히 더 좋은 것 같지도 않다. 검증된 수익률이 보여주듯이 대부분의 펀드는 은행금리, 회사채, 국공채보다도 못한 경우가 대부분이다. 주식은 오랜 시간 동안 보유하면 매우 좋은 투자 수단이다. 당신은 기본적으로 주식을 팔 필요가 전혀 없다. 다른 사람들이 두려워할 때 당신은 탐욕스러워져야 하고 다른 사람들이 탐욕스러울 때 당신은 두려워해야 한다. 투자 경험이 5년 이상 되고 기업분석에 많은 시간을 투자하겠다면 직접투자를 선택하거나, 안정성 측면에서 유리한 부동산 투자가 낫다.

부동산 투자 전략과 유망 지역

> 다른 사람의 충고를 듣고 부자가 된 사람은 아무도 없다.
> ― 필립 캐럿(Phillip Carret)

최근 부동산 대폭락을 예언한 책이 인기다. 주택공급이 과잉이고 투기 거품이 꺼지면 앞으로 부동산 가격이 오르기 힘들다는 것이 요지다. 하지만 다른 나라에 비해 서울의 집값은 비싸다고만은 할 수 없다.

영국 런던의 주택 가격은 지난 6년간 연평균 12~15% 올랐고, 부자 동네 첼시의 60평짜리 아파트 시세는 90억 원에 가깝다. 평당 1억 5천만 원 수준이다. 러시아의 평균 아파트 가격도 2008년 기준으로 평당 1,400만 원 선이다. 고급 주거 지역은 평당 2,500만 원을 넘어선다. 인도 뉴델리는 고급 아파트의 매매가가 평당 2,000만 원을 넘어서고 있으며, 태국 방콕의 아파트도 평당 2,000만 원, 그리고 베트남의 하노이나 호치민의 고급 아파트 분양가도 평당 1,000만 원을 넘는다. 런던, 홍콩, 뉴욕, 도쿄, 파리 모두 서울보다 아파트 가격이 더 비싸다.

집값은 하락할 수 있다. 하지만 영원히 떨어질 것이라는 불안은 과도한 공포다. 1970년 이후 OECD 17개국의 주택시장에서는 40번의 급등과 급락이 있었다. 하지만 일본처럼 10년 이상 주택가격이 떨어진 사례는 상당히 예외적이다. 일본 정부가 금융기관 구조조정을 늦추면서 경기침체가 장기화되는 바람에 주택시장이 회복되지 못한 것이었다. 대부분의 나라는 4~5년에 걸쳐 과잉공급이 해소되고 경제가 되살아나면서 주택가격이 다시 오름세로 돌아섰다. 부동산 가격은 "수요공급"에 의해서 결정되는 것이지, "재화의 가치"에 따라서 결정되는 것이 아니다.

한국의 평균 집값은 1997년부터 2006년의 10년 동안 38.4% 상승했다. 강남 지역은 2000~2006년 사이 90% 상승했다. 하지만 동기간 아일랜드는 252%, 영국은 192%, 미국은 100% 이상 올랐다. 또한 다른 거시지표와 비교해 봐도, 1997년부터 2006년까지 우리나라의 경제성장률은 43.6%, 물가상승률은 34%, 도시가계소득 증가율은 52.3%였다. 주택 가격 상승률이 경제성장률과 도시가계소득 증가율보다 낮다.

한국은 주택담보대출 부실화 가능성도 높지 않다. 2008년 말 기준으로 전체 가계대출 자금 660조 원 중 비은행권까지 포함한 주택담보대출 금액이 307조 원으로 가계부채의 절반을 차지하고 있다. 담보인정비율(Loan to Value: LTV)을 보면, 우리는 제1금융권과 제2금

표3.23 주요국가 대도시 아파트 가격 비교 (단위: 만 원)

도시	런던	홍콩	뉴욕	도쿄	파리	서울
평균가	94,000	119,380	84,600	90,583	74,260	54,288
기타	침실2개	신규아파트	미드타운 54~57번가	치요다구 이다바시	12구 중급 아파트	-

주. 기준전용 85m², 2008년 기준   자료. KOTRA, 매일경제

융권을 합친 비율이 48.8%로 미국의 94%보다 훨씬 낮다. 일본은 거품 붕괴 직전에 120%에 달했다. 국내총생산(GDP) 대비 주택담보대출 비율을 봐도 우리는 32.7%지만 미국은 85%, OECD 평균은 50% 수준이다. 제2금융권 연체율도 6.3%로 미국 서브프라임 모기지 연체율(18.2%)의 3분의 1 수준에 불과하다.

우리나라의 주택 가격이 오르는 원인 중 하나는 주택보급률이다. 수요자에 비해 주택공급이 모자란다. 주택보급률은 지난해 말 기준으로 서울 91.3%, 수도권 96.9%, 전국이 108%이다. 현 정부의 계획대로 2018년까지 500만 가구를 공급하더라도 115% 수준에 그친다. 이에 비해 영국, 프랑스, 일본은 110~120% 수준이며, 이 정도 수치가 통상 적정한 주택보급률로 알려져 있다. 한편 우리나라의 자가 주택소유율을 보면, 2007년 말 기준 서울의 경우 47%에 그치고 수도권은 51%, 전국은 60% 수준이다. 서울의 경우 절반 이상이 무주택자다. 외국의 자가 주택소유율은 미국은 68%, 영국은 69%, 일본은 61%이다. 주택보급률은 100%지만 서울의 자가 주택소유율은 47% 수준이므로 아직까지 내집 마련을 못 한 가구가 절반 이상이다. 인구 1,000명당 주택 수를 봐도 우리나라는 266가구, 서울은 229가구로 도쿄(503가구), 런던(411가구)보다도 훨씬 낮다. 현재의 추세대로라면 2018년이 돼야 인구 1,000명당 주택 수가 선진국 수준인 400가구를 넘어설 것이다. 그런데 경제 위기로 주택 공급량이 늘고 있지 못하므로 향후 우리나라의 집값이 떨어질 이유는 많지 않다.

"부동산 대폭락론"은 책을 팔기 위한 호들갑에 불과하고, 오히려

2009년 하반기부터는 저금리에 따른 유동성 장세가 나타날 확률이 높다. 자산시장에 대거 풀린 유동자금이 부동산 시장으로 다시 흘러 들어 빠르면 2010년부터 상승 사이클을 탈 것이다.

부동산 가격의 전반적인 상승이 이루어진다고 하더라도, 아무거나 오르지는 않는다. 특히 인구가 줄고 경제성장률이 5%대 이하인 상황에서는 옥석을 가리지 않으면 투자수익을 올리기 매우 힘들어졌다. 부동산은 무조건 오래 들고 있는다고 오르는 자산이 아니다. 오르는 부동산은 따로 있다. 10년이 지나도 오르지 않는 부동산은 특별한 개발계획이나 호재가 없는 한 20년, 30년 후에도 오르지 않는다. 손해를 보더라도 팔고 다른 쪽으로 옮겨가는 것이 나을 것이다.

부동산의 옥석 가리기가 매우 힘든 이유는 부동산의 보유효과가 매우 높기 때문이다. 보유효과란 사람들은 물건이건 사회적 지위이건 일단 무엇인가를 소유하고 나면 그것을 갖고 있지 않을 때보다 과대평가하는 성향을 말한다. 1980년 미국 행동경제학자 리처드 탈러가 이런 현상을 "보유효과"라고 명명했다. 탈러는 한 병에 5달러 주고 구매한 포도주가 50달러가 됐음에도 불구하고 팔려고 하지 않는 심리 상태를 보유효과의 예로 들었다. 이러한 보유효과 때문에 사람들은 가치가 없는 부동산도 좀처럼 싸게 내놓으려고 하지 않을 뿐 아니라 본인의 생각보다 싼 가격으로 흥정이 들어오면 잘 팔지 않으려는 심리가 생긴다. 또한 가치가 높은 부동산은 적당한 가격보다 훨씬 더 높은 가격에 팔려고 하는 것이 일반적이다. 결국 보유효과로 인해 부동산은 주식이나 기타 금융자산보다 매매가 쉽게 이루어지지 않게 된다. 가치가 높은 부동산을 낮은 가격 혹은 적당한 가격에 매수하려면 급매물을 잡거나 아니면 보유자와 장기간의 협상이 필요하다.

그렇다면 구체적으로 어떤 부동산에 투자해야 할까?

돈 되는 부동산의 가장 중요한 요건은 "확장가능성이 극도로 낮은 곳"이다. 반대말인 "확장 가능성이 높다"는 것은 대체재[51]가 존재한다는 말과 같다. 어떤 재화에 밀접한 대체재가 있으면 소비자들은 그 재화 대신 다른 재화를 사용할 수 있으므로, 그 재화의 수요는 가격에 변동에 매우 탄력적이다. 예를 들어 분당과 일산 신도시가 서로 대체재라면 분당의 땅값이 조금만 오르면 수요는 크게 감소한다. 왜냐하면 땅값이 오르지 않은 일산을 선택하면 되기 때문이다. 반면에 대체재가 마땅히 없는 땅은 가격에 덜 탄력적이다. 공급이 제한되어 있어 가격이 올라도 수요는 크게 감소하지 않는다. 그러나 지방의 농촌처럼 주위에 개발될 수 있는 "빈 땅"이 너무 많으면 땅이나 건물의 희소성이 적다. 확장가능성은 단지 지리적 특성으로만 제한받지 않는다. 수로나 도로 개발 계획, 개발제한법률 등도 확장가능성을 막는 주요 요인 중 하나다.

그러므로 확장가능성이 낮은 곳이 투자가치가 있다. 확장가능성은 직접 투자처에 가보면 확인할 수 있다. 확장가능성에 한계가 있다면 높은 가격을 지불하려는 사람들이 존재하게 되고, 해당 지역의 집값은 하방경직적이라 쉽게 떨어지지 않게 된다. 최근과 같이 부동산 시장이 침체되어 때때로 거품이 빠지더라도, 또다시 열기가 달아오르면서 스스로 가치를 높여가는 지역이 바로 이런 지역들이다.

또한 시간이 갈수록 "도심 주거지"가 인기를 끌 것이다. 교외주택에 살던 은퇴 계층은 단독 주택의 관리에 대한 부담이 커지고 도심의 쇼핑·문화시설에 대한 욕구가 커지면서 도심으로 이주하고 있다. 맞벌이를 하는 젊은 층은 쾌적한 환경보다는 직장과 거리가 가까우면서 편의시설을 갖춘 도심을 선호한다. 갈수록 늘어나고 있는 독신의 직장인들은 부모로부터 받은 자산과 적지 않은 근로소득을 가지고 있으며 개인의 프라이버시를 중요시하므로 도심의 중소형 오피스텔이나 주상복합을 선호한다. 특히 초고층으로 편의시설이 확보되어 있고, 최신 빌트인 오피스텔에 대한 수요는 갈수록 증가할 것이다.

우리나라 인구는 2018년 4,934만 명을 정점으로 계속 감소하지만 수도권 인구는 2005년 2,302만 명에서 2030년 2,632만 명으로 14.3% 증가할 것으로 추정된다. 수도권 집중 현상이 심화할 것이다. 서울 인구는 2010년 1,004만 명 이후 줄기 시작해 2020년 990만 명, 2025년 970만 명, 2030년 942만 명 등으로 1,000만 명을 밑돌게 된다. 반면 경기 인구는 2005년 1,061만 명에서 2030년 1,405만 명, 인천 인구는 258만 명에서 285만 명으로 각각 늘어난다. 젊은 인구가 일자리와 교육기관이 집중된 수도권에 몰리면 인구가 늘어날 수밖에 없다. 하지만 서울을 비롯한 수도권 지역의 주택 신규 공급은 오히려 줄어들고 있다.

결국 서울 등 수도권에 대한 신규 및 대체 수요의 증가 추세를 외면한 채, 재건축 규제 강화 등을 통해 주택 공급을 억제하는 데 주력한 정책 당국의 실책은 경기 침체가 회복되면서 수도권의 부동산 가격 급등으로 이어질 것이므로, 향후 수도권의 투자메리트는 앞으로도 낮아지지 않을 것이다. 지방의 경우에도 일부 광역시는 인구가 증가할 것으로 보이나 대부분의 중소도시들은 인구가 감소할 것으로 예상된다. 인구가 집중되는 일부 광역시의 부동산 가격은 오를 가능성이 높지만, 대부분의 지방은 인구가 장기적으로 감소할 것이므로 주택이 오히려 남아돌아 부동산 가격이 오르는 것은 어렵다. 지방보다는 수도권으로, 수도권보다는 서울이, 서울에서도 강남이나 도심, 한강변 등이 유망하다.

미국에서 교외 주택단지가 본격화된 것은 1960년대이다. 대도시 도심 지역이 인종갈등과 범죄로 교육 등의 생활 여건이 악화되면서, 백인 중산층은 교외 주택단지로 이주했다. 학교·쇼핑센터 등이 갖춰진 이들 지역은 "꿈의 주거단지"라는 평가를 받았다. 그러나 이혼율이 높아지고 고령화와 함께 출산율이 낮아지면서 교외의 넓은 주택을 선호하는 사람은 줄어들고 있다. 또 서브프라임 위기를 계기로 교외 주택의 집값은 큰 폭으로 떨어졌다. 미국에서 2000년 이후 천만 개 주택 대부분은 교외 주택단지에 자리잡고 있고, 저소득층은 서브프라임을 활용해 이곳에 내 집을 마련했었다. 따라서 이곳의 집값은 급등했었다. 그러나 경제위기로 인해 교외 주택단지로부터 매물이 집중적으로 나왔다. 최근 미국의 설문조사 결과에 따르면 응답자의 3분의 2가 넓은 생활공간을 갖추었더라도 교외 주거단지보다는 편의시설을 갖춘 도심에 살기를 원한다고 답했다.

일본 도쿄 근처에 조성된 꿈의 전원도시 다마뉴타운도 "노령자 도시"로 바뀌고 있다. 일자리를 제대로 갖추지 못해 젊은 세대가 외면하고 있고, 노인 인구의 비중이 급격히 늘어나고 있다. 이 때문에 취학 연령층이 급감, 상당수 학교가 노인복지관으로 바뀌었다.

케인스가 주식 시장은 '미인선발대회'라고 한 말은 부동산 시장에도 통한다. 남들이 선호하는 자산이 오르는 것은 너무도 당연하다.

지역을 선택할 때는 "유망하고 인기 있는 지역"을 선택해야 한다. 내가 생각하는 유망한 지역은 상암 DMC 단지, 용산 국제 업무지구, 한남 뉴타운, 성수 제1종 지구 단위구역, 강남권 재건축 등이다. 이들 지역은 향후 개발되면서 좋은 환경으로 탈바꿈할 것이며 접근성이 뛰어나 과거 강남의 역할을 대체할 가능성이 있다. 강남은 도시계획이 수십 년 전에 이루어져 천편일률적이고 이미 거의 다 개발되어 새로운 모습으로 개발될 가능성이 없다. 또한 현재의 강남권 부동산 가격이 매우 높기 때문에 추가적으로 상승할 가능성이 적다. 강북의 개발 가능성이 높은 지역은 새로운 모습으로 탈바꿈하여 환경, 상권, 교육의 측면에서 새로운 가능성을 부여할 것이다.

상암동 DMC 개발은 2015년에 완공될 예정이다. 높이 640m로 세계에서 세 번째로 높은 빌딩도 들어설 것이다. 상암 지구는 도심권에서 멀고 한강과 가까워 자연 환경이 매우 좋다. 이 지역 개발이 완료되면 주변 아파트의 가격은 상승할 것이다.

용산도 최근에 각광을 받고 있다. 용산 국제업무 지구는 미국 건축가 다니엘 리베스킨트가 설계할 예정이다. 한 나라의 1인당 GDP가 높아질수록 건축물의 기능보다도 품질을 우선하게 된다. 용산 국제업무 지구에는 랜드마크 타워를 중심으로 20~70층 높이의 빌딩 30여 개가 들어선다고 한다. 이 지역에 맞닿은 한강변은 습지와 마리나 시설, 공원으로 꾸며질 것이다. 용산은 향후 강남을 추월할 수 있는 잠재력을 갖고 있다. 용산은 강북, 강남 어디든지 접근성이 높을 뿐 아니라 전형적인 배산 임수지역이다. 한강을 북쪽에서 남쪽으로 언덕에서 바라보고 있기 때문에 높은 지역에 있는 주택이나 아파트는 거실과 베란다에서 한강을 조망한다는 장점이 있다. 외국 부유층의 주거지역은 대부분 언덕의 조망권을 갖고 있는 것과 같은 이치다. 그리고 미8군 부지가 평택으로 이전되면서 100만 평에 가까운 녹지가 제공된다. 용산의 중심축은 용산 국제업무 지구가 될 가능성이 높으니, 이 지역 주변의 싼 매물들을 선취매할 필요가 있다. 최근에 용산 지역이 너무 많이 올라 매수가 부담된다면 용산 개발 축에서 약간 먼 곳, 아직 가격이 충분히 반영되지 않는 용산구 외곽의 매물을 찾아볼 필요가 있다.

한남 뉴타운은 반포대교 북단에서 한남대교 북단에 이르는 보광동, 한남동, 이태원동, 서빙고동 일대를 말한다. 약 33만평 부지 위에 2017년까지 40~50층짜리 아파트 1만 3천 가구가 공급될 것이다. 한남 뉴타운이 완성되면 서울 도심과 강남 사이 한복판에 남산에서 한강으로 이어지는 용산의 지세가 복원된다. 여기가 개발되면 강남의 어느 아파트에도 뒤지지 않는 명품 지역이 될 것이다.

성수지구는 뚝섬 일대, 서울의 숲과 영동대교 북단 사이 성수동 일대에 평균 30층, 최고 50층의 초고층 재건축 아파트들이 지어지는 곳이다. 이곳은 고층 아파트들이 지어지기 때문에 넓은 녹지 공간과 조망을 제공한다. 특히 앞으로 이 구역과 한강 사이를 가로지르는 강변북로는 지하로 들어가고 그 위는 녹지가 되어 한강 접근성이 높아지게 된다. 강북의 한강변 주택은 강남의 한강변과는 비교가 되지 않을 정도로 조건이 좋다. 한강 남쪽에서 강변을 바라보려면 주택을 북향으로 지어야 하며, 기존 아파트들의 용적률이 너무 높아 재건축 등의 사업 타당성 확보를 위해서는 용적률을 매우 높게 받아야 한다. 그러나 강북은 남향으로만 지으면 한강을 바라보게 되고, 기존 지역이 저개발 상태여서 새로운 동네를 재창조할 수 있다는 장점이 있다. 향후 발전 가능성이 매우 크다.

앞으로는 강남보다는 강북의 시대가 될 것이다. 강남은 더 이상 개발할 수 있는 곳이 없고, 이미 가격이 높기 때문에 투자 수익률을 올릴만한 곳이 많지 않다. 내가 강남 재건축 중에 그나마 가능성이 있다고 생각하는 쪽은 개포동 저건축 단지다. 용적률이 낮고 대모산을 등지고 양재천을 바라보고 있어 전형적인 배산임수 형이며 자연친화적이다. 강남에서는 가장 입지가 좋은 곳이다. 그리고 경제 위기로 아직 가격 메리트가 살아 있다. 아무리 발전 가능성이 높다고 하더라도 가격이 싼 것은 필요조건이기 때문이다.

중국 투자 포인트

> 중국이 잠에서 깨어나지 않도록 그냥 내버려 두어라.
> 중국이 깨어나면 전 세계가 요동치나니
> — 나폴레옹

비즈니스에 관해서라면 중국보다 오랜 전통을 지닌 나라는 거의 없다. 하지만 중국은 15세기 초부터 깊은 잠에 빠져 들었다. 15세기 중국은 기술이나 문화, 정부조직 면에서 유럽은 물론 인도나 오토만 제국보다 앞서 있었다. 그러나 명나라 왕조는 서구와의 접촉을 끊고 자기만족에 빠져 스스로를 고립시켰고, 17세기에 들어 고작 기마병에 활과 화살 뿐인 만주족에 나라를 빼앗겼다. 중국은 이후 시베리아 영토를 러시아에 유린당했고 영국과 프랑스에 해안지역도 빼앗겼다. 20세기로 접어들면서도 중국은 여전히 환자복을 벗지 못했다. 1949년에 공산주의자들이 권력을 잡았지만 산업국가로 전환하는 데는 실패했다. 마우쩌둥이 사망한 1976년 이후에야 중국은 공산주의를 버리고 경제성장을 시작했다.

현재 중국은 20년 이상 10% 안팎의 성장률을 보여주고 있다. 연 10%가 넘는 실질 성장을 20년 이상 지속하는 것은 세계 경제사에서 유래가 없다. 경공업이건 중공업이건 중국 기업의 원가 경쟁력은 상상을 초월한다. 저렴한 인건비를 바탕으로 한 노동 원가 경쟁력뿐 아니라 제조 설비의 경쟁력도 포함된다. 노동집약적 산업은 중국 내륙이나 베트남 등으로 생산 기지를 옮겼거나 검토 중이지만, 아직도 대부분의 지역에서는 40~50만 원의 월급으로 양질의 노동자를 구할 수 있다. 게다가 중국 기업들은 설비 합리화를 혁신적으로 추구하고 있다. 중국 우량기업들은 초고속 성장을 하고 있을 뿐 아니라 다른 나라보다 훨씬 높은 10~30% 수준의 영업이익률을 기록하고 있다. 이는 결국 위안화가 달러 대비 4~5위안 수준까지 절상되어도 생산성 향상 제품의 고부가가치화, M&A를 통한 규모의 경제 달성 등을 통해 중국 기업의 경쟁력은 유지될 것이다. 중국인들은 "모든 세대가 이전보다 더 뛰어날 것이다"라는 말을 실현하려고 불철주야 노력한다.

중국의 기업의 대주주들은 쥐꼬리만 한 주식 지분으로 그룹을 자기 마음대로 컨트롤하는 한국 재벌 패밀리와 달리, 자사 지분을 30% 이상 보유한다. 세계적인 기업이라고 하는 삼성을 보더라도 매년 초 이사급 승진에 명단에는 2세, 2세의 배우자, 사돈의 팔촌까지 이름이 반드시 들어 있다. 공과사를 구분하지 못하는 가족기업 형태다. 그것도 겨우 2~3%의 지분을 가지고 말이다. 중국은 자본주의가 태동한지 얼마 되지 않았음에도 불구하고 경영자들은 팔을 걷어붙이고 열정적으로 공장을 사방으로 누비며 종업원들을 따뜻하게 돌본다. 인건비가 지난 수 년간 상승했고 금년에도 10% 이상 오를 것으로 예상되지만, 중국 공장 근로자의 월급은 여전히 평균 40~50만 원 수준이다. 최근 물가 급등을 감안하면 부족한 액수겠지만, 중국의 생산직 근로자들은 급여의 대부분을 저축하며 회사가 제공하는 좁은 사원 숙소에서 단체 생활을 한다. 기업가에 대해 막연한 반감을 가지는 한국 근로자와 달리 이들은 위험을 안고 사업을 일으킨 자본가의 역할과 여기서 창출된 부(富)에 대해 긍정적이다.

중국은 2009년 하반기부터 대규모 재정집행의 효과가 나타나 경제가 연 8~10%의 고속성장을 다시 하게 될 것이다. 물론 중국도 어렵다. 수출이 급격히 둔화되었고 기업들이 문을 닫자 농촌에서 도시로 이주했던 공장근로자들이 실직을 했다. 이렇게 실직해 시골로 귀향한 근로자가 1,000만 명을 넘는다. 그러나 중국 재정은 여전히 튼튼하고 재정지출이 GDP의 25%나 차지할 정도로 정부 비중이 높다. 중국공상은행 등 주요은행들이 정부의 영향력 아래 있어 쉽게 시중에 돈을 풀 수도 있다. 중국의 강력한 케인스 식 경기부양은 성공할 것이다.

최근에 나는 한국 종목 보다는 오히려 중국 주식에 관심을 기울이고 있으며 포트폴리오의 절반 이상을 중국 주식으로 채우고 있다. 한국은 이미 경제와 기업의 성장성이 떨어졌다. 연평균 10% 이상 꾸준하게 성장하는 기업을 찾기는 힘들다. 성장 기업을 매수해 높은 수익을 내기 위해서는 매우 낮은 가격에 매수해야 한다. 하지만 국내 증시도 성숙기에 접어들어 본질가치보다 싼 주식은 많지 않다. 그러나 우량 중국 기업들은 수출 및 내수 호황에 힘입어 매출과 이익이 매년 20~30%씩 증가하고 있다. 게다가 기업 M&A를 통해 시장을 확대하고 규모를 키워서 추가적인 성장 모멘텀을 창출하고 있다. 중국 상하이 증시가 경제 위기 이후 고점 대비 50%나 폭락했고 그 와중에 우량 기업 주가들도 대폭 조정을 받았다. 그러나 대다수 우량 중국 기업들은 30~50% 수준의 이익 증가율을 보이고 있으며, 향후 수 년간 성장세를 유지할 것이다. 이러한 측면을 고려해 보면 중국 기업은 매우 싸다. 기회는 중국에 있다.

　최근 위안화의 절상 속도가 빨라지면서 중국 기업의 수출 경쟁력 악화를 우려하는 전문가들이 있다. 달러 대비 위안화 환율은 2008년 1월 7.28위안에서 2009년 4월 현재 6.84위안으로 떨어져 위안화 가치가 1년 3개월 동안 6.1% 정도 절상 되었다. 한국 원화는 2008년 초에 1달러당 960원에서 2009년 12월 현재 1달러당 1,160원으로 21%가 절상되었다. 일 년간 한국 원화의 가치가 중국 위안화와 비교할 때 40%가 넘게 떨어졌다. 중국의 관료들은 공공연하게 위안화를 세계 기축통화로 만들겠다고 언론이 발언하고 있다. 중국의 무역흑자가 크기 때문에 현재 중국의 외환보유고는 2009년 현재 1조 9천 500억 달러에 달한다. 현재는 중앙은행이 이 외환을 매입하고 위안화를 시중에 풀고 있다. 향후 지속적으로 위안화의 가치는 절상될 것으로 보이기 때문에 중국에 투자한다면 시세차익과 환율차이에 의한 이득을 동시에 취할 수 있다.

　중국은 거대한 기회의 땅이지만, 위험요소도 많다. 500대 중국 기업의 90% 이상이 국유기업이고 수익의 70~80%를 국유기업이 차지하고 있다. 문제는 중국 국유기업들의 ROE가 1%에 불과하다는 것이다. 중국의 민영기업은 ROE가 7% 정도 되며, 외국인 투자기업은 ROE가 8% 정도이다. 국유기업은 경쟁력이 너무 취약하다. 또한 현재 중국의 명목금리는 4% 정도 되며, 인플레이션은 8% 정도 된다. 실질이자율은 -4%다. 결국 잉여자금이 갈 곳은 부동산과 주식 시장

뿐이다. 2007년도의 주식, 부동산 시장 버블은 필연적인 것이었고 앞으로도 버블 가능성은 언제나 존재한다. 앞으로 중국은 안정적인 금융환경이 조성되어야 한다. 중국은 1995년도에 국제회계 준칙을 따르기로 하였으나, 대부분의 회사가 정부가 지배주주이므로 회계사에게 영향력을 행사하여 분식회계가 만연하고 있는 것도 문제다. 지방정부의 기업은 그 정도가 훨씬 심할 뿐 아니라, 분식회계에 대한 처벌은 거의 전무하다. 또한 국영기업의 CEO 및 이사진들의 대부분은 공산당이 임명하는 관료들이다. 웡 교수의 연구[52]에 따르면, 중국기업을 홍콩에 상장시키면 이사회의 전문성이 높아지고, 투명성이 제고되며, 투자효율성이 증대되었다. 이에 따라 주가 또한 상승했다. 중국 회사이면서 해외에 상장된 회사들을 주목할 필요가 있다. 중국 주식에 투자하고 싶은데 회계의 투명성이 걱정된다면 홍콩에 상장된 중국 회사 주식인 H주에 투자하면 된다.

향후 상하이 A주와 B주 그리고, 홍콩의 H주가 통합될 것이다. A주, B주, H주는 매수 주체가 구분되어 있을 뿐이지 주권 자체는 동일하다. 현재 중국 내국인만 매수할 수 있는 A주는 외국인만 매수할 수 있는 상하이 B주와 홍콩 H주보다 가격이 훨씬 더 비싸다. 보통 30~40% 정도 비싸지만, 100% 이상 차이나는 종목도 존재한다. 시장통합이 단시일 내로 이루어지지는 않겠지만, 나의 생각으로는 3-4년 이내에 이루어질 것으로 본다. 양 시장이 통일된다면 중간에서 수렴하더라도 B주와 H주에는 15~50% 정도의 프리미엄이 붙게 될 것이다.

나는 중국 주식 시장의 거품 붕괴가 2~3년 정도 더 끌 것이라고 생각했으나, 의외로 시작이 빨리 왔다. 2007년 말 6000포인트가 넘던 상하이 A주[53] 종합주가지수는 2008년 말 현재 2000선까지 떨어졌다가 2009년 말 3000을 약간 상회하는 수준이다. 최고점의 2분의 1 수준이다. 미국의 서브프라임 사태로 인한 세계적인 불황으로 중국의 경기가 심하게 나빠진 것도 폭락을 부채질했다.

2007년 말 중국증권보는 "증시에 황금 10년이 도래했다"고 했고, 상하이증권보는 "중국 증시가 이제 막 달리기 시작한 천리마와 같다"고 보도했다. 2007년 말 상하이에 있는 증권사 지점에는 대학생, 중년 여성, 노인, 방금 구걸을 마치고 온 동냥 거지까지 각양각색의 사람들이 모여들었다. 담요와 도시락까지 가져와 아예 '둥지'를 튼 투자자도 있었다. 중국의 증권사들은 20만 위안(약 4000만 원) 이상의 투자자에게 별도의 컴퓨터와 자리를 마련해주었다. 100만 위안(약 1억 2천만 원)을 넘게 예탁하면 작은 방까지 제공한다. 당시 중국인들에게는 주식이 곧 인생이었다. 중국의 증시계좌 수는 하루 30만 개씩 늘어나 2007년 말에는 1억 개를 넘어섰다. 중국 회사의 대부분은 주식거래 사이트를 막아놓지만 일부 기업은 하루 1시간씩 직원들이 주가도 챙겨보고 주식을 토론할 수 있는 시간을 따로 떼어놓았다. 거침없는 성장, 엄청난 규모의 흑자, 넘쳐흐르는 유동성, 그리고 자만과 탐욕, 우매함으로 뭉쳐진 상승장 심리까지……. 사람들은 "상하이 10년 랠리"를 외치며 여기저기서 들떴다.

상하이 증시는 2007년에만 400% 상승하였고, 시장 전체 PER

이 55배였다. 중국 기업들이 아무리 빠르게 성장한다고 하더라도 선진국 시장의 PER 수준이 15 안팎임과 비교해 볼 때 네 배 가까이 높다. PER가 55라는 것은 매년 1억의 수익을 내는 회사의 시가총액이 55억이라는 이야기다. 55억을 투자해 고작 1억의 수익을 올리고 있다. 55억으로 1억의 수익을 올린다면, 은행에 돈을 맡기고 1.8%의 이자율을 받아간다는 이야기와 동일하다. 누구라도 1.8%의 이자를 주는 은행에다 돈을 맡기지는 않을 것이다. PBR도 8에 가까웠다.

나는 2007년 말에 중국 주식의 폭락 가능성이 높다고 생각했다. 전체 시장이 이렇게 과도한 평가를 받고 있는 것은 유래가 없는 일이었다. 2007년 말 나는 한 인터넷 사이트에 글을 기고했었다.

…… 중국의 비이상적 과열은 분명 스카이다이빙처럼 끝을 모를 만큼 떨어지겠지만, 거품장세는 의외로 길게 갈 수도 있다. 과거 연방준비제도[54] 의장이었던 앨런 그린스펀이 1997년 비이성적 과열을 경고했을 때가 실은 나스닥 주가가 최고점에 다다르기 3년 전이었다. 중국의 통화정책이 바뀌지 않는다면 주가는 더 오를 수도 있다. 하지만 그 하락은 더욱더 혹독할 것이다. 산이 높으면 골은 더 깊다. 1990년 일본 거품, 1929년의 미국 대공황, 1989년의 블랙먼데이, 미국 한국의 2000년대 인터넷 버블 등이 터졌을 때 누구도 걱정하지 않았다. 주가 급등락은 예외적인 현상이고, 떨어진 주가는 다시 정상궤도로 진입한다고 생각했다. 하지만 이는 결과적으로 희망사항일 뿐이었다. 세계적인 수준의 금융거품은 통상 더 심각한 문제를 불러일으킨다. 느슨한 통

화정책과 자아도취적인 과잉 신뢰 등은 버블을 더 심각하게 만들고, 버블이 언제 터질지 고민하게 만든다. 우리의 생각과는 전혀 다른 비정상적인 사건 그리고 그것에 의해 원래 나타나야 할 상황과 어긋나는 결과가 발생한다. 이것을 전문용어로 '팻 테일'이라고 한다. 시장이란 곳이 원래 인간의 행동에 의해 좌우되기 때문에 다양한 데이터나 지표들에 대한 미온적인 반응이나 과민반응 그리고 참가자들의 군중심리가 어떤 가격을 정규분포 상 양끝으로 밀어내곤 한다. 주식 시장에서는 너무 높은 가격이나 너무 낮은 가격이 예외적인 것이 아니라 자주 일어나는 일일 뿐이다. 언제일지는 모르나 반드시 터지게 될 중국 거품의 붕괴는 중국 뿐 아니라, 주변국인 한국, 일본 그리고 미국까지 범 세계적으로 상당한 고통을 줄 것이다.

다른 위험 요소는 중국증시에 상장된 회사의 대다수가 신생기업이라는 점이다. 이들의 실적은 안정적이지도 예측가능성이 높지도 않다. 이들은 불황을 겪어본 적도 없다. 지금까지 중국의 경제가 가파르게 성장했고 앞으로도 그러할 확률이 높다고 하더라도, 경제가 성숙하는 과정에서는 많은 기업들은 사라지게 된다. 1950년대 일본에는 100개가 넘는 오토바이 제조업체가 있었지만, 현재 대기업으로는 혼다 한 곳만이 남아 있다. 현재 중국에 상장되어 있는 업체의 70~80%는 향후 20~30년 동안 거의 다 사라지고 몇몇 회사만 남게 될 것이다. 중국의 기업이 아무리 성장성과 수익성이 높다고 하더라도, 향후 10년 이상 생존할 기업간이 매수할 가치가 있다. '월가의 인디애나 존스'라는 별명을 가지고 있는 짐 로저스는 2007년까지는 각종 언론 및 세미나에서 중국에 투자하라고 강조했고《불 인 차이나 : 무한성장 가능성, 세계 최대시장에 투자하라》라는 책까지 썼다. 하지만 2008년 들어 중국주식이 폭락하면서 말을 바꾸고 있다. 오히려 주가가 너무 높았던 2007년보다는 지금과 같이 폭락한 상황에서 투자를 종용하는 게 맞다.

나는 '짐 로저스'처럼 중국에 무턱대고 투자하라고 종용하여, 종목 선별 능력이 없는 개미투자자들을 사지로 몰아넣고 싶지는 않다. 다만 한국은 같은 한자 문화권이며 비슷한 정서를 공유하고 지리적으로 가깝기 때문에 중국에 조금 더 관심을 갖고 투자할 필요는 있다. 중국에 대한 투자는 국가 전체적으로나 개인적으로 놓쳐서는 안 되는 생존의 문제다.

중국 부동산 시장은 어떨까?

중국은 2008년 올림픽을 성공적으로 치뤘다. 정치적인 자유까지 확보되지는 못했지만, 자본주의 경제체제를 도입하고 성공적인 도약을 하고 있다. 또한 2007년 3월 전국인민대표대회(한국 국회에 해당)에서 통과된 물권법에 따라 개인주거지에 대한 사유재산이 인정되어 개인의 부 축적도 가능해졌다.

중국의 GDP 규모가 세계경제에서 차지하는 비중은 1978년 1.8%에서 2007년 6%로 상승하였다. 1979년~2007년 중국의 GDP 연평균 실질증가율은 9.8%로 1953년~1978년 연평균 6.1%보다 높고, 동기간 세계 평균 경제성장율 3.0%보다 높다. 일본경제가 고도성장을 지속하던 시기의 연평균 GDP 성장률은 9.2%였고, 한국경제가 고도성장하던 시기의 연평균 성장률이 8.5%였으나, 중국의 성장률은 상당히 높은 수치다. 지난 30년 동안 중국과 선진국과의 GDP 격차가 축소됐는데, IBRD 발표에 따르면 지난해 중국의 국내총생산(GDP)은 3조 8,600억 달러로 미국 14조 2,043억 달러, 일본 4조 9,093억 달러에 이어 3위다. 중국은 곧 일본(4조 9,093억 달러)을 제치고 세계 2위 경제국으로 발돋움할 것이 확실시된다. 1인당 소득관련 세계은행의 기준을 적용하면 중국은 저소득국가에서 중하위 소득국가로 올라섰다. 중국의 일인당 GDP는 1978년의 190달러에서 2008년의 3,300달러로 증가했는데, 이와 같은 경제 발전 속도가 유지된다면 곧 한국의 1인당 GDP를 더 앞서게 될 것이다.

중국은 비옥하고 광활한 국토를 가지고 있고, 자원이 넘치며 교육열이 강하다. 경제성장의 요소[55] 중 빠질 것이 없다. 중국인들은 돈을 벌면 가장 먼저 주택을 사고, 두 번째로 자동차를 구입하며 세 번째로는 전자제품을 산다. 1인당 실질 GDP가 미화 6,000달러를 넘는 베이징, 상하이, 광저우, 센첸 등 연안도시는 부족한 주거나 사무공간을 채우는 기능 위주의 건설이 주였지만, 지금은 단순한 업무용, 베드타운 역할을 넘어서는 다양한 건설이 이루어지고 있다. 현재 중국 10대 부호 중 1~6위가 부동산을 통해 부를 쌓은 사람들이다. 부동산은 주식과 함께 중국의 2대 투자 대상이다.

중국의 도시화 비율은 지난 1993년의 28%에서 2003년의

40.5%에 이어 2010년 50.6%, 2020년 64.8%에 달할 것이다. 중국 국가통계국 자료에 따르면 중국의 연간 도시화율이 1%가 넘고, 추가로 유입되는 인구는 1,800~2,000만 명에 달한다. 도시 주민 1인당 주거면적을 $22m^2$로 계산할 시, 새로 증가하는 도시인구의 연간 주택 수요는 4억 4,000만m^2(100m^2 아파트 440만 가구)에 달한다. 도시의 인구 집중화로 주거지역의 고층화(용적률[56] 증가)와 개발용지 부족현상이 발생하고 있다. 게다가 2020년 1인당 차지하는 주택면적도 현재의 $25m^2$에서 $30~35m^2$로 늘어날 것이고 상업, 공업, 문화, 교육, 체육시설까지 중국 건축시장 잠재력은 향후 20~30년간 그 규모를 상상하기 어렵다.

중국 부동산은 어느 것이나 무조건 오르지는 않는다. 중국 부동산 시장은 세계에서 가장 규모가 있고 경쟁이 치열하다. 정부 주도의 도로, 철도, 지하철, 항만, 공항, 댐 등 국가 인프라 사업 외에 아파트, 상가, 빌딩, 공장 등 민간차원의 각종 건설계획은 2008년 베이징올림픽, 2010년 상하이세계박람회 개최와 더불어 중국 부동산 시장을 폭발하게 했다. 중국 부동산 시장의 변화는 좋든 싫든 한국 부동산, 건설, 건축자재시장에 직접적인 영향을 준다. 중국에서 투자 기회를 찾는 사람들은 반드시 주시해야 한다.

중국인들의 생활수준 향상에 따라 중산층 이상은 산과 강에 인접한 자연친화적인 아파트를 선호한다. 화장실과 거실, 그리고 방을 구비한 성냥갑 같은 아파트는 이미 중국에서 대세가 아니다. 즉 주택시장의 고부가 가치화가 빠르게 이루어지고 있다. 이런 추세에 따라 세계 유명 개발회사, 설계사무실, 자재 회사들의 중국진출은 확대되고 있다. 중국 아파트는 개인당 주거전용면적이 넓고 지능화 시스템을 장착하고 있으며, 상가, 주차장, 스포츠 시설 등 주민 편의시설을 중시하는 방향으로 바뀌고 있다.

1990년대 중국의 아파트는 도심 평균 용적률이 0.8~1(중국은 %가 아닌 숫자로 표시함)로 3~6층 판상형[57]이 대부분이었다. 2000년대에 들어와 주거지역은 보통 15~25층(용적률 2.5~3.5), 상업지역은 20~35층 이상(용적률 4.5~8)이고, 판상형이 아닌 복합타워(Y자나 ㅁ자로 된 아파트)의 서민형 아파트가 주다. 이런 형태는 통풍이 안 되고 채광이 적어 주거환경이 좋지 않다고 여겨졌다. 하지만 최근에는 연안 남쪽도시인 광저우, 센첸, 베이징, 상하이의 부유층을 대상으로 타워팰리스와 유사한 주상복합과 트럼프타워 형의 아파트가 등장하고 있다.

4대 직할도시인 베이징, 상하이, 텐진, 충칭 외에도 지역의 허브인 인구 500만 이상의 도시인 시안, 청도는 서부대개발의 핵심이다. 선양은 동북개발의 중심지이고, 따리안 항만 물류가 중심이다. 난징, 무한은 양자강을 끼고 있는 대륙 물류와 공업 문화의 중심지이고, 칭다오는 중국 최대의 항구도시이다. 우루무치는 중국 최대 행정구역인 신장웨이우얼 자치구에 있고, 주하이, 센첸, 광저우, 주강삼각주 무역지대의 중심이다. 장춘은 전국 자동차 생산량의 5분의 1을 생산하는 '자동차 도시'이고, 정저우 교통의 중심으로 중국대륙의 중심에 위치하고 있다. 호남지역의 중심인 창샤는 철도, 항공, 운수가 발달한

그림3.24 도심지와 신도시의 부동산 가격 결정 구조

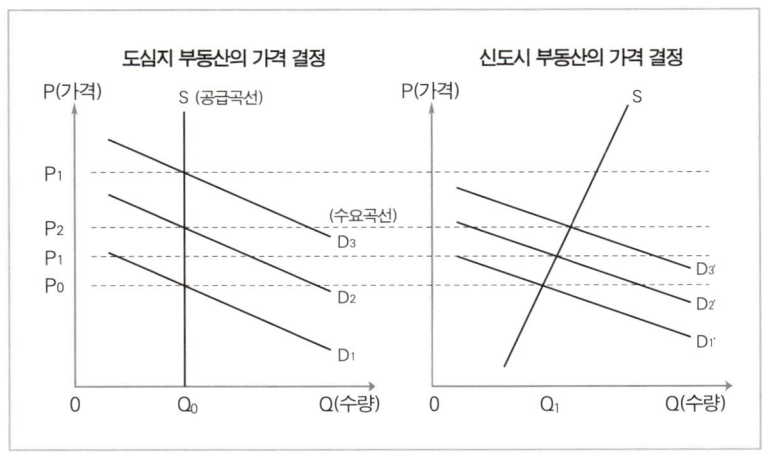

교통의 요지이다. 이들 도시들의 건설, 부동산 개발의 성장성은 기하급수적으로 이루어질 것이다.[58]

부동산이라는 재화의 가장 큰 특징은 다른 재화에 비해 공급 탄력성[59]이 낮다는 것이다. 수요가 증가해도 공급은 급격하게 늘기 어렵다. 경제가 성장할수록 주거지에 대한 수요는 더욱 커지므로 수요는 D_1에서 D_2로 다시 D_3으로 늘어난다. 부동산 가격은 시간이 갈수록 지속적으로 오를 수밖에 없다. 바로 이 점 때문에 부동산 불패 논리가 생겨난다. 하지만 주의할 점이 있다. 위와 같이 공급이 제한되어 있는 토지는 도심과 가까운 곳에 위치한 경우만 해당된다. 서울 외곽의 신도시는 추가적인 수요가 필요하면 주변에서 새로운 도시를 개발할 수 있기 때문에 공급곡선이 수직이 아니다. 대체재가 있으면 가격이 지속적으로 오르지 않을 수도 있다는 말이다. 결국 중국 부동산

시장이건 우리나라건 높은 수익을 올리기 위해서는 대체재가 별로 없는 도심지에 있는 부동산을 매수해야 한다. 최근 전 세계적인 경기 침체에 따라 부동산 가격이 폭락하였으므로 좋은 물건을 확보하기가 쉬워졌다.

중국 부동산의 거품 붕괴는 중국 정부가 과열 경기를 잡기 위해 지난해 대출 금리를 여섯 차례나 올리고 2007년에 시중은행의 지급 준비율을 열한 차례나 올린 것도 그 이유지만, 2008년도에 들어 세계적인 경기 침체에 더 큰 영향을 받았다. 하지만 중국은 경제 성장률이 세계에서 가장 높은 수준이고 현재 45%에 불과한 도시화율도 계속 상승할 것으로 전망된다. 중국 부동산 시장은 장기적으로 투자 전망이 가장 높은 지역이다. 중국 정부는 부동산 시장의 동향에 따라 그때그때 장단기적인 정책을 수립·수정·보완해나가고 있다. 금융 부실에 대한 위험요소를 충분히 인식하고 있으며 이를 제거하기 위한 정책을 펴고 있다. 또한 주택 공급을 장기적인 계획 하에 늘려나가는 정책도 병행하고 있다. 중국 정부는 내수 시장 활성화의 방안으로 부동산 시장을 키울 수밖에 없을 것이다.

중국 정부는 외국인에 대해서는 실질사용자 외에는 원칙적으로 부동산에 관한 투자를 막았다. 토지 외에 아파트, 상가, 빌딩 등에 대한 외국인 취득은 상하이가 2001년 8월 1일, 베이징이 2002년 9월 1일부터 완전 개방되어 있었다. 그러다가 부동산가격이 폭등하고 투기성차금이 몇 백억 달러씩 부동산에 유입되자 2006년 7월, 다시 외국인은 1년 이상 거주자와 유학생 본인이 실제로 사용할 경우에 한

해서만 부동산 취득을 할 수 있게 했다. 결과적으로 2006년 4월 한국 정부가 해외부동산 자유화를 실시하자마자 가장 큰 시장인 중국은 투자의 기회를 막았다. 그러나 법인은 직원용으로 취득이 가능하고 임대사업도 가능하다. 부동산 시장이 안정화되면 다시 외국인들의 투자를 개방할 것이므로 중국 부동산 시장은 언제나 주시하고 있어야 한다. 특히, 중국의 부동산 법은 틀이 잡혀 가는 과정이므로 관련법의 개정에 대한 주의가 필요하다. 토지 임대 제도의 변화에 따라 부동산 시장의 판도가 크게 달라질 수 있다. 부동산 가격 하락이 장기화되는 시점이므로 투자의 주의가 필요하다. 중국 부동산 투자는 중장기적인 전략으로 실행되어야 하며, 중국 정부의 경제 정책과 부동산 시장에 대한 변화를 관찰해야 한다.

시장을 이긴
투자자들

▎박영옥, 사업으로서의 주식 투자

> 규칙을 적게 만들자. 그 규칙은 반드시 집행하자.
> 그리고 사람들이 자신의 잠재력을 충분히 발휘할 수 있는 환경을 창조하자.
> — 이베이의 철학

박영옥은 국내 농기계 분야 1위 업체인 대동공업 지분을 14% 보유한 개인 투자자다. 그가 보유한 대동공업 53만 주의 평가액만 약 100억 원이 넘고, 그 외 KCC건설, 청호컴넷, 하이트론씨스템즈 등 열 가지 종목의 평가금액을 합치면 300억 원이 넘는다. 대동공업은 매출액이 3천억을 약간 상회하고 성장률은 높으나 영업이익률이 낮은데, 시가총액이 900억 대이니 기업수익이 좋아지면 3루타[60]에서 5루타까지 바라볼 수 있어 전형적인 턴어라운드를 노릴 수 있는 종목이다. PER

는 10이 약간 넘는다. 성장성이 나쁘지 않고 독점적인 지위를 갖고 있다는 장점이 있다.

박영옥은 자신의 투자 철학을 "농심(農心) 철학"이라고 밝힌다. 저평가된 기업을 발굴하여, 제 가치를 찾을 때까지 기다리는 것이다. 농부가 좋은 씨앗을 뿌려 가을 추수 때까지 기다리는 것과 같다. 이 때문에 그는 최소한 3년, 최대 10년 이상 장기투자가 자기 스타일이라고 주장한다. 실제 중3짜리 딸에게 이랜텍 주식을, 늦둥이 아들에게는 돌 때 받은 축의금으로 대동공업 주식을 사주었다.

또한 그는 주식 투자를 투자를 위한 거래가 아닌 사업 마인드로 접근한다. 약간의 수수료와 거래세만 부담하면 회사 주인이 될 수 있다는 근거에서다. 그러나 그는 단순 투자를 목적으로 하며 적대적 M&A를 통한 경영권 탈취에는 관심이 없다. 공개된 자료를 기반으로 그의 투자내역을 평가해보면, 가치투자를 지향하고 복리수익률은 10~15% 정도이며 안정적 자산주 위주의 투자를 하는 것 같다. 초기의 워런 버핏을 보는 것 같다.

그는 "주식 투자처럼 쉬운 게 없다"고 단언한다. 20년 투자 경력에서 손댄 종목 중 '대박'이 많았다. 과거 농심을 주당 4만~5만 원에 사서 평균 12만 원대에 팔았다. 현재 보유 중인 KCC건설도 20억 원을 투자해 40억 원대까지 불렸고, 청호컴넷도 주당 7,000원에 사서 두 배가 되었다. 실패한 종목도 있기는 하다. IT주식인 하이트론과 이랜텍이 대표적이다. 그는 2006년 "하이트론은 현재 40%가 빠졌는데, 1~2년 기다리면 반드시 먹는다"고 자신했다. 2006년에 최저가로 3천 원 정도 갔었고, 이 책을 쓰고 있는 2009년 11월 현재까지 여전히 3천 원에서 4천 원대를 오간다. 그는 2008년에는 대신증권에 투자해 큰돈을 잃었다. 나는 증권주에는 거의 투자하지 않는다. 그 이유는 우리나라의 증권회사는 미국의 투자은행과는 달리 자기자산을 직접 투자하거나 펀드 운용 등으로 큰돈을 벌어들이는 사업 구조가 아니다. 거의 증권 수수료가 주 수입원이다. 그렇기 때문에 증권거래가 활발하게 될 때는 주가가 오르지만, 주식 시장이 침체가 되면 주가는 급격하게 빠진다. 경기에 민감하다는 뜻이다. 하지만 작년 경제위기로 증권주가 과도하게 급락했고 본질가치보다 급락한 증권주들의 가격메리트가 살아났다. 대신증권도 현재(2009년 말)의 상황에서는 비싸지 않다.

　　탁영옥은 전북 장수가 고향으로 '나무꾼의 아들'이다. 중학교 졸업 후 상경, '알바'를 뛰며 방송통신고를 나온 고학파다. 재수하며 중앙대 경영학과에 입학하였고, 대학 3학년 때 증권분석사 시험에 합격하여 증권과 인연을 맺었다. 이후 대신증권과 국제투자자문을 거쳐 교보증권 압구정지점장을 끝으로 전업 투자자 길로 들어섰다. 대학에서 경영학을 전공했으며 교보증권 압구정 지점장을 지냈으니 제도권 출신이다. 엄밀하게 개미로 분류되는 것이 타당할지는 조금 생각해보아야 한다. 하지만 지금은 전업투자자이며, 홀로 고독한 길을 가는 개미투자자다.

　　그는 몇 가지 원칙을 가지고 있다. 첫째, 저평가주를 매수한다.

대동공업만 해도 그는 회사 역사부터 매출 구성, 수익성 지표는 물론 농지법, 트랙터 시장점유율까지 꿰고 있다. 그는 대동공업이 시가총액은 900억 원 남짓하지만 보유 순자산가치가 1500억 원대에 달한다고 한다. 때문에 매출액이 최소한 1조 원이 될 때까지는 보유할 것이라고 한다.

둘째, 배당주를 찾는다. 그는 "시가 배당 수익률이 3% 이상이면 대만족"이라고 말한다. 대동공업은 매년 3~4%대 안정적인 배당을 실시한다.

셋째, 시장 지배력을 갖춘 종목만 고집한다. 대동공업은 국내 농기계 회사 중 1위 업체. 트랙터시장 40% 점유율로 대기업 계열인 동양물산, 국제종합기계를 압도한다. 그는 "일본의 구보다는 농기계 하나로 15조 원 매출액을 올린다"고 말한다. 그는 오전엔 모니터 앞에서 장을 보지만 오후엔 '현장'을 돈다. 그는 계좌 틀 때만 빼고 증권사 직원은 만나지 않는다. 대신 투자한 종목의 공장을 돌아본다.

넷째, 그는 일반 개인들의 관행을 다 거꾸로 한다. 차트를 보지 않는다. 주식을 살 때는 3~6개월에 걸쳐 사고, 팔 때는 1주일 내에 처분한다. 그는 3개월에 한 번씩 '공부'하러 외국을 다닌다. 부동산 등 다른 투자는 하지 않고 오로지 주식만 산다. "주식 투자해서 성공 못하면 바보"라고 단정할 정도로 주식 투자를 신뢰하고 있다.

최근에 그는 코스닥 종목인 '참좋은레져' 지분을 7% 보유하고 있다. 참좋은레져는 고급형 자전거 시장에서 급속한 성장을 보이고 있고, 영업이익률도 보급형 자전거에 비해 높다. 환경에 대한 관심과 자전거 전용 도로 등 인프라 확충으로 자전거 시장이 확대되고 있으니, 오래 보유만 한다면 좋은 수익을 내줄 것으로 판단한 듯하다.

그는 최근에 '스마트인컴'이라는 투자자문사를 만들고 슈퍼개미 딱지를 떨어내 겨고 하고 있다. 제도권에서 근무하다 개미 투자자로 변신하고 슈퍼개미로 거듭났고 이제는 다시 제도권 투자자로 변신을 꾀하고 있다.

박성득과 청산가치

> 우리는 기업을 사는 걸 좋아하지만 파는 건 싫어합니다.   — 워런 버핏

박성득은 15세 때 횟집 주방 보조원부터 출발해, 25세에 독립했다. 이후 24년간 횟집 '대어'를 경영한 자영업자 출신이다. 그는 운둔을 즐기는 투자자였다. 그러다가 현대약품 최대주주에 오르면서 세상에 알려졌다. 당시 그가 보유했다고 신고한 지분은 현대약품 16.07%였고, 지금도 아직 10%를 보유하고 있다. 이는 현대약품 CEO인 이한구 대표의 지분 22%의 절반에 가깝다.

    그는 20여 년의 주식 투자 경력을 가지고 있다. 돈을 번 것은 7년쯤 전부터고 그 전에는 다른 개미처럼 대체로 손실을 봤었다. 처음에 그는 투자한 기업이 뭘 만드는 회사인지도 모른 채 소문과 주가 움직임만 보고 투자를 했다. 이렇게 '고통의 저축기간' 10년을 보내며 쓰라린 시간들이 쌓이면서, 주가 시세표가 아니라 기업과 경제 관련 책을 보기 시작했다. 일식집 경영에 신경을 쓰듯 투자할 종목도 사전에 철저히 따지면서 공부하고, 몇 달씩 공부해서 주식을 고르고 나면 그 이후는 그냥 편안한 마음으로 기다렸다. 그는 현대약품 보유 목적을 '경영 참여'로 밝히지만, M&A에는 뜻이 없다. 슈퍼개미들은 대체로 조용히 안빈낙도의 삶을 살며 수익을 추구할 뿐이지, 직접 경영권을 노리는 경우는 별로 없다. 다만 그는 경영실적이 형편없이 떨

어지거나 분식회계 등 현 경영진이 '부정행위'를 했을 때는 지분을 추가 매집하겠다는 의지를 표명했다. 수익성에 집중하지 않거나 소액주주를 경시하는 행위에는 가만있지 않겠다는 것이다.

박성득이 보유한 종목은 현대약품 외 대우증권, 광진실업, 동부한농, LG텔레콤 등 10종목 내외다. 하나 같이 '내수주'다. 그가 보유한 주식의 평가액은 현대약품만 320만주로 80억 원에 이른다.

박성득은 철저하게 저평가주만 골라 투자한다. 광진실업이 단적인 예다. 자본금은 30억 원인데, 잉여금만 120억 원에 달한다. 2006년 당시 주가가 1,800원이었는데, 그는 최소한 주당 3,000원까지는 갈 것이라고 예상했다. 실제로 2006년 11월에 8,000원까지 갔었다. 그러나 광진실업의 주가는 2009년 11월 현재 1,900원대를 오가고 있다. 슈퍼개미들도 경제위기에서는 속수무책이다.

그가 저평가주를 발굴하는 방법은 청산가치에 주목하는 벤저민 그레이엄의 가치투자 방식과 닮아 있다. 그가 말하는 청산가치는 특정한 회사가 갖고 있는 돈(자본금, 유보금)에서 부채와 설비들을 다 빼고, 남은 돈을 총발행 주식으로 나누는 것이다. 그는 현재 자산가치를 나타내는 청산가치와, 미래주가를 예측하는 미래성장가치를 계산한 다음 그 수치보다 낮은 가격에 있는 주식에 투자한다. 그는 BPS(주당 순장부가치), 유보율, ROE(자본금 대비 당기순이익 비율)[61], 매출성장률, 업종 전망, 업종다각화, CEO의 비전 등 양적·질적 지표 모두를 참고한다.

그가 2004년 현대약품 주식을 대량 매입하기 시작할 때에는 이 투자기법을 그대로 적용했다. 정밀하지는 않지만, 투박하면서 나름대로 논리를 갖춘 것이다. 박성득은 현대약품을 1,000원대부터 샀다. 그 이유는 매수 당시의 청산가치가 3,000원 정도 됐기 때문이다. 그의 분석에 의하면 현대약품은 현금 보유량만 500억 원대에 이르는 등 저평가된 종목이고, 자산가치를 감안하면 현 주가보다 두 배 이상 오른 5천 원대가 적정주가라고 강조한다. 그는 현대약품을 "매년 물가 대비 10% 이상만 올라주면 평생 들고 가겠다"고 한다. 현대약품의 현재가(2009년 11월)는 2,000원대 초반이다. 내가 보기에 현대약품은 자산가치는 나쁘지 않으나 과거 5년간 매출액 성장률이 평균 5%에도 미치지 못하고 영업이익률이 5~10% 정도 되는 평범한 회사다. 시가총액이 2009년 현재 650억 원 정도이므로 2008년 당기순이익인 35억으로 계산해볼 때 PER이 18.8이다. 대체로 긍정적이나 필자의 기준으로 매수하지는 않을 것 같다.

박성득은 5년 전 중외제약을 주당 5,770원에 매수했다. 이 당시 중외제약의 청산가치는 주당 3만~4만 원 수준이었다. 가지고 있던 현금으로 10만 주를 샀고 증권금융 자금을 활용해 30만 주를 취득했다. 2009년 11월 현재 중외제약의 주가는 18,000원을 넘어섰다. 대우증권에서는 1,400%의 수익률을 올렸다. 2004년 11월 대우증권 주가는 3,500원 정도 했다. 10만 주를 살 수 있는 현금에 증권금융 자금을 포함, 총 10억 5,000만 원을 쏟아부어 30만 주를 샀다. 그리고 13개월 만에 주당 1만 8,600원에 팔았다. 55억 8,000만 원 수익에서 빚 7억 원을 빼고 48억 8,000만 원을 벌었다.

그는 장중엔 모니터를 보지 않는다. 그날그날 주가에 일희일비하지 않기 위해서다. 주봉이나 월봉을 참고로 하는 기술적 분석은 실패할 수밖에 없다고 믿는다.

또다른 슈퍼개미들

> 거래는 나의 예술 작품이다.
> 다른 사람들은 캔버스에 아름다운 그림을 그리거나 환상적인 시를 쓴다.
> 나는 거래를, 특히 큰 거래를 좋아한다. 거래는 나를 흥분시킨다.
> ― 도날드 트럼프

개인 선물투자자 윤강로

위험을 미꾸라지처럼 요리조리 피해간다고 해서 "압구정동 미꾸라지"로 불리는 윤강로는 개미투자자 중에서 가장 많이 알려진 사람이다. 서울은행 펀드매니저였던 그의 인생은 1994년 3개월간의 미국 시카고 선물거래소(CBOT) 연수로 바뀌었다. 모의투자에서 탁월한 성적을 거둔 그는 1996년 국내 선물시장이 개장되자 1998년 은행을 퇴직, 개인 자격으로 투자를 하기 시작했다. 이론으로 무장한 그의 투자 성적은 놀라웠다. 그는 당시 "목포 세발낙지" 장기철과 선물시장을 좌지우지했다.

　선물 같은 투기 거래에서는 시장 예측보다 더 중요한 것이 리스크 관리다. "압구정 미꾸라지"의 리스크 관리 원칙은 간단하다. 전체 자산의 3분의 1까지 손실을 허용한다는 것. 철저한 손절매(stop loss)다. 잦은 매매를 피하는 것은 포지션 매매를 원칙으로 하는 그에게 기본이다. 그의 투자원칙은 지극히 단순하다. 철저하게 시장이 움직이는 방향을 따라가면서, 투자 규모를 점차 늘리는 방식이다. 그는 재료보다는 수급을, 수급보다는 경기를 중시한다. 프로 선물옵션 트레이더가 되기 위해 술과 담배도 끊었다. 윤강로는 개인투자자로 1,300억 원을 벌었었다. 하지만 2004년 500억, 2005년 100억, 2006년에 45억의 손해를 보고 선물·옵션 시장에서 손을 털었다. 그는 2004년에 한국선물을 인수, KR선물르 이름을 바꾸고 '제도권' 진입을 달성했다. 이후 증자를 통해 자본금 규모를 100억 원으로 늘려 기업공개를 추진했다.

그러나 그는 제도권에 진입한 후 오히려 실패했다. 시장의 기초체력(펀더멘털)을 기초로 투자하던 그의 원칙은, 회사 운영자로서 "감당할 수 없을 만큼 돈을 잃으면 어쩌나" 하는 생각에 흔들렸고 결국 600억 원의 손실을 입었다. 그리고 제도권에서 퇴장했다. 그는 애초부터 자산의 일부분만을 투자하는 원칙을 지켜왔고, 덕분에 3년간 실패했지만, 여전히 부동산을 포함, 700억~800억 정도의 자산은 남았다. 이후 금융시장을 떠나 교육사업으로 전환했지만, 2009년 10월 헤지펀드를 운용하기 위해 다시 미국 보스턴으로 떠났다. 나도 투자 경력이 10년이 훨씬 넘지만, 투자만큼 다이내믹하고 재미가 있고 성공했을 때 짜릿한 희열을 주는 분야는 별로 없었다. 그가 투자 세계를 떠나지 못하고 계속 리스크를 부담하려는 이유는 이해할 수 있을 것 같다. 하지만 주식이나 채권, 부동산 투자에 비해서 선물·옵션 거래는 위험할 뿐만 아니라 제로섬 게임이며 운에 좌우되는 부분이 상당히 많다. 필자의 견해로 선물·옵션 거래는 투자라기보다는 투기이다. 개인 투자자들에게 선물·옵션 거래를 권유하고 싶지는 않다. 행운은 영원히 지속될 수 없기 때문이다.

표형식, 주식 기부왕

표형식은 일성신약 4.99% 지분을 보유하고 있으며, 2007년 4월 일성신약 소액주주 협의회 창립을 주도한 인물이다. 13년째 전업 투자자로 활동 중인 그는 한두 개 종목에 집중하는 전략을 펴는 것으로 유명하다. 그의 명함에는 "일성신약 주주 표형식"이라고 적혀 있고, 뒷면에는 일성신약 제품 18개가 빼곡히 적혀 있다. 그는 사람을 만나면 일성신약 제품에 대해 마케팅을 한다. 지금까지 회사 정책에 반기를 들어왔던 전례에 비춰, 그의 세일즈맨 변신은 또 다른 화제 거리다. 실제 일성신약 주총 때 대주주가 추천한 인사의 감사 선임을 부결시킨데 이어, 사비를 털어 신문에 일성신약 배당정책을 반대하는 광고를 실었던 모습과 상반돼 보인다. 그러나 의아함을 가지는 사람들에게 그는 "회사 주인인 이상 제품이 많이 팔려야 주주 이익에도 도움이 된다고 믿기 때문"이라고 말한다. 결국 자신의 목표는 철저한 차익 실현이라고 못 박았다. 소액주주 80여 명을 규합해 '일성신약 주주협의회'를 만든 까닭도 주주권익 보호 차원이다.

  표형식의 투자경험은 일반 개미들과 다를 바 없다. 1997년 외환위기 직후 전 재산을 날려 빈 털털이가 됐다. 이사로 일하던 중소기업이 1994년 도산한 이후 설상가상으로 빚보증까지 잘못 섰다. 마지막 재산이었던 300만 원을 빌려달라는 선배에게 그 돈을 건네주고 남대문 시장 모자 노점상으로 나섰다. 노점상을 통해 1,500만 원을 모으고 보증 서 줬던 사람들에게 1,500만 원을 돌려받아 총 3천만 원으로 주식 투자에 나섰다. 외환위기 직후 주식은 폭락했지만 그때를 기회로 보고 투자해 일부 주식에서 20~30배의 차익을 거두었다.

그는 "투자 수익을 이웃과 나누겠다는 생각 때문에 늘 평정심을 유지할 수 있었다"고 말한다. 종교의 힘으로 투자를 하건, 이웃사랑의 실천이라는 이타주의적인 의도를 바탕에 깔고 투자를 하건, 세상에서 가장 크고 훌륭한 교육기관을 만들려는 의도건, 자신의 평정심에 도움이 되는 든든한 맏형을 마음속에 품고 있으면 유리하다. 그는 이미 연세대학교에 평가금액 6천만 원 상당의 제일약품 주식 5,000주를 기부했다. 그의 총 재산 규모는 수백억 원대에 달하고 주식 총 평가액은 200억 원에 달한다.

경영권을 노리는 슈퍼개미 경규철

20대 회사원인 경규철은 최연소 슈퍼개미다. 그는 '원조 슈퍼개미'로 불리는 경대현 씨의 아들로 2006년 큐엔텍코리아를 M&A하려던 김 모씨와 지분 대결 끝에 M&A 시도를 돌려세운 것으로 유명하다. 특히 2004년 한국슈넬제약 지분을 인수해 1주일 만에 30억 원을 벌고, 서울식품공업에서는 투자금 열 배를 벌었다. 그는 임시주주총회를 열어 서울식품공업의 현 경영진을 해임하려고 하는 등 서울식품공업에 대한 공격을 계속하여 시세차액을 얻었으나, 시세조작 혐의로 법원으로부터 37억여 원의 단기차익을 반환하라는 판결을 받았다. 앞서 언급한 박영옥, 박성득을 가치투자자로 분류할 수 있다면, 경규철은 한국의 KT&G를 치고 빠진 칼 아이칸이나 SK의 분식회계를 틈타 1조 원의 시세차익을 얻은 소버린 형제와 비슷한 경영권 위협 방식전략을 사용하고 있다.

　일부 슈퍼개미는 투자 목적을 경영 참여로 공시하고, M&A 기대 효과를 유발시켜 주가를 끌어올린다. 그러기 위해서 지배구조가 취약하고 시가총액 규모가 작은 저평가 기업들을 노린다. 대상이 되는 기준은 최대주주 지분율이 25% 미만, 시가총액 250억 원 미만, PBR 1배 미만 등 세 가지다.

　나는 평소에 약을 잘 먹지 않는다. 몸은 자연치유력으로 회복해야 한다고 믿기 때문이다. 그래서인지 가끔 어쩔 수 없이 약을 복용하면 약발이 잘 듣는 편이다. 조금만 아파도 병원에 달려가서 주사 맞고 약 먹는 것이 건강의 지름길이라고 생각하는 사람들이 많다. 하지만 한국의 의사들은 감기 환자에게 항생제를 남용한다. 특히 동네 의원들의 경우 항생제 처방률이 90%를 넘는 등 항생제 오·남용이 심각하다.

　몇 주 전에 나는 심한 독감으로 회사 근처의 의원에 간 적이 있다. 환갑 정도로 보이는 의사는 내게 "어디가 아픈가?"라고 반말로 물어봤다. 나는 나이도 위고 또 의사의 권위를 내세우고 싶은 것 같아 보여 최대한 공손하게 대답했다. "코가 막히고 목이 아프고 기침이 납니다." 그는 내 말을 듣고 진단서에 쓱쓱쓱 영어 필기체로 세 줄을 갈겨썼다. "약 먹으세요." 나는 처방전을 갖고 약국에서 봉지마다 네 알씩 들어 있는 약을 탔다. 그리고 회사로 돌아가 처방전에 적힌 약을 검색했다. 역시나 세 알의 항생제와 한 알의 해열제였다. 내가 말한 증세가 세 가지니 증세마다 한 알의 항생제를 처방하고, 거기에 해열제 하나를 추가한 것이다. 나는 바로 약봉지를 쓰레기통에 처박고, 저절로 감기가 낫도록 내버려두었다.

항생제는 세균 번식을 억제해 상처나 질환 부위의 손상을 막아주기 위한 약으로서, 1928년 영국의 플레밍이 개발한 페니실린이 원조다. 페니실린은 폐렴과 패혈증, 매독 등 그때까지 수많은 생명을 앗아간 질병을 단숨에 정복해 '기적의 약'으로 불렸다. 하지만 항생제를 계속 쓰면 체내에 항생제를 이기는 내성균이 생긴다. 페니실린에 내성이 생긴 박테리아를 죽이기 위해 인간은 메티실린을 개발했다. 그러나 메티실린에 내성이 생긴 황색 포도상구균이 생겨났다. 과학자들은 강력한 황색 포도상구균을 죽이기 위해 다시 반코마이신을 개발했고, 반전에 반전을 거듭하던 내성균과의 전쟁에 종지부를 찍고 승리를 선언했다. 하지만 또다시 반코마이신에 내성을 지닌 황색 포도상구균이 등장함으로써 인류는 패배를 맛보았다. 현대 의학으로는 이 수퍼 박테리아를 죽일 수 있는 항생제를 개발하기는 요원하다.

항생제 처방은 특별한 이유가 없는 경우에는 하면 안 된다. 자연스럽게 나을 수 있는 독감에 항생제를 세 알씩이나 처방해주는 것은 한국 의사들이나 하는 짓이다. M&A를 노린 투자를 이야기하다가 항생제 이야기를 하는 이유는 이미 누구에게나 알려진 방식이 약발 떨어진 페니실린과 메티실린, 반크마이신 같은 항생제와 같다는 것을 이야기하고 싶었기 때문이다. 경영권을 노린 치고 빠지기는 이미 개미투자자들까지 활용하고 있는 것으로 볼 때 앞으로 별 재미를 보기 힘들 것이다.

▎제시 리버모어, 피라미드 전략가의 말로

> 레버리지를 많이 쓴 투자가의 말로 중 가장 나은 게 빈털터리,
> 그 다음이 감옥행, 최악은 권총자살이다. ― 압구정동 미꾸라지 윤강로

제시 리버모어는 기술적 분석의 한 부류인 추세매매법[62]을 확립하였다. 1877년 미국 뉴잉글랜드 지역에서 가난한 농부의 아들로 태어난 리버모어는 14세 때 '호가(呼價)판 주사'가 되었다. 주식 매매 현황을 칠판에 기록하는 일이었다. 가출 후 겨우 잡은 일자리가 공교롭게 증권업계 관련 업무였고, 이게 그의 평생을 지배했다. 이때 숫자와의 연애에 푹 빠져 주가 변화를 둘러싼 패턴 연구에 몰입했다. 주가가 움직이기 직전 어떤 신호가 있었는지 분석했고, 자신만의 투자 비법을 완성했다. 15세 때의 첫 거래는 성공적이었다. 그때 그는 손실을 줄여야 한다는 "10% 손절매 원칙"을 터득했다. 16세 때 급료보다 매매 수익이 커지자 전업투자자로 방향을 틀었다. 그는 명민한 두뇌와 타고난 수리감각을 바탕으로 자신만의 주식 공부를 시작했다. 그에게 있어 주식은 직업이었으며, 게임이었으며, 인생의 목표였다. 그는 언제나 단독으로 거래하였다. 그의 투자의 목적은 돈이 아니었다. 주식시장에 대한 자신의 논리가 맞아 들어갈 때 느끼는 희열이었다.

그는 증권회사를 떠나 전업투자자로 나서면서 뉴욕으로 진출했다. 그곳에서 그는 시장 전체 흐름을 읽고 매매 타이밍 찾는 법을 터득했다. 이후 그의 매매기법은 더욱 정교해졌다. 매매 완료 후 쉬어가

는 법도 실천했다. 1900년대 초 그는 드디어 "손실은 짧게, 수익은 길게"라는 리버모어 투자 비법을 완성했다. 그는 1929년 대공황 때 무려 1억 달러를 벌었다. 지금 가치로는 20억 달러(3조 원)에 육박한다.

그에겐 여러 별명이 있다. 초기엔 과감한 매매 스타일 탓에 '꼬마 노름꾼'으로 불렸다. 폭락장 때 본격적으로 큰돈을 번 뒤엔 '월가의 큰 곰'으로 변신했다. 늘 혼자 거래했기 때문에 '월가의 늑대'로도 알려졌다. 스승도 없이 오로지 실전을 통해 자신만의 투자 전략을 세웠다.

그의 매매기법은 추세 발생시점을 기다려 자금의 일부를 투자하여 진입한 다음, 추세가 강화되면 자금을 추가로 투입하는 '피라미드 전략'이다. 적은 자금으로 매수하여 상승 시 추가매수하고, 하락 시 손절매를 기계적으로 하는 방식이다. 손절매는 내가 가장 싫어하는 용어 중 하나다. 이 방법을 사용해서는 손실은 줄지 몰라도 높은 수익을 내지는 못한다. 현재 가격에서 10%가 빠지면 기계적으로 손절매한다는 원칙을 세웠다고 해보자. 이 사람은 절대 100% 이상의 고수익을 낼 수가 없다. 왜냐하면 10%도 빠지지 않고 지속적으로 오르기만 하는 종목은 거의 없기 때문이다. 손절매는 단타를 하게 만들고 거래비용이 늘어 투자자들에게 독이 된다.

제시 리버모어의 매매법은 추세매매법이 핵심이다. 그는 밤낮 추세가 형성되는지만을 살핀다. 피라미드를 쌓듯 주가가 올라가는 주식의 매수 규모를 늘려 이익을 극대화한다. 리버모어는 경험상 추세 매매의 수익률이 높고 또 집중적으로 이익이 발생한다는 가정으로 투자했다. 이 과정에서 승률을 높여준 일등공신은 인내심이었다.

그는 단기차익을 실현하려는 욕구를 억누르고 자신이 정해놓은 매매시점까지 기다릴 수 있는 끈기를 강조했다.

이 방식으로 수익을 낼 수 있다는 말은 주가의 흐름에 패턴이 있다는 것인데, 주가는 이미 카오스(caos) 혹은 랜덤워크(random walk)로 움직인다는 것이 증명되어 있다. 주가의 흐름에서 패턴을 찾는 것은 잘못된 것이다. "리버모어가 패턴을 따라가 수익을 냈지 않느냐? 당신이 그래서 이 책에서도 소개하고 있지 않은가?"라는 질문에는 나는 리버모어는 수십억 인구 중에 단 한 명인 타고난 트레이더이기 때문에 보통사람들이 따라할 수 없다고 말씀드리고 싶다. 그가 추세추종전략으로 수익을 낸 것은 맞으나 최종적으로 돈을 다 잃었다.

리버모어의 주장에 따르면 피라미드 전략은 반드시 미리 매수금액, 수량을 정해놓고 수익이 확인된 초기 상태에서 진행돼야 한다. 주가가 역행하면 손실 위험이 높기 때문이다. 주가가 생각대로 진행되지 않으면 투자자는 당황하게 되어 손실을 더 키우게 된다. 리버모어도 이 사실을 잘 알았다. 그래서 고안해낸 게 분할매수였다. 매수 타이밍에서도 한꺼번에 전량을 사지 않고 나눠서 사면 비록 매수 단가는 좀 높아져도 손실위험을 최소화할 수 있다. 매수 물량이 총 100주라면 4회에 걸쳐 주가가 오를 때만 25주씩 산다. 1회 매수 때 추세가 흔들리면 5~10%로 손절매한 뒤 다음 기회를 노린다. 추세에 올라탔다면 수익을 무한히 키울 수 있다. 소액으로 추세 검증이 가능하다는 점에서 투자심리도 한층 여유로워진다.

그는 피라미드 전략을 주로 선도주에 이용했다. 수익 극대화를 위해 집중할 수 있는 관심 종목을 축소했고, 주가 움직임을 연구할 때는 그날 가장 유망한 모습을 보인 주식들로 한정했다. 피라미드 전략은 개인투자자에게 시사하는 바가 많다. 개인투자자 대부분은 자금이 허락하는 한 최대한 많은 주식을 단번에 매수한다. 개인은 분할 매매 개념이 없다. 분할 매수는 리스크를 줄일 수 있다.

1907년 리버모어는 약세론자였다. 경기가 하강하고 있다는 사실을 확신했기에 시장 전체에 공매도 포지션을 쌓아놓고 있었다. 그리고 계속 공매도 포지션을 강화했다. 시장은 그의 예상대로 1907년 10월 24일 붕괴됐다. 금융시장은 혼란에 휩싸이고 주식 시장은 폭락했다. 시간이 갈수록 상황은 최악을 향해 질주했고 사람들은 시장의 붕괴 원인으로 제시 리버모어를 지목했다. 결국 J. P. 모건이 나서서 상황을 진정시키기 위해 은행가들에게 지급준비금을 방출하도록 독려하고, 한편으로는 제시 리버모어에게 공매도 포지션을 늘리지 말라고 부탁을 했다. 제시 리버모어는 이날을 이렇게 회고했다. "단 하루동안이지만 난 주식 시장의 왕이었다!" 이후 제시 리버모어는 암살의 위협 때문에 은둔해야 했다. 누구에게도 사무실을 가르쳐주지 않았고 자신의 포지션을 철저히 비밀에 부쳤다. 이것이 그가 불행한 가정생활을 보내고, 말년에 불운하게 된 원인이 되었다.

시장이 붕괴되는 것은 한 사람의 투자자 때문은 아니다. 시장은 자신의 논리대로 진행된다. 아시아 외환위기의 주범으로 조지 소로스가 지목된 적이 있다. 그는 시장이라는 커다란 체스판에서 공정한 게임을 벌였고 자신의 매매가 국가적인 위기를 불러올 영향력이 될 수 없다는 불만 섞인 견해를 표명한 적이 있다. 시장은 개인이 망가뜨릴 수 있을 정도로 만만한 곳이 아니다. 수천억에서 수조 정도의 돈을 굴리는 개인이라도, 한사람의 힘으로 거대 시장을 좌지우지 하는 것은 불가능하다.

리버모어는 시장을 둘러싼 사람들의 평가와 의견은 무시하라고 가르쳤다. 시장에 대한 사람들의 의견이 틀리기 쉽기 때문이다. 그는 시장을 겁낸다. 시장은 유기적인 생명체이므로 예측이 어렵다. 그러므로 건전한 자금 관리원칙이 없으면 안 된다. 그에겐 쉬는 것도 투자였다. 한 발 벗어나 매매를 쉬면서 시장흐름을 객관적으로 바라보았다. 계좌정리도 자주 했다. 돈을 완전히 인출해 현금을 확보한 후 거래 규모를 다시 조절했다. 계좌 규모가 투자원금의 두 배가 되면 수익을 인출하는 차익관리를 권했다. 돈은 세어봐야 손안에 있다는 걸 느낄 수 있다. 그렇지 않다면 돈은 숫자에 불과하다. 개인투자자들은 주식을 매도해 현금화하지 않은 상황에서 주가가 조금이라도 오르면 부자가 된 것으로 착각하고 수많은 '턱'을 내고 다닌다. 주식 투자에서 돈을 벌었는지 여부는 계좌의 주식을 다 팔고 주머니 속에 돈이 들어왔는지로 판단해야 한다. 그러나 수익을 수시로 인출하는 투자법은 일견 타당한 측면이 있지만, 복리수익률의 혜택을 볼 수 없는 소심한 투자방법이다. 예를 들어 1억을 투자해 2% 수익률을 낸 경우, 200만 원의 수익금을 빼고 다시 2%를 버는 식으로 열 번을 성공한다면 투자수익은 1억 2천만 원이 된다. 하지만 수익을 낸 200만 원을 재투자하고 그 돈으로 다시 2%의 수익을 내는 방식을 반복한다면 원금은 복리로 늘어 2억 5천 900만 원이 된다. 수익을 내면 돈을 찾고 원금만으로 투자하는 것은 본인의 투자 방법이 투기임을 자인하는 꼴이 된다. 스스로 자신의 투자법을 믿지 못하고 있을 뿐 아니라, 안전자산에 투자하는 것이 아니며, 투자 방법도 리스크가 큰 것을 스스로 인정하는 꼴이다.

리버모어는 항상 배우는 자세로 임했고, 자기관리와 겸손을 통해 감정통제에 각별한 노력을 기울였다. 윌리엄 오닐, 알렉산더 엘더 등 거물들도 그에게 존경을 표했다. 그는 주식을 평생 연구하고 사랑했다. 하지만 자신의 가족에게는 그만큼의 열정과 사랑을 표현하지는 못했다. 결국 가장 사랑하던 아내 도로시와의 이혼 후 정서적인 결핍감을 이겨내지 못했고, 투자에서도 전 재산을 잃었다. 주식 시장을 움직이는 것은 인간이므로 주식을 인간의 특성에 빗대어 연구했지만, 리버모어는 결국 인간을 이해하지 못했다. 인간의 특성을 가장 잘 알았을 때 리버모어는 백만장자의 반열에 올랐고, 그 감각이 무뎌졌을 때 리버모어는 차가운 모델을 전전했다. 세계 100대 부자들에게 가장 중요한 가치가 무엇이냐고 물었을 때 가장 많이 선택한 항목은 '가족'이었다. 가족이 없으면 세상에서 소유하는 무한대의 물질은 소용이 없다. 제시 리버모어는 투기적인 추세추종전략이라는 기술적 분석의 한 분야를 정립하고 1940년 가을 한 칵테일 바에서 권총 자살로 생을 마감했다.

▎지독한 가치투자가 소버린자산운용

> 우리의 중요한 사업은 멀리 있는 것을 바라보는 게 아니라
> 가까이 있는 것을 실천하는 일이다.
> ― 토마스 칼라일

한국의 국부를 1조 원 이상 유린하고 빠져나간 "소버린자산운용"의 오너인 리처드와 크리스토퍼 챈들러 형제는 재산 총액이 40억 뉴질랜드 달러 규모로 뉴질랜드 최고의 부자다. 이들의 재산은 지금까지 뉴질랜드에서 최고 부자 자리를 고수해온 그레이엄 하트(20억 달러)나 토드 가족(23억 달러) 재산의 거의 배나 된다.

리처드 챈들러는 자신의 오클랜드 대학 MBA 학위 논문인 "기업에 대한 지배구조 개선"을 현실에 응용해 막대한 수익을 거두었다. 그는 동생과 자산운용사를 설립하고, 신흥시장에 뛰어들어 지배구조가 취약한 기업들을 찾아내 주식을 대거 사들인 뒤 보유지분의 힘을 빌려 지배구조 개선을 시도했다. 지배구조가 정상적인 수준에 도달하면 투자자들의 신뢰도가 높아지고 주식은 오르게 된다는 논리다. 이들 형제는 둘 다 회계사 자격을 갖고 있다. 투자자에게 가장 좋은 무기는 회계 지식이다. 회계 지식은 기업의 가치를 평가하는 데 강점을 발휘할 수 있고, 이를 통해 경제·경영학 관련 지식을 습득하는데도 유리하다. 회계는 비즈니스의 언어다. 주식 투자에서 성공하고 싶은 분들은 회계사 자격증을 취득하는 것도 좋은 방법이다. 한국 공인회계사가 어렵다면 좀 더 수월한 미국공인회계사(AICPA) 자격증도 좋다.

챈들러 형제는 개천에서 용 난 경우는 아니다. 아버지는 양봉업자였으며, 소매점과 부동산 및 제조업체를 운영하며 막대한 재산을 모았다. 어머니 마리아는 고급상품들만을 취급하는 챈들러 하우스라는 백화점을 열기도 했다. 이 백화점은 당시만 해도 뉴질랜드에서 좀처럼 찾아볼 수 없는 최고급의 가정용품들을 파는 것으로 유명했었고, 지난 1985년 문을 닫았다. 이들 형제는 어릴 때부터 부모로부터 사업에 눈떴다.

이들이 한국 SK를 유린한 경위는 다음과 같다. 2003년 3월 모나코에서 세계 주요 정유업체의 주가를 모니터하던 소버린자산운용의 마크 스톨슨 글로벌 투자담당 상무는 한 업체의 특이한 주가흐름을 포착했다. 바로 한국의 SK였다. SK의 주가는 SK글로벌의 분식회계 사건이 터지면서 급락세를 보이고 있었다. 기관과 개인이 경쟁적으로 주식을 팔아치웠기 때문이다. 중국은 자동차가 기하급수적으로 증가했고, 그에 따라 가솔린 수요도 폭발했다. SK는 중국과 근접한 한국 최대의 정유회사였다. SK의 주가 급락은 기본가치의 붕괴가 아닌 분식회계라는 외부적인 문제 때문에 빚어진 것이었다. 스톨슨 상무는 2개월 동안 발 빠르게 SK의 주식 14.99%[63]를 사들였다. '소버린 사태'의 막이 오르는 순간이었다. 이들은 총 주식을 매입하는 데 1,917억 원을 쏟아부었고, 2년 4개월 후에 배당과 환차익 그리고 매도차익을 포함하여 총 1조 1,127억 원의 수입을 얻었다. 초기투자금액을 제외하면 9,210억 원을 벌어들인 셈이다. 소버린투자운용은 모나코 국적이다. 해외 해지펀드의 상당수는 모나코 등과 같이 세금을 감면해주는 조세회피지역에 법인을 설립하고 투자를 한다. 뉴질랜드 출신인 소버린 형제들도 마찬가지로 조세회피지역인 모나코에 법인을 만들어 활동하고 있다. 이들은 조세회피지역에 있는 법인으로 투자를 하였을 뿐 아니라 허술한 국내 법망을 이용하여 투자수익에 대한 세금을 한푼도 내지 않았다.

한국의 언론은 '투기자본' 소버린의 오만함을 질타하고 도덕적으로 비난했다. 한국 사람들은 외국의 유능한 투자자를 "거대한 음모조직이며 머리에 뿔이 달린 악마"로 폄하하는 경우가 많다. 하지만 공정한 룰에서 머리싸움으로 돈을 버는 것을 비난하고 싶다면 북한이나 쿠바로 국적을 바꾸는 것이 낫다. 외인들의 고수익이 부럽다면 우리도 외국에 나가서 투자로 성공하면 된다. 졌다면 자신의 실력을 탓하는 것이 먼저다. 외국 투자자들을 모두 투기자본으로 몬다면 무슨 발전이 있겠는가?

언론은 소버린이 SK의 경영권을 빼앗으려 한다고 묘사했고, 외국인과 한국인 간의 대결로 몰아갔다. 지분 싸움이 벌어진 것은 전적으로 지분 관리를 못한 SK 측의 잘못이다. 집 한 채를 갖고 있는 사람이 집의 소유 지분 85%를 다른 사람한테 팔아버리고는, 여전히 그 집은 내 집이라고 말하며 85%를 갖고 있는 사람들을 도둑놈 취급하는 것과 다를 바가 없다. 당시 주요 신문들은 소버린의 광고를 거부했으며, 2005년에는 모든 주요 신문들이 그렇게 했다. 언론은 평소에는 기업을 비난하더니, 외국인 투자자가 나타나자 지분관리도 제대로 못하고 분식회계나 일삼던 국내기업의 편을 들었다. 이런 관행이 지속된다면 한국은 외국인이 투자하기에는 적합한 곳이 아니다.

소버린은 지독한 가치투자자다. 그들은 사모펀드나 헤지펀드가 아닌 순수한 개인소유 투자회사로, 지난 20년 동안 단 한 차례도 경영권 확보를 시도하지 않았다. 소버린이 SK 투자를 할 때부터 SK 이사회는 SK글로벌 등의 계열사에 대한 부당한 지원을 하지 않겠다는 약속을 어겼다. 최태원 회장은 분식회계의 죄목으로 수형생활 이후에 돌아와 자신의 사무실을 다시 차지했다.

소버린은 SK의 주식을 28개월 동안 보유했다. 우리나라의 기관투자가나, 개인의 회전률이 수백 %를 오갈 때도 장기 보유를 했다. 소버린을 투기꾼이라고 부른다면 한국의 모든 주식 투자자들 또한 투기꾼이다. 아니, 지구상의 모든 투자자는 투기꾼이다. 소버린은 가치투자자로 분류해야 맞다. 알프레드 마셜의 말처럼 투자자와 경제정책 결정자에게는 "따듯한 가슴과 차가운 머리"가 필요하다.

칼 아이칸과 '수익'이라는 주주 가치

> 아이디어를 얻는 것은 꽃을 따는 것이다.
> 생각하는 것은 꽃으로 화환을 만드는 것이다.
> ─ 앤 소피 스웨친

칼 아이칸과 스틸파트너스 연합은 2005년 9월 28일부터 2006년 1월 9일까지 KT&G 776만 주를 사들였다. 총 매입금액은 3,351억 원이었다. 이로써 칼 아이칸 연합은 KT&G의 대주주가 되었다. 그러나 칼 아이칸은 1년여 만에 국내 주식 시장에서 퇴장했다. 2006년 KT&G의 보유지분을 대부분 다수의 외국인 기관 투자자에게 주당 6만 700원에 분산 매각한 것이다. 칼 아이칸은 2005 회계연도 배당액인 124억 원을 더해서 약 1천 500억 원의 차익을 실현했고, 수익률은 44.22%였다. 또한 여기에 칼 아이칸이 지분을 사들일 당시 원-달러 환율이 980원~1,050원이었는데, 매도시점에 920원대까지 떨어진 점까지 감안하면 칼 아이칸이 얻었을 환차익 역시 상당할 것이다.

    동시에 KT&G와 칼 아이칸 간의 경영권 분쟁도 종결되었다. 적극적인 경영참여를 통해 기업투명성과 주주가치 제고에 기여했다는 긍정적인 평가도 일부 있고, M&A 재료를 부각시켜 주가를 띄운 뒤 단기간에 차익을 챙겨 나가는 '먹튀' 행태에 대한 비판도 있었다. KT&G 지분 매입 이후 경영권 위협을 통해 '공개매수' 등의 극단적인 방법을 동원하며 경영권을 장악하겠다던 주장과 달리, 칼 아이칸의 유일한 목적은 돈을 버는 것뿐이었다.

아직도 사태의 핵심을 경영권 분쟁으로 보는 개미투자자가 있다면 아마추어 초보 수준이다. 투자 세계만큼 냉정하고 사기성이 농후한 곳도 없다. 칼 아이칸 연합이 KT&G 경영권을 공격한 실제 목적이 기업의 발전과 주주가치를 위해 경영에 간섭해 KT&G의 장기적 발전에 초점을 맞추기보다, 역시 단기 시세차익에 관심이 있었다는 것은 당연하다. 수익 이외에 칼 아이칸의 관심을 끄는 것은 없다. 수조 원의 재산을 가지고도 탐욕은 끝이 없다. 1936년생이므로 벌써 우리나이로 74세를 넘긴 나이에도 투자 규모는 더 커지고 있다.

한국인의 정서에는 돈을 잘 벌거나 돈 버는 것을 인생에서 가장 중요하게 여기는 사람을 '수전노'나 '돈의 노예'라 부르며 폄하한다. "돈이 인생의 전부는 아니다"라는 말도 여기저기서 자주 들린다. 유교 문화에서 중시하는 "입신양명"이라는 말은 몸을 세워 이름을 드날리는 것을 말하는데, 정치적으로 성공하여 부모를 드러나게 하는 것이 효도의 최종단계라는 뜻이다. 이뿐 아니라 인문학과 과학을 전공한 사람들은 경제신문이나 주간지를 읽는 사람을 '돈벌레'로 경멸한다. 돈을 돌 보듯 하는 태도는 고상하고, 돈 문제에 관여하는 행위는 저급하다는 사고방식이 있다. 우리가 먹고, 살고, 입게 해주는 것은 고상함이 아니고 바로 돈인데도 말이다. 그러면서도 마음 한 편으로는 모두 부자가 되고 싶어 한다. 이렇게 돈에 관해 현실적으로 접근하지 못하는 것이 개미투자자의 한계라고 말할 수 있다.

칼 아이칸은 '부도덕한 기업사냥꾼', '먹이를 찾아 월가를 어슬렁거리는 해적', '냉혹한 협상꾼', '감정이란 찾아볼 수 없는 이익추구자'로 불린다. 그렇다면 칼 아이칸은 어떻게 투자를 하고 있을까? 차트나 들여다보면서 주식을 샀다 팔았다 할까? 선물지수에 투자를 하고 있을까? 아이칸 자신이 스스로를 지칭하는 것이 가장 이 사람을 평가하는데 맞는 이야기일 것 같다. 그는 스스로를 "가치투자자"라고 부른다. 1990년대 말에 칼 아이칸의 독백을 들어보자.

"지금의 주식 시장은 나 같은 사람에게는 이해할 수 없을 정도로 너무 높다. 주가수익비율이나 장부가치 대비 시가총액 비율, 배당수익률 등을 보면 제 정신이 아니다. 그런데도 사람들은 너도나도 뮤추얼펀드에 돈을 맡긴다. 뭔가 잘못됐고, 계속 그렇게 가고 있다."

아이칸은 기업의 주식을 집중 매입해 의결권을 위협할만한 지분을 확보한다. 그리고 이 주식의 가치를 높이기 위해 경영진에게 회사를 분할매각 하도록 압력을 가하기도 하고, 적대적인 인수합병을 주선하는 역할도 맡는다.

아이칸이 처음 이런 방식을 사용한 것은 1980년대 중반 텍사코 주식을 매입하기 시작하면서부터다. 아이칸은 텍사코 주식 수십만 주를 주당 40달러에 매입했다. 텍사코가 보유한 유전의 매장량과 현금자산 등을 감안할 때 분명히 저평가됐다는 판단이었다. 하지만 큰 이익을 올릴 만큼 주가가 싸지는 않다고 판단하여 일단 소량의 주식을 사들여 기회를 엿보았다. 그는 1년 이상을 그렇게 관찰했고, 기회는 찾아왔다.

텍사코는 게티오일의 인수와 관련된 소송에서 펜조일에게 패소해 법원으로부터 112억 달러의 손해배상금을 지불하라는 판결을 받았다. 텍사코는 곧 이어 파산신청을 냈고, 주가는 급락했다. 이때가 1987년 4월이었다. 몇 달 뒤인 1987년 10월 주가대폭락 사태까지 겹치며 텍사코의 주가는 28달러까지 떨어졌다. 아이칸은 이 기회를 놓치지 않고 1987년 11월까지 600만 주를 추가로 사들였다. 아이칸은 또 텍사코의 지분 10%에 해당하는 2,400만 주를 보유한 호주의 한 부호로부터 주식을 매입해달라는 제의를 받는다. 그는 당시 주가 수준인 29달러에 1,200만 주를 매입하고, 다음해 1월 나머지 주식 1,200만 주도 37달러에 사들였다. 이 호주의 부호는 다름 아닌 아이칸에게 텍사코 주식에 관심을 기울일 것을 맨 처음 말했던 사람이었다. 그는 아이칸이 텍사코에 대해 잘 알지 못하던 무렵 자신이 텍사코 주식을 대규모로 사들이고 있음을 자랑했지만, 그의 주식매입은 은행에서 돈을 빌려 이뤄졌다. 결국 주가가 급락하자 그는 다급해져 아이칸에게 주식을 넘겼다. 이미 텍사코의 주식 3,000만 주 이상을 보유한 아이칸은 곧 텍사코와 펜조일 간의 손해배상금 협상 중재에 나서 배상금을 30억 달러로 낮춘다. 아이칸의 텍사코 보유주식은 이때 전체 발행주식의 15%에 달하는 4,230만 주로 늘어나 있었다. 아이칸은 소송타결 후 자신의 주식매각 협상에 나섰고, 1989년 1월 전체 보유주식을 주당 49달러에 골드만삭스와 살로먼브라더스 등에 매각했다. 그는 18개월 만에 5억 달러 이상의 투자수익을 올렸다.

 1990년대 중반까지 불확실성의 상황에서 가치투자로 돈을 번 아이칸은 이후 몇 년 간은 투자에서 거의 손을 떼었다. 그리고 너무 비싸다고 여겨지던 인터넷 관련주를 1999년부터 공매도하기 시작했다. 공매도란 쉽게 말해 주식을 빌려 매도하는 것으로 주가가 떨어지면 나중에 싼값으로 이를 다시 매입해 차익을 챙길 수 있지만, 주가가 오르게 되면 큰 손실을 입을 수 있다. 터무니없이 고평가된 회사들을 팔기 시작한 것이다. 아이칸은 몇 년 간 미친듯이 비싼 주식들을 공매도하고 휴양지에서 여유를 부리다가 2001년부터 주요 닷컴 주들이 고점 대비 90%나 떨어지자 포지션을 청산해 엄청난 투자수익을 챙겼다.

칼 아이칸은 자신이 하는 투자를 기업 정화작업이라고 말하며, '마그나카르타'라 부른다. 실제로 그의 투자 행위가 정화작업인지 오염작업인지는 불분명하다. 마그나카르타(Magna Charta Libertatum)는 1215년 6월 15일에 영국의 존 왕이 귀족들의 강요에 의해 서명한 문서로, 국왕의 권리를 명시하고 있다. 흔히 영국 민주주의의 시발점으로 강조되지만, 문서 자체에 민주주의 요소는 별로 없다. 다만 국왕이 할 수 있는 일과 할 수 없는 일을 문서화하여 국왕의 절대 권력에 제동을 걸기 시작했다는 점에서 의의가 있다. 민주주의는 후대에 국왕과 대립이 발생했을 때 이 문서의 확대 해석에서 발전되었다. 마그나카르타로 인해 왕의 권한은 크게 줄어들었고 귀족과 성직자들의 권리는 늘었다. 이는 곧 의회의 탄생으로 이어졌다. 마그나카르타는 원래 고위 신분만을 위한 문서였으나 후대에 가서는 모든 국민들에게 확대되었다. 특히 12조의 왕의 과세권 제한은 이후 권리 청원, 권리 장전과 영국 시민혁명에 영향을 주었고, 입헌 정치의 기틀을 마련했다.

칼 아이칸은 마그나카르타가 국민의 권리를 보장한 최초의 기본법이고, 기업지배권 운동 역시 주주들의 기본권을 쟁취하려는 것이라는 점에서 그렇게 주장하는 것 같다. 칼 아이칸은 "모두가 주주들의 권리를 말하고 뜻도 좋지만 막상 실행하는 사람이 없다. 그런 의미에서 지금은 봉건시대와 비슷하다. 평민들은 봉건영주의 속박에서 벗어나고 싶어 하지만 아무도 그렇게 하지 못하고 있다"고 말한다. 이윤추구적 행위임이 분명한데도, 억지로 이타주의로 보이도록 불필요한 소리를 언론에 흘리고 다닐 필요가 있을까? 차라리 '나는 이기적이고 잘 먹고 잘살기 위해서 투자한다'고 하는 게 덜 밉다.

아이칸은 최근 미국 생명공학업체 바이오젠 아이덱을 인수하고, 야후 지분을 상당수 취득하여 과거와 같은 방식을 사용할 준비를 하고 있다. 이런 행동을 보면서 아이칸은 평생 일관성 있는 투자를 한다는 생각이 들었다. 이 사람의 수법은 매번 유사하다. 이번에도 동일한 방식으로 진행될 것 같다. 속고 또 속고 또 당하고 투자의 세계는 이래서 재미있다. 지분위협, 언론 플레이, 예상하지 못하는 적절한 타이밍에 빠져나오는 칼 아이칸의 전형적인 수법에 수없이 당했는데도 이 작자는 같은 카드를 다시 내민다. 아이칸은 세렝게티 초원의 하이에나다. 교활한 방식도 상당한 내공과 강한 심장이 요구된다. 그는 탐욕스럽지만 유능하다.

투수 폼에는 머리위에서 공이 나가는 오버스로우, 어깨 쪽에서 공이 나가는 스리쿼터, 옆구리 쪽으로 공을 뿌리는 사이드암, 허리 아래에서 던지는 언더스로가 있다. 이런 스타일 중 굳이 절대적으로 우월한 폼이 존재하는 것은 아니다. 하지만 일반적으로 투수 중에는 오버스로우 투수가 가장 많다. 그 이유는 오버스로우가 다른 폼보다 공이 좋거나 변화구 제구가 뛰어나서라기보다는, 키가 큰 투수가 디딤발에 체중을 싣기가 유용하기 때문이다. 그런데 오버스로우 스타일이 몸에 맞지만, 위력은 약해도 제구하기가 수월하고 공을 던지는 데 위험을 덜 안으려면 스리쿼터를 이용하는 것이 좋다. 또한 허리나 무릎 팔꿈치 등에 유연성이 뛰어난 경우는 팔과 다리의 탄력으로 공을 뿌리는 사이드암이나 언더스로우가 유리하다.

    정통 가치투자자가 오버스로우 투수라면, 소버린, 아이칸 등 변칙 투자자들은 사이드암이나 언더스로우 스타일로 볼 수 있을 것이다. 물론 이들도 처음에는 오버스로우로 공 던지는 법을 배웠다. 소버린이나 아이칸은 저평가된 주식을 매수해서 지분 싸움에 돌입하고 그 싸움이 무르익고 언론에 보도되고 개미투자자들이 불나방이 되어 덤벼들면 그 때 팔아 치운다. 이들의 보유기간은 길지 않다. 하지만 이들의 방식의 기본은 기업의 가치보다 싼 기업에 이러한 방식을 적용한다는 것이다. 개미투자자들은 일단 훌륭한 오버스로우 투수가 되고난 이후에 사이드암이나 언더스로우 투수로 진화하는 것이 바람직하다.

스틸파트너스와 시장 개방

> 주식 시장을 예측하려고 하지 말라.
> 모든 사람이 주식이 좋다고 말할 때는 누구나 주식을 들고 있다는 뜻이다.
> 더 이상 주식을 살 사람이 없는데 어떻게 올라가겠는가.
> 시장을 예측하지 말고 시장 전체를 사라.
> ― 윌리엄 번스타인

스틸파트너스를 워런 리히텐슈타인이 1993년 미국 뉴욕에서 설립한 펀드회사다. 스틸파트너스는 아이칸 연합과 비슷한 시기에 KT&G에 투자를 하였으나, 아이칸이 시세차익을 올리고 퇴각한 이후에도 중장기적인 보유를 하고 있다. 스틸파트너스는 KT&G가 이익을 내고 배당을 하는 한 계속 머물러 있을 것이고, 이익을 내는 한 영원히 KT&G와 함께 한다고 공언하고 있다. 스틸파트너스의 대표인 워런 리히텐슈타인은 답답해 보이는 외모를 가졌지만, 투자는 기민하다. 그는 언론 노출을 극도로 꺼리는 '얼굴 없는 투자가'다. 그는 칼 아이칸과 연합해 KT&G의 경영권을 압박하여 주주총회에서 표 대결을 벌였고, KT&G의 사외이사로 입성했다. 그는 최근 KT&G가 신한지주의 주식을 사들이자 경영진에게 이메일을 보내 "주가를 올릴 수 없으면 회사를 팔든지 물러나야 한다"고 경고하기도 했다.

아이칸이 저평가된 기업을 매수하여 경영권을 위협하고 언론플레이를 통해 단기간 주가를 올려놓고 치고 빠지는 게릴라 형 투자자라면, 워런 리히텐슈타인은 좋은 기업을 사서 장기간 보유한다. 스틸파트너스는 PBR(주가순자산비율) 1배 미만, EV/EBITDA[64] 4배 미만,

높은 시장 점유율 유지, 경영 효율성 문제 등의 조건에 부합하는 회사를 매수한다. 스틸파트너스는 대주주 지분율이 취약하고, 경영 효율성에 문제가 있는 기업들 중에서 대규모 투자가 필요하지 않으면서도 높은 시장 점유율을 유지할 수 있는 기업들을 선호한다.

스틸파트너스는 일본에서도 대규모 투자를 하고 있다. 대표적으로 일본 조미료 업체 불독소스를 적대적 인수합병(M&A)하려고 주식공개매수(TBO)를 시작했다. 하지만 불독소스는 스틸파트너스를 제외한 주주들에게 신주인수권을 부여하고 경영권을 방어했다. 이에 대해 스틸 파트너스는 차별적인 신주인수권 부여는 '주주평등주의 원칙'에 어긋난다며 일본 법원에 신주인수권 발행 금지 가처분신청을 냈었다. 일본 고등법원은 이를 받아들이지 않고 불독소스가 스틸파트너스를 제외한 주주들을 대상으로 1주당 3개의 신주인수권을 발행하고, 스틸파트너스엔 신주인수권 대신 현금 23억 엔(약 170억 원)을 지급하는 판결을 했다. 이로써 스틸파트너스의 불독소스 지분은 현재 10%에서 약 3%로 줄어들어 적대적 M&A는 사실상 실패했다. 일본 사법부는 스틸파트너스를 악의적 기업사냥꾼으로 낙인찍고, 일본 기업을 대상으로 한 무차별 M&A 공세에 제동을 걸었다. 일본 사법부는 결국 불독소스의 신주예약권 발행을 합법이라고 판결했다. 불독소스는 스틸파트너스를 제외한 모든 주주에게 신주예약권을 발행하는 방법으로 경영권을 방어할 수 있게 됐다.

일본 재판부의 결정문을 보면 일본이 겉보기에만 개방된 국가이고 내부적으로는 온갖 비관세 장벽이 굳건하게 쳐져 있다는 사실을 알 수 있다. 일본 재판부는 "스틸파트너스는 중단기적으로 해당 기업의 주식을 전매해 오직 자신의 이익만을 추구하려는 남용적 매수자"라고 규정하고 있다. 이는 자유 자본주의의 근간을 훼손하는 발언이다. 또한 사법부는 "부당한 주식 매수에 갖서 경영권을 방어할 목적이라면 주주를 차별 대접해도 '평등 원칙'에 위배되지 않는다"고 판단했다. 불독소스의 대주주는 돈을 벌기 위해 사업하는 것이고 주식투자는 공정한 룰에서 이루어져야 하는데, 사법부에서 부당한 판결을 통해서라도 자국 기업을 보호하겠다는 발상은 일본 경제에 개방의지가 없다는 것을 보여준다.

일본은 WTO에 가입되어 있고 EU나 미국 등과의 FTA 체결 등으로 시장이 개방된 것으로 보이나, 각종 비제도적 장벽이 많아 외국 기업이 실제로 일본시장에 진출하기는 매우 어렵다. 또 일본 국민은 시장 개방 효과에 대한 경제학적 분석을 이해하지 못하고 무조건 반대한다.

시장개방은 경제발전에 필수적이다. 국제 교역이 시작되면 수출국의 국내 가격이 상승하여 국제 가격과 같아진다. 표3.23을 보자. 공급곡선은 국내에서 생산되는 재화의 수량을 나타내며, 수요곡선은 국내 수요량을 나타낸다. 수출국이 한국이라고 가정하면 한국의 수출 물량은 국제 가격에서 공급되는 국내 공급량과 국제 가격에서 수요 되는 국내 수요량의 차이다. 국내 가격이 국제 가격 수준으로 상승하면 공급자들이 이득을 본다. 생산자잉여[65]는 C에서 B+C+D로 증가한다. 한편 수요자는 손실을 입는다. 소비자잉여[66]는 A+B에서 A로 감소한다. 어쨌든 총 잉여는 아래의 그림에서 붉은색 삼각형 부분인 D만큼 증가하여 교역은 수출국 전체의 후생을 증가시킨다.

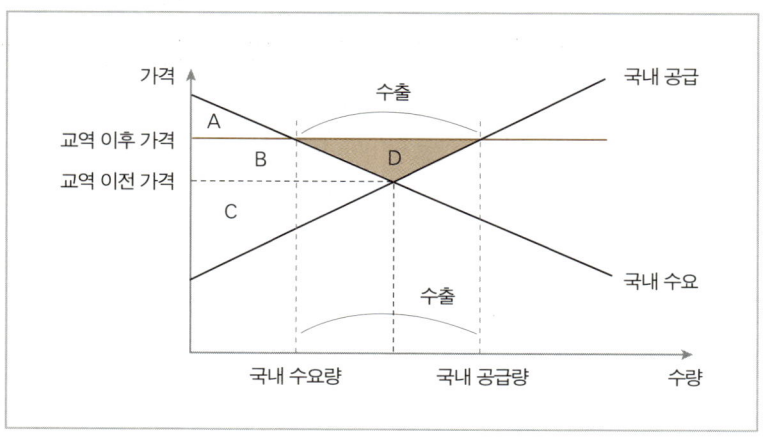

표3.25 국제무역이 수출국과 수입국에 미치는 효과

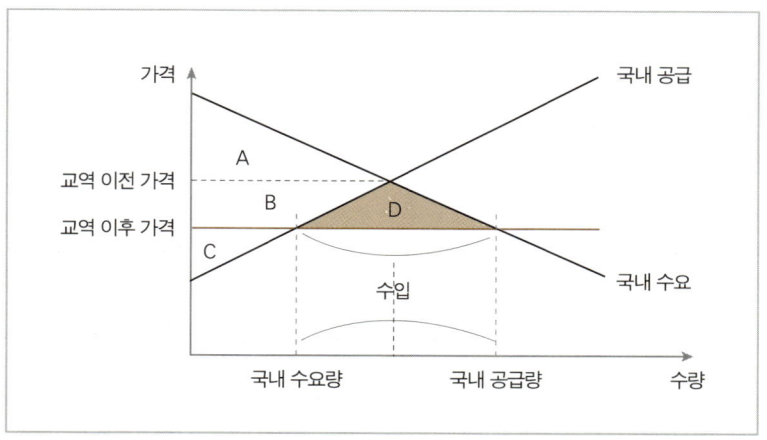

그렇다면 우리나라가 재화의 수입국이 되면 어떨까? 국내 재화의 가격보다 국제 가격이 더 싼 경우다. 경제학적 지식이 없는 사람은 더 싼 물건을 수입하면 무조건 한국이 손해라는 착각에 빠지기 쉽다. 앞의 오른쪽 그림에서 교역이 시작되면 국내 가격은 하락하여 국제 가격과 같아진다. 공급곡선은 국내에서 생산되는 재화의 수량을 나타내며, 수요곡선은 철강에 대한 국내 수요량을 나타낸다. 우리나라가 수입하는 물량은 국제 가격에서 공급되는 국내 공급량과 국제 가격에서 수요되는 국내 수요량의 차이다. 국내 가격이 국제 가격 수준으로 하락하면 수요자들이 이득을 본다. 소비자잉여는 A에서 A+B+D로 증가한다. 한편 공급자는 손실을 입는다. 생산자잉여는 B+C에서 C로 감소한다. 따라서 총 잉여는 D만큼 증가한다. 즉, 교역 또한 수입국 전체의 후생을 증가시킨다. 결론적으로 시장개방을 해서 물건을 수출을 하건 수입을 하건 무조건 사회 전체적으로는 이득이 된다는 것을 알 수 있다.

또한 수확체증의 법칙에 의해 유발된 자유무역은 소비자들에게 명백히 더 광범위한 상품선택의 폭과 낮은 가격을 제공한다. 1979년에 이미 폴 크루그먼[67]은 이러한 현상을 이론적으로 설명했고, 27년 후 크리스티안 브로다와 데이비드 바인슈타인은[68] 미국의 사례를 분석하여 다양성의 수익이 엄청나다는 사실을 입증했다. 그들은 수출입 자료들을 상세히 분석한 다음 최초로 개별 상품 차원에서 국제무역을 연구했다. 결과는 매우 인상적이었다. 1972년부터 미국 GNP 중 수입의 비중은 5%에서 12%로 증가했다. 그와 더불어 수입품도 상당히 다양해졌다. 1970년대 초, 미국은 7만여 종의 상품을 수입한 반면에 현재는 26만 종을 수입한다. 그 원인 중 하나는 미국이 예전보다 더 많은 나라에서 상품을 수입하기 때문이다. 이러한 현상은 미국 소비자들에게 대단히 큰 복지수익을 제공했다. 브로다와 바인슈타인의 추정에 의하면 그 효과는 현재가치로 환산할 때 최소한 2,500억 달러에 이르며 미국 GDP의 약 2.6%에 해당한다.

그렇다면 이렇게 장점이 많은 무역 개방을 반대하는 이유는 무엇일까? 무역 개방의 이득은 사회 전체에 혜택이 돌아간다. 사회적 총량은 늘어나지만 개개인이 얻는 혜택은 다르다. 싼 재화가 수입되면 국내에서 비싼 값으로 물건을 팔던 업자들은 큰 손해를 볼 수밖에 없다. 다시 말해서 이익은 분산되어 있으나 손해(비용)는 소수의 업자들에게 집중되므로 이들의 강한 반발이 있을 수밖에 없다. 개인들은 600원에 사던 볼펜을 500원에 사면 좋지만, 업자들은 회사가 부도가 나느냐 아니냐의 생존의 문제로 귀결된다.

일본 사법부의 자국 기업을 보호하려는 판결은 대주주가 온갖 편법과 자의적인 판단으로 주식을 우호지분에게만 발행해서 언제라도 경영권을 지킬 수 있다는 관행을 만들어주게 된다. 자국 기업과 자국 국민만 지키려는 보호무역주의 정책은 일본 국민의 후생수준을 떨어뜨린다. 앞에서 설명한대로 수입이 늘어나건 수출이 늘어나건 국가 전체의 후생수준은 높아진다. 이러한 논리는 95% 이상의 경제학자들이 동의한다. 일본의 물가가 살인적인 이유에는 시장이 개방되어 있지 않은 탓도 있다. 자국의 원자재, 상품, 농산물만을 국민에게 제공하는 정책은 외국 상품의 유입을 막으므로 자국 내 물가를 올릴 수밖에 없고, 보호되는 것은 수입을 막고 있는 해당 산업뿐이다. 여기서 발생하는 손실은 모든 소비자가 분산해 부담한다. 1980년대 일본이 미국을 추월하는 것을 기정사실화했던 세계 언론들은 1990년대 이후 이 시도가 실패로 돌아가자 이유를 정부의 규제와 비개방 정책으로 돌렸다. 미국 연방준비위원회 의장이었던 그린스펀은 일본인들에게 "왜 시스템을 정리하지 않는가? 왜 기업들을 파산하게 놔두지 않는가? 왜 은행들을 지원해 주는가?"라고 묻고 다닐 정도였다.

2008년 1월 영국의 저명한 헤지펀드 매니저 크리스토퍼 혼이 일본 최대 전력기업 'J파워'의 지분을 배로 늘리기로 결정하자 일본 정부는 "공공질서 유지가 염려된다"는 모호한 이유를 들어 제안을 거절했다. 혼 뿐 아니라 많은 외국인 투자자에 대한 일본인들의 저항은 심하다. 한국과 미국의 애증관계처럼 일본도 외국인들에 대한 병적인 의심과 열렬한 모방 사이를 오간다. 일본은 여전히 세계 2위 경제 대국이자 세계 최대의 채권국이다. 하지만 일본의 상대적 지위는 인구감소와 생산성 둔화로 오히려 떨어졌다. 1인당 GDP 순위에서는 15년 전 2위에서 2007년에는 22위까지 떨어졌다. 2006년 일본의 GDP 대비 외국인직접투자 비율은 2.5%에 불과했다. 한국은 8.8%, 미국 13.5%, 독일 25.1%, 영국 44.6%였다. 이는 외국인이 일본 기업의 다수 지분을 확보하지 못하도록 막는 정치적·행정적 장애물 때문이다. 시장 개방은 외국인 투자에 따른 경제적 후생 증가, 새로운 경영기법, 사고방식, 혁신과 생산성을 고취할 수 있는 경쟁적인 자극이

유발된다.

일본은 거대 내수 시장을 보유하고 있기 때문에 시장 개방을 시급하게 생각하지 않는 측면이 있다. 일본은 미국 유학파들이 학계의 요직을 독점하고 있지 않으며 유학을 선호하지도 않는다. 일본 명문대학의 교수진들은 일본의 박사학위를 보유하고 있으며 자국에서 학문을 하는 것을 자랑스럽게 여긴다. 10만 명의 젊은이들을 학위 취득을 위해 미국으로 내모는 한국과는 대조적이다. 주체성의 측면에서는 일본에게서 배울 점도 있다. 시장을 개방한다고 자국의 주체성까지 내던질 이유는 없지 않을까?

최근 일본에서의 스틸파트너스 행보는 위태위태하다. 2006년 10월 즉석라면업체 '묘조식품'을 M&A하겠다고 선언하면서 그린메일러[69]로 악명을 떨치기 시작했다. 스틸파트너스의 갑작스러운 공세에 다급해진 묘조식품은 업계 1위인 닛신식품에 도움을 요청하는 이른바 '백기사 전략'으로 간신히 위기를 넘겼다. 스틸파트너스는 2007년 2월에 삿포로홀딩스의 주식 66.6%를 사들이겠다고 제안했다. 삿포로홀딩스의 반발로 이 일 또한 실패로 일단락됐지만 식품업체인 불독소스와 전기톱제조업체인 '덴류세이쿄'에 대해서는 증권시장에서 다수의 주주로부터 특정 가격에 주식을 사 모으는 '주식공개매수'를 했으며, 14%의 지분을 가지고 있던 과자업체 에자키글리코에도 배당금의 다섯 배 증액을 요구하는 등 공격적인 투자방법을 보이고 있다.

하지만 2008년 경제위기 이후 1년 동안 스틸파트너스는 일본주식의 보유 비중을 60% 이상 줄였다. 무려 1,100억 엔(약 1조 5,000억 원)에 달하는 규모다. 스틸파트너스는 특히 일본 닛케이지수가 곤두박질친 2008년 12월에만 총 300억 엔이 넘는 일본 상장주식을 손절매했다. 이익이 나는 회사에 투자하며 시황을 보지 않는다는 원칙과는 달리 너무 서두른 결정으로 보인다. 2008년 상반기에 운용하던 4,700억 엔 규모의 투자를 1,700억 엔대로 줄인 것이다. 당시의 자산 운용규모(4,700억 엔)와 비교하면 60% 이상 줄어든 수치다. 앞으로 일본에서의 투자 손실을 어떻게 극복할지 지켜볼 필요가 있겠다.

스틸파트너스의 리히텐슈타인은 이익이 나는 기업이라면 어떤 기업이든 투자한다고 공공연히 말한다. 한국 기업에 대한 투자도 계속할 것이라고 말했다. 그는 시황에는 관심 없고 개별기업만을 분석

표3.2E 스틸파트너스의 일본 주식 보유 현황 (단위= %)

대상 주식	최대 보유 시점	현재(2009년 1월 초)
닛쇼식품홀딩스	18.08	10.42
브러더스공업	11.27	3.86
에자키그리크	14.37	0
유시로화학	13.69	0
중앙창고	11.49	0
주호쿠제작스	13.05	0
시티즌홀딩스	12.62	4.96
하우스식품	6.45	4.86
가루이치철관	14.76	12.38

*지분율, 자료. 니혼게이자이신문, 매일경제(2009.1.12)에서 재인용.

한다. 투자할 기업의 재무 상태나 이익 여부만을 보며, 거시경제를 보지 않는다.

이는 개미투자자에게도 시사하는 바가 크다. 경제위기 이후에 한국의 경제성장률이 3~5%에서 향후 10년간 크게 벗어나겠는가? 매년 0.5% 이내에서 변동하는 GDP 성장률에 대해서 그렇게 깊게 고민할 필요가 있는가? 한국 암기 교육 시스템에서 시험 기계들을 모아둔 곳이 바로 한국은행과 한국개발연구원이다. 여기서 매년 발표하는 경기전망의 과거 예측치를 살펴보아라. 이들의 예측치가 맞은 적이 있는지 확인해 보라. 수식과 기호투성이의 회귀방정식으로 온갖 변수를 넣고 돌렸지만, 차라리 그럴 시간이 있다면 기업하나라도 더 분석하거나 관심 있는 부동산 매물을 보러 다니는 편이 낫다.

카를로스 슬림과 독점시장

> 늘 행복하고 지혜로운 사람이 되려면 자주 변해야 한다. ― 공자

멕시코의 통신재벌 카를로스 슬림은 2006년에 590억 달러의 재산을 기록해, 빌 게이츠 마이크로소프트 회장을 따라잡고 세계 최고의 부호가 됐다. 지금까지 수위를 지켜온 게이츠 회장의 재산은 580억 달러다. 2007년에는 버핏이 1위, 슬림이 620억 달러로 2위였다.

1940년 레바논 계 멕시코 이민자의 아들로 태어난 슬림은 어렸을 때 가족과 친지 모임에서조차 사탕과 담배를 사고팔았을 정도로 타고난 비즈니스 기질을 보였다. 슬림은 어려서부터 야구 카드의 승률을 꼼꼼히 기록하여 투자가로서의 기질을 보였으며 12세 때 벌써 주식 투자를 시작하고 30세가 되기도 전에 청량음료회사와 증권회사를 소유하는 부호였다. 슬림이 거느리고 있는 기업들의 주식 시장 가치는 멕시코 증권시장 전체 총액의 3분의 1에 해당한다. 그가 거느리고 있는 회사들의 생산량은 멕시코 GDP의 5%에 해당한다.

멕시코 한 식당의 메뉴판에는 "이 식당은 멕시코에서 카를로스 슬림이 소유하지 않은 유일한 음식점입니다"라는 문구가 적혀 있다. 실제로 통신, 금융, 유통, 건설, 방송 등 어지간한 산업에는 모두 슬림의 기업이 자리를 잡고 있다. 멕시코 사람들은 슬림이 소유한 병원에서 출생해, 그가 가진 전력회사의 전기를 쓰며, 그의 건설회사가 닦은

도로에서 운전하고, 그에게 속한 정유회사 기름을 넣는다. 전화 통화나 쇼핑, 식사도 모두 그가 소유한 회사와 연관되어 있다. 그의 회사들은 각 분야에서 독과점적 지위를 누리고 있다. 무선통신 업체인 '아메리카모빌'의 시장점유율은 70%에 달하고 유선통신 회사인 '텔멕스'는 시장의 90%를 장악했다. 당연히 독점의 폐해를 우려하는 목소리도 높다. 그러나 다른 한쪽에서는 '저평가된 기업을 사들여 경영을 정상화하는 데 천부적인 재능이 있다'며 슬림의 사업적 능력을 높게 평가한다.

슬림은 아버지의 영향을 많이 받았다. 그의 부친인 줄리안 슬림은 고향인 레바논을 떠나 멕시코에 둥지를 튼 뒤 맨손으로 수백만 달러의 부를 이뤘다. 결정적 계기는 멕시코 혁명이 일어난 1910년에 찾아왔다. 당시 농민 반란이 일어나면서 대부분의 부자들이 멕시코를 등졌지만 슬림의 부친은 오히려 싼 값에 멕시코시티 중심부의 부동산을 사들였다. "우여곡절은 있겠지만 멕시코가 망하는 일은 없을 것"이라는 확신이 과감한 투자의 배경이었다. 예상은 적중하여 '슬림 가문'을 일군 토양이 됐다. 아들 슬림도 똑같은 과정을 겪었다. 1980년대 멕시코에 외환위기가 닥쳤을 때 슬림은 공격적으로 기업을 사들였다. '세구로스 데 멕시코'라는 보험회사를 시작으로 각 분야의 알짜 기업을 하나씩 손에 넣었다. 국영 통신 회사들의 민영화에도 참여하여 단번에 멕시코 최대 재벌로 부상했다.

슬림의 막대한 부에는 그가 종신회장직을 맡고 있는 전화회사 텔멕스가 가장 큰 기여를 했다. 그는 1990년 '세기의 매각'으로 불리는 텔멕스 민영화 과정에 참여하여, 20%의 주식을 확보함으로써 부의 기반을 움켜잡았다. 텔멕스의 주가 상승과 함께 재산은 눈덩이처럼 불어났다. 텔멕스는 멕시코에서 90% 이상의 점유율을 자랑하는 독점 통신업체로 성장하였고 세전수익이 매년 60억 달러에 달한다. 인수액보다 더 많은 돈을 매년 벌어들인다. 또 카를로스 그룹을 기반으로 건설과 석유, 전기, 자동차 등으로 진출하여 사업을 다각화했고, 금융그룹 인부르사와 저가항공사 볼라리스, TV채널 텔레비사 등 문어발식으로 사업을 확장했다. 그는 "멕시코의 록펠러"라고 불린다. 슬림이 소유한 회사들은 독점적 지위를 이용해 막대한 이익을 누리고 있으며 슬림은 무소불위의 권력을 누리고 있다.

하지만 실제로는 슬림은 기업의 경영 상황이 바닥을 치는 시점을 알아채고 저평가된 기업들을 인수해 경영을 정상화하여 중장기로 보유하는 투자자다.

그는 세계 최고의 부호이면서도 검소한 생활을 한다. 그의 검소함은 아버지로부터의 철저한 경제 교육 때문이다. 몇 페소짜리 물건을 사더라도 지출 내역을 장부에 기록했다. 용돈기입장은 아직도 슬림 회장의 책장에 꽂혀 있다. 이 과정에서 절약 정신이 몸에 뱄다. 부호들이 과시용으로 선호하는 호화 요트와 별장을 갖고 있지 않고, 수십 년 전부터 살던 집에서 살고 있다.

그는 자선재단에 40억~100억 달러를 기부하고 교육과 보건 관련 기금을 만들겠다는 약속을 했다. 슬림은 3억 달러를 투자하여 멕시코 전역에 100개의 학교를 신설하겠다고 밝혔다. 부호는 자선사업을 하지 않으면 언론의 표적이 되어 집중타를 얻어맞는다. 자의건 타의건 간에 부호들은 자선사업을 하지 않을 수 없다. 그러나 슬림은 자신의 기업들을 통해 부를 창출하고 일자리를 제공하는 것이 더 중요한 일이라고 주장한다. 멕시코시티의 건강연구재단에 기부금을 전달하는 자리에서 "사업가는 산타클로스가 아니며, 기부 활동보다 기업을 튼튼하게 만드는 것이 사회에 공헌하는 길"이라고 강조했다. 나도 재산 은닉이나 비자금의 유용을 목적으로 하거나 과시용으로 하는 기부보다는, 기업들이 탈세하지 않고 공정한 경쟁을 하는 것이 더 큰 사회봉사라고 생각한다. 축구선수가 공을 잘 차고, 교수가 양질의 논문을 만들어내고, 변호사가 변호를 잘하면 사회는 발전한다.

슬림의 투자 리스트에는 실패한 기업도 적지 않다. 미국 3대 전자 소매체인 중 하나인 '콤프유에스에이(CompUSA)'의 지분 15%를 사들인 것이 대표적인 실패 사례다. 델 컴퓨터 등이 저가 컴퓨터를 직접 소비자에게 공급하면서 콤프유에스에이의 수익성이 급격히 떨어졌다. 슬림은 최근 이 회사의 지분을 팔기로 결정했다. 슬림은 이 같은 실패도 성공을 위한 비용으로 간주한다. 슬림은 "사업을 하면서 실수가 없을 수는 없다. 다만 그 실수의 피해를 얼마나 줄이느냐가 관건"이라고 말한다.

카를로스 슬림을 최고의 부호로 이끈 비결은 '독점'이다. 그는 분야에서 독점적이며 높은 수익성을 내고 지속적인 성장을 하는 회사를 매수한다. 그리고 장기적으로 보유한다.

그림 3.27 독점이윤과 완전경쟁의 이윤

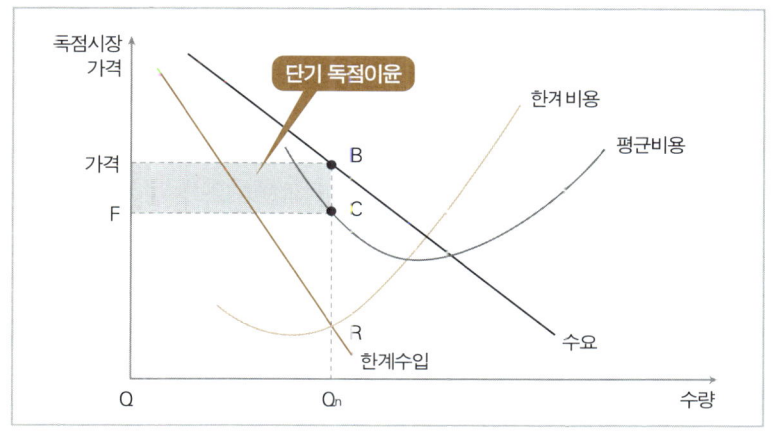

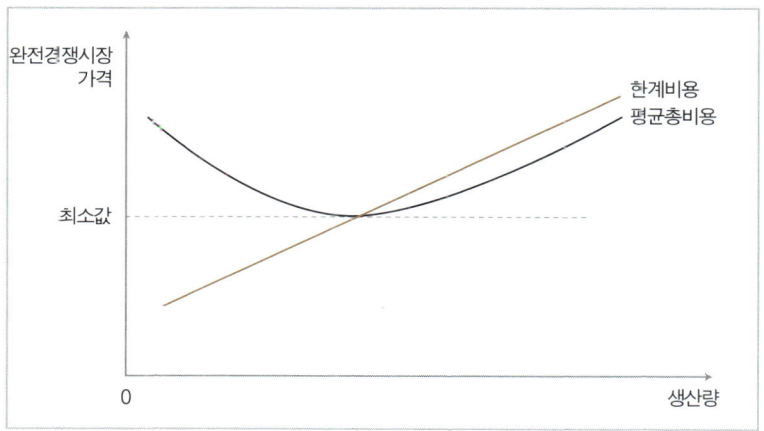

독점 기업이 큰 이윤을 내는 이유는 뭘까? 독점기업의 이윤은 총수입(TR)-총비용(TC)이다. 이 식의 양변을 생산량(Q)으로 나누고 다시 곱해주면, 이윤=(TR/Q-TC/Q)×Q이다. 총수입을 생산량으로 나눈 TR/Q는 평균수입이므로 가격(P)과 같다. 총비용을 생산량으로 나눈 값(TC/Q)은 평균총비용(ATC)이다. 따라서 가격에서 평균총비용을 뺀(P-ATC) 빼면 이윤과 같아지는 식이 성립한다.

이 공식을 사용하여 그림3.25에서 이윤의 크기를 표시할 수 있다. 그림에서 직사각형의 높이(BC)는 가격에서 평균총비용을 뺀 것(P-ATC)이다. 이것은 단위 수량 당 발생하는 이윤이다. 직사각형의 밑변(FC)은 이윤극대화 생산량(Qmax)이다. 따라서 이 직사각형의 면적이 독점기업의 이윤이다. 완전경쟁에서는 기업들이 자유롭게 시장에 진입하거나 퇴출할 수 있다. 종전기업들이 이윤을 내고 있다면 잠재적 경쟁기업들은 시장에 진입할 유인을 갖고 진입하게 된다. 그러면 시장에 존재하는 기업수가 증가하고 시장 공급량이 증가하여 시장 가격과 기업 이윤이 낮아진다. 반대로 종전 기업들이 손실을 입고 있다면 일부 기업들은 시장에서 떠날 것이므로 기업 수와 시장공급량이 감소하여 시장가격이 상승하고 기업손실은 사라진다. 이런 과정을 거쳐 장기적으로 시장에 존재하는 모든 기업들의 경제적 이윤은 0이 된다. 완전경쟁기업은 평균총비용이 극소가 되는 생산규모인 효율적생산규모(efficient scale)에서 생산하게 되므로 사회적으로 최적 생산량을 공급한다. 완전경쟁시장에서 힘든 경쟁을 뚫고 버텨봐야 얻는 것이라곤 '시장퇴출'이라는 레드카드뿐이다. 죽자 사자 경쟁하다가 두 손 들고 나오는 곳이 바로 완전경쟁시장이다.

오랜 기간 동안 회사원으로 생활하다가 40대나 50대에 창업을 한 사람들의 99%가 망하는 이유는 이들이 경험이 없고 자본이 없는 소시민이라서가 아니다. 이들이 뛰어든 분야는 김밥 집, 치킨 집, 카

그림3.28 단기 독점이윤과 장기 독점이윤

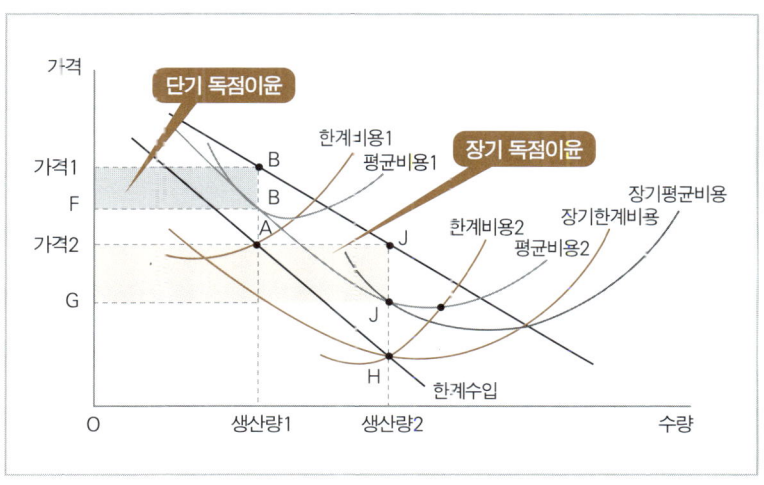

페 등일 것이다. 이들은 대표적인 완전경쟁산업이다. 어차피 실패할 수밖에 없는 곳에 뛰어들었을 뿐이다.

생산시설 규모를 확장할수록 비용조건이 개선된다면 장기적으로 독점기업은 생산규모를 확장한다. 그림3.26에서 보듯이 한계수입[70]과 한계비용$_2$[71]가 같아지는 지점에서 장기균형이 달성된다. 물론 한계비용$_1$과 한계비용$_2$는 평균비용$_1$과 평균비용$_2$의 최저점을 지난다. 장기독점이윤은 언제나 단기독점이윤보다 크다.

수식과 그래프가 잘 이해가 안 되면 "독점만이 초과이윤을 낼 수 있다"는 것만 알면 된다. 경쟁기업이나 독점기업 모두 '이윤의 극대화'라는 동일한 목표를 갖고 있으나 경쟁 시장에서는 가격이 한계비용과 같고(P = MC) 독점시장에서는 가격은 한계비용보다 커(P〉MC)

375

독점에서만 한계비용보다 높은 가격으로 재화를 팔 수 있다. 결국 초과이윤은 독점시장에서만 가능하다. 독점만이 초과이윤을 발생시킬 수 있기 때문에 장기적으로 시장에서 퇴출되지 않고 살아남을 수 있다는 점은 반드시 기억하기 바란다.

종목에만 집중하는 린 위안

> 전쟁에서 승리 외의 대안은 없다. ─ 더글라스 맥아더

내가 운영하는 온라인 투자동호회의 회원들이 가장 많이 하는 질문은 "종합주가지수가 오를까요? 내릴까요?"이다. 사람들은 종합주가지수에 신경을 쓰면서 본인이 소유한 종목의 분석에는 소홀하다. 그 이유는 보유 종목과 종합주가지수의 변동이 동일하다는 믿음 때문이다.

이러한 믿음은 논리학에서 '분할의 오류'라고 부른다. 이 오류는 부분의 합인 전체가 참이면 구성 요소인 부분도 참이라고 추론할 때 발생한다. 다시 말해, 어떤 대상이 가지고 있는 속성을 그 대상의 부분들도 가지고 있다고 생각하는 것이다. 어떤 요리가 맛있다고 해서 그 요리를 이루고 있는 재료가 모두 맛이 있다고 생각하는 것은 잘못이며, 국내 최고의 기업체라고 해서 그 직원들이 모두 국내 최고의 능력을 가지고 있는 것도 아니다. 대다수 직원들의 개인적 능력은 오히려 평범할 수 있지만, 일부 간부들의 창의력이 뛰어나고, 사장의 대정부 로비가 효과적이고, 사장으로부터 청소원에 이르기까지 가족적인 분위기 속에서 협력하고 노력하는 것이 그 기업체가 국내 최고의 자리를 차지하게 만들었을 수도 있다.

히딩크는 2002년 축구 명문 사립대 출신들이 파벌을 이루고 있는 국내 축구계에서 실력은 있으나 파벌에 밀려 발탁되지 못한 선수

들을 공정하게 선발해 '오합지졸'이라는 놀림감을 받던 한국의 국가대표팀을 월드컵 4강에 올려놨다. 당시 국가대표에 선발된 선수들은 그 전까지 잘 알려지지 않은 선수들이 대부분이었다. 하지만 이들은 히딩크의 지도력을 바탕으로 일류팀으로 거듭났다.

"개는 흔히 볼 수 있다. 그레이트 피레니즈는 개다. 그러므로 그레이트 피레니즈는 흔히 볼 수 있다"도 분할의 오류에 해당한다. 나는 평생 수천 마리의 개를 보았지만 그레이트 피레니즈는 분당 정자동의 한 카페에서 '얼굴마담'을 하고 있는 모습만 딱 한 번 본 적이 있다.

부분의 합인 종합주가지수가 오른다고 모든 개별 종목이 오르는 것은 아니며, 종합주가지수가 떨어진다고 모든 개별 종목이 떨어지는 것도 아니다.

개미투자자들은 생업과 지식 획득에 명백하게 한계가 있는 상황에 살고 있기 때문에 만성적인 혼란과 투자 실패는 습관적이다. 개미들의 사고 오류는 수없이 다양하지만 필자 주변의 개미들이 쉽게 빠져드는 함정 중 하나는 "외국인만 따라가면 수익을 볼 수 있다는 착각"이다. 외국인들이 매수할 때 따라서 매수하고, 매도할 때 팔면 수익을 낼 수 있다는 생각이다. 우리가 신문 지면에서 파악하는 외국인의 투자 동향은 한국에 투자하는 외국인 모두를 합친 그들의 매수, 매도의 총량이다. 개인 혹은 뮤추얼펀드, 헤지펀드 등으로 투자하는 외국인 투자자는 수 만 명이 넘는다.

투자에서 '분할의 오류'에 빠지지 않기 위해서는 종합주가지수보다는 개별 종목에 관심을 기울여야 한다. 여러분들은 개별 종목에 투자하는 것이지 종합주가지수에 투자하는 것이 아니다. "주식은 때를 사는 것이다"라는 말은 개별 종목의 가격이 본질가치보다 낮은 그 '때'를 사라는 같이지 종합주가지수를 예측해 투자하라는 말이 아니다. 종합주가지수가 높으면 고평가 주식이 많고, 종합주가지수가 낮으면 저평가 주식이 많기 때문에 투자하기에 적합한 종목이 더 많다. 하지만 종합주가지수가 높더라도 저평가 주식은 있으며, 종합주가지수가 낮은 경우에도 고평가 주식은 있다. 일부 주식의 고수들은 종목은 20%의 관심을 기울이고 80%는 시세를 연구하는 데 시간을 사용하라는 조언을 하기도 하지만 나는 다르게 생각한다. 시세를 보는 데는 투자노력의 20%만 할애하고, 나머지 80%는 종목분석에 힘써라.

린 위안은 시세보다는 종목에 집중하는 투자자다. 그는 8,000위안(약 96만 원)으로 주식 투자를 시작하여, 18년간 10억 위안(약 1,200억 원) 이상을 모았다. 중국의 워런 버핏으로 불리며 중국 개미투자자들에겐 살아 있는 전설이다. 그는 "중국 증시는 긴 상승의 열차를 타고 있다"고 강조하고, 버블 논란에 빠져 허우적거리기보다는 장기 보유할 수 있는 주식을 찾기 위해 피나는 노력을 하라고 충고한다. 이 말은 현재, 중국에 직접투자하거나 중국 펀드에 투자해 많은 손실을 입고 있는 사람들에게 절실한 충고이다. 그는 자신의 모든 재산을 주식에 넣었고, 중국의 대표적 술 마오타이의 제조회사인 구이저우마오타이와 상하이공항, 자오상은행 등 24개 종목에 투자하고 있다.

그는 정말 중요한 것은 시장이 강세냐 약세냐가 아니라 "오를 수 있는 주식을 고르는 능력"이라고 말한다. 최근 장세에 대한 과열 경고가 많지만 빠른 경제성장에 비춰볼 때 지금보다 훨씬 더 많은 이익을 낼 수 있는 기업들이 줄지어 있다고 강조한다. 장이 떨어질지 오를지를 점치려고 하지 말고 지금이라도 투자가치가 있다고 판단되는 주식을 사서 장기 보유하라는 것이다. 그는 비즈니스 모델이 단순하고 투명한 기업만을 골라 적어도 세 번 이상 방문하고 연구한 뒤 투자를 결정하며 장기적으로 기다리는 원칙을 가지고 있다. 투자가치가 있는 회사를 발굴하기 위해 중국 대륙을 쉴 새 없이 돌아다닌다. 투자가치의 기준은 해당기업이 이익을 얼마나 꾸준히 내고 있느냐가 핵심이다. 그는 정부의 거시경제 정책에 귀 기울이지 않고 분석보고서나 주식전문지 등도 참고하지 않는다. 중국이 향후 경제대국으로 발전할 것은 명약관화하며 장이 아무리 중장기적으로 오른다고 해도 개별종목은 오를 수도 떨어질 수도 있기 때문에 좋은 종목을 찾기 위해 노력하라고 조언한다. '분할에 오류'에 빠지는 개인들을 위한 쓴소리다.

린 위안의 전략은 "종합주가지수에 연연하지 마라. 이익을 내는 기업을 매수하라. 장기투자하라"로 요약할 수 있다. 투자 고수들에게 종목에 치중하라는 말은 너무나 당연하다. 린 위안의 세 가지 말 중 하나라도 "난 생각이 다른데……."라고 느껴진다면 좀 더 배워야 한다. 그는 심지어 "증시가 꼭지에 달했는지 아닌지 알려고도 하지 말고 묻지도 마라"라고 말한다.

누구나 정치, 종교, 교육, 스포츠에 대해 남과 다른 견해를 백 번

가져도 무방하다. 박정희 대통령이 독재자가 아니고, 미국의 부시 대통령이 사익 추구를 위해서 이라크 전쟁을 일으킨 것이 아니고, 북한이 민주주의 사회이며, 쿠바의 사회복지 수준이 최고라고 주장해도 상관없다. 사회 현상에 대해 자신만의 견해를 가질 자유가 존재한다. 타인과 논쟁을 해도 되고 기고를 해도 되고 나처럼 책을 내도 된다. 하지만 투자에서는 그렇게 하면 안 된다. 수익을 못 낸다면 게임에서 진다. 계속 졌다면 투자방법이 잘못된 것이다.

어떤 책을
어떻게
읽을 것인가?

▍투자에서 독서가 필요한 이유

> 우리에게는 역사라는 단 하나의 견본 밖에는 없다. ― 폴 새뮤얼슨

옷은 익숙한 옷을 입고 책은 새 책을 사라는 속담이 있다. 책은 기존에 출간된 책을 참고로 해서 쓰기 때문에 새로 나온 책일수록 더 충실한 내용인 경우가 많다. 톨스토이, 도스토옙스키, 프란츠 카프카, 니체, 셰익스피어의 글을 읽으면 탁월한 문장력과 상상력에 감탄한다. 하지만 그들이 사용하고 있는 어휘나 정보, 지식의 양은 무척 얇다. 당시에 그들이 습득하고 있던 정보는, 현재와는 비교도 안 될 정도로 적다. 그 적은 정보를 가지고 그 정도의 글을 쓰고 있다는 사실만으로 그들은 천재다. 하지만 미래 투자에 대한 아이디어를 얻기 위

해서는 고전보다는 새로 나온 책이 더 유용할 수 있다.

나는 투자의 세계에 입문한 이후에 투자와 직접 연관된 서적을 수백 여 권 읽었다. 간접적 연관이 있는 것까지 포괄한다면 수천 권 이상이다. 직접 구입하지 않더라도 서점에서 목차 정도는 훑어본다. 나는 단행본 뿐 아니라 월스트리트 저널, 이코노미스트, 포춘, 타임, 뉴스위크 한국경제신문, 매일경제신문, 국내 경제주간지까지 닥치는 대로 읽는다. 하지만 투자 아이디어는 반드시 책으로만 얻을 수 있는 것은 아니다. 비행기를 타고 여행하면서 항공업에 대한 아이디어를 얻을 수 있고 중국, 인도, 베트남을 여행 중이라면 그곳 나라들이 투자할 만한지에 대해서도 생각해볼 수도 있다.

타이거 우즈나 박세리 같은 프로 골퍼가 되고 싶은 아이가 있다. 이 아이는 열정과 재능 그리고 최선을 다하는 성품을 타고 났다. 하지만 동네 아저씨가 쓰다가 물려준 고물 퍼터 한 개를 덜컹 갖고 있으며 가르쳐줄 선생님이 없다. 어려운 집안 형편 상 골프장에 갈 엄두도 내지 못한다. 그래서 이 아이는 퍼터 한 개를 들고 산으로 올라가 10년간 책을 보면서 드라이버, 퍼팅, 아이언 연습을 했다. 그리고 하산한다. 산속에서 이미지 트레이닝으로 단련한 20대가 된 이 청년이 처음으로 필드에 당당히 진출한다면, 과연 타이거 우즈나 박세리를 능가할 수 있을까?

그렇지 않았다. 혼자 연습한 10년은 무용지물이었다. 형편없는 스코어를 기록했다. 무조건 열심히 한다고 고수가 될 수는 없다. 논어, 맹자, 노자를 10회독 하여 전체를 줄줄 암송한다고 해도 성인들의 가르침을 진실로 이해하는 것은 아니다. 노력도 중요하지만 제대로 된 방식이 부재한 노력은 시간 낭비다. "세계적 일류가 되려면 노력이 가장 중요하다"는 말처럼 허망한 소리도 없다. 우리 조상은 가뭄이 들면 기우제를 드렸다. 이들의 노력을 누가 부인하랴. 하지만 기우제를 드린다고 비가 오지는 않는다. 비가 오게 하는 방법도 있다. 비가 올 때까지 기우제를 올리면 된다.

가치투자자의 세계에는 이런 말이 있다. "처음에 가치투자를 이해하지 못한 사람은 영원이 이해할 수 없다." 안타깝게도 기술적 분석에 빠졌던 투자자 중 가치투자로의 전향에 성공한 사람이 많지가 않다. 그래서 기초부터 차근차근 배워야 한다. 위대한 투자자가 되기 위해서 높은 지능이 필요하지만 절대적인 제약조건은 아니다. 투자자들은 자신의 머리가 좋지 못하다고 너무 비관할 필요는 없다. 올바른 방법으로 공부하면 투자에 적합한 머리로 변화될 수 있다. 타고난 지능은 본인의 노력으로 바꿀 수는 없는 노릇이다. 하지만 머리가 뛰어나지 않아도 제대로 노력하고 열정이 있으면 극복할 수 있다. 3수를 해서 런던정경대학에 입학했고, 학자가 되고 싶었으나 학점이 나빠 대학원에 진학하지 못한 조지 소로스는 일반적으로 말하는 지적 순발력이 뛰어난 사람은 아니었다. 대학을 졸업하고 투자은행에 취업한 그는 외환 거래 내역을 두 개의 원장에 표로 만들어 일일이 손으로 적어 넣는 일로 사회생활을 시작했다. 그러나 그마저도 대변과 차변의 계정조차 제대로 맞추지 못하여 상급자들이 실수를 잡아줘야 할 만큼 부주의하고 집중력이 떨어졌다. 이후 조지 소로스는 영국에서 투자가 작은 성공을 거두고 미국으로 건너가 증권분석사 자격증 시험을 보았으나 여러 번 실패하고 포기했다. 그는 시험에서 매번 좋은 결과를 얻지 못했어도 열등감을 가지거나 하지 않았다. 그는 직관적인 투자 판단에서는 자신감이 있었기 때문이다.

나는 암기를 지독하게 못한다. 최근에는 그 증세가 더욱 심해져 아파트 주차장에 차를 어디에 세워두었는지를 전혀 기억하지 못하는 일이 잦아졌다. 그래서 최근에는 빈자리가 있건 없건 간에 같은 장소에만 세우고 있다. 다행히도 투자는 암기력보다는 판단력이 더 중요한 지임이다. 기억하는 데만 애를 쓰고 기억한 것을 앵무새처럼 되새기는 사람은 사회에서나 학교에서 낙오될 수밖에 없다. 투자자는 경험을 바탕으로 예리한 판단력을 갈고 닦아야 한다. 파스칼이 말한 것처럼 "인간의 정신은 우주의 명예이면서 동시에 수치"기도 하다. 이러한 판단력을 기르는 가장 기본이 독서다.

그러나 책을 읽는다고 투자에 성공하지는 않는다. 하지만 분명히 투자에서 반드시 수익을 내고자 하는 사람이라면 꼭 읽어야 할 책이 존재한다. 시간이 날 때마다 한두 권씩 읽어보기를 권한다. 누구나 수천 권의 책을 읽을 필요는 없다. 투자자가 되기 위해 책 중독이 될 필요는 없다.

나는 다음과 같은 기준으로 읽어야 할 책을 선정하였다.

첫째, 저자의 수익률이 검증되었는가? 대표적인 데이트레이딩 고수들은 주식보다는 책을 팔아 부자가 될 경우가 많다. 주식으로 잃은 돈을 책을 팔거나 강연을 해 보충한다. 그들 중에는 겉으로 보기에는 고견 있는 듯한 사람도 있다. 의사 자격이 있거나 고시에 합격한 사람도 있다. 이들은 최고의 증권 석학 혹은 개미 중의 왕으로 인정받고 있다. 그러나 어느 한 분야에서 최고의 역량을 발휘하는 사람은 완전히 다른 분야에서는 잘하기가 힘들다. 농구의 신이었던 마이클 조던도 프로 야구로 전향하고 형편없는 실적을 냈다. 문제는 사람들은 완전히 다른 분야에서 일류인 사람이 주식 투자에서도 일류일 것이라고 착각하는 것이다. 세상이 두세 가지 분야에서 모두 1등할 수 있을 정도로 호락호락한가? 배구를 잘한다고 씨름을 잘한다는 보장이 없듯이, 의학, 법학과 투자는 완전히 별개다.

둘째, 진실한 의도로 책을 쓰는가? 안 되는 방법임을 알면서 책을 팔아 돈을 벌기 위해 장사를 하는 사람들이 있다. 차트 읽기를 위주로 하는 책이 실제로 잘 팔린다. 그렇다고 나 같은 사람이 소신을 져버리고 "차트의 비칙"이나 "기획부동산으로 10억 벌기", "중국시장 앞으로 열 배 오른다"와 같은 책을 쓸 수는 없지 않은가? 이런 사람들은 방송출연을 하여 출연비도 챙기고 몸값을 높여 강연비로 생활비를 충당한다.

셋째, 충분히 이해하기 쉽게 쓰였는가? 투자를 가르치는 책이 재무회계나 중급회계, 재무관리, 미시경제학, 수리경제학, 고급회귀분석이 되어 버리면 안 된다. 그런 책을 꼭 읽고 싶으면 회계학원을 다니던가, 경제학과 혹은 경영학과에 편입이라도 하는 편이 났다. 투자 행위는 〈사이언스〉, 〈셀〉, 〈네이처〉 같은 세계적인 학술지에 논문을 기고하는 것과는 다르다. 핵심적인 내용을 담으면서 이해하기가 쉽워야 한다. 어려운 책을 쓰는 대부분의 사람들은 본인이 스스로 내용을 이해 못했거나 글쓰기의 기본이 안 되어 있는 경우가 대부분이다.

넷째, 자신이 가진 매매의 핵심전략을 알려주고 있는가? 워런 버핏은 매년 연차보고회를 열어 투자자의 질문을 받고 답을 하는 연례행사를 갖는다. 전 세계에서 35,000명 이상 모여든다. 버핏은 독서광에 뛰어난 두뇌를 가진 만큼 현란한 말솜씨와 비유로 관객들을 호도한다. 그러나 그는 투자 방법의 핵심은 결코 전하지 않는다. 평생 연구해서 알게 된 투자 비법을 쉽게 공개하겠는가? 그가 투자하는 모든 종목은 비밀에 붙여지며, 수익을 충분히 낸 후에 혹은 매도한 후에 대중이 알게 되는 경우가 많다. 워런 버핏의 며느리인 메리 버핏이 쓴 《주식 투자 이렇게 하라》에 보면 버핏의 핵심 투자 방식은 집에서도 비밀이라고 한다. 버핏의 투자방법의 핵심은 미래의 현금흐름을 현재가치로 할인하여 채권에 투자하는 것처럼 수익을 계산하여 투자하는 것이라고 알려져 있는데, 단순하고도 쉬운 방법조차 버핏은 밝히기를 꺼려하는 것 같다.

투자능력을 향상시키려면 '상호참조' 파일의 범위를 넓혀야 한다. 비즈니스, 금융, 회계와 관련된 책을 공부하고 심리학과 생물학도 공부하라. 그러면 투자에 관한 지식의 범위가 늘어날 것이고 많은 아이디어를 섭렵할 수 있다. 투자수익을 올리기 위한 유일한 자료가 재무제표뿐이라고 믿지 마라. 기업의 재무제표는 투자의 출발점이지 종착점이 아니다.

개미경제학 추천도서 목록

> 대부분의 박사 논문은 한 무덤에서 파낸 **뼈**를 다른 무덤으로 옮긴 것에 지나지 않는다.
> ― 프랭크 도비(J. Frank Dobie)

1. 주식 투자를 위한 책

• 《전설로 떠나는 월가의 영웅》(피터 린치 · 존 로스차일드 공저)

피터 린치의 최고 역작이다. 피터 린치의 다른 저서도 많으나 결코 이 책의 수준을 넘어서지는 못했다. 피터 린치의 투자 방식을 알고 싶다면 이 책 2~3회독 정도로 충분하다. 주식 투자에 필독서이기는 하지만 "생활의 발견"을 너무 중시하는 시각은 썩 마음에 들지 않는다.

• 《워렌 버핏의 실전 주식 투자》(메리 버핏 · 데이비드 클라크 공저)
• 《워렌 버핏, 주식 투자 이렇게 하라》(메리 버핏 · 데이비드 클라크 공저)

버핏이 극비로 하던 투자기법을 며느리가 폭로하였다. 사실인지 아닌지는 모르겠다. 하지만 워런 버핏의 며느리는 진짜라고 주장한다. 시아버지는 며느리한테 배신감을 느꼈을 것이다. 며느리가 공개했다는 버핏의 비법이 과연 책을 팔기 위해 지어낸 이야기일까? 그럴수도 있겠지만, 책의 내용은 버핏의 투자 방법의 본질에 상당히 접근하고 있다. 책만 읽는다고 누구나 수익을 낼 수 있는 것이 아닌 이유는, 내용에 대한 충분한 이해가 필요하고 책에서 소개하고 있는 기업 분석을 연습해보아야 하기 때문이다. 이 책은 투자에 적용할 수 있는 구체적인 방법을 제시한다.

- 《워렌 버핏의 가치투자 전략》(티머시 빅 지음)
- 《위대한 기업에 투자하라》(필립 피셔 지음)
- 《워렌 버핏 투자법》(로버트 해그스트롬 지음)
- 《워렌 버펫 포트폴리오》(로버트 핵스트름 지음)

미국에는 워런 버핏 관련서가 수십 종 나와 있다. 하지만 대부분 버핏의 한두 가지 측면에만 초점을 맞추고 서술하고 있다. 그 중에서 정통적인 투자 방법을 배울 수 있는 책을 골랐다. 실전적 내용이 부족하지만 가치투자 전반을 이해하는 데 도움은 된다.

- 《스노볼-워런 버핏과 인생 경영》(엘리스 슈뢰더 지음)

나는 이 책이 나오기를 무척 오랫동안 기대했고 한국어로 출간되었을 때 바로 구입해서 1,000페이지가 넘는 방대한 책을 며칠정안 정독했다. 버핏에 대해서는 너무도 잘 알려져 있기 때문에 많은 내용이 익숙했다. 하지만 일부 내용은 우리가 버핏을 오해하고 있는 부분이 있다는 것을 이 책을 읽으며 알 수 있었고, 저자는 버핏과의 대화와 정확한 자료를 기반으로 하기 때문에 정확한 그의 인성과 투자를 알 수 있었다. 이 책에서는 그의 투자 실패와 약점들도 낱낱이 밝혀진다. 진정한 투자자가 되는 것이 얼마나 어렵고 힘든 길인지 깨닫게 해준다.

- **《수익률 5600% 신화를 쓰다》** (존 네프·S. L. 민츠 공저)

존 네프는 미국의 전설적인 투자자다. 그는 펀드매니저였기 때문에, 매년 평가를 받고 매수와 매도에 제약이 많고 손절매 규칙을 갖고 있었다. 때문에 순발력이 뛰어난 모멘텀 투자자다. 향후 투자 분야에서 근무하고 싶은 분들에게 필독서로 권한다.

- **《재무제표 읽는 법》** (존 트레이시 지음)

기본적 분석을 중시하는 분들에게 가장 어려운 관문이며 반드시 넘어가야 할 장애물은 재무회계이다. 재무회계를 이해해야 '대한민국 기업정보 공시 시스템'에 나오는 연간 영업보고서, 분기별 영업보고서에 나오는 재무제표를 이해할 수가 있다. 이 책은 회계를 쉽게 설명하고 있다.

- **《가치투자를 말한다 : 미국 최고 펀드매니저 20》** (커크 카잔지안 지음)

미국에서 유명한 가치투자자들을 인터뷰하여 가치투자에도 다양한 방식이 존재함을 밝혔다. 가치투자의 다양한 변형을 배울 수 있다. 가치투자도 자신만의 투자 철학과 방법이 중요함을 가르쳐준다.

2. 시장의 본질을 알게 해주는 책

- **《맨큐의 경제학》** (N. 그레고리 맨큐 지음)

폴 새뮤얼슨이 지은 《경제학원론》의 아성을 끌어내린 경제학의 베스트셀러다. 폴 새뮤얼슨은 위대한 경제학자이나 수많은 사회과학도들의 경제학에 대한 관심을 떨어드리고 경제학에 관한 두려움을 고양시킨 인물이다. 하지만 맨큐는 경제학이 매우 쉬운 학문이고 그렇게 두려워할 필요가 없다는 점을 각인시켜주고 있다. 이 책은 수식이 거의 없고 대부분의 이론을 실생활과 연계시켜 소개한다. 이 정도 경제학 교과서라면 교양서처럼 재미있게 읽을 수가 있다. 일간지를 읽는 것만큼 쉽다. 투자자로서 경제학을 전반적으로 이해하는 데 이 책보다 더 좋은 교과서를 찾기는 어려운 것이다. 필독을 권한다.

- 《돈, 뜨겁게 사랑하고 차갑게 다루어라》 (앙드레 코스톨라니 지음)
- 《투자는 심리게임이다》 (앙드레 코스톨라니 지음)
- 《실전 투자강의》 (앙드레 코스톨라니 지음)

코스톨라니는 유럽 투자자들이 존경하는 스승이다. 그는 가치투자자 범주에 포함되나 약간 변칙적이다. 그는 "단기 주가는 사람의 심리에 달렸지만, 중장기 주가는 본질적인 기업 가치에 수렴한다"고 말하므로 넓은 범위의 정통파 투자자다. 앙드레 코스톨라니의 시장을 보는 눈은 냉소적이지만 탁월하다. 코스톨라니의 조언을 듣다 보면 증권시장이 왜 하이에나, 사자, 자칼, 퓨마, 치타가 가득한 정글인지 깨닫게 된다.

- 《골콘다》 (존 브룩스 지음)
- 《금융투기의 역사》 (에드워드 챈슬러 지음)

주식 투자에 직접적으로 관련된 도서의 섭렵이 끝나면 이후에는 심리학과 역사에 관련된 책들을 읽는 것도 도움이 된다. 과거의 투자와 현재의 투자는 어떻게 다를까? 이 책들은 광인들이 지배하는 주식시장은 원래 늘 그런 모습이었다는 것을 깨닫게 해준다.《골콘다》는 1930년대 대공황기를 배경으로 월가의 이야기를 하고 있고,《금융투기의 역사》는 천년을 넘어서는 투기의 주요 사건들을 보여준다. 대공황기는 투자자라면 반드시 알아야 될 투자 및 경제 전반에서 가장 중요한 역사로 볼 수 있다.

인류의 역사를 200만 년으로 본다면 금융이 시작되고 발전된 200년은 인류 역사에서 0.01%밖에 안 되는 짧은 기간이다. 그러나 이렇게 생각해보자. 분자나 유전자의 수준에서 보면 우리가 사용하는 신경 신호는 대부분 역사가 10억 년을 넘었다. 박테리아에서도 같은 기제가 발견된다. 인간의 뇌는 지구상에 존재하는 최고의 정보기관이지만 뇌가 정보처리에 사용하는 기초적 신호들은 생명 자체만큼이나 오래되었다. 생물체의 전기적 신호 또한 5억 년 전, 세포 전문화가 대세가 되어 뉴런이 발달하던 때의 해파리까지 거슬러 올라간다. 해파리의 신경 세포는 인간보다 원시적이고 수백 배 느리게 전달된다. 하지만 해파리와 인간의 기본 뉴런 구조는 그다지 다르지 않다.

그렇다면 인류의 역사는 실상 수 억 년 이상으로 봐야 하지 않을까? 짧은 금융의 역사 동안 인류의 본성이 크게 달라졌을 것으로 치부하기는 어렵지 않을까? 금융이 시작되기 이전에도 투자 대상물의 가격은 투자자의 광기에 따라 본질가치에 비해 매우 높게 평가되었으며 그 버블은 결국 터졌고 다시 버블이 발생하는 순환과정은 인류의 역사 이래 계속 반복되고 있다.

3. 투자의 아이디어를 얻게 해주는 책
- 《상품시장에 투자하라》 (짐 로저스 지음)
- 《어드벤처 캐피탈리스트》 (짐 로저스 지음)
- 《월가의 전설 세계를 가다》 (짐 로저스 지음)

짐 로저스는 '월가의 인디애나 존스'라고 불릴 정도로 모험심이 많은 사람이다. 소로스와 파트너로 일하면서 30대에 600억 원 이상을 벌었고, 은퇴한 뒤 여행과 이성에 탐닉하면서 보냈다. 그는 주식뿐 아니라 다양한 품목에 투자를 하는데, 그의 시각은 매우 독특하고 창조적이다. 최근에는 중국에 투자하라는 메시지를 전 세계에 보내고 있다. 투자의 아이디어를 얻으면서 재미나는 오지의 여행기도 읽게 된다는 점은 보너스다.

- 《미래의 투자》 (마이클 모바신 지음)
- 《세계 금융시장을 뒤흔든 투자 아이디어》 (피터 L. 번스타인 지음)

전략가이며 투자자문가인 이들은 금융시장의 참신한 아이디어와 위대한 정신을 독자에게 알려준다. 이 책들은 실질적이지는 않다. 중고등학고 때 배운 수학의 미적분과 물리학의 법칙들이 즉시 우리들의 실생활에 도움을 주지는 않지만 인생을 살아가는 지혜의 밑거름이 되는 것과 같이, 이 책은 그렇게 우리에게 배움을 전달해 줄 것이다.

인생의 후반부에서 성공하고 싶다면 기초를 닦아라. 이 책들은 여러분에게 단단한 기반을 제공해준다.

4. 부동산 투자를 위한 책

- 《거래의 기술》(도널드 트럼프 지음)
- 《트럼프의 부자 되는 법》(도널드 트럼프 지음)

미국의 투자 시장은 부동산이 주류가 아니지만, 미국 거부의 상당수는 부동산으로 돈을 모았다. 도널드 트럼프는 부동산 개발에서 탁월한 실력을 발휘하고 있는 손꼽히는 투자자다. 그의 책은 투자의 전반적인 능력을 제고하는데 도움이 되며 부동산 투자에서 성공하기 위해서 협상 전문가가 되어야 한다는 점을 알려준다.

- 《부자들만 아는 부동산 시장의 법칙》(차학봉 지음)

조선일보의 부동산 전문 기자인 차학봉은 오랜 기간 같은 분야에서 활동한 만큼 탁월한 혜안을 보여준다. 필력 또한 좋다. 핵심을 집어내는 그의 능력을 보면서 향후 부동산 투자의 포인트를 배우기 바란다.

- 《백만장자의 부동산 투자비밀》(로버트 쉬민 지음)

부동산과 관련하여 돈을 벌 수 있는 다양한 방법을 열거한 책이다. 저평가된 부동산을 직접 매입하여 부동산 경기가 호전 되었을 때 높은 가격에 처분하여 수익을 창출하거나, 수익성이 높은 부동산을 매입하여 임대함으로서 일정수익을 꾸준히 창출하는 방법을 알려준다.

부동산과 관련된 컨설팅, 중개(매매 또는 임대), 파이낸싱, 기타 부수 업무를 통해서 돈 벌 수 있는 방법도 안내한다. 이 책은 부동산 투자가 매우 폭넓은 비즈니스임을 깨닫게 해준다.

- **《부자 아빠 가난한 아빠》** (로버트 기요사키·샤론 레흐트 공저)

너무나 유명한 책이므로 많은 투자자들이 읽었다고 생각된다. 아직도 이 책을 보지 못한 분들은 반드시 읽기를 권한다. 이 책은 부동산 투자서이지만, 부유한 삶을 꿈꾸는 사람들을 위한 마인드를 더욱 강조한다. 벌어들이는 돈보다 지출을 적게 하고 저축한 돈으로 부동산이나 주식 등의 투자 자산에 투자하라는 지극히 상식적이면서 평범한 진리를 재미있는 이야기로 독자에게 전달해준다.

| 각주 |

1 《괴짜경제학(2005)》, 스티븐 레빗·스티븐 더브너 지음, 2005
2 Sunder, Marco(2005), Toward Generation XL: Anthropometrics of Longevity in late 20th-Century US, Economics and Human Biology, Vol.3, p.271-295
3 영국의 철학자 제러미 벤담(Jeremy Bentham, 1748~1832)은 개인의 즐거움과 고통을 측정하기 위하여 효용(utility)이라는 양적지표를 생각해냈고, 경제적 선택이란 어떤 행동이 자신의 효용을 최대화할 것인지에 대한 개인들의 계산결과라고 주장했다. 벤담의 아이디어는 18세기 후반 지식인 사회와 정치계에 영향을 크게 미쳐 강력한 지지자들을 만들었고 그의 주장은 '효용주의'라 불리게 되었다.
4 안티노미란 서로 모순되어 양립할 수 없는 두 개의 명제를 말한다. 이 용어는 칸트에 의하여 널리 쓰이게 되었는데, 칸트는 세계를 인식 능력으로부터 독립된 완결적 전체로 받아들일 수 있을 때 이성이 필연적으로 이율배반에 빠진다고 했다.
5 아이를 기르면 정신적인 행복감을 불러일으키는 엔도르핀(endorphin)이라는 물질이 분비된다. 때문에 아이를 기르는 노고보다 행복감을 더 크게 느껴 입양을 선택하는 사람도 있을 수 있다. 이 사람의 행위는 한 개인의 측면에서는 합리적으로 볼 수 있다. 하지만 이런 경우는 예외적이므로 일반적인 행태에 포함하여 설명하기는 어렵다.
6 Darmasio, A. 2005. Human Behavior: Brain Trust. Nature 435(June):571-572
7 Lovallo, D., and Kahneman, D.2003.Delusions of Success: How Optimism Undermies Executive's Decisions. Harvard Business Review(July): 56-63
8 《페렐만의 살아 있는 수학 1》, 야콥 페렐만 지음, 임나탈리아 옮김, 2006
9 PER(주가수익비율, price-earnings ratio)은 주식을 평가하는 가장 기본적인 방법으로, 주당순이익을 주식가격으로 나눈 값이다. 시장 전체의 PER은 시장 전체의 수익을 시장 전체의 시가총액으로 나눈 비율이다. PER은 다시 말하면 어떤 투자자가 기업의 현재 이익 1원만큼에 대해 얼마만큼 지불할 용의가 있는지를 나타낸다. 개별 주식의 PER에 영향을 미치는 가장 중요한 변수는 기업의 미래 이익에 대한 기대치다. 투자자들이 기업 이익의 성장치가 높을 것으로 기대하면 더 높은 가격을 지불하더라도 이 회사를 구매할 의향이 있을 것이므로 가격이 높아져 PER이 높아지게 될 것이고, 이익의 성장치가 낮을 것으로 예상한다면 높은 가격으로는 이 회사를 구매하지 않을 것이므로 PER이 낮게 형성될 것이다. 하지만 이익 성장이 PER에 영향을 주는 유일한 요소는 아니다. PER은 투자자의 위험에 대한 태도, 시장 전체의 동향, 자산가치, 세금, 유동성, 테마 등 다양한 요소에 영향을 받게 된다.
10 Guiso, Luigi and Japelli, Tullio(2006), Information Acquisition and Portfolio Performance, CEPR Duscussion Paper Nr. 5901.
11 Brad Barber, Terrance Odean, "Trading is Hazardous to your Health: The Common Stock Investment Performance of Individual Investors," Journal of Finace, vol.

55(2000), pp.773-806

12 시카고 소재 뮤추얼펀드 연구기관인 모닝스타(Morningstar)가 주식형 펀드 3,560 종목을 조사해본 결과에 따르면 10년 동안 매매회전율이 20%이하(5년간 1번 이하의 매매를 한 것과 동일)인 펀드가 100% 이상인 펀드보다 14% 더 높은 이익을 산출했다.

13 내가 어릴 때 유리 겔러(Uri Geller, 1946~)가 한국을 방문한 적이 있다. 유리 겔러는 보지 못하는 상황에서 사람들이 그린 그림을 유추해냈고 스푼 수백 개를 손가락 터치만으로 구부렸고 씨앗을 손으로 만져 싹을 틔웠다. 그리고 고장난 시계를 염력으로 고쳤다. 이 사람이 TV에 출연한 이후에 대한민국 방방 곡곡에 유리 겔러처럼 자칭 스푼을 구부린다고 주장하는 수십 명의 초능력자들이 나타났고 심지어 나의 초등학교 친구는 TV를 보면서 유리 겔러를 따라하다가 스푼을 구부렸다고 했다. 이후에 유리 겔러는 사기꾼으로 판명이 났다. 나는 귀신 초능력과 같은 초자연적인 어떤 것도 믿지 않는다. 과학자들이 인정한 초능력은 어떻게 생각하느냐고? 이 세상에서 속이기 가장 쉬운 사람들은 과학자들이다.

14 본서에서는 꾸준하게 수익을 내는 개미투자자가 전체 투자자의 2% 이내라고 가정한다. 장기간 데이터를 검증해 보아야겠지만, 많은 투자자들을 접하고 상담해본 결과 장기간 투자에 성공하는 사람의 비율은 극히 미미한 수준임을 알 수 있었고 대략 100명중 2명 이내만 투자에서 성공하는 것으로 추정할 수 있었다.

15 개미투자자들이 착각하는 것 중 하나가 무조건 싸게 사고 비싸게 팔아야 복리수익률이 높아진다고 생각하는 점이다. 하지만 여기에 나온 예로 복리 수익률을 다시 계산해 보면, 1,400달러(PER 10이라고 가정하면)에 사고 60년 후에 200만 달러에 팔면 12.87%의 복리수익률을 올리게 되지만, 700달러(PER 5 수준)에 매수해서 200만 달러에 매도한 경우에 14.18%의 수익률이 되고 2,800달러(PER 20 수준)에 사서 200만 달러에 팔게 되면 11.57%의 복리수익률을 올리게 된다. 단순히 느낌으로 예상한 것보다 복리수익률은 거의 차이가 나지 않는다. 이 말은 지속적으로 성장하는 우량회사를 매수하여 장기간 보유하는 것은 초기 매수할 때 약간 비싸게 사거나(PER 20 수준) 싸게 사거나(PER 10 수준) 큰 차이가 나지 않는다는 것을 의미한다. 중요한 것은 싸게 사는 것보다 좋은 회사를 매수하는 것이다.

16 《월스트리트 게임의 법칙》, 존 랄프·피터 트룸 지음, 최재형 옮김, 2008

17 '맹지'는 지적도상에서 도로와 조금이라도 접하지 않은 토지를 말한다. 타 지번으로 사방이 둘러싸여 있으므로 자루형 대지라고도 한다. 지적도상으로는 도로에서 직접 진입할 수 없으나 실제로는 사람은 다닐 수 있고 차량으로만 들어갈 수 없는 토지인 경우가 많다.

18 'Kospi 200 지수 x 10만 원'이 거래 단위가 되고 이것을 1계약이라고 한다.

19 S&P500 지수는 미국의 스탠더드앤드푸어 사가 기업규모·유동성·산업대표성을 감안하여 선정한 보통주 500종목을 대상으로 작성해 발표하는 주가지수로 미국에서 가장 많이 활용된다. 공업주(400종목)·운수주(20종목)·공공주(40종목)·금융주(40종목)의 그룹별 지수가 있으며, 이를 종합한 것이 S&P 500지수다. 산출방법은 각 종목의 주가에 상장주식수를 곱하여 시가총액을 구하고, 전체의 시가총액 합계를 기준연도인 1941~1943년의 평균 시

가중액으로 나눈 뒤에 기준시의 지수(10)를 곱한다. 개별종목의 주가상승률이나 각종 주가지표, 주식형 펀드의 운용실적 등을 전체시장과 비교하므로, 전체시장의 상승률을 나타내는 기준으로 활용된다.

20 재정거래(Arbitrage Transaction)는 어떤 상품의 가격이 시장 간에 상이 할 경우 가격이 싼 시장에서 매입하여 비싼 시장에 매도함으로써 매매차익을 얻는 거래행위를 말한다. 차익거래라고도 한다.

21 《페렐만의 살아 있는 수학 1》, 야콥 페렐만 지음, 임나탈리아 옮김, 2006

22 Hilary, Gilles and Lior Menzly(2006), Does Past Success Lead Analysts to Become overconfident?, Management Science, Vol.52, p.489-500

23 Yyszka, T., and P. Zielonka, 2002, "Expert Judgement: Financial Analysts Versus Weather Forecasters." Journal of Psychology and Financial Markets 3(3):152-160.

24 《블랙 스완》, 나심 니콜라스 탈렙 지음, 차익종 옮김, 2009

25 주당순자산(Book-value Per Share)은 순자산(자산-부채)을 발행주식 수로 나눈 것이다. BPS가 1,000원이라는 의미는 회사가 문을 닫고 모든 자산을 처분했을 경우 1주당 1,000원씩 돌려준다는 것이다. BPS가 높다는 것은 자기자본의 비중이 크고 실제 투자가치가 높다는 것을 의미한다. 주가순자산비율(PBR, Price Book-value Ratio)은 주가를 주당순자산(BPS)으로 나눈 비율이다. 이 지표는 주가가 순자산에 비해 1주당 몇 배로 거래되고 있는지를 측정한다. 예를 들어 PBR이 2라는 의미는 회사가 청산한다면 한 주당 10원을 받을 수 있는 주식이 20원에 거래된다는 의미다. PBR이 1 미만이면 주가가 장부상 순자산가치(청산가치)에도 못 미침을 의미한다.

26 Easterly, W., and Levine, R. 2002. Tropics, Germs and Crops: How Endowments Influence Economic Development, NBER working paper 9106

27 North, D.C.1990.Institutions, Institutional Change and Economic Performance. Cambridge: Cambridge University Press.

28 Bruner, Jerome S., and Mary C. Potter, 1964, "Interference in Visual Recognition" Science 144(3617):424-425

29 에스크로 서비스란 온라인상에서 구매자와 판매자 사이에 회사가 개입해 상품 인도와 대금 지불을 대행해 주는 것을 말한다. 예컨대 구매자는 상품 구매 시 중개 서비스 회사에 대금을 지불하고 상품이 판매자로부터 구매자에게 도착했다는 확인을 받으면 그 때 중개 서비스 회사가 판매자에게 대금을 지불하게 된다.

30 주가매출액비율(PSR·Price to sales ratio)은 주가를 주당 매출액으로 나눈 것이다. '총 매출액/발행주식 수=주당매출액'이고, '주가/주당매출액=주가매출액 비율'이기 때문에 PSR이 낮을수록 주가가 저평가됐다고 볼 수 있다.

31 Michael C. Jensen, 'The Performance of Mutual Funds in the Period 1945-1964,' Reprinted in Investment Management: Some Readings, J. Lorie and R. Brealey, Editors (Praeger Publishers, 1972).

32 프랑스의 수학자 루이 바슐리에(Louis Bachelier, 1870-1946)는 "시장에서 형성된 시세야말로 진정한 가격이다. 시장이 이렇게 평가하지 않는다면 시장은 진정한 가격이 아닌 다른 가격을 보여주기 때문에 일정 시점의 가격 상승 확률은 떨어질 확률과 같다"고 했다. 바슐리에는 복잡한 수식을 동원해 '변동폭 확장 속도는 시간의 제곱근에 비례한다'는 주장을 입증하려고 했다. 이 예측은 놀라울 정도로 정확했다. 증권가격의 변동폭이 시간의 제곱근에 비례해 커진다면 공간에서 무질서하게 운동하며 서로 충돌하는 분자와 닮은 꼴이라고 할 수 있다. 영국의 물리학자 로버트 브라운은 19세기 초반 분자의 이런 운동 특성을 브라운 운동이라고 명명했다. 브라운 운동은 아인슈타인이 규명한 원자이론의 중요한 요소가 되는데 브라운 운동을 수학적으로 설명한 것이 바슐리에의 업적 중 하나다. 물리학의 브라운 운동은 이후 금융이론에 적용되어, 주가의 움직임은 우연의 산물이라는 '랜덤워크(random walk)'로 발전했다. 하지만 최근 주가가 랜덤워크를 따르지 않는다는 연구도 있다. 예를 들어 MIT의 앤드루 로(Andrew Lo), 워튼 스쿨의 크레이그 맥킨리(Claig MacKinlay)는 1962년부터 1985년에 이르는 기간 동안 전체 1,216주의 주식 가격 표본을 가지고 랜덤워크 가정에 대한 일련의 검증을 시도했다. 일련의 검증은 주식 포트폴리오, 주가계수, 개별 주식 등을 포함했는데 모든 경우에 랜덤워크 가설은 기각되었다..

33 《투자 아이디어》, 피터 L. 번스타인 저, 강남규 옮김, 2006

34 패턴을 찾기 위해 과거 자료를 찾는 것을 데이터 마이닝(data mining)이라고 한다. 패턴을 찾아내는 비용이 컴퓨터의 발전으로 매우 쉽고 저렴해졌다. 주가의 움직임을 설명하는 변수들을 여럿 입력하면 아주 환상적인 관계를 나타내는 몇가지를 찾을 수 있다. 한국의 돼지 숫자의 증가와 벨기에 주가의 상관관계가 높게 나타난다거나 한국의 비행청소년들의 증가율이 아프리카 잠비아의 주식가격과 마이너스 상관관계를 가질 수도 있다.

35 바둑 10결은 바둑을 잘두기 위한 열 가지 교훈을 말한다. 중국 당나라 현종 때의 최고수 왕적신이 설파한 대표적인 바둑격언으로 바둑뿐 아니라 인생살이에도 귀감을 살만한 내용이 많이 있다.

36 B. Fischhoff, P. Slovic, S. Lichtenstein, "Knowing with Uncertainty: The Appropriateness of Extreme Confidence," Journal of Experimental Psychology: Human Perception and Performance, vol. 3(1977), pp. 552-564

37 포퍼는 자연현상과 사회적 현상을 연구하는 데 동일한 방법과 기준이 적용되어야 한다고 주장했다. 영미의 주류 사회과학은 논리실증주의적인 시각을 바탕으로 포퍼의 견해에 동의한다. 하지만 사회적 사건이 자연현상과 다른 구조를 가진다는 것은 상식적으로 생각해도 당연하다. 물론 사회과학자들은 동일 방법론을 사회과학에 적용한다고 주장해야 자연과학자들과 같은 지위를 가질 수 있기 때문에 주류 사회과학자들이 논리 실증주의를 선호하는 것도 이해 못할바 아니다. 하지만 인류학자, 사회학자, 철학자, 역사학자 등은 자연과학을 흉내낼 생각조차 안하고 독자적인 연구방법론에 의해서 연구하고 있다. 물론 포퍼가 주장하는 과학철학의 기본 정신에 우리가 동의하고 투자과정도 철저함을 기본으로 해야 하나, 사회과학을 이해하는 방법과 자연과학을 이해하는 방법이 전적으로 동일하다는 주장이 갖

는 오류에는 주목할 필요가 있다.
38 커머디티 리서치 뷰로가 곡물 원유 산업용원자재 귀금속 등의 주요 21개 주요 상품선물 가격에 동일한 가중치를 적용하여 산출하는 지수로 원자재 가격의 국제기준으로 간주되고 있다.
39 John Maynard Keynes, The General Theory of Employment, Interest, and Money, New York: Harcourt, Brace & World, 1965, First Harbinger Edition, p. 158
40 子曰: "十室之邑, 必有忠信如丘者焉, 不如丘之好學也." 논어의 '공치장' 5-27에 나오는 구절이다. 해석은 "공자께서 말씀하시었다. '열 가호 쯤 되는 작은 마을에도 반드시 나와 같이 충직하고 신의 있는 사람은 있다. 하지만 나만큼 배우기를 좋아하는 사람은 없을 것이다'"라는 뜻이다.
41 주가 데이터의 출처는 로버트 쉴러의 《시장변동성》에 전재된 콜스지수(Cowles Indexes) 이다. 콜스 지수는 뉴욕증권거래소에 있는 모든 주식 종목들의 가중지수이며 배당금이 포함되어 계산된다.
42 생존오차(survivorship bias)란 미국이나 영국과 같이 오랜 기간 성공적으로 운영된 주식시장에서는 장기수익률이 집약적으로 연구가 가능한 반면, 남아공이나, 아르헨티나와 같이 주식의 생명이 짧은 시장에서는 무시되는 현상을 말한다.
43 딤슨, 마시, 스턴튼, 《낙관론자들의 승리 : 101년간 글로벌 투자 수익》(2002), pp.52-53, 175
44 성장률은 '1% 주식선택기술' 카페(http://cafe.daum.net/stockinvest)에 올려놓은 엑셀 프로그램으로 쉽게 계산해볼 수 있다.
45 '주가/주당순이익=PER'이므로, '주가=PER×주당순이익'이 된다.
46 독자들은 수 백억 달러의 벌금을 물어내고 기업이 파산 지경까지 이른 필립모리스가 미국에서 가장 높은 수익률을 올린 기업이라는 점에 의아할 것이다. 필립모리스는 이러한 악재뿐 아니라 각종 정부 규제와 법률적인 제제를 피해가지 못했던 기업이다. 투자자들이 규제와 악재 때문에 주가가 떨어진 필립모리스와 비슷한 종목을 발견하면 매수하고 높은 배당을 이 회사에 재투자해서 높은 복리수익률을 누릴 수 있다. 한국에서도 이러한 종목군으로 편입될 수 있는 것은 KT&G와 강원랜드이다.
47 Wiggins, R.R. and Ruefli, T.W.2002.Sustained Competitive Advantage: Temporal Dynamics and the Incidence and Persistence of Superior Economic Performance. Organization Science, 13, no. 1:81-105, Wiggins, R.R. and Ruefli, T.W.2005. Schumpeter's Ghost: Is Hypercompetition Making the Best of Times Shorter? Strategic Management Journal, 26:887-911
48 Hannan, M.T., and Freeman J.H. 1997.The Population Ecology of Organizations, American Journal of Sociology 1, no.83:929-964, Hannan, M.T., and Freeman J.H.1984.Structural Inertia and Organizational Change. American Sociological Review 49, no.2(April):149-164., Hannan, M.T., and Freeman J.H.1989.Organizational

Ecology.Cambridge, MA:Harvard University Press.
49 창조론은 한 종에서 타 종으로 진화될 수 없으며, 따라서 신이 모든 종을 일시적 창조했다고 주장한다. 진화론은 모든 종이 시간속에서 발생학적으로 연관되어 있다고 생각한다. 결국 원시적 생명의 근원을 인정하지 않을 수 없다. 2009년 대선에서 공화당의 부통령 후보인 페일린은 창조론과 진화론을 동시에 학교에서 가르쳐야 한다고 주장하기도 했다. 창조론과 진화론의 대결의 모티브는 종교적일지 몰라도 실제로는 논리적 대결일 뿐이다. 과학의 차원에서 논의하자면 진화론의 과학성은 명백하다. 그리고 진화론의 과학성이 부인된다고 해서 창조론으로 귀결되는 것은 오류이다. 과학과 종교는 다른 차원의 것임에도 불구하고 동 차원에서 논의하려는 것부터가 넌센스에 불과하다.
50 모멘텀 투자는 장세가 상승세냐 하락세냐를 기술적 분석과 심리 및 분위기의 변화에 따라 추격매매하는 방식을 말한다.
51 '한 재화의 가격이 상승함에 따라 다른 한 재화의 수요량이 증가하는 경우' 두 재화를 대체재라고 한다. 예를 들면 핫도그와 햄버거, 쇠고기와 돼지고기, 홍차와 커피, 쌀과 빵, 고기와 생선 등을 들 수 있다. 대체재는 '한쪽을 소비하면 다른 쪽은 그만큼 덜 소비되어 어느 정도까지 서로 대체될 수 있는 재화'로 볼 수 있다.
52 Wong, T.J. 교수의 '중국 금융·증권 시장 포럼'(대우증권, 카이스트 금융대학원 주최) 발표자료. 제목: 'Chinese Listed SOE's Governance Issues and the Value of Their Hong Kong Listings'. 2008.
53 중국 증시는 동일한 주식을 A와 B주로 나눠서 A주는 중국인들이 매매할 수 있고, B주는 외국인들만 투자할 수 있게 되어 있다.
54 FRB(Federal Reserve Board)는 미국 통화금융정책을 결정하고 12개 지역연방준비은행을 통괄하는 연방준비제도(Federal Reserve System)의 최고의사결정기구로 1913년에 연방준비법(federal reserve act)에 의해 창설되었으며, 대통령이 임명하고 상원이 승인한 7명의 이사(의장 포함)로 구성된다.
55 경제학에서는 생산함수(production function)를 재화와 서비스의 생산에 투입되는 요소의 양과 산출량 사이의 관계로 정의한다. 경제발전의 원인변수는 노동, 자본, 인적 자본, 자연자원, 기술 등이다. 생산함수의 값을 극대화하여 경제성장을 달성하기 위해서 기술을 진보시키거나, 노동인구를 늘리거나, 인적자본을 높이거나, 자본을 확충하거나, 자연자원을 늘리는 방법밖에 없다. 하지만 기술의 혁신은 오랜 기간의 교육과 중장기적인 인센티브 구조화에서 수반되며 인적자본도 마찬가지이다. 중국은 노동인구, 자본의 양, 인적 자본의 양, 자연자원의 양 측면에서 전반적인 우위를 가지고 있다.
56 용적률이란 대지면적에 대한 건축물의 연면적 비율을 말한다. 여기서 건축물의 연면적이란 건축물 각 층의 바닥면적 합계이다. '용적률 = 건축물의 연면적 / 대지면적 x 100'
57 '판상형 아파트'는 한국에서 흔히 볼 수 있는 일자형 아파트를 말한다.
58 중앙일보 조인스랜드(http://www.joinsland.com), 현지생생리포트, '2008년 북경올림픽과 중국부동산', 양재완, 2007.11.7

59 공급의 가격탄력성(price elasticity of supply)은 어느 재화의 가격이 변할 때 그 재화의 공급량이 얼마나 변하는지를 나타내는 지표이다. 공급량의 변화율을 가격 변화율로 나눈 수치이다. '공급의 가격탄력성=공급량의 % 변화율/가격의 % 변화율'
60 증권투자에서 1루타는 100%의 수익을, 2루타는 200%의 수익을 말한다.
61 기업의 자기자본은 총자산에서 총부채를 뺀 값이다. A라는 회사가 공장을 짓기 위해 2억 원을 지출했는데, 1억 원은 자기 돈이고 1억 원은 은행에서 대출을 받았다면 여기서 1억 원이 A 회사의 자본이다(2억-1억=1억 원). 이 공장에 필요한 비용과 대출금 이자를 제하고 남은 이익이 A회사의 ROE가 된다. ROE(%) = 당기순이익/총자본. 이 공장에서 생산된 물건을 팔아 2억 원의 매출을 올리고 각종 비용, 세금, 이자 등으로 1억 7천 5백만 원을 지출한다면 연간 순이익은 2천 5백만 원이 된다. 1억 원의 자본을 투자한 대가가 2천 5백만 원이 되고, 연간 ROE는 25%이다(2천 5백만/1억=25%).
62 추세매매법을 연구한 경제학자들의 결론은 단기추세선인 5일 평균선, 30일 평균선, 60일 평균선 등에 따라 투자하는 경우는 수익을 전혀 낼 수가 없었고, 120일 추세선의 경우 시장수익률 정도 달성가능하다는 것이었다. 나는 개인적으로 추세선을 이용한 투자전략에 반대한다. 굳이 추세추종전략으로 투자를 하겠다면 장기추세선인 120일 평균선 정도만 보조지표로 참조하라고 조언드리겠다.
63 이들이 14.99%를 사들인 이유는, 만약 외국인이 보유한 지분이 15%가 넘게 되면 SK텔레콤의 모회사인 SK(주)가 외국인 주주가 지배하는 회사가 된다. 이렇게 되면 SK(주)가 보유한 SK텔레콤 지분 21.5%를 모두 외국인 지분으로 분류해야 한다. 전기통신법상 외국인은 국내 기간 통신 사업자의 지분을 49% 이상 취득할 수 없고 초과한 지분은 의결권이 없다. 이들이 15% 이상 주식을 취득했다면 SK텔레콤에 대한 SK(주)의 영향력이 없어지게 된다. 결국, 소버린이 전략적으로 매수할 수 있는 상한은 15% 이하로 볼 수 있다.
64 EV는 Enterprise Value의 약자로 '기업의 가치'를 의미하고, EBITDA는 Earning before Interest, Tax, Depreciation and Amortization의 약자로 '이자비용, 법인세, 감가상각비 등을 감안하기 전의 이익'을 의미한다. 일반적으로 회계 상 이익은 보수적으로 산출해내기 때문에 감가상각비 등 여러 가지 비용을 빼고 계산을 한다. 하지만 실제 기업의 가치를 구할 때는 해당 기업이 영업 상 벌어들인 이익을 기준으로 해야 하므로 이러한 비용을 빼지 않는다.
65 생산자잉여란 생산자가 거래에서 실제 지불받아야 하겠다고 생각한 금액과 실제로 지불받은 금액과의 차이를 말한다. 여름 휴가철에 관광지에서 원가 7,000원 하는 상품을 10,000원에 판매할 때 3,000원의 초과이윤이 발생하였다고 하자. 이러한 경우에 생산자는 자신의 원가(또는 기회비용)인 7,000원을 받아야 한다고 생각하였지만, 실제 지불받은 금액은 10,000원이므로 그 차액인 3,000원은 생산자가 거래를 통해 얻은 순이득이 되고, 이를 생산자잉여라 한다.
66 소비자잉여란 소비자가 그 물건 없이 지내기보다는 어느 정도의 돈을 지불해서라도 사야되겠다고 생각하는 가격과 그가 실제로 지불하는 가격의 차액을 말한다. 어떤 소비자가 테

니스를 한 시간 치고 난 이후에 갈증이 너무 심하여 음료수 한 병을 5천 원을 주고라도 마시고 싶은데, 가게에서 실제로 천 원을 주고 샀다고 하자. 이러한 경우에 이 소비자가 지불할 용의가 있는 금액은 5천 원이지만 실제 지불가격은 천 원이므로 그 차액은 소비자가 거래를 통해 얻은 순이득이 되고, 이를 소비자잉여라 한다.

67 Krugman, Paul(1979), Increasing Returns, Monopolistic Competition and International Trade, Journal of International Economics, Vol. 9, p.469-479
68 Broda, Christian and David Weinstein(2006), Globalization and the Gains From Variety, Quarterly Journal of Economics, Vol.121, p.541-585
69 그린메일러란 특정 회사의 주식을 사들인 뒤 비싼 값에 주식을 되사라고 위협하거나 다른 곳에 웃돈을 붙여 팔아치우는 투자자를 말한다.
70 한계수입(Marginal Revenue)이란 어느 생산자가 산출량을 한 단위 더 늘릴 때 추가로 벌어들이는 수입을 말한다.
71 한계비용(Marginal Cost)은 어느 생산자가 산출량 한 단위를 더 늘리기 위해 추가로 들어가는 비용을 말한다.

시장을 이길 수 없다는 상식을 뒤집은 투자서
백만불짜리 개미경제학

초판 1쇄 인쇄 2009년 12월 24일
초판 1쇄 발행 2009년 12월 31일

지은이 박성민
펴낸이 김선식
펴낸곳 다산북스
출판등록 2005년 12월 23일 제313-2005-00277호

PD 이혜원
다산북스 임영묵, 박경순, 이혜원, 김다우, 강선애
마케팅본부 민혜영, 이도은, 박고운, 권두리, 김하늘
저작권팀 이정순, 김미영
홍보팀 서선행, 정미진
광고팀 한보라, 박혜원
디자인본부 최부돈, 손지영, 김태수, 조혜상, 김희준, 황정민
경영지원팀 김성자, 김미현, 유진희, 김유미
미주사업팀 우재오

주소 서울시 마포구 서교동 395-27번지
전화 02-702-1724(기획편집) 02-703-1723(마케팅) 02-704-1724(경영지원)
팩스 02-703-2219
이메일 dasanbooks@hanmail.net
홈페이지 www.dasanbooks.com

필름 출력 스크린그래픽센타
종이 신승지류유통(주)
인쇄·제본 (주)현문

ISBN 978-89-6370-104-2　03320

· 책값은 표지 뒤쪽에 있습니다.
· 파본은 구입하신 서점에서 교환해드립니다.
· 이 책은 저작권법에 의하여 보호를 받는 저작물이므로 무단 전재와 복제를 금합니다.